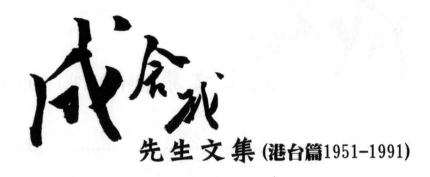

成舍我

先生文集 **(港台篇1951-1991)**

編審訂：成露茜

主　編：唐志宏

成舍我 先生文集 (港台篇1951-1991)

序

　　露茜蒐集了舍老民國38年以後所發表的文章兩百多篇，彙編成《成舍我先生文集》，要在世新五十周年校慶時出版，找我寫序，我自是欣然答應。

　　民國80年，我曾寫過一篇紀念舍老的短文，發表在《傳記文學》月刊，文章的結尾曾提到：「舍老既能文，亦能詩，只可惜他所寫的專論或隨筆之類的作品，迄未加以整理彙印，未能傳世。」如今，由於露茜的決心和毅力，終於有了這一本文集問世，讓我非常欣慰。

　　舍老早年在北平辦《世界日報》，然後創設「北平新聞專科學校」，後來又在上海辦《立報》；來到臺灣，隨即於民國45年，邀請了新聞界朋友和社會賢達，申辦「世界新聞學院」，並很快的恢復了《立報》。辦報和辦學是他一生的志業，因此人在那裏，報社和學校就跟著出現。

　　「德智兼修，手腦並用」八個字，一直是「世新」的校訓，實際上從「北平新聞專科學校」時就用了。這八個字是舍老辦學的理念，也是辦報的理念，更是他一生的寫照：他有高瞻遠矚、開創風氣的睿智，有知其不可為而為之的堅持，有百折不回、愈挫愈奮的毅力，有盡其在我鞠躬盡瘁的精神，這種睿智、堅持、毅力和精神，在在表現他的道德情操，他畢生為新聞事業而盡心，為教育人才而盡力，劍及履

及，所樹立的典範，證明他確實是不世出的卓絕人物。

舍老雖一介書生，但是有理想，有擔當；生性耿直，剛正不阿，不畏強權，無懼威迫；既從事新聞、教育事業，故平日於新聞、教育與文化現象多有評論；又關心世局和時勢，堅持正義，疾惡如仇，故直言讜論，擲地有聲，皆足以震聾發聵，新人耳目。可惜隨寫隨散，未能及時彙編成書。今露茜將舍老後半生發表過的的論述，整編付梓，更以紀念網站公開傳佈，不僅使舍老的道德風範與事功成就，彰顯於世，更能重新喚起世人對新聞精神與教育理想之重視。《成舍我先生文集》刊行之意義在此，而露茜之貢獻亦在此！

舍老成名甚早，於我為新聞界前輩，素極欽仰。民國45年，舍老倡議辦「世界新聞學院」，承蒙不棄，邀我為發起人，且出任董事，其後更追隨舍老，除兼任學校報業行政科主任、講授「世界報業史」課程外，還擔任學校副校長九年。民國80年，舍老病篤，更囑我接任世新董事長。舍老於我，不僅有提攜之量，而我於舍老，更多知遇之感。茲舍老後半生文集問世，適逢世新五十周年校慶之喜，謹成此文，既以為賀，並誌追念！至舍老前半生論述，亦必多嘉言偉論，至盼露茜繼續蒐集彙印，以竟全功，繼志述事，是所厚望！

2006年10月代序

代序

　　小時候最喜歡做的一件事就是靠在父親的書桌旁看他寫文章，偶而幫他磨墨加墨汁。父親通常把紙放平，拿著毛筆開始左右搖動，大約搖個四、五下後就振筆疾書，好像腦子裡早就想好了，只是快速的默寫下來一樣。人還搆不到桌面的我，羨慕至極。後來聽人家稱靠寫文章過日子的人為「搖筆桿的」，我總是會想起父親。

　　稍大一點時，開始替父親做剪報的工作。父親每天要看近十份報，他把一些自己覺得有用的資訊圈出來，由我和姐姐剪下貼在5*8的白報紙上，分門別類，放在特製的盒子裡。他要寫東西的時候會從裡面找需要的資料。我們從小就被父親要求獨立自主賺自己的零用錢。他給我們每人一個小本子，上面寫著父親銀行，剪貼資料每張一分錢，一筆筆的記載的很清楚，我們隨時可以支領，他從不過問怎麼用，因為他說錢是我們賺的，自己可以決定怎麼用。

　　進中學後，父親的字跡越來越潦草，我們開始替父親抄稿子。工資當然也就增加了。很多抄過的稿子，尤其是在《自

由中國》上刊登的,直到現在還是印象深刻。

父親晚年時,我常嘀咕著要他寫《回憶錄》或《自傳》,他總是說太忙了沒時間。後來我們約法三章,每次見面他一定要口述幾段,讓我錄下來,最後也累積了不少捲帶子,有待整理。

1998年父親百歲冥誕,台灣和大陸都舉行紀念會,並各自出版了紀念文集。中國新聞史學家方漢奇先生還問我有沒有出《成舍我先生文集》的計畫?之後不斷有人提出要替父親出他的文集。但我一直認為這應是他老人家的子女和門生該做的事。適逢今年是父親創辦世新五十周年,校長牟宗燦指示成立「舍我紀念館暨新聞史研究中心」,露茜奉命主其事,當即決定著手編輯《成舍我先生文集》,並以先生離開大陸蟄居香港及台灣時期的文章為第一本的內容,以後計畫陸續蒐集,繼港台篇外,出版大陸時期之文集,提供有志研究舍我先生和中國報業史之學者一套珍貴的一手資料。

這本文集的企劃,是唐志宏、李明哲和我討論的結果,實際的編輯工作由唐志宏執行,周玉山慨允校對,在這裡特別感謝他們對這本書的付出。

成露茜

2006年10月5日

編者的話

　　在教學和研究的歲月裡，一脈淡然渡過了幾年，這種情況卻因為接觸成舍我先生的林林總總，而有了改變。猶憶2004年5月初夏的夜晚，我的老友李明哲(PChome的前總編)捎電前來，提及要替世新建構成先生的紀念網站，當時我對成舍我這個人，其實僅是陌生裡多了幾份好奇而已。事實上，我對新聞史的研究，一直都停留在晚清，很少觸及民國以後。接下這個工作的感覺，很類似之前和明哲的合作模式，心想凡事是他花腦筋，我只不過當好執行者的角色，弄弄文墨、整理資料、建構內容，應是不用花費太多心思，就答應承接下來，隔天就在世新大學新聞傳播學院和露茜院長見面。

　　首次和露茜院長開會，是在院長室，她笑容可掬同我們問好，接著幾個小時的會談，並沒談及成先生網站的工作內容，僅是述說著她對中國新聞史的看法。我從沒想到一個從事社會學研究工作的人，論析新聞史問題如此的機鋒高明，看法如此的奇特新穎。這次的會談，我們從中午談到了黃昏，頃刻之間隱然改變了我對傳統新聞史的看法。

　　這三年來，傾聽露茜院長和明哲在論學衡文、辨章學術之時，囿於我個人學識不足，多數的時間我僅能是旁聽者，端坐一方，根本無法涉入他們的論辯，能做的只是靜默地將他們的討論紀錄下來。我想是這個緣故，露茜院長認為由我來擔任編纂、查核文章的工作，最是合適不過了，才會將成先生的第一本文集，這樣繁重的工作交待給我。

　　編纂這本書最大的困難，在於成舍我先生並不是專職的作家，他同時擁有報社社長、總編輯、校長、立法委員，甚而也扮演親臨採訪現場記者的角色。因此，他的許多文章都是零散分佈於各報章，且有重複發表的現象。如何將散佚各處的文章，從一堆斷簡零翰的報刊史料片羽裡，重新再去找尋整體面貌的接榫點，實是充滿困難與艱辛。幸運地露茜院長早已蒐集了部份成先生的稿件，使查閱的工作，能在已有的基本輪廓裡，有了方向與指引；其間她又充分的授權，並把注了許多搜尋史料的寶貴意見，並且為了使文章能精確的表述成舍我於1951年後的整體思想，她建議我採用編年體的方式來編輯，使這份工作的推展，得以在舒暢平順中進行，簡化了許多分類的麻煩。

　　這本文集收錄了成先生從1951年到1991年，散見於香港、台灣各報章雜誌，共計217篇稿件。每篇稿件都經過世新的學生，用心地從蒐集到重新繕打、核對的工作，特別要感謝新聞系的吳欣融同學，花費很多心思整合了所有工讀的學生，我人即使在往返中部時，編纂工作也能順利推展。

　　周玉山老師針對文章初稿，細細的校對與閱讀，他刪改的稿件，每每佈滿了密密麻麻猶如蜘蛛網狀式的訂正，用心彌

補了我因粗心所致的過失，在此對他萬分感激。

　　再則，要感謝建國科技大學的劉明揚、李宏展兩位主任，在我編纂這本書時，舟車往返南北奔波之際，無暇顧及學校許多瑣碎行政雜事，他們時時忍受我的冷漠與缺席，卻又寬容的諒解我，甚至鼓勵多於苛責，放任的讓我完成這項工作，在此謹致謝忱。

志宏於彰化綠崗

2006年10月

編者的幾點說明

　　一、本書主要收錄成舍我先生1951年後，發表於報章或雜誌的文章，共計217篇。總體反應了成舍我先生1951年後蟄居香港與台灣兩地，對於時局、文化事業、新聞教育、社會現象的各項看法。文章的排列，基本上是以寫作發表年代的先後為序。僅存年代無法考證正確月、日的文章，則列為該年優先排序者，其餘則以年、月、日先後順序排列。

　　二、所選錄的文字，主要從成舍我先生所主編或參加編輯的報刊、或是散論形式發表的文章為主。輯錄的報刊包含：《自由人》、《自由中國》、《小世界的卑論集》、《小世界我們的話》、《台灣立報》、《傳記文學》。有的文章曾重複出現在不同的報刊上，以最早發表者為選錄標準，捨棄後來重複發表者。

　　三、關於文集的整理工作，主要改正一些顯著的因排版造成的錯字，以及現行不通用的標點符號，或是已不再使用的印刷文體。主要精神仍保留文章內容的完整性：(1)為求文章各式符號的一致性，又無損於整個作品的完整性，年、

月、日的寫法，皆修正以阿拉伯數字代表，例如一九四九年四月五日，一律改爲1949年4月5日。文章內容民國紀年部份，則保留民國紀年，仍以阿拉伯數字表示，例如民國五十九年四月五日，則改爲59年4月5日。當時慣用國字數法表達數量概念(例如一、二、三、四等等)，同時日期也含混使用國字數法，爲了凸顯日期與數量之間的差異，日期一律修改爲阿拉伯數字，表達數量則保留國字數法；(2)作者文章提到的各式報章，中文名稱則加以雙箭頭的書名號《》示之，例如紐約論壇報改爲《紐約論壇報》。英文報刊名則改以刮號斜體字處理，例如New York Tribune改爲(*New York Tribune*)。文章篇章名、法規條例，則以單箭頭〈 〉示之。例如出版法條例改爲〈出版法條例〉。文中舊式的文章篇名標示法「瀧岡阡表」，也改爲〈瀧岡阡表〉；(3)外國人名的稱謂，有的有中英文名稱的對照，保留作者原來的中文書寫，英文則添以刮號()含之示義，作者如果直接以英文書寫，則僅以英文示之，不另加中文，以求文章原貌；文章內容一些文字，有的現今已不慣使用，編者除保留作者原文字外，仍括號以現行慣用字彙表示。例如欸(款)項、豫(預)算、并(並)；(4)文末將註明作者寫作或發表的年、月、日，以及發表所使用的署名；(5)若干篇章的寫作或發表的具體月、日，因無可靠材料查證，僅以發表年別標示，不署月、日；(6)因年代久遠造成文字字跡的模糊，或印刷問題形成文字的無法辨別，則以空白框□示之。

　　四、文集中附有一些備考性質的注釋，主要是關於文章事實、時代背景的交代、人物經歷的說明，附於隨頁頁末腳注，以供讀者參考。如果是特別對該文說明之處，而非針對

文章文字內容說明者，均附有「編者按」等字。

　　五、文集並附有〈成舍我先生簡略年譜〉、〈索引〉兩
表，以供讀者參閱。

50年代

我記得：當十年前，1941年12月8日，珍珠港突被偷襲，及香港新加坡發生激戰的消息，傳到重慶，重慶的男女老幼，在那天幾無不極度緊張與奮，認為日本小鬼竟又敢和英美巨人挑釁，這真是自尋死路！

在康有為、梁啟超等所倡導的維新運動中，雖然練兵購艦，開礦築路，千頭萬緒，綱目極多，但統觀康有為八次上書，他所認作能否貫澈維新變法的最大關鍵，似乎又只集中在廣開言路一點。廣開言路的具體方法，則是號召全國，出版新報，如果拿六十年後今天的用語來說，即為「尊重新聞自由」。所謂「決萬幾於公論」、「協國民之同心」、「一上下之議論」，無一不是「尊重新聞自由」的表現。

不投降就不能退出韓戰

自由人・半週展望

　　象徵和平有望的代表會議，眼看就要絕望了，唯一可能的奇蹟，就是西方國家能不能再作一次意外的最大讓步，承認蘇聯要求，將〈大西洋公約〉和美國基地列入議程。如果西方國家肯這樣做，外長會議是可以如期開成了。不過緊接著下一步，就將要西方國家廢除〈大西洋公約〉，取消美國海外基地。換一句話說，不是肯不肯讓步的問題，而是西方國家肯不肯投降。西方國家，無論如何孱弱、如何畏戰，但在一彈未發以前，就要他們插白旗、遞降表，這多少總有點太幻想吧！然而蘇聯卻需要如此就不再談，那些堅信蘇聯仍可妥協仍可避免戰爭的人們，應該可以清醒了！

　　由此事件，看到最近五顏六色的韓戰和談，我們也就不難獲得同一概念。即今天大戰態勢絕對形成，各種相反的說法，都只在迷惑對方，爭取有利於己的時間。因為目前一切糾紛，儘管錯綜複雜，千變萬化，但最後一步，總仍要歸到蘇聯統治世界的基本問題。以韓戰而論，不讓北韓吃掉南韓，不讓中共進入聯合國，不讓中共占領台灣，蘇聯就肯那樣容易，許中共撤兵，許美國數十萬青年不再在韓國流血

嗎？假如聯合國真這樣徹底退讓，那又不就等於承認蘇聯，向統治世界的道路，大步前進？西方國家雖願意和平，卻不願意接受蘇聯的世界統治。因此，在這一原則之下，西方國家無法廢除〈大西洋公約〉，也無法退出韓戰。

舍我

原文登載《自由人》
1951/02/06

煎人心下酒切人肉出售

自由人·半週展望

　　中共在各地大屠殺，爲了要證明這些被殺者真是死有餘
辜，於是替被殺者拼命製造種種驚人的罪行。大約中共當
局，《水滸演義》是讀的頂熟的，所以你們看中共當局宣
布這些殺者罪狀時，就真如再看一遍《水滸傳》，像上月30
日，上海「公安局長」楊帆，在公審大會上報告所謂應該
處死的一些上海惡報的殘暴，那種驚奇的描寫，這叫人疑心
在聽「古仔」。他說：「這些該死的惡霸，有些殺了百多條
人命，還把心挖出來，油煎了下酒喝，有的是把屍身切成幾
塊，等被害家屬哭求收屍的時候索取重金給他一塊，有的強
姦了百多婦女，上自自己老母下自親身女兒都不能免」我們
試想，上海這塊地方既不是一千多年前北宋末期的十字坡當
然也不是二十世紀電影裡的野人國，大家在那裡生活過或旅
行過的，中外總不下幾千萬人。我們固然不能否認那裡的社
會，卻有黑暗的一面，但無論如何，過去幾十年，總是一個
有法律管制有社會組織的大都市，儘管怎麼黑暗，何至一個
私人，在都市中竟會有那樣屠殺百多人的自由，而且殺了還
油煎人心下酒，零切人肉出售？假使全世界的人，都還能運

用自己的理智，判斷一切的事物，試問哪一個人，能相信這些鬼話。

我們當然無意將中共所殺的幾百萬人，都要捧爲十全十美的聖賢。但像中共這樣一定要把每一位被殺者，盡刻畫成妖魔鬼怪，如果中共認爲這是一種宣傳妙術，實際說，反是他們的過度愚笨。總之，你們有槍就可殺人，大陸上幾億善良的羔羊，都正在伏首待斃，你們盡可痛殺一陣，又何必自討麻煩，製造這些不倫不類的罪狀呢？

舍我

原文登載《自由人》
1951/02/06

葛羅米柯可以歸矣

自由人·半週展望

　　四長代表會議，由於蘇聯的不妥協，眼看就要「無結果而散」。(雖蘇聯還要求繼續)在我們三個月前的創刊號上，本早就這樣說過。最近西方國家邀請蘇聯於7月23日到華盛頓開會，這雖然是蘇聯不會接受的，但假如蘇聯爭取和平，真有萬分之一的誠意，那麼，為什麼就一定要拒絕？蘇聯拒絕的理由，仍然為了議程上沒有列入討論〈大西洋公約〉及美國基地問題，蘇聯說，如果不討論這兩個問題，外長會議，開了沒有意義。在全部議程上，過去如德國議題等，西方國家都在長期爭執下讓了步，蘇聯則任何問題總是盛氣凌人，不許還價。這種作法，哪有達到國際諒解的可能。

　　代表會議，一共開了六十五次，結果毫無，可算是大家白費了幾個月光陰，白說了幾十場廢話，這是何苦！不過比起對奧合約，到現在開了三百次以上會議，仍舊一張白紙，則這次西方國家三代表被拖不太長久，如此就做結束，還是無上幸運。美國前國務卿貝爾納斯說，他在職五百六十二天，即有三百五十六天消耗於聽取蘇聯叫罵的一切國際會議，本來任何國際會議，在蘇聯，只要讓他有機會叫罵，就算他的

成功，這一次代表會議，當然也不能例外。

假使西方國家不再上當，就此閉會。全世界的共黨，也值得趕快籌備，慶祝葛羅米柯^{注1}勝利回國。

舍我

原文登載《自由人》
1951/02/06

注1：葛羅米柯(Andrey Andreyevich Gromyko，1909年-1989年)。1909年7月18日生於戈麥爾州。1931年加入蘇聯共產黨(布爾什維克)。1932年畢業於莫斯科經濟學院。1936-1939年間在蘇聯科學院經濟研究所任高級研究員，並在一個大學裏當講師。1939年任外交人民委員部美國司司長。後來任蘇聯駐華盛頓大使館參贊，1943年後，歷任蘇聯駐美國大使、蘇聯駐聯合國安全理事會代表、外交部副部長、外交部第一副部長等職。1956年當選為蘇共中央委員。1957-1985年任蘇聯外交部長。1957年開始長期任外交部長，以精通國際事務和具有談判才能著稱。他經常陪同蘇聯其他領導人(包括赫魯雪夫、勃列日涅夫和柯西金)出訪外國。1973年成為蘇共中央政治局委員。他是蘇聯第2、第5-11屆最高蘇維埃代表。1985年7月2日當選為最高蘇維埃主席團主席(1985-1988年)。曾獲6枚列寧勳章。主編有《外交史》、《外交辭典》等書。

冷眼看巴黎會議

自由人・半週展望

妙論將層出不窮

　　巴黎四強預備會議，第一次會議席上，雙方對正式會議所擬討論的事項，相差不大。西方國家，只於德國問題以外，多一個〈奧國和約〉問題，因此，若干人逐癡望蘇聯對世界大局，已真有讓步誠意。尤其有人回想到過去柏林封鎖，在萬分緊張之下，居然由於吉塞普和葛羅米柯的偶然晤談，打開僵局，今日此兩人又代表世界緊張中之兩大主角，共聚一堂，史太林是最能看風轉舵的，則像打開柏林封鎖僵局的奇蹟，再演一次，也並非絕無可能。不過事實是殘酷的，今日世界僵局，遠比三年前柏林封鎖，更複雜，更嚴重。即使預備會議，對未來大會議程，確能獲得同意，等到大會開會，又誰能擔保，蘇聯不枝節而橫生？蘇聯的報紙，不是已異想天開，提出了中共參加變四強為五強的妙論？諸如此類的提議，在蘇聯口袋裡，正不知還夾帶著有多少。

咒罵是最大收穫

　　開會，從蘇聯看來，最大目的，本不在求得何種結果，

他們也明知道，不會獲得任何結果，只要一方面能拖延大戰爆發的時間，一方面能爭取擴大宣傳的機會，則已心滿意足，獲利不淺。因此，從二次大戰結束到今天，我們幾乎無時不看見，五顏六色的會議，在世界各要地舉行。其中百分之九十，蘇聯不恃每會必參加，而且每會必叫罵。據美國前國務卿貝爾納斯說，他在職五百六十二天，即有三百五十天，消耗於聽取蘇聯叫罵的一切國際會議中。此次四強預備會議，唯一目的，在獲得同意，再開正式會議，但過去五年中，這所謂正式的四強外長會議，前後即曾一共大小開過二百二十五次，費了無數官員一百九十八天寶貝光陰，成績何在，人所共見。單就〈對奧和約〉一點，至今也開過將近二百次的會議了。反正每次開會，有全世界通訊社、報紙、廣播，和電視，為蘇聯的叫罵作義務宣傳，「英美是戰爭販子」、「蘇聯是和平天神」，這些蘇聯所萬分熱忱拼命推銷的宣傳珍品，一旦脫手，比起真正獲得促進世界和平的協議，對蘇聯還更有價值。如果說，蘇聯熱心開會，而不需要結果，那豈不違背了一句古話，「人不自私，天誅地滅！」

究竟誰真是傻瓜

其實，蘇聯這一套西洋景，已早經拆穿了。謊話說三遍，固然可使人誤信為真，他若連續不斷，說上三十，三百，甚至三千，三萬遍，則任何人也會知其為說謊話。全世界固然曾替蘇聯做過義務宣傳，到了今天，這種義務宣傳，實際上，對蘇聯的作用恐怕是「負」多於「正」。至於藉會議以拖延大戰爆發時間，蘇聯的打算，要再從西方國家，多偷得一些新武器秘密資料，用冷戰瓦解西方國家的內部團結。西

方國家，又何嘗不另有自己的想法。本來西方國家的準備時間表，最早也定在1953年，能夠不提前爆發真是求之不得。因此，我們聽了四強會議可能達到正式召集消息，一方面固深感興趣，在冷靜考慮以後，卻又不能不賺到一個結論，即使如此，這和過去二百二十五次的會議又有多少區別？反正大家在拖一天算一天！蘇聯以為天下人都是傻瓜，究竟誰是傻瓜，只有等待歷史家最後的評定！

舍我

原文登載《自由人》
1951/03/07

大反攻有其必要

自由人·半週展望

　　中共大反攻，似乎即將開始。反攻，就中共說，確乎有其必要。即除開任何理由不談，單從救救中共的宣傳機關一點著眼，也萬萬不容再緩。因為這幾十天來，不特殲滅美軍的頭條大字標題，早已絕跡於中共報紙，即一切有關韓戰消息，也幾至一字不提。「韓戰」，在中共報紙失蹤了。關在鐵幕中的羔羊們，固然不敢問東問西，但至少他們腦筋總會這樣想，如果打了勝仗，為什麼以宣傳起家的中共卻如此作風突變，裝聾作啞，諱莫如深？何況另一方面，還可以冒著危險，有美國之聲，可以偷聽。昨晚的最後廣播，就說：8日《麥帥公報》，在過去二十四小時內，共軍死傷，為整個韓國戰役中最重大的一次，連同俘虜，總數為五千二百五十名。

　　所以，我說：為救救中共的「宣傳」頹勢，大反攻卻有必要。

舍我

原文登載《自由人》
1951/03/10

人力是否眞無窮？

自由人・半週展望

　　中共自誇人力無窮，即使這句話是真的，鐵幕內的羔羊，可以源源不絕，被鞭子趕上屠場，但是第一，補充了陣亡的一百萬甚至一千萬，是否就還另有一百萬甚至一千萬人的裝備，在那裏儲存著，如果沒有，試問赤手空拳，除非真有像義和團時代的神符，又何從與大砲、飛機、坦克、汽油彈對抗？第二，補充了陣亡的一百萬人甚至一千萬人的傷亡，是否就還另有足以領導一百萬人甚至一千萬人訓練有素的下級幹部，如果沒有，試問這些剛從農村，市場，或高中中趕上屠場的各個羔羊，見了大砲、飛機、坦克、汽油彈，如何能不魂飛魄散，漫山遍野，四散逃命。「人力無窮」，必須先答復(覆)了這兩個問題，然後才有牠存在的價值！

舍我

原文登載《自由人》
1951/03/10

聯軍爲什麼不越過三八線

自由人・半週展望

　　由於聯軍收復漢城，重越三八線的問題，又甚囂塵上。前兩天，謠言最多，如重劃緩衝地帶；聯合國調解委員會，與中共已有接觸；英法正極力設法阻止麥帥越界；甚至有人揣測，幾天之內，韓戰即可告結束。這一切迷離惝恍的說法，真使人如墜五里霧中。但從昨天起，一方面麥帥答復(覆)「合眾社」社長電詢，痛切說明，三八線無險可守，如果你的兵力，可以守住三八線，那麼，你就一定同樣有這力量，將中共驅到鴨綠江邊。因爲在朝鮮，要從東到西劃一橫線作陣地戰，的確太長也太笨，沒有這樣奇怪的戰略。一方面，則美國國務院發言人已發出警告，中共還是抱著驅逐聯軍下海的企圖，所謂韓戰即將結束，實際等於作夢。根據這兩項負責表示，則我們可以斷言，擺在聯軍面前的課題，只是有沒有力量越過？如果他們有了越過三八線的力量，自然所有紛紛擾擾不許越過的說法，都會烟消雲散，一掃而空。

　　「兵不厭詐」，以及虛者實之，實者虛之，這一原則，真是古今中外戰略家的起碼「兵法」。假若你僅僅因爲前天聽見李奇威注1說，聯軍只以到達三八線爲滿足，昨天又聽見麥

帥說，三八線無法扼守，你即以為這兩位將領，發生意見的衝突，那麼，你的想法，也就未免太天真了。同樣的道理，甚至報紙上所有英美意見發生衝突的各種消息，我也常是用這個尺度去推斷。上次聯合國譴責中共案的通過，事先屢傳反對譴責的英國，到了投票最後的關頭，不也就和美國一樣，投了贊同票麼？所以，只要目的一致利害相同，儘管見仁見智，含有若干細微的差別，但其結果，總沒有不殊途同歸的。

因此，中共一天不宣布取銷(消)「一面倒」，我就一天有理由相信，只要聯軍掌握了充分兵力，不但會越過三八線，並會打到鴨綠江。最後，時機到來，並一定會轟炸中共基地，蕩滅秧歌王朝注2。

舍我

原文登載《自由人》
1951/03/17

注1：李奇威(Matthew Bunker Ridgway，1895年3月3日-1993年7月26
　　　日)，美國陸軍上將，因在韓戰中挽救了聯合國軍隊而聞名於
　　　世。生於維吉尼亞州門羅堡。1917年畢業於西點軍校。1930年，
　　　李奇微出任菲律賓總督顧問。幾年後，他進入堪薩斯州利文沃
　　　思(Fort Leavenworth)指揮和參謀學校學習，與此同時他還擔
　　　任第6軍助理參謀長。此後，他先後擔任第2軍副參謀長和第4軍
　　　助理參謀長。馬歇爾(George Catlett Marshall，1880年12月31
　　　日-1959年10月16日)，在第二次世界大戰爆發後不久，便把李奇
　　　威調到了「戰爭計劃處」(War Plans Division)。1942年8月，
　　　李奇威晉升為准將。1944年諾曼第登陸時，他隨部隊一起空降法
　　　國。1944年9月，被任命為第18空降軍軍長，率部眾進入德國。
　　　1950年接任從1950年6月韓戰爆發後就在朝鮮參戰的第8集團軍的
　　　指揮權，並在1951年率軍發動反攻。杜魯門總統解除麥克阿瑟
　　　的兵權後，又成為「聯合國聯軍」總司令。1952年5月接替艾森
　　　豪，擔任歐洲盟軍最高司令。1955年從美國陸軍退役。軍事史學
　　　家大多認為，是李奇威把第8集團軍從失敗、瀕臨崩潰的困境中
　　　解救出來，最終並阻止了中共於韓戰中的攻勢。韓戰期間，他表
　　　現出身體力行的領導藝術，以及對軍事作戰基本原則的遵守，而
　　　沒有受麥克阿瑟那種桀驁不遜風格的影響。1956年，李奇威出版
　　　了他的自傳《李奇威回憶錄》(Memoirs.)，1967年更結集出版了
　　　《朝鮮戰爭》(The Korean War.)一書。

注2：所謂「秧歌」，是中國西北農村的一種踏步歌謠。幾個人裝扮成
　　　各種各樣的人物，踩著高蹺，然後一邊踏步，一邊唱歌；或者合
　　　唱，或者互相應答，就像唱山歌一樣。所唱的內容，大部分是民
　　　間故事，它起源於插秧耕田的勞動生活，人們在田間插秧、耕
　　　耘、敲鑼打鼓用來助興，後來成為一種唱腔和舞姿。不同地區，
　　　風格各異。因為，中共的根據地是從陝北起家，中共的軍隊進入
　　　到農村以後，常與農民同樂，一齊扭秧歌，所以俗稱中共政權為
　　　「秧歌王朝」。

好一個國際宣傳講壇！

——替葛羅米柯之類可憐

自由人·半週展望

　　巴黎四外長代表豫(預)備會議，從本月5日到現在，已開過十三次，還是你吵我鬧，毫無結束。早在7日的〈本週展望〉上，我們即提醒大家，不要以爲這次開會，出自蘇聯提議，就以爲蘇聯對世界和平，真已脫胎換骨，另裝了一副心腸，根據蘇聯一貫國策，國際會議，本來只是用她作欺騙世界的另一個宣傳講壇。即使這次預備會議，真決定了大會議程，而大會上吵來吵去，也一定不會得到任何成就的。

　　據昨天巴黎發佈的消息，在第十三次會議上，葛羅米柯變本加厲，痛罵西方國家，但西方國家也禮尚往來，當仁不讓，切切實實揭穿了蘇聯的欺騙。今後大家是否仍將這樣無限期罵下去？也許蘇聯爲著爭取更廣大的宣傳效能起見，來一個九十度大轉彎讓正式會議能夠開成，於是乎又可以發揮宣傳若干次。否則這個豫(預)備會議，似乎也真難再行繼續了。

　　蘇聯藉各種會議爲其宣傳講壇，這教條遠在共產黨與帝

俄鬥爭時，即已確立。列寧於〈布爾札維克為何要參加帝俄
國會〉的一篇論文中，早曾說過：我們參加杜馬(帝俄國會)
注1，並不是真要進行什麼正常的立法工作，我們只是利用他
作革命的講台。今天，史太林也未嘗不曾同樣告訴他的徒子
徒孫：我們參加國際會議，並不是真要進行什麼正常的和平
工作，我們只是利用他作革命的講台。這真是一針見血的指
示。我們知道了，也就不必再對維辛斯基注2、葛羅米柯之流
的一味胡謅，表示厭惡。想反的，更可憐他們的奉命罵人。
身不由主。

這次巴黎的預備會議，原希望十天結束，現在已超過定
期一禮拜。在葛羅米柯當然還餘罵未盡，不過吉賽普戴維斯
等，恐怕受不起這疲勞轟炸，最後，只好「恕不奉陪」了。

舍我

原文登載《自由人》
1951/03/21

注1：「國家杜馬」（State Duma）為沙皇尼古拉二世於1905年設立，
1917年被廢除的帝俄時期的立法機構。

注2：維辛斯基（Andrey Yanuaryevich Vyshinskiy，1883年12月10
日-1954年11月22日）是蘇聯法學家、外交家。1949年至1953年擔
任蘇聯外交部長。1903年加入孟什維克（Menshevik，俄國「社
會民主工黨」中的非列寧主義派，少數派），1920年加入布爾什
維克（Bolshevik，俄語意為多數派，是俄國「社會民主工黨」
（Social Democratic Labour Party）中的革命派。俄國「社會民
主工黨」1898年在明斯克成立。1903年俄國「社會民主工黨」
第二次代表大會上，以列寧為首的馬克思主義者同馬爾托夫（L.
Martov或稱之為Julius Martov，1873年11月24日-1923年4月4
日）等機會主義者圍繞黨綱、黨章問題展開激烈的鬥爭。在選舉
中央領導機關成員時，前者獲得多數，故得名。1912年黨的第六
次會議上，把少數派孟什維克驅逐出黨後，成為獨立的無產階政
黨，稱「社會民主黨」）。1935年，他擔任蘇聯總檢察長，在史
達林的「大整肅」運動中扮演了關鍵角色。他為該運動提供了理
論依據，其重要立論為「刑法是階級鬥爭的工具」、「口供是證
據之王」等。

是否眞要和狄托攤牌？
——史太林已四路不通

自由人・半週展望

　　蘇聯在羅馬尼亞、匈牙利、捷克，和波蘭四個附庸國家的邊境上——羅塞尼亞，最近添駐十支紅軍，這一消息，又引起了蘇聯即將增援附庸國進擊南斯拉夫的傳說。美國駐南大使亞倫，並公開將自己演詞，製成錄音片，送回美國廣播。他警告美國人，說蘇聯附庸國，已完成一切進攻南國的準備。炮彈已經裝好，只待克里姆林宮一聲號令，即行發射。如果大使說話，因爲地位關係，其正確程度決和一般捕風捉影的報道不同。那麼，南斯拉夫的危機，當然較以前更爲迫切，自屬不成問題了。

　　南斯拉夫從1948年6月28日被史太林驅出共產情報局起，爲什麼一拖幾年，史太林到現在才似乎有了近一步和狄托攤牌的決心。其間原因，史太林總想在下列四項途徑中，使南國重入掌握。第一；派特務暗殺狄托；第二；鼓勵狄托內部叛變；第三；扼殺南國經濟；第四；狄托到無法抵抗時，自會和十一世紀英王亨利第四被驅逐出教一樣，越過阿爾卑斯山，粗衣赤足，在風雪中一連三天，跪在教皇格雷哥門外，

乞求饒恕。不料這四條路，沒有一條走通。狄托師承史太林作風，戒備森備(嚴)行蹤詭祕，連在南斯拉夫首都的住所，外間也難知道，暗殺無從下手。反而蘇聯一批批特務，都先後被狄托捕殺。至防止內部發生叛變，則他更是受到老師教導的恩益，殺人不眨眼，蘇聯理想承繼狄托的人物，狄托的老參謀長，多年密友岳溫諾維將軍，卻早在和情報局破裂後不到兩個月，就被狄托設法處決。第三條路，因狄托受到第三國家的支援，經濟未崩潰，第四條路，則狄托態度，越來越強硬，乞求饒恕，萬談不到。迄至今日，更由於附庸國家，走狄托路線人物，逐日增多，捷克情形，尤為嚴重。狄托等於在史代林的鼻子上，抹了一堆糞污，大大減損了史太林不可一世威嚴。如果史太林不於上述四條路徑以外，另想辦法，趕快拔出這一根眼中巨刺，則所有附庸國家，行將逐漸轉向，去和南斯拉夫看齊。甚至狄托還會奪取史太林共產黨領袖的寶座，也未可知。這就是史太林可能另下最大決心與狄托攤牌的理由所在。

但思想前後，克林姆林宮還不敢輕易發出「開砲」的命令，這就是因為不久之前，美國有過「南國倘被侵略，美國不能坐視」的正式表示，史太林如果來沒有將第三次大戰準備得十拿九穩，那麼儘管局勢越來越嚴重，這第一顆砲彈似乎還需要躲在砲膛中，再多睡一些日子！

舍我

原文登載《自由人》
1951/03/21

從阿根廷擁有原子能超級秘密

——看貝隆五年作風

自由人

捧太太競選副總統，封報館利用送報人，原子秘密靠不住，政治秘密先拆穿。

如果阿根廷總統貝隆[注1]的話可靠，他已經擁有比世界任何國家(包括美英蘇)更進步更偉大的原子「超級機密」，那麼，今後蘇聯尋求原子秘密的間諜活動，應該由美英轉向阿國。而同時，美英也將不能不以其科學領導的地位，向阿國低頭領教。這真要值得貝隆驕傲的。不過這些國家，對貝隆本月24日所發公告，其可信程度，似乎還都存有重大的保留。

依照貝隆說法，阿根廷所擁有的原子秘密，第一、原料方面，不再需要物稀價貴，大家拼命向全世界搜尋爭奪的鈾——二三五而只是一種極便宜，即普遍的東西。第二、他暗示這種原料可能即是永恆的太陽。換言之，即在地球上，以人工將太陽燃燒起來。第三、以這種方法製造原子彈，在爆炸時，可用人力控制，爆炸力的強弱，聽憑投彈者隨意加減，他並向新聞記者介紹主持原子能研究，原籍奧國歸化阿根廷

的李希德教授。李氏與貝隆互相唱和。但當記者們追問詳細內容時，李氏就以這是我們的「超級秘密」，不便宣布爲詞，拒絕披露。「超級秘密」，自沒有向新聞記者披露的可能，要想知道，當然還只有「明求」與「暗偷」，那就看蘇聯如何施展他的間諜天才，以及美英如何以最優惠條件，俯首低眉，籲請合作。

許多著名科學家，對貝隆及李希德談話，表示懷疑。就兩天來報紙所以刊佈的，如德國原子專家海森堡博士、韓恩博士、美國海軍研究局原子核物理學主任李德爾博士，及前任局長立普博士、加茂博士，他們都不大相信，阿根廷有此原子能驚人發展的可能。拉普博士更就人工控制原子彈爆炸力強弱一點，認爲除非能耐受一萬億度的高熱，否則無法控制原子彈的爆炸力。此外美國參院原子能委員會委員約翰遜及米里根，也有此同樣感想。貝隆對一切懷疑的人，深感憤怒，他痛斥懷疑者，說那些外國人從不曾說實話，而我則自始至終未曾撒過一次謊。

我不是科學家，我沒有資料推斷此一事件的真僞。不過這位五十六歲獨裁總統貝隆最近五年來的言語舉動，確實富於戲劇化。他說，他不曾撒過一次謊，也許他卻是撒謊太多，而不只一次。姑就記憶所及，略舉兩件最堪欣賞，而迹近欺世的故事如次：

夫妻合作破紀錄　太太提名請聯任

貝隆最初本是一位低級軍官，因善於運用機會，1946年竟一步登天，當選總統。阿根廷雖在名義上，有憲法、有國

會，很像一民主國家，從實際看都只是軍人獨裁的工具。前年國會選舉結果，三十位參議員，一百五十八位眾議員，完全為貝隆黨徒。為了讓貝隆好做終身總統，並於去年修改憲法，總統可無限制聯選聯任。現在，距離六年任滿的時期，已不太遠而首先擁護貝隆聯任1952年總統，並提出此一口號的，不是別人，卻正是他同床共枕的太太，易娃貝隆(Eva Perón)。上月底，貝隆太太，以貝隆婦女會會長資格，向貝隆獻一紀念金鑰，並最先提名，擁護貝隆為下屆總統競選人。貝隆在此接受獻表的盛大典禮中，曾當眾演說：他感謝婦女會送給他紀念品，他尤其感謝上帝賜予他這樣一位能幹的婦女領袖，在許多方面，給他幫助。他很高興，貝隆婦女會，已構成一強大政治力，今後，婦女們並應參加政治各部門實際工作。阿根廷的人們，業預料到，下屆總統，不特貝隆一定聯任，並且唯一的副總統候選人，將就是他的太太——易娃貝隆。這正是貝隆目前竭力以赴的標的。在美國，羅斯福總統夫人，當羅斯福在任時因歡喜發表政治意見，引起不少批評。我們重慶時代的第一夫人，也有過類似情形。論理，在男女平等，言論自由的國家，只要太太不以私的關係，對丈夫發生不良影響，那麼，丈夫做總統，為什麼就要褫奪太太的政治發言權？天字第一號民主美國，尚且有人存在偏見。假若阿根廷真出現了「夫婦總統」，又不知他們將做如何看法？不過無論如何，「夫婦總統」，在歷史上，總是一件開闢新紀元的妙事！

貝隆太太了不起　主持全國總工會

提起這位易娃貝隆，確實也了不起。她不僅是貝隆婦女會

的會長，而且同時又兼任著阿根廷勢力最大的總工會主席。幾年來貝隆費盡心機，仍無法使其出版的阿根廷第一家大報——《新聞報》(*La Prensa*)今年1月，卻經由易娃貝隆，略施小技，就關門大吉。這件事已引起全世界，尤其美國新聞界普遍的憤怒，但易娃貝隆的本領，也就從此為全世界所驚佩了。

　　《新聞報》原是阿根廷兩大著名報紙之一，但牠比《民族報》(*Lo Nacion*)銷路更大，聲譽尤隆。牠每日發行三十八萬份星期日可達四十八萬份。每年盈餘，總不少於美金一百萬元。牠以每年盈餘，主辦了許多社會福利事件。牠態度公正，不為任何黨派所左右。貝隆執政後，牠仍然保持固有風格，很強烈地批評貝隆。因此，在貝隆就職第一年，就將《新聞報》社社長阿根廷人民一向敬重的巴士博士(Albert Cainza Paz)[注2]非法逮捕，表示他的下馬威。雖然僅幾小時即行釋放，但由於《新聞報》之迄不屈伏，自此之後，貝隆對《新聞報》的迫害，就愈來愈兇，也愈來愈奇。第一，貝隆曾一再用廣播及文告，勸請阿國人民，拒閱《新聞報》，拒登《新聞報》廣告。第二，減縮《新聞報》用紙的進口數量，(《新聞報》原係日刊四十頁，因此遽減至每日二十頁)即以所減的紙，加給其他擁護貝隆的報社。第三，藉口要檢查《新聞報》倉庫中所裝的蒸氣管，是否適宜，迫令將倉庫存紙，移置路旁，直到大雨將所有存紙淋爛了以後，檢查員才准許搬回原地。第四，隨時利用新聞檢查條例，勒令停版一日或二、三日。這些都是1946年貝隆當選總統起，五年中所用各種迫害的方法。無奈《新聞報》社長巴士太堅強而執拗了，儘管你迫害花樣，層出不窮，除篇幅縮減，利潤減低以

外，他仍是以不變應萬變，對貝隆批評到底。去年10月，巴士出席紐約「全美洲報業協會」，在三百四十八位全美洲報館發行人及編輯人參加的盛大集會上，巴士報告貝隆壓迫言論的種種事實，當(即)引起全體一致之熱烈同情。並通過決議：「此新組織之『全美洲報業協會』決定動員最強有力的武器——輿論——來與全美洲壓迫新聞自由者，誓死奮鬥。凡美洲任何報館，其新聞自由如遇迫害，可向協會申訴，協會於接受申訴後，即進行調查，調查屬實，即將該事實向全世界廣大宣傳為廣大之輿論制裁。」當然，《新聞報》事件，即為調查對象之一，而協會推選之四十五位幹事中，巴士亦抱括在內。時會場情感激勵，凡遇提及巴士大名時，即全場鼓掌歡呼，以表示大眾對此新聞戰士的敬意。

報夫逼倒《新聞報》　警察代頒特赦令

誠如俗諺所云：「道高一尺，魔高一丈」，上述「全美洲報業協會」的決議剛一傳出，貝隆總統即決心更進一步，對《新聞報》痛下毒手。但他鑒於過去種種，都不能制《新聞報》的生死，於是太太——易娃貝隆，就想出一最妙計策。今年1月，正當《新聞報》違反貝隆意旨，盡量報道(導)郊區鐵路職工罷工消息時，貝隆太太主持之總工會，其所屬派報工會，突向《新聞報》提出要求，第一，所有《新聞報》在各處直接設立之分銷處，一律關閉；第二，停止直接定(訂)閱，全部發行，概交派報工會所屬會員送發；第三，從《新聞報》最大財源之分類廣告收款中，提出百分之廿，交派報工會，作為該會社會救濟計畫之用。雖然這些要求，過於突兀，且不合情理，但《新聞報》仍表示願提付仲裁。工會不

允仲裁，就自行宣布，停止派送。接著，貝隆太太主持之總工會，其所屬另一工會——印刷工會，更不提任何要求，遂下令該報工人立即罷工。在兩工會如此鉗形攻勢之下，《新聞報》遂無法再與阿根廷人民相見。

從1月到現在，該報仍在關閉中。三星期前，《新聞報》全部職工一千二百人，包括印刷工人在內，以停刷過久，影響生活，決定不顧派報工會態度，先行復刊。他們於決議後第二天，在報社集合，各就原職，恢復工作。印刊工人，分批步行，至離社約半英哩之印刷廠。事先，報社已得警察許可，允予保護。但當工人到達印刷廠時，突有大批暴徒，攔路阻止。並開槍擊斃工人一名，傷十四名，工人大呼救命，警察俟暴徒退走後，始漸次出現，假裝追補。然其餘工人，並不畏縮，仍依照原訂計畫，入廠排印。數小時後，大部分工作，業經完成，顯然此停刊已久之反貝隆報紙，即將與讀者重行晤見。不料工人正以極度熱忱，進行出版時，忽有武裝警察多人，翩然光降，為恐外間再有暴行發生，為維持秩序計，不得不立將工場封閉，工人驅走。《新聞報》全體職工，面對此暴力壓迫，無可抵抗，亦只有遵照命令、各自散去。社長巴士，並已逃往巴拉圭。

此一戲劇化驚奇局面，全部經過，均為《生活雜誌》記者麥康貝、《時代周刊》記者席亞所親身目睹，麥氏並攝有現場照片多幅準備寄出。乃兩記者於當夜返回寓所就寢後，突被警察於夢中喚醒，押赴警署，以鼓勵暴動，違反公共秩序的罪名，立被判處30日拘役。兩記者聲明不服，警吏即笑告彼等，現有兩條途徑，聽憑選擇。一條是你們上訴，但在進

行上訴時，你們仍須住入看守所。另一條路，則是你們承認錯誤，只須簽署一申請書，貝隆總統立即可根據憲法特權，予以赦免。兩記者考慮結果，決定走第二條。於是僅僅幾分鐘時間，一面由兩記者簽字早經備好之申請書一面即由警吏宣讀早經備好之總統特赦令。計從被捕判罪，到特赦回家，在其他國家，不知要經過多少時日的手續，在阿根廷，這次則總共不過八小時。

兩件故事戲劇化　原子秘密太神奇

以上就是我要告訴大家的一些有關貝隆的戲劇化故事。當然諸如此類的趣談，還有不少，但擁太太作副總統，交警察下特赦令，舉一反三，這位總統，在政治上，其作風是如何異乎尋常，也就不難想見。他確否真如所說，從不撒謊，恐更難有人替他保證。因此，我雖然不是科學家，而當聽到貝隆宣布有原子能的超級秘密云云我立刻想起，這是不是又一套戲劇化的開始？因為以一個農業立國，科學並不特別發達的阿根廷，忽然說他的原子能研究的成就已超過了美英蘇以及全世界任何國家，無論如何，這總有點近於神話。尤其像原子能這類研究，最重要一步，總在實地試驗。美國試驗一次原子彈，要費多大力氣。那樣滴水不漏，嚴守秘密，而美國竟仍有種種方法，立即測知。如果阿根廷曾做過這類試驗，何竟事至無一國有此情報，如果至今還沒試驗過，那就還停留於研究階段，以云成功，自誇尚離題太遠。

英美關係不良好　反蘇反共極堅決

阿根廷這一國家，其傳統的法西斯氣氛，本不自貝隆起。

從1816年宣布獨立起，牠曾帶過無數獨裁統治者到德國，一向存有好感，第一次大戰，在美國多方勸說下，牠仍嚴守中立。第二次反軸心大戰，到最後幾個月才宣佈參加，她雖因此加入聯合國，對民主自由集團，總似乎有些距離。德國納粹份子，好多人逃在阿國避難。過去一再謠傳希特勒也變姓易名，爲政治難民之一，當然這只是謠言而已。但阿根廷與法西斯，確有若干不可分割的血緣，則這是很顯然而無可否認的！

在貝隆執政的五年中，阿根廷和英美的關係，始終並不良好。尤其對美，1948年，在一刺殺貝隆的陰謀案中，阿政府竟正式宣佈，爲美國駐阿使館一職員，曾親身參豫(與)。阿國親貝隆的報紙，對美國時肆抨擊，即如前述紐約「全美報業協會」的決議，阿報也痛斥其事，罵協會代表爲《新聞報》匪幫，爲受美國利用。諸如此類口吻，竟儼然若出自蘇聯集團。然而牠是不哲不扣的反蘇者。在「汎美會議」中，不斷與美國衝突。至對英關係，則因英鎊貶值，阿政府於1949年9月通知英國要求提高購肉價格，此問題始終無法獲得協議，終至阿政府毅然禁止肉類運英。今雖英國以肉類恐慌，有意讓步，是否成功，尙無把握。且貝隆曾欲乘英國國勢日就衰落之際，解決阿國東南，英屬福克蘭島(Falkland Islands)之主權問題，於1948年發表宣言，謂應歸還阿國，然以英國態度強硬，迄未獲任何結果。英美對貝隆，老實說，並沒有若何好感。不過貝隆反蘇意志很堅決英美也就只好看在這一點上，棄小異而就大同，多方容忍。總之阿根廷對民主集團的反蘇目標，固然不會有所妨害，但就英美說，早晚總是一個麻煩太多，令人不快的夥伴。

　　有人推測貝隆於本月24日宣布阿根廷擁有原子能超級秘密，恰在華盛頓「汎美會議」開幕前兩天，顯然是有意提高阿根廷地位的重要性。這看法是相當正確的，此次「汎美會議」，目的在團結反共，中南美國家，反共是不成問題，不過他們卻正可以藉此，向美國大大敲一筆竹槓。當然，貝隆是懂得其中奧妙的。如果民主國家，真相信他擁有這超級秘密，一切爭執，都自會欣然向他低頭。而他同時卻在國內提高了自己身分，明年選舉就更有把握，太太的副總統，也會不在話下。這就是他宣布擁有園子能超級秘密的最主要目的，換一句話說，也就是他這次又一戲劇化，本身政治上真正的超級秘密。可惜是這政治上的超級秘密，竟先於原子能超級秘密而被人看破了！

舍我

原文登載《自由人》
1951/03/28

注1：貝隆(Juan Domingo Perón，1895年10月8日-1974年7月1日)，
阿根廷軍官，1946年至1955年、1973年至1974年期間兩次出任阿
根廷總統。貝隆上任後採取有利於工人階級的政策。他大規模擴
大了加入工會的工人數量，幫助建立了「勞工總同盟」。他將此
稱為介於資本主義和社會主義之間的「第三條道路」。他強烈地
反對美國和英國，沒收了這兩個國家在阿根廷的大量資產。他致
力於推進國家的工業化，於1947年頒佈了旨在發展國有工業的第
一個五年計劃。他的思想成為了阿根廷政黨中的主流。1940年代
後期，在他的允許下，阿根廷成為了納粹戰犯的避難地。雖然貝
隆在政治上右傾，卻也堅決反共，1943年他更拒絕了使用軍隊鎮
壓同性戀者。他還下令警察和司法系統對同性戀者採取寬容態
度。1945年貝隆的與第二任妻子伊娃‧貝隆(María Eva Duarte
de Perón，1919年5月7日-1952年7月26日，即著名的貝隆夫人，
她的一生，在英國音樂劇《貝隆夫人》中得到再現，後又被改
編為多種版本的電影和連續劇)結婚。在她的幫助下，貝隆在勞
工和婦女團體中獲得了更多的支持。伊娃於1952年死於子宮癌
(一說白血病)，年僅33歲。1951年，貝隆獲得連任。但是經濟問
題，政治上高度的腐敗，以及與羅馬天主教會之間的矛盾，最終
導致他在1955年9月的軍事政變中被推翻。下臺後，他流亡到巴
拉圭，後來在馬德里定居。1961年，他與夜總會歌手伊沙貝爾‧
貝隆結婚(1973年10月成為阿根廷副總統)。1974年7月1日，貝隆
逝世。他的第三任妻子，副總統伊莎貝爾接任總統。1976年3月
24日被軍事政變推翻。

注2：巴士(Alberto Gainza Paz，1899年3月16日-1977年12月26日)出
生於布宜諾斯艾利斯，阿根廷布宜諾斯艾利斯有影響力的《新聞
報》(*La Prensa*)主編。1921年在布宜諾斯艾利斯國立大學獲法
律學位，後參加其叔埃塞奇埃爾‧巴士(Ezequiel P. Paz)主持
的《新聞報》社，1943年接任主編。1945年秋貝隆(Juan Perón)
控制政權後被短期拘留。1951年1月政府控制的報界聯合會打擊
《新聞報》，迫使其停刊。1951年4月該報被沒收，直至1956年
貝隆被推翻後，他才得重新經營此報。西方認為他是反對官方審
查爭取新聞自由的象徵。1950年10月在紐約召開的泛美新聞聯合
會大會上，美洲基金會表彰他爭取新聞事的成就，並促進西半球
各國國際合作。

「退卻」爲何不向大老哥學習

自由人・半週展望

　　中共一切師承蘇聯，學習大老哥，但1917年，蘇聯不惜任何犧牲，對德停戰媾和那一幕，爲什麼竟毫不考慮？《聯共黨史》第七章，這樣寫著：「在當時條件下繼續戰爭，就無異把剛才產生的蘇維埃共和國底生命拿來作孤注一擲。」「由於〈對德和約〉的簽訂，於是黨就有可能贏得時間來鞏固蘇聯政權，來調整全國經濟。」「〈對德和約〉，列寧教導了黨應怎樣在敵人力量顯然超過我方力量時，有秩序的實行退卻。以便用最大的努力，準備應付敵人未來的新進攻」，「以上種種，歷史完全證明了列寧路線的正確。」

　　如果中共打美國，是要打倒「帝國主義」，但威廉第二的德帝國主義，其應該打倒的程度，總絕下於美國，爲什麼列寧還一定要中途妥協？今日美國力量，是否已顯然超過中共？中共在現有條件下繼續作戰，是否無異把剛才產生的「中華人民共和國」的生命，拿來作孤注一擲？如果不繼續作戰，是否中共就會有時間，更能鞏固其本身政權，調整其全國經濟？這些問題，恐頭腦稍爲清醒的人，都能解答。對德媾和，蘇聯曾犧牲了無數土地，接受了無數屈辱條件，今

日中共如果退出韓戰，美國根本不會要中共割地賠款。中共
為什麼別的都向大老哥學習，而這個生死關頭大教訓，卻又
偏要和大老哥背道而馳？

托洛斯基一派，據說曾反對過〈對德和約〉，列寧(史太
林是擁護列寧的)曾痛斥托等有意要拖長戰爭，毀滅蘇聯。罵
他們叛黨賣國。如果拿這同一尺度來批評今日主張對美國作
戰到底的毛澤東之流，列寧有知，真不知道他要罵些什麼？

有人說，向老大哥學習，應以老大哥利益為標準，小弟弟
是不能有選擇的自由，因為目前從韓戰「退卻」，不符合老
大哥利益，所以就不許學習！這句話對不對，老大哥和小弟
弟應該肚裡明白。

舍我

原文登載《自由人》
1951/03/31

等待了一個星期

自由人・半週展望

中共等待了一個星期,才由北平電台,非正式的答覆了麥克阿瑟本月24日的〈招降文告〉。答覆的內容,不但拒絕招降,且硬把外表似乎嚇的發抖,生怕麥帥文告惹起大禍的英國,拉來和美國一起,平等待遇,痛罵一頓。並確切指出:「該宣誓顯示美英兩國現時正準備對中國實施直接進侵」。這就英國說來,真算黑天冤枉。阿德里、摩里遜之流,幾天以來,不正在那裡裝模作樣,指責麥帥,說不應威脅中共,中共不投降,即要將轟炸帶往中共沿海,及若干中國軍事基地?中國縱不感激英國這番好意,最低限度,也應分別待遇,比美國最減一等。中共完全漠視這一點,這當然要使阿德里,摩里遜之流,大感失望。

我們若再深刻地作一檢討,則我們不難發現,麥帥文告,為什麼中共一定要等一星期才作表示?英國拼命討好,不贊成麥帥轟炸中國共區的威脅,為什麼中共卻反要栽贓英國,說英美準備直接侵入?這一切答案很簡單,即北平與莫斯科的空間,究竟隔著那樣遠,莫斯科要中共打,並且要對英美一樣打,請示和訓令的往返,總不是幾個小時可以解決,所

以，要等上一個星期，而且要將英美拉在一起罵。否則中共若可自主，中共既不投降，則以中共平日盛氣陵(凌)人的作風，等於麥帥這樣一篇顯然挑釁的招降公告，難道連回嘴也不曾，竟要考慮六七天？這個道理，無論如何總有些說不通吧！

舍我

原文登載《自由人》
1951/03/31

就這樣打下去

自由人・半週展望

　　中共這樣地永遠打下去了。據今天報載，三八線中路共
軍已加強抵抗，從平壤南下的運輸軍，及蘇製坦克，僅前日
一天，就有千輛之多。我們早已指出，中共絕不會退出韓
戰，另一方面，聯合國軍，只要他們有足夠力量，也無法不
越過三八線，甚至無法不打過鴨綠江。這是因為三次大戰的
勢態，業經形成，目前任何韓戰可望和平，及韓戰不許擴大
的種種傳說，無論從那方面發出，牠的意義，都只是製造烟
幕，迷惑觀聽。因蘇聯既決心要征服世界，要叫中共死在韓
戰場，多消耗一些美國人的資源和生命，那麼，韓戰如何可
以結束？目前，聯合國軍，事實上已越過三八線，杜魯門總
統昨天談話，也表示三八線的是否越過，麥帥儘有權衡。這
樣一來，所有不許越過三八線，中共可以繼續談判，那麼烟
霧迷濛的暗霾，就應可一掃而空了。

舍我

原文登載《自由人》
1951/03/31

東方人「自由」不值錢！

自由人

　　自由世界爲阿根廷迫害《新聞報》，燃起了熾烈怒火，但共黨在中國大陸屠殺了無數記者，劫奪了無數民營報館，在聯合國在美國，爲什麼卻從不聽見有人說話。

　　全世界著名報紙之一──阿根廷《新聞報》──因爲始終要保持牠傳統的持正不阿作風，自貝隆當選阿根廷總統，五年以來，備受迫害。去年10月，在紐約舉行的「全美洲報業協會」，決議要支持《新聞報》，不料這一決議，不僅沒有軟化貝隆魔手，反更促使貝隆下了一不做二不休決心，於今年1月，由主持阿根庭總工會的貝隆太太，唆使派報公會、印刷工廠，同時向該報宣佈罷工。本月初，該報印刷工人，參加報社全體職工大會，決議復刊，但當復刊工作將近完成之時竟被暴徒襲擊，斃傷工人十餘名，最後，仍爲武裝警察，將工人驅離工廠。該報復刊計畫，至此遂全告失敗。社長巴士博士，逃至烏拉圭。美國《時代週刊》，及《生活雜誌》駐阿記者，爲企圖報導復工被阻的全部情形，被警察拘捕，經簽字申請特赦，始由警署代發總統特赦令，准許回寓。上一期《自由人》，我已將前後經過，在〈看貝隆五年作風〉

一文中，詳細報告。畢竟《新聞報》是一個被社會讚許的報紙，而最大多數美洲人，尤其北美合眾國，對新聞自由，又十分重視。最近幾天的發展，此問題已更見擴大。固然拿中國大陸尺度說，巴士博士沒有和廣州六記者及江南萍等一樣，被阿政府就地正法，已算是貝隆過分寬大。但非共國家，究和共黨不同，在共黨國家被笑為過份寬大的貝隆，在非共國家則已視貝隆為罪大惡極，群起聲討。所可怪的，貝隆封了一家《新聞報》，趕走一位新聞報社長，就激起整個自由世界，輿論沸騰，中國呢，共黨在大陸不知封多少報館殺多少報人，大家至今，反似乎毫無感覺。這真是個奇異的對照。我們當然也是同情《新聞報》的，現在讓我再繼續報告一下這幾天的發展，同時也可當作〈看貝隆五年作風〉一文的補充。

國際人權聯盟　對阿提出控訴

據27日「美聯社」成功湖電：「國際人權聯盟，昨指控阿根庭接管《新聞報》，係違反聯合國義務。該聯盟以其理事會決議案提交聯合國，譴責阿根廷政府行動」又同日該社阿根廷京城電：「調查《新聞報》一案之國會委員會昨稱，擁護政府之公民已要求政府接管該報，並控其業主開營非法組織」。就這兩條電訊所說，《新聞報》已被阿根廷政府接管，這是以前各種報導中，未經提及的。過去貝隆對該報的一切迫害，無論如何強橫，但最大限度，只在不許其出版，至報館產權，則並未予已嚴重傷損害。現在忽然國際人權聯盟，指控該報被阿根廷政府接管，而阿根廷國會委員會，又宣稱擁護政府之公民，以要求政府接管。是貝隆又比禁止

復刊更進一步，而要將該報產權沒收，攫爲已有。貝隆這種作法，不禁蹂躪了新聞自由，而且根本破壞了人民的財產權。這在充滿了民主自由觀念的人來看，實爲過份的大逆大道。貝隆究要用什麼理由，那種方法接管《新聞報》呢？26日《時代週刊》，曾刊一簡短報告。說：阿根廷國會，某日曾召開特別會議，決定沒收《新聞報》。此案先由擠滿貝隆黨徒的眾院通過後，在送達參院不滿兩小時之內又立由參院通過，參院並通過任命一兩院聯合委員會，決定沒收該報所應採程序，通過調查該報內容，及與該報有商務聯繫之各機構。委員會委員，亦均爲貝隆黨徒，在委員會提出建議以前，該報之房屋、倉庫及機器，事實上即爲由政府接管。當眾院討論此案時，曾爲屠戶，現任非阿委員會主席之韋士楷，領導貝隆黨徒，主張極力。但他沒有法子，使唯一發言反對的方帝西閉口不說。方氏在這一面倒的高氣壓下，竟敢大膽的說：「是的，你們充滿了權力，但也充滿了恐懼，如果有任何反阿運動來自國外，則唯一原因，只由於你們政權，毀滅了阿國人民所有的一切自由。」

藉口公眾服務　政府接管報館

在阿根廷國會通過此案以前，貝隆太太的機關報——《民主報》——曾發表過一篇評論，說，「阿根廷經濟解放的最後一章。現應從資本主義化的《新聞報》案開始。資本主義，應擁護自由企業，牠的本身，即顯然違反憲法，憲法（按即1949年貝隆所授意改訂的）建立了由國家全面管制的對外貿易，同時又規定國內企業，經認爲有關公眾服務者，政府可隨時接管。」《民主報》這一評論，當然出自貝隆夫

婦的授意而爲國會作啦啦隊。不過牠忘記了一個重大漏洞，如果《新聞報》被認爲有關公眾服務，政府可隨時接管，那麼，這貝隆太太的報紙——《民主報》，爲什麼又仍可私自經營？《民主報》如此不能自圓其說。但所謂阿根廷政府接管《新聞報》的理由與方式，也就不難於此短短評論及國會通過情形，約略想見。像這樣摧殘新聞自由，有就是摧殘人民的言論出版自由，以及任意沒收人民的所有財產，無怪國際人權聯盟，要向聯合國提出告訴，而酷愛自由的美國人，更要感到問題嚴重，對貝隆政權，燃起了激憤的怒火！

美國副國務卿到阿根廷無法開口

阿根廷雖是南美三大國之一，但經濟方面，仍倚賴美國支援。自貝隆執政以來，因貝隆標榜「第三路線」，反共產主義，也反資本主義，換一句話說，就是反蘇也反美，貝隆夫婦的機關報，抨擊美國，並不減於蘇聯，阿美關係，日趨惡劣。但看在反蘇一點上，美國仍不惜多方遷就，貝隆也就靠這一點，敢於開罪美國。他先後告訴美國三位駐阿大使，麥塞史密斯、蒲魯斯、葛菲斯，如果第三世界大戰發生，阿根廷一定站在美國方面作戰。去年美國助理國務卿糜勒(Edward Miller)赴阿，貝隆更將這一決心，向糜勒強調說明。僅憑這一劑迷魂湯，糜勒回到美國，拼命替貝隆幫忙，一億二千五百萬美元借款，即走進貝隆口袋。《新聞報》事件發生，美國輿情，不特對貝隆萬分憤慨，連這位替貝隆做說客搞美元的糜勒，也備受指責。最近彌勒再度赴阿，想告訴貝薩，《新聞報》問題，在美國已引起何等嚴重反應，以爲公誼私交，貝薩或會將這件事情設法和緩。不料到阿數日，貝隆竟一反

以前與糜勒私人密談，動輒三、四小時的辦法，每次會面，均有大批官員在座。臨走，在一次總統府盛宴後，原望得一機會，與貝隆商討，但宴席剛完，貝隆夫人即堅邀糜勒及若干高級官員，在社郊參觀她即將落成的一所醫院。醫院的電梯還沒有裝好，貝隆夫人在這上下七層新建築中，帶著他穿走如梭，累得萬流氣喘。結果糜勒就這樣空手回國，《新聞報》呢？始終沒能和貝隆談過一個字。

美國輿論憤慨　主張打到貝隆

儘管被隆夫婦這一貫流氓作風，使美國副國務卿糜勒無法開口，但整個愛護人類自由的一億五千萬美國人，他們的口，是貝隆夫婦所無法堵住的。看到這幾天《新聞報》被沒收以後所激起的美國輿論，阿根廷想再獲美國經濟支援，似乎要暫時絕望。

甚至有人主張，美國以地理關係，不應縱容法西斯餘毒，在阿根廷盡量發展。暗示著美國政府，應推倒貝隆政權，這主張當然是美國政府所不能接受的。但貝隆卻異想天開，突然公佈阿根廷擁有比世界任何國家更進步的原子超級秘密，以恐嚇美國人，使不敢再為《新聞報》一類事件，反對阿國，致干未便。

國際人權聯盟的控訴，美國人甚至全世界愛護自由者的憤怒，縱然不能立時史貝隆夫婦縮回魔手，將有光榮的《新聞報》起死回生，這種正義呼聲所給予貝隆政權的打擊，其未來結果將是很嚴重的。我們充沛感謝自由世界，對於人類自由的愛護。不過另一方面，可看我們自己的中國大陸，同

是人類，我們的新聞自由在哪裡？我們的財產保障在哪裡？廣州六記者血跡未乾，而江南萍和其他各地記者遇難消息，又絡繹不絕的傳來。至於大陸上許多具有光榮歷史從未與任何政權發生關係的私人報館，更那一家不是早被中共全部搜劫，「掃地出門」？無辜平民，慘被屠殺，更是盈千累萬，由不堪論。這些殘酷血腥的事實，其程度自更百倍於僅僅一社長——巴士博士——的被迫出國，一報館——《新聞報》——的被迫關門。然而國際人權聯盟，美國人以及全世界愛護自由者的人們，爲什麼卻從沒聽見說過一句話？難道黃面孔的東方民族，其個人自由的估價，比西方特別低廉，值不得別人呼籲保障？抑或由於我們自己不爭氣，我們不重視本身自由，我們任意聽中共宰割所以其他愛護自由的民族，也就漠然置之，認爲沒有過問的必要？從阿根廷的《新聞報》被迫害，聯想到我們大陸上新聞自由和私人財產保障之早以一掃而空，我要向國際人權聯盟，美國人，全世界愛護自由的人們申訴不平。而第一急務，還在我們自己。法西斯和共產黨本是孿生兄弟，我們深受共黨毒害的中國人，必須迅速奮起，團結作戰，來打倒這加料製造，殊途同歸的東方貝隆。

舍我

原文登載《自由人》
1951/03/31

聯軍危機在七嘴八舌

自由人・半週展望

　　艾森豪威廉，已宣布4月2日零時起，正式就任歐洲盟軍統帥。他和麥克阿瑟，都是以美國將領，指揮盟國軍隊。世界兩大戰區，西歐和遠東，其未來命運都將由這兩位美國將領來掌握。所謂聽受指揮的軍隊，是包括了海陸空各作戰單位。一個一百多年新興國家，從未倚靠自己武力，南征北剿，像歷史上那些企圖征服世界的暴君一樣。而只完全由於天然資源的豐富，擁護民主的熱忱，使所有盟國，誠意推戴。美國竟這樣地成功了一個世界領袖，的確是幾千年來歷史未有的奇蹟。就這一點說，也值得驕傲了。

　　不過世界領袖的地位，雖已造成，而美國所負責任的艱鉅，與其前途的困苦，這不待我們替她擔心，任何一個美國人，都會有不勝沉重之感。因此，聽到艾帥的正式就職，我們一方面切望美國內部，從此能集中力量，支持她分處兩大戰區的統帥。政治要民主，但七嘴八舌朝夕令改的作風，卻萬不能用之於打仗。另一方面，我們也切望所有盟國，今天公共的敵人，確是太強大了，只有大家拼命，才可死中求活。這其間，沒有避重就輕，投機取巧的餘地。歷史上聯軍

的制勝，只有在大家遵守同德同心的唯一原則下，方能把握確實。否則像二千年前的六國攻秦一樣，彼此觀望，各個擊破，這人所共知的嚴重教訓，每一參加戰鬥的國家，都應該深加警惕。

　　遠東的韓戰，僅是三次大戰前一小小插曲，然而麥克阿瑟對內對外所受一切苦痛，恐怕已嚐盡了如中國俗諺所說「打落牙齒肚裡吞」，那種不可告人的滋味。如果這種苦痛，還不能早告結束，不特韓戰前途，大可悲觀，而移今日麥帥之經驗於艾帥，恐怕大家在三次大戰所要爭取的共同目的——打倒人類惡魔，保障民主自由——能否達到，也就很成問題了！

舍我

原文登載《自由人》
1951/04/04

美對法第三勢力懷疑

自由人・半週展望

　　法國總統歐禮和[注1]，寫下了法國總統第一次訪美紀錄，也可說，繼承大革命時拉法夷脫與華盛頓間傳統友誼，使此兩大民主國家，對當前世界大局，增加了解，鞏固團結。歐式已訂昨日啓程返國，至於他此次在美，關於法美間一切問題，就已否與杜魯門商得若干解決，在未得確實報告前，我們此時，尚無法妄作推斷。

　　有一點很顯然的。他這次訪美，最大任務，是要打破美國一股最流行的觀念，即歐洲國家，對極權作戰的意志，太不堅強，尤其法國，政府是那樣不穩固，罷工風潮，是那樣此起彼落，物價高漲，人心惶懼。因此，美國人不特反對以更多金錢，送往法國，且堅決反對，無限制派遣軍隊赴歐。他抵美國後，曾參加無數集會，發表無數談話，其目的即均在說明法國真實態度，以糾正上述觀念。在他離美出席國會的那一場演說，尤其坦率誠懇。他堅決表示，在現今局勢下，任何國家，沒有中立，也沒有孤立可能。他所提的五點和平意見，當然沒有一點，能爲蘇聯所接受。總之他要美國人相信，第一，法國反對蘇意志，十分強烈，第二，只要美國肯

援助，平定物價，消弭工潮，都很容易。

　　美國的反應，在歐式留美期間，第二點相當良好。他們同情法國在兩次大戰中所受犧牲的重大，今天法國再經濟上所遭遇一切困難，都認為值得原諒。他們也並不一筆抹殺法國復興經濟的成績，尤其今年1月，法國生產了八十三萬噸鋼，比1945年的十四萬噸，增加六倍。又生產了四百八十一萬四千噸煤，更打破過去一切記錄，深加讚許。不過對另一項，法國作戰意志這一點，似乎若干人還深切懷疑。有些刊物指出，說法國今天掌握政權的，是「第三勢力」，第三勢力，固然也大呼反共，實際上，是反共不夠堅強的，照這些刊物看法，或許感覺第三勢力，要在戴高樂與共產黨之間，獲的平衡，因而減損反共的鬥志。如果這種觀念，在美國很有力量，則法國對美的說服工作，自歐氏訪美之後，就還有繼續努力的必要。

舍我

原文登載《自由人》
1951/04/04

注1：歐禮和(Vincent Auriol，1884年8月27日-1966年1月1日)。二次
　　大戰後臨時總統戴高樂(Charles de Gaule)於1946年辭職，他期
　　待公眾的支持能夠讓他重新執政並推行其憲政理念。然而，立憲
　　議會卻選擇由社會主義者古昂(Felix Gouin)來取代他。1947年
　　到1958年的法國共和政府。這段時期，法國由第四共和國憲法實
　　施管治。該憲制與第二次世界大戰前的第三共和國相似，但也遭
　　遇到相似的問題，比如內閣任期短暫，政策計劃面對困難。1946
　　年10月13日，法國正式採用該憲法。歐禮和便是在此一情況下當
　　選法蘭西第四共和國第一任總統(1947年1月16日-1954年12月1
　　日)。歐禮和早年在土魯斯(Toulouse)大學學習法律，1914年選
　　入法國眾議院，不久成為社會黨的傑出人物。1919年-1935年間
　　為社會黨議會黨團領袖，1936年-1937年在里昂‧布魯姆(Leon
　　Blum)內閣任財政部長。1940年投票反對賦予「維琪政權」首腦
　　貝當(Philippe Petain)元帥行政全權，1940年-1943年被囚禁。
　　1945年在戴高樂內閣中任國務部長，以善於調解左右翼間的分歧
　　著稱。他任總統期間繼續奉行妥協政策。1954年拒絕連任，1960
　　年完全退出政治舞台。

麥克阿瑟「流年不利」

自由人・半週展望

　　據說：杜魯門已命令麥克阿瑟，要他以後不再任意發表意義重大的政治性談話。這個命令，即係經由剛抵東京的陸軍部長裴士轉達。消息是否正確，還未經過官方證實，白宮秘書蕭德，在招待記者會上，且根本拒絕發表有關此事的任何官報。即假定這消息絕對真實，但幾天以來，所傳杜魯門將予麥帥的懲戒，由「免職」、「召回訓斥」、「公開譴責」各方式，而一再減讓，變成「婉轉情商」，如此急轉直下的變質，也就真等於「一折九扣」，「雷聲大，雨點小」了。

　　我們自始就不相信，在目前國際形勢萬分緊張的局面下，麥帥會被迫去職。尤其所謂杜魯門因積怨已深，將如何嚴切懲戒麥帥的各種古怪傳說，我們根本懷疑。因為這樣做，是將不符合美國國家的利益。麥帥從受降，到韓國，他始終在為保障美國利益努力，也的確在為聯合國目的努力。這種人如何可輕言懲罰。民主國家究和獨裁不同，最高權力者的好惡，在用人行政上，不容許自由發揮。杜魯門為了一位文藝批評家低評了他愛女的歌唱，怒不可遏，尚且除親筆寫信痛罵一頓以外，毫無辦法，豈有麥克阿瑟以統帥地位，竟可憑總統個人私意，任使斥逐？何況據我們推斷，杜麥之間，也

絕不會有如外間所傳那樣私人深切嫌怨的存在。

也許麥克阿瑟「流年不利」，最近半月間，特別易「犯口舌」。重越三八線；中共不停戰，就將轟炸東北；以及馬丁所宣布，他在答覆馬丁函中，同意使用國民政府軍隊對共作戰；這三件事，在他說出以後，就立刻引起這方面猛烈攻擊。好容易，前兩點，鬧了許多天，終於杜魯門承認是戰略問題，麥帥有權表示意見，攻擊才轉趨緩和，目前風波仍然汹(洶)湧的，乃在「使用國軍作戰」這一項。其實這又有什麼可責之處。當成功湖請求會員國派兵參加韓戰時，國民政府立即表示，願以三萬精兵，派往韓國，聯合國將此問題授權麥克阿瑟決定。迄至今日，此三萬精兵之未上戰場，據公開解釋，係麥帥認為防守台灣，比參加韓戰，更能發揮效力。那麼，現在麥帥提到，應該使用國軍反共，這難道還算越權？還不是戰略範圍？極簡單的問題，成了極複雜的爭論，我們不深怪那些攻擊麥克阿瑟的人，我們只好用東方式說法，這是麥克阿瑟「流年不利」。

不過，爭論與容忍，本是民主國家兩大法寶。尤其是因麥克阿瑟而引起國內和國際間的爭論，這其間一方面有敵人的挑撥，一方面也未嘗沒有本身的煙霧作用。我們相信這爭論很快會平息下去，就是不平息，或平息了，另有繼續不斷的新爭論發生，其於民主國家的實際利益，仍將是有益而無損的！

舍我

原文登載《自由人》
1951/04/11

野火不許燒起來

自由人

前天，法軍發言人，說中共軍已由滇開入安南。但昨天消息，法軍方面，經派飛機偵察，並趕調援軍開往後，似乎中共軍業已退走。即使仍隱匿分散在安南境內，但數目也不會超過一營，而且不是正規軍。如果事情就這樣平靜下去，當然可使安南法軍鬆一口氣。但在史太林的驅迫之下，這一把野火，中共還要在安南大燒起來的。

制止中共大規模蹂躪安南，唯一有效辦法，還是法軍的大規模增援，即所課以戰止戰。現任法軍統帥塔西尼[注1]，他是最懂得這道理的。今年1月，已粉碎了胡志明攻勢。最近返國請援，終於說服了國防部長莫許，准增兵二萬赴越。這雖是一個很小數字。也可以增強法軍士氣，尤其穩定了安南人心。塔西尼於就任統帥時演說，下列的這幾句話，正是他就任迄今扭轉越局的唯一原因：

我們不能再幻想中立，必須與共黨奮戰到底。如果我們還像以前那樣懶散，則一夜之間，安南就會陷入中共的魔掌，我們也就不會有一個人生還。

要想安南不陷入中共——實則史太林——的魔掌，塔西尼還要更大努力，法軍還要大規模繼續增援。

舍我

原文登載《自由人》
1951/04/11

注1：拉特爾・德・塔西尼(Lattre de Tassigny, Jean de，1889年2月2日-1952年1月11日)出生於法國巴黎。法國陸軍軍官，曾參加第一次世界大戰，1921年-1926年在摩洛哥服役。第二次世界大戰初期擔任參謀工作，1940年5月任步兵師長。1940年6月法國失敗後，他被德國人囚禁，但於1943年逃出。1944年8月14日指揮法國第一集團軍，配合盟軍在法國南部的登陸，隨後並穿越法國、攻入德國南部和奧地利的作戰中。1945年5月8日，他代表法國在德國投降書上簽字。1950年12月前往法屬印度支那，動員當地法國平民參加反對越盟的民族主義革命運動的戰爭。他阻止了武元甲將軍在1951年發動的紅河三角洲攻勢，但疾病迫使他返回法國，1952年病逝，死後被追認為法國元帥。

美初步擴軍提早一年完成

大戰是否也會同樣提早？

自由人

世間最難預測的事，莫過於大戰何時爆發。因爲除如舊小說所載，甲方定好日期，送戰書約乙方決戰外。近代國家，任何一方，不但決不會通知對方，那一天要和你打仗，就連自己也不知道，戰爭究將在何年何月何日何時發生。所以，現今一切對三次大戰何時爆發的推測，誰都沒有把握，擔保他所推測期間，確切可靠。

不過有些因素，是可以很科學地，用作推測的根據，其結果就極能合上一句古話：「誰(雖)不中不遠矣」。比如推測三次大戰不會於1952年以前爆發的人們，他們最大根據，是說美國的擴軍計要到1952年才能初步完成。當然，在人力物力都沒有準備完成以前，對外作戰是不可能的。這就是科學推測的例證。但從另一角度看，天下是否有那樣笨拙的敵人，明知對方現在力量薄弱，而自己束手不動，一定要等對方力量超過了自己。特別像蘇聯這樣國家，他怎肯如此阿Q式等著挨打？因此，所謂科學地推測，也不一定沒有失敗的危險。

最近這幾天，火藥氣味，似乎又特別濃厚起來，法軍宣

佈，中共非正式軍隊已進入安南，巴爾幹風雲越來越緊，德日再武裝聲浪很高。尤其嚴重的，是韓國方面的空戰，蘇聯飛機出動數目突然大增。盛傳麥克阿瑟已奉准，如空戰轉劇即可以轟炸東北。接著，中共方面，就一連串宣布，東北境內的安東、輯安等城市，都已被美機光顧。雖然中共所說，或許想利用時機，趁英國一部分人正指謫麥帥不應說及準備轟炸東北；而火上加油，增強這部份人的反對力量。但空戰繼續發展下去，無疑的，轟炸東北，將是必然的結果。美眾院議長雷朋，曾公然宣稱，東北集中的軍隊，其國籍不僅限於中共，他恐怕三次大戰要從此開始。這何等震駭人心的話，竟出於一美國最高立法機關眾院議長之口，無怪乎舉世驚怖，奔走相告，嚴若滔天大禍，即在目前了。

再就那班科學地推斷大戰不會於1952年前爆發的說法，由於馬歇爾在上月20日向杜魯門提出的擴軍報告，根據也已動搖。美國擴軍計劃，原擬在1952(年)，達到武裝三百五十萬人的標準，陸軍部份，豫(預)定由韓戰前之五十九萬一千人，到今年6月，加二十四萬二千一百人，明年再加五十六萬六千人，合約一百四十萬人。但據馬歇爾報告，則到上月21日為止，陸軍已共有一百三十萬，距明年標準數字，已只差十萬。海軍則由韓戰前之三十八萬一千人，加到七十萬人，空軍由四十一萬一千人，加到七十萬人，陸戰隊由七萬四千人，加到二十萬人。總計起來，現有武裝部隊，已超過二百九十萬。到今年6月，這三百五十萬數字就可完成。等於將兩年標準，提早了一年。當然，許多物質上的製造，是否也同樣提早，我們還無從知道，但以美國驚人的工業效率看來，也並不是不可能的。

美國的歷史告訴我們：第一次大戰時，美國在參戰時，僅有陸軍十萬人，不到一年，就擴充到四百萬。僅1918年3月到10月，在法國登陸的，就有一百七十五萬人。第二次大戰開始，陸軍也不過十幾萬人，珍珠港事變既起，加速動員，到1945年，竟已擴充到八百萬人，全部服軍役的，共達一千四百萬人。中共一向罵美國是「紙老虎」是「少爺兵」不堪一擊，但她過去兩次大戰的歷史確具有這樣奇妙。馬歇爾常說民主國家，不容易發動，發動了，便會以極大力量與決心爭取勝利，義無反顧。這幾句話，應該值得打紙老虎人們的深省！而此次馬歇爾初步擴軍，提早一年完成，尤可證明他的話，並不像中共宣傳，永不兌現。

固然，我們不能因美國初步擴軍提早完成，就肯定大戰也提早爆發，但最少可使那些「準備標準未達到今年決不致爆發」的推斷，感到動搖。我的看法，戰爭的形勢，早已造成，到處都埋下了地雷，如果沒機會碰到，也許無限期遲延下去，如果碰上了，戰爭自就會即日即刻突然開始。在珍珠港事變前，大家感到時局嚴重。但東條內閣上台，許多日本問題專家，都說這仍是主張與英美妥協的近衛內閣之延長，誰又想到即在來極談判順利，和平即可成功的空氣中，日本就瘋發動，偷襲了美國的海基地，和轟炸了英國的香港、新加坡呢！

舍我

原文登載《自由人》
1951/04/11

「和諧」究竟有沒有根據

自由人・半週展望

　　這幾天，和談謠言，傳佈極廣，其最爲繪聲繪影，似乎憑空所能捏造的；如紐約《新聞週刊》說，蘇聯代表馬立克[注1]邀美國代表奧斯汀，葛羅斯搭乘他的汽車，在由成功湖到紐約市四十五分鐘的路途中，馬立克向這兩位美國代表表示，韓戰應該也確有可能，由蘇聯美國外長直接談判尋求解決。又《倫敦每日快報》說，有美國軍官六人，以飛往莫斯科，談判韓國停戰問題。像這樣言之鑿鑿，應該總不能毫無根據，然而有關方面，卻都已發表聲明，切實否認。

　　不過《新聞週刊》，不肯認輸，在28日出版的那一期的上，還列舉了韓戰可能結束的許多理由。牠說：中共在韓國戰場，損失太大，最近春季攻勢的敗退，尤屬無法支持，由迫切要求蘇聯，以實際行動，拯救這悲慘的局勢。但史太林目前，仍認爲大戰時期尚未成熟；同時，又想藉此給那些堅持美蘇無和平可能的人們以打擊，來削弱美國對蘇的敵意和警戒，各種方式的和平試探，正就是根據克里姆林宮這一指示而來。此外牠並描寫馬立克對記者們否認和平消息時的語氣，很爲神秘。因爲記者們問馬立克，《新聞周刊》所載，

有無其事？在大笑一陣之後，馬立克才說，「如果奧斯汀否認這消息，那麼，我也就同樣否認吧！」這樣子，《新聞週刊》，還仍在盡情設法，要證明牠事出有因，絕非捏造。

舍我

原文登載《自由人》
1951/05/30

注1：馬立克(Yakov Malik，出生名Yakov Alexandrovich Malik，1906年-1980年)出生於烏克蘭，為蘇聯資深外交家。莫斯科外交及領事人員學院畢業。1942年-1945年二次大戰時期任駐日大使。1946年-1951年曾任蘇聯外交部副部長，並兼任蘇聯駐聯合國常任代表，1950年10月26日，馬立克曾與美國國務院顧問杜勒斯（John Foster Dulles）討論了美國關於對日和約的七原則，其中包括臺灣地位定論的問題。馬立克曾先後兩度任蘇聯駐聯合國常任代表(1948-1952；1968-1976)。1953年-1960年亦曾任駐英大使。

「否認」未必就真是沒有

自由人‧半週展望

　　官方或當事者的否認，本來不能就據爲鐵證，而將被否認的那件事，馬上一筆勾銷。事實上，往往否認的越起勁，而那件事的事實性越爲增加，因爲越是重大秘密，就越怕外間洩漏，有就要越需否認。麥帥將被杜魯門罷免，這一消息，在半年前，不就曾被共和黨透露，而被華府官方，痛斥爲造謠挑撥，有意擴大政爭麼？當時大家也都相信這是共和黨造謠，然而半年以後，不特麥帥真被罷免，而且由於這一次馬歇爾等出席國會證供，杜魯門罷免麥帥的計畫，是早定於韓戰初起之時，可見前此否認，完全是時機未到，不得不然。共和黨突然挨了一頓造謠挑撥的臭罵，實則杜魯門在當時，心中只有暗笑共和黨「造謠」過遲，證明他們消息太不靈通而已。

舍我

原文登載《自由人》
1951/05/30

杜魯門希望奇蹟重演

自由人・半週展望

　　杜魯門為爭取時間，拖延第三次大戰，以加強自己的準備，所以，在他認為時間未成熟之前，是不惜盡其可能，已換取自己的苟安。「韓戰不擴大」，「與中共和平解決韓戰」，這原是他一貫願望，他始終認為現階段應付共黨最好辦法，是侵略從何處發生，即就地從事截擊。換一句話說，比如治水，他目前並沒有改道入海，和任何整個徹底的疏濬計畫，而只是什麼地方有缺口，就用沙土去什麼地方堵塞。他自詡這辦法在打破柏林封鎖，和肅清共黨游擊隊，都已顯著成功。馬歇爾在國會作證說，柏林事件^{注1}，費了十五個月，希臘事件，費了十八個月，都沒有引起大戰，而美國得到勝利解決。韓戰到現在拖不到一年，為什麼就不能小心忍耐，而定要改採危險的途徑？現在，由於中共的一再慘敗，或許杜魯門認為和平解決，即將到來。柏林問題不就是馬立克找到一個極偶然的機會，向吉塞普提出蘇聯願意解決封鎖意見，因而的到協議麼？歷史是不斷重演的，所以《新聞週刊》，對於馬立克這次與奧斯汀等同乘汽車一事，也就一再強調，認為有可能解決韓戰的奇蹟，從此發現。

舍我

原文登載《自由人》
1951/05/30

注1：「柏林事件」或稱「柏林封鎖事件」（The Berlin Blockade，
1948年6月24日-1949年5月11日）是二次大戰後，冷戰初期當中，
美蘇最早發生的一個危機。蘇聯阻塞鐵路和通往西柏林的陸路通
道。西柏林在停戰協議中是盟國的佔領區，當時居民還需要靠盟
國救援生存下去。盟國立即展開了從空中向西柏林運送救援物資
的行動，在長達近一年的封鎖期內向西柏林晝夜不斷的空運物
資。這一史無前例的大空運徹底打亂了蘇聯的計畫，最後蘇聯不
得不重開封鎖線。

共軍投降增多聯軍信心加強

自由人·半週展望

　　韓戰就真有和平可能嗎？我們的看法，儘管雙方都不希望擴大韓戰，有機會得到休息，但美國爲了日本關係，絕不能退出韓戰，爲了整個亞洲關係，絕不能放棄台灣，爲了整個世界關係，不能許中共加入聯合國，尤其最近聯軍形勢日入佳境，不但美國姑息中共的代價，要大大的降低，就連英，法，瑞典等國，據昨天成功湖電訊，也認爲在此聯軍乘勝追擊的時候，不應該進行和談，致可能失去空前大捷的機會。中共在一戰役投降的特別增多，這更可能增強了聯軍一種信念，中共並非有聖靈附體，至死不降。另一方面，正如我們過去所說，縱然中共死傷重大，但蘇聯人尙一個沒死，以美國死傷了六萬多，比蘇聯的「零」，這當然是蘇聯最大的勝利，蘇聯爲什麼要放棄這連續勝利的機會？所以，最大限度，即使韓戰能有短期的休息，至於正式和平，則到底是不易實現的。

舍我

原文登載《自由人》
1951/05/30

誰迫使我們骨肉離散

自由人・半週展望

　　「佳節思親」，乃人類天性的表現。今天是中國夏歷所
謂端節，正「思親」節日之一，共產黨在整個大陸，拚命叫
人們廢棄「親」的觀念，父子、兄弟、夫婦、親戚，要他們
互相監視，互相檢舉，尤其爲共黨不斷宣傳自詡傑作的，莫
如兒子能大義滅親，去親手槍斃自己的父母。但我們相信，
鐵幕內四億左右的善良人民，決不會就真這樣泯滅了天倫之
愛。他們有不少父子兄弟夫婦親戚，在共黨驅迫之下，或赴
韓參戰，或奴隸勞動，或關入牢獄，或流亡海外，那種父子
不相見，兄弟妻子離散的悲慟，無論共黨如何鎮壓，在今天
這樣一個節日，每一男女，總沒有不怦然心動的。至於被驅
迫而離開家庭的苦難同胞，他們有無限的悽涼悲憤，那更是
不成問題了！

　　世間最非暴力所可有效鎮壓的，莫如人心，及天倫之愛，
今天共黨以爲幾十萬幾百萬人大屠殺，就已確將人心和天倫
之愛，鎮壓到如同一泓死水，永無波瀾，那真是過分幻想，
遠如秦始皇，近如希特勒，他們不也曾殺過幾十幾百萬□
□。而他們的王朝，究竟有過多久運命呢？子孫萬事之業，

□□專靠殺人，可以成功，這一原則，早已成爲天經地義了！

希特勒放火自焚，墨索里尼懸屍示眾，我們更相信，在不久的將來，中國大陸，總會要同樣再表演一番的！

舍我

原文登載《自由人》
1951/06/09

是擴大不是結束

自由人·半週展望

　　高唱入雲的韓戰和談，我們早就認為，如果任何一方，沒有忍痛向對方投降的決心，則成功的可能性，即將等於沒有。現在，馬歇爾已正式表示，韓戰停止之說，僅是一種謠言，至於問到謠言由來，他只說，「謠言到底是謠言」，並不願再作任何其他的解釋。我們固然不能因馬歇爾一句話，就相信參加韓戰的各個國家，決不再作和談的打算，但我們相信，民主國家，此時決不願意就雙膝跪下，向克里姆林宮叫饒，那卻敢担(擔)保，必為百分之百的正確。

　　國務院發言人麥德謨，他昨天向記者，對於和談，也曾同馬歇爾一樣，作過闢謠的表示。據我們看法，和談並非毫無蹤影的謠言，不過民主國家幻想中的和談，只是平等的和平，而不是片面的屈辱，換一句話說，即是光榮的和平，而非戰敗的乞降，事實上，今天聯合國仍一直佔著軍事的優勢，自然，也就沒有乞降的必要。

　　蘇聯是要無限期拖長韓戰的。因此，他也就不惜全力，壓迫中共，令他們堅持等於是要民主國家投降的條件：即中共

參加聯合國，奪取台灣，聯合國軍退出朝鮮。民主國家既決定不投降，這些條件雖難接受，那麼，「和談」就只是「和謠」，而「謠言也就到底是謠言」了。

主張和談最力的英國，其國防部長辛威爾，昨在國會答議員質問，他說：「如果獲得中共同意，我們當然願通過聯合國談判，以結束韓戰，但如中共不同意，則我們即必須增加兵力，擊敗侵略者」。可能最近聯合國會有一關於解決韓戰的正式聲明發表，但在這個聲明發表以後，我們預料，其結果將不是韓戰的終止，而只是韓戰的擴大。

舍我

原文登載《自由人》
1951/06/09

不至於逼美國人丟包袱

自由人・半週展望

美國的包袱，的確背得太重了。全世界幾乎都在靠美援，而這些得到美援的國家，卻又不一定和美國真誠合作，抵抗侵略。這在踴躍□將的美國納稅人看來，確要大發牢騷，美國人竟成了天字第一號傻瓜。

聯合國好容易通過了禁運案，但許多國家，還想偷偷摸摸，不肯和共區斷絕關係。因此，美國國會就毅然立法，對於這些以物資濟共的國家，要政府，一律停止經濟援助。若干國家，當然大起反感。而昨天美國公佈禁運的項目，又異常苛細。杜魯門如果一定要執行國會決議，這在國際關係上，必將引起不愉快以及廣大糾紛。但不執行而坐讓他人資助共黨國家，藉禁運以獲大利，美國人民，也的確難以忍受。

我們切望大家精誠合作，尤其不要逼到美國人丟包袱！

舍我

原文登載《自由人》
1951/06/09

既減篇又增報價
《工人日報》等於自殺
銷數慘跌反映了美國真正民意

自由人

　　共黨在美國的主要宣傳機構，紐約《工人日報》，自韓戰
發生以來，此一年中，遭到美國人民種種鄙棄與厭惡。除紐
約五百家大報攤，曾決議拒絕販售外，牠的銷路，早已跌到
一萬四千份以下。這比其他反共報紙，因韓戰而總共增高了
二百六十萬份的發行數，(美國報紙，現每日銷行總數平均為
五千四百八十七萬七千份)真是美國民意一個最好的反映。

　　現在，《工人日報》，仍每天走向下坡路，發行既逐日低
減，廣告更無人問津，而且新聞紙價格，普遍高漲，成本增
加，牠本來可靠莫斯科津貼，及美共捐款，以為挹注，但因
政府監視共黨，愈趨嚴密，此種非營業的經濟來源，也就不
能不大受影響。在無法支持之下，該報遂不得不採行兩種自
殺性的決定：(一)自7月1日起，將原來日出三小張(每張為四
開小型)，減為兩小張，(二)同時將報價，由原價五分，加為
一角。當其他報紙還是維持原狀時，《工人日報》，既單獨

縮減篇幅，又單獨提高售價，雙管齊下，這無疑的，使讀者更要減少。說不定，最近期間，銷路就會跌破一萬份。

據說：共黨作此決定，明知等於自殺，但他們不願關門，照他們打算，今後只要每三個共黨肯有一個購讀《工人日報》，則一萬份銷數，仍可維持。美國本有五萬名左右共產黨員，但《工人日報》，過去從沒有銷到五萬。可見連共黨黨員，對本黨嘶啞的「喇叭」，也多半不感興趣啊！

舍我

原文登載《自由人》
1951/07/11

正義的報紙不怕摧殘

阿根廷《民族報》 繼《新聞報》反抗貝隆

自由人

　　阿根廷獨裁者貝隆總理，於今年3月，將阿國歷史最久，聲望最隆，銷路最大的《新聞報》封閉後，接著就由他所指揮操縱的國會，通過決議案，由國會先行接管。(參看本報《自由人》第七、第八兩期)其後雖引起全世界輿論嚴詞斥責，美國報紙，且爲該報停刊，全體下半旗誌哀，但貝隆仍悍然不顧，進行其接收改組的工作。現在一切已準備完妥，上星期貝隆宣稱，決將該報交付阿國勞工階級，俾該報成爲擁護勞工利益之發言人。

　　不過貝隆爲了減低國際輿論對此事的反感起見，在改組工作完成以前，他又指使法院，將該報房屋，機器及全部資產，估定折值美金一百三十萬元。此款准由政府付交該報主人。但該報唯一主人巴士博士，早經逃往烏拉圭，他當然一時不會回到阿國領款，且據美國報界最公平估計，該報財產，最低限度，足值一千萬美元，即使巴士博士，真能領回一百三十萬元，也僅能得到他的資產總額八分之一。何況他辛苦經營了幾十年的事業，任何巨額金錢，也無法補償他精神上浩大的損失！

　　貝隆這種殘酷摧殘輿論的方法，是否就已收到百分之百

的實效？這種問題，從阿根廷第二大報——《民族報》(*La Nation*)[注1]的始終不屈，繼續反貝，就可以得到解答。《民族報》在阿，其地位僅次於《新聞報》，且若干年來，向爲《新聞報》的友誼競賽者。他同《新聞報》，過去都一致反對貝隆獨裁，《新聞報》封閉，貝隆滿以爲《民族報》可從此軟化。他又新頒法令，凡用過外國輸入紙張的報館，須補納特種關稅，這稅額可追溯到幾十年前，不過，貝隆向各報暗示，如果不反對貝隆政府，則此項稅額，即可不追加索。這個追稅的目標，實際在《民族報》，因《民族報》用紙，除《新聞報》外，以他爲最多，如果追繳，總數將達二百五十萬美元，這當然是對《民族報》一最大威脅。不料《民族報》竟毫不考慮，在最近社論中，大罵貝隆頒布這項法令，爲獨裁，不公正，違反憲法，且稅額要追溯到若干年以前，尤爲橫蠻無理，及最無常識。這表示了《民族報》態度堅強，不惜與貝隆奮鬥到底。下一幕如何演出，那就只看貝隆有無一意孤行，準備追從希特勒，墨索里尼的決心！

舍我

原文登載《自由人》
1951/08/01

注1：《民族報》是由自由黨(Liberal)的巴爾托洛梅‧米特雷(Bartolomé Mitre, 1821年6月26日-1906年1月19日)在1870年於首都布宜諾斯艾利斯所創辦，20世紀50年代以後平均日發行量30萬份，主要反映大農牧主的觀點。巴爾托洛梅‧米特雷是阿根廷自由黨(Liberal)黨員。同時是史學家、以及新聞工作者，並曾於1862年-1868年任阿根廷總統。

中共將亡於「宣傳」

——「以詐騙得中國，安能以詐騙治之？」

自由中國

毛記政權最大的愚蠢

　　搞政治，無論個人或集團，爲要博取群眾擁護，摧毀敵方反抗，在策略運用上，很少能不挾帶若干成分的詐騙。所謂富於權謀的政治家，正就是政治棍騙的別名。不過，任何詐騙，只能收效於一時，「久假不歸」，從無不敗之理。儘管劉邦、李世民之流，他們之得天下，也用過不少詐術，然在天下既得以後，爲長治久安之計，也就無法不實踐過去諾言，解除苛政，與民休息。假使他們在打倒秦隋以後，還是那麼貪暴屠殺，則漢唐的運命，可能比秦隋還短，那能維持到幾百年？因此，正確的原則，也正和「以馬上得天下，不能以馬上治之」一樣，以「詐騙得天下，不能以詐騙治之」，今天的中國共產黨，卻偏反其道而行，毛澤東、劉少奇等巨魁，不特要以詐騙治中國，而且正悉心並力，加強詐騙的運用，想將毛記赤朝基礎，永遠建築在詐騙之上。這真是毛澤東等最大的愚蠢。也就注定了毛記赤朝，最近期間必定崩潰的命運。

向蘇聯學習說謊

本來，詐騙在共產黨政治寶典上，是佔有極端崇高地位的。詐騙最普遍亦最有效的表現是說謊，而共產黨教主列寧、史太林等，正是大膽說謊的老祖宗。他們以報紙為說謊最有力的工具，列寧在創辦《火花報》時曾說：「我們需要一種報紙，把階級鬥爭和民眾風潮底火花，吹成大火」，史太林則更將共產黨整個生命寄託在報紙的說謊上。他說：「我們黨的整個歷史，都和報紙有密切的聯繫，沒有報紙，就無法宣傳鼓動，進行領導」。又說：「鼓動，隨時隨地，都是黨的重要工具之一」，列寧「把火花吹成大火」，這一教條，廣泛適用於蘇聯的一切宣傳。直到最近，更變本加厲，那就是根本沒有火花的地方，都想經由蘇聯的惡口毒舌，吹成大火。美國共和黨領袖塔虎脫，曾指出：「蘇聯宣傳最主要技術之一，是儘量將牠要傳播的謊話，反覆陳說，百遍，千遍以至於無數遍，以麻痺許多人的神經，使他們忘記了這是謊話」。但去年12月，《讀者文摘》載史丹萊赫(Stanley High)所作〈馬立克先生，我們將記住你的謊話〉一文，揭穿馬立克在聯合國一貫謊話，他卻認為正因馬立克說得太多，不特不能使人們忘記他在說謊，反而加強了自由國家反蘇決心。他說：「人們對馬立克謊話反應，是無限的憤怒」。他並引證《紐約時報》社評：「假使國會休息室，裝上一套電視播送機，則馬立克每在電視上多說謊一小時，就會讓美國重整軍備經費，被國會多追加十億元」。巴爾的摩《太陽報》更幽默的說：「馬立克在現代語言中，添造了一個新字，那就是『馬立克』變成了普通的名詞，這個名詞的意義是說謊」。由此可見蘇聯說謊政策，已完全走上失敗途

徑。葛羅米柯在對日和約大會上長篇演說之絲毫不能發生破壞阻擾的作用，也就因爲大家已充分認識了蘇聯詐騙，不再上當。毛澤東等眼看史太林這種以詐騙治蘇聯的辦法，對內對外，即將招致本身的覆滅，乃竟毫無警覺，反一昧貫徹其孝子順孫作風，向蘇聯學習，且妄想青出於藍，在這三年來僭竊大陸期間，儘量發揮其以詐騙治中國的最高「國策」。蘇聯國力較厚，史太林詐騙三十餘年，今已敗象顯著，毛記赤朝，力量不及蘇聯十分之一，則蘇聯行之三十多年而將敗的詐騙，在中共行之三年以後，其醜態畢露，險象環生，自屬理有固然，勢所必至。如果中共於最近時日徹底崩潰，這是中共自食其詐騙政策之果，絲毫不會引起人們的驚異！

由說謊獲得勝利

中共以說謊取得政權，在極短期間，擊敗擁有絕對優勢由國民黨領導的中華民國政府。牠不特欺騙了中國人、美國人，而且也欺騙了整個世界。當牠和國民黨作戰時，幾乎全世界都受了牠宣傳迷惑，認爲牠不完全聽命蘇聯，牠只是土地改革者，牠已放棄了暴力政策，牠將盡力謀中國人民的福利。另一方面，將儘量製造誇大對方的貪污腐化。一向受中共欺騙，同情中共的美國駐華大使司徒雷登^{注1}，雖遲至1947年終，以若醉若醒逐漸認識了部份中共面目，在是年11月24日至國務院報告中，指出：「在共產黨控制下，絕無思想自由與行動自由可言，共區內之所謂熱誠，大部分來自虛僞的訓練。共產黨之奸細，已佈滿於報館、學校，甚至政府機關，以從事於破壞之煽惑宣傳」，但他仍不放棄中共仍可脫離蘇聯，及中共到底不失爲一種進步力量的幻想。南京淪

陷，徘迴留戀，直到受中共暴力壓迫，始悽然束裝歸國。現今美國大多數人士，固然絕不會再受中共欺騙，然誰保證上述幻想已確在一二顯要心坎中，斬草除根，澈(徹)底絕滅？這可見中共過去的說謊工作，是如何獲得重大成功——因為中共不僅在國內動員了一切說謊力量，牠更特別注意於國際間的說謊。最近美國太平洋學會數名主要祖共人物的受審，充分暴露了中共以往一切宣傳陰謀。而郭沫若注2所做〈弔戰士史沫德萊的生平〉一文，尤不啻自畫供狀。他這樣頌揚史沫德萊：「她聽到有利於中共的中國材料立刻就寫，寫了就到處送，稍有一個空子就要鑽進去，實在沒有辦法了，就將這些材料的抄本送給許多人，要他們在文章中透露出去，或者在辯論會上用進去」。像如此無孔不入有縫即鑽的美奸共諜，遍布各民主國家，對於中共欺騙世界的說謊政策，當然會要發揮驚人的功效！

儘量擴大說謊的力量

中共震於說謊政策，有如此意想不到的奇蹟，遂妄認逆取可以逆首，詐騙永無失敗，在侵據大陸以後，就變本加厲，更強調「擴大宣傳」的重要。除國際部份，追隨蘇聯，如響應和平簽名，及參加世界青年大會外，在國內，則已將宣傳一項，列作中共最急切的中心工作。各種報紙，固早成為中共獨占事業，絕無絲毫新聞自由可言。今年元旦，中共更頒行「全國建立宣傳網計畫」。牠坦白表示，要「廣大的，澈(徹)底的，直接的控制一切對人民大眾的宣傳」。計畫指出「共產黨員的天職，是要隨時隨地向人民群眾進行宣傳，以革命精神，不疲憊地去教育人民群眾。為達到此目的，就必

須有系統的建立對人民群眾經常性的宣傳網」。全部計畫，是在黨的每一支部(按即共黨基層組織等於國民黨之區分部)設立宣傳員。黨的領導機關設立報告員。宣傳員工作，「應滲透到一切階層，政府機關，學校，工廠，農村及公司行號」。工作方法，「包括讀報，收聽和傳佈人民廣播，書寫和繪製宣傳性文字圖畫，演講，傳遞消息，編輯牆報等」。報告員則是「由黨的各級負責人，為使人民群眾充分了解黨在一定時期的政治主張，推定擔任，經常向人民群眾作有系統報告。報告員是高級宣傳員，並且應當是宣傳員的領導者」。該計畫又規定，當重大問題發生時，「黨應聯合各民主黨派，人民團體協同動作，在特別目標下形成最廣大的宣傳隊伍」。此外，中共又頒行一種〈建立廣播收音網辦法〉，規定「全國各縣市，各武裝部隊，均應設置收音員，將所收內容以油印報，大字報，黑版報，及屋頂廣告等方式，分別發布。全國各機關，團體，工廠，學校也應酌設收音員，紀錄並張貼內容要點」。宣傳網與廣播網所發表的資料，當然一字一句，都必須經過中共主管宣傳人員的精心審核，這對於「肅清反動毒素」，不僅要「一網打盡」，實可算「雙管齊下」。

據中共發表，宣傳網和播音網，迄今為止，都有迅速普遍的發展。東北淪陷最早，中共宣傳工作，亦號稱成績最佳，在宣傳網計劃公佈前，去年年底，即有宣傳工作員十一萬七千二百八十三人，公布以後，宣傳員人數更大量增加。華東方面，今年3月，宣傳員除福建外，業有十一萬六千餘人，依此類推，華北、華東、東北、中南、西北各大行政區，每區以二十萬人計，到今年年底，整個大陸的中共宣傳

員，將在一百萬人以上。中共又巧立名目，有所謂「讀報組」、「文化站」、「通信站」，都負有宣傳任務，參加此三種組織之數，估計也不會少過一百萬。報告員都已由各地各級黨部推定。「集合民主黨派，作特種宣傳」的辦法，也經不斷舉行。至廣播網的成就，則今年4月23日，北平《人民日報》載稱：「全國已設有二千一百五十五個收音站，擁有一萬一千一百九十四名收音員，各大城市另有收聽小組一萬二千八百五十九個，每遇公審反革命案犯時，聽眾常佔全市人口三分之一至二分之一」。中共自行誇揚；許多人民，因讀了中共報紙，聽了宣傳員報告員講話，或中共廣播，關於抗美援朝的，「就紛紛志願參軍，請纓殺敵，尤其增強了仇美，鄙美，蔑美的情緒」，關於鎮壓反革命的，就「大受感動，兒子去控訴反革命父親，老婆去告發反革命丈夫」；關於增加生產的，就「不眠不休，以前認為煤是一鍬一鍬挖出來，不是宣傳出來的，經過宣傳以後，產量突增，卻不能不驚喜大喊，真把煤宣傳出來了」。像這樣神話化的胡吹瞎捧，簡直非一般心理正常者所能想像。中共以說謊為宣傳，宣傳愈努力謊話愈離奇。牠所標榜的宣傳奇蹟，也就荒謬怪誕不可思議。我們一方面佩服中共有此決心，不惜工本，發動大規模人力物力從事說謊，一方面更驚歎他們竟那樣無恥，漫天撒謊，面不改色。但按之實際，中共「以詐騙治中國」，他們從以上述這偉大的說謊工作中，究竟已否與「以詐騙得中國」獲有同等功效？我們檢討結果，這答案竟完全是否定的。

說謊遭到致命的失敗

中共「以詐騙得中國」，這算是成功了，截至此時為止，他們「以詐騙治中國」卻已遭到致命的失敗。

(一)報紙強派勒銷，依然數字下跌

第一；從中共報紙發行數字低落，及推銷困難，可以看出中共的謊語宣傳，已完全被鐵幕內人民戳破。去年6月17日，郭沫若在「人民政協」報告全國日報有一百六十五種共日銷二百六十餘萬份。今年2月28日，中共召開報刊發行工作會議，郵電部報告，自中共將報刊發行工作，交由郵局主辦，現郵局代理發行之日報共一百四十種，日銷二百二十萬份。中共或許感到這數字比去年減低四十餘萬，於宣傳不利，乃由會議決定，今年底一定要達到發行總數三百四十萬。其實，上述兩次報告，其可靠程度，本就很成問題，因數字可能更少，年底能否增加，尤屬毫無把握。即如中共所定，年底確達到三百四十萬，但大陸人口四億五千萬，中共既以報紙為教育工具，人人必讀，尤其像最高黨報如北平《人民日報》，上海《解放日報》之類，特別代中共發言，對於人民應如布帛菽水，同樣重要，不可片刻離棄。又中共本身有武裝部隊五百萬，黨員及青年團員若干萬，工作上必須讀報之宣傳員，報告員，及參加讀報組，文化站、通信站等又若干萬，無論如何這三百四十萬的發行總數字，只有怪其太低，乃中共竟懸作今年最高標準，實不啻證明謊言失敗，人人甚至中共本身黨員團員，也不信任中共報紙，儘量設法逃避強派勒銷，以致造成銷數下跌的現象。

中共對於報紙的發行，一向採取抗戰時期，日本人及漢奸在淪陷區辦法。今年7月，漢口中南郵政電信管理局發表〈開

展發行工作〉一文，綜述該局一年中努力推銷中共報章的各
種經歷。首稱，「郵局方面把發行報紙當作一項重要的政治
任務。更提出『多發行一份報紙，就是多消滅一個敵人』的
口號」。這口號何等嚴重！由此推敲，則凡拒絕閱看一份中
共報紙的，豈不將等於承認自己為一個中共敵人？此後該局
即列舉忍飢耐寒，舌敝唇焦種種推銷方法。據稱：「湖南祁
陽郵局郵務員黃陽明，每天冒著風雪，挾著傘，穿著草鞋，
走遍了祁陽每一個農村，向農民推銷報紙」。但該局黯然承
認：「此類辦法收效仍然不大，因農民不願閱報，結果，只
好找一般區鄉級共產黨幹部，和政府機關首要，設法派銷。
自得到他們大力幫助，發行工作才有重大進展」。「湖北黃
陂張店區區長，即在幹部會議上發動，指定每一個農會，如
何派銷」。「各地更組織發行委員會，發行站，發行工作
隊，及讀報組。武漢市即在發行委員會領導下，成立了五百
個發行站」。「又動員各地學校選派熱心為群眾服務的學生
擔任發行員。河南滎陽縣更利用各小學學生回家吃飯時間，
將報紙向各村派送」。「郵局更將推銷標語，製成郵戳，印
在每一封經過郵局信件的信封上，藉喚起群眾注意」。(按上
海郵局，對推銷共黨報刊，也特別賣力。據9月17日上海《新
聞日報》載；郵局方面，曾提出「多發展一份報紙多抽美帝
一根筋」的口號，由郵工分別組成小隊挨戶訪問，發展訂
戶。)如上所述，中南郵局這樣吃苦耐勞，努力推銷，應該得
到中共有關方面極度嘉許。不料漢口《長江日報》一面刊登
郵局報告，一面卻發表批評，大肆譴責，謂：「郵局承辦發
行，目前主要缺點和問題，是若干郵局職工思想仍欠明確，
各地組織之發行委員會，大部份流於形式，成績很壞」。該

報尤其認爲痛心的，是「中南區三個重要報紙，《長江日報》、《新青年報》、《工人日報》，現有發行數字，都比中共預定標準，少到百分之三十以上」。而北平《人民日報》社論，對全國郵務工作人員，指斥尤嚴。《人民日報》說：「甚至一部份郵政工作人員，錯誤地看待發行報刊工作，認爲是剪了一根瘦骨頭，認爲是賠錢的業務，因而對報刊發行工作採取敷衍了事的態度，對於發行部門漠不關心，實際困難不予解決，發行效果也不加以檢查。」中共這兩大黨報對郵局如此痛擊，正不啻自行招供，人民不歡迎他們的說謊，因之，無論郵局如何努力，共幹如何強迫，他們的銷路是低落得可憐。除非中共能進一步引申「多發行一份報紙就是多消滅一個敵人」的口號，更佈告全國，凡不閱中共報紙的，及實行以反革命敵人論罪，則《長江日報》、《人民日報》之類的發行數，恐怕即將是永遠無法突飛猛進了。

(二)內容只是說謊，編排完全倒退

中共報紙之不受人民歡迎，除痛恨其出賣國家投靠蘇聯，全部說謊，欺騙人民外，另一原因，即一切中共報紙，雖名目儘有不同，內容均千篇一律。自首至尾，百分之百，都是說教式長篇大文，或公報式法令規章。蘇聯及附屬國報紙，通篇塡滿恭頌共魁的字句，毛記赤朝，自也不能例外。今年1月15日，紐約《新聞週刊》，曾統計某日《真理報》第一版，共提過史泰林名字，一百零一次。9月1日香港出版之《今日美國》，也統計過《人民日報》，從7月20日到8月2日，兩星期中，依共提過毛澤東名字四百三十次。《人民日報》之恭頌「領袖」，雖還遠不及《真理報》努力，但共黨

報紙，一定要將「領袖」大名，映填入人民腦中，像唸「救主耶穌」，和「南無阿彌陀佛」一樣，則屬殊途同歸原則無二。因此，任何一份中共報紙，都卑汙諂佞，無法卒讀；嚴格說來，中共統治下的報紙，已完全失去客觀報道，公正批評的一般原則，他們只是一張一張的傳單廣告，絕不能稱作報紙。中國的報紙，經過長期演進，好容易由專替皇帝宣達政令的邸抄朝報[注3]，進步到人民的輿論，而現在中共，卻又整個倒退，將人民輿論，回復為抵抄朝報，這個是中國報紙發展史上一最黑暗時期，且不僅從精神上批判，有如此荒漠落後之處，即就通常的編輯技術來說，今天中共若干主要報紙，許多形式，至少還向四十年前古老的《申報》、《新聞報》看齊。現代報紙，為避免紙張浪費，節省閱讀時間，引起讀者美感，一般趨勢，總字型縮小，選材求精，文字生動，排版活躍，中共報紙卻幾乎都與此趨勢相反。以中共最高黨報北平《人民日報》為例，就字型論，文字同為直行的日本報紙，早已採用七號，或八號字，大陸在中共入侵前，我國多數報紙，由新五號進步到新六號，《人民日報》，則從六號又改回新五號。至報紙內容，因限於全面宣傳性，除「政府」法規，共酋演說外，幾無其他可讀之件，而此種法規演說，又往往長達數萬言，編者既不另作提要，也不分段標題。一片烏黑，填滿為止。因一切資料，根本是奉命刊登，不容許選擇，自然更談不精要。又文法不通，別字連篇，讓一句長至數百字，在《人民日報》，已視為毫不足奇。整版方式，尤呆笨不堪入目。《人民日報》四大版，每版七長欄，全部長行，絕少長短交錯拼排。題目冗長，正題副題合計，竟有多達百字以上的。如何美觀動人，絲毫從不

講求。《人民日報》是中共典型報紙，舉一反三，則中共報紙之不受人民歡迎，除不甘心情願聽從中共宣傳外，報紙內容的陳腔濫調千篇一律及文字蕪雜，排版拙劣，也是最大因素。

中共報紙編輯技術之落後，致影響到宣傳效能。中共宣傳主管機關，似乎也逐漸察覺。僞新聞署長胡喬木[注4]於今年3月，曾一再強調寫短文的重要。6月間，中共發出指示，斥責重慶《西南工人報》，瀋陽《勞動報》，中南《工人日報》，「滿紙長篇大論，文字生硬冗長，讀不清，看不懂，尤其4月17日中南《工人日報》『迎接五一』一文，第一句竟長達一百二十餘字，同日上海《勞動報》一個標題，長三十五字，爲什麼不可以縮得簡明一點？」但由於中共之情性已深，積重難返，特別以說教式長文起家的如劉少奇，艾思奇[注5]之類，他們弄慣了王媽腳布又臭又長那一套，要縮短也縮不來。報紙編輯，先天的既沒有技術修養，樂得消閑自在，不求精進，每版以塡滿了事。所以儘管少數中共宣傳看到此點，而中共報紙之枯燥呆板，則依然沒有絲毫的改變。

(三)宣傳全無知識，讀報出自強迫

第三，中共雖然擁有數量極巨的宣傳員，以及與宣傳有關的讀報組、文化站，宣傳站之類，參加者數約百萬，但這些宣傳員，最大多數都水準太差，知識不足。由這些人去負擔宣傳任務，比他們知識高的，固然付之一笑，不會被騙，知識低的則因他們不了解群衆心理、宣傳技術，結果只狂喊亂叫引以自豪的，是東北宣傳網和宣傳員成績最好，但若干主持東北宣傳的共幹，他們常在誇張克服困難的報告中，無

意流露出極多宣傳員不能達成任務的實情。如今年5月，共幹崔英所發表〈東北怎樣建立宣傳傳授站〉一文，曾說：「許多宣傳員，坦白表示，我是願意當宣傳員的，但肚子太空，沒有什麼可以宣傳」。因此，中共在東北一共建立了九百三十五處宣傳傳授站，不過崔英又說：「黑龍江泰來縣第七區宣傳傳授站，向宣傳員傳授了八項要點，宣傳員却一點也沒有記住，他們承認，上邊講，下邊睡，揉揉眼睛，還是什麼都不懂」。這兩段話，真活畫出中共宣傳員愚昧、兒戲，及向重視宣傳的上級，表現一種近乎開玩笑的神情。又中共黑龍江省委宣傳部報告：「訥河縣七個縣委討論通過該縣宣傳網工作計劃時，竟有四個縣委未看過這一計劃，結果行不通」。「一部份宣傳員，成分不夠純潔，有的還是空掛虛名」。所謂成績最好的東北尚且如此。再看其他地區。華東區宣傳局負責人舒同3月25日在華東「建立宣傳網典型工作會議」宣稱：「我們宣傳隊伍，沒有經常的組織和領導，以致反動份子的荒謬宣傳，反能暫時的占領市場」。又蘇北各地，據中共負責人報告：「宣傳人選極為困難，南通城區一女宣傳員，後來發現，竟是一個反動軍人的小老婆。又大生紗廠選舉宣傳員時，積極份子不願出頭，怕擔誤生產，於是被選出來，都是一些生活散漫，東跑西逛的落後份子。東臺十二宣傳員，都年在四五十歲以上，思想腐化，對新事物的認識力很差，有名無實不起作用。海安選定十二個宣傳員，因事先本人未同意，事後都表示消極」。中共鑒於蘇北宣傳員之如此難於得人，乃竟倡議「宣傳員選拔，以後不必以教育程度為標準，只要思想正確，口齒流利，即一字不識，也無不可」。從上面這許多例證，實充分暴露中共所誇耀的宣

傳隊伍，素質乃何等低劣！尤其每一選派為宣傳員的人，多數不視作一種光榮，如不能准其辭職，即盡量敷衍了事。以這種本身情緒顯然低落的宣傳員，如何又可把老百姓情緒激發高漲？中共說謊政策之終必失敗，這當然是毫無疑問的。

　　至於中共自誇神奇，遍佈全國的讀報組，揭穿內幕，尤其可笑。該項讀報組，城鎮鄉村，工廠學校，隨地組織。中共常洋洋得意，謂讀報組參加人數之多而踴躍，實為群眾忠誠擁護中共極好證據。但我們從最近共幹自相醜詆的〈反對讀報組強迫命令的作風〉一文，則所謂「群眾擁護」云云，無寧「滑天下之大稽」，不僅欺人，亦以自欺。原文載9月15日《長江日報》，揭河南固始縣共幹所辦讀報組有云：「固始縣城關區，建立讀報組四十二個，有讀報員一百七十六人，(作者按讀報員亦即宣傳員之一種)每天參加讀報的在三千人以上，但這些人都強迫拉來的。幹部規定，每戶要出一個人參加讀報組，一次不到罰挑泥，兩次不到罰捐燈油，三次不到送勞動隊改造。聽報的人不固定，由每戶自由選派，結果，大人都躲避不來，由小孩出面充數。讀報前例由女同志唱歌唱戲，於是小孩只要求多唱，往往時間拖長，就忘記了讀報」。又揭發武昌西山坡讀報組實況有云：「西山坡讀報組人數，一天比一天減少，從四十多人只勝下十幾人，幹部不研究情形，只硬性規定，凡業已選定參加讀報組的，每次必須點名，結果，大家一點完名就溜走了。最近，幹部只好每次攔在門口，不許群眾早退。但群眾從此，更感覺讀一個苦痛的大負擔」。由共幹自行暴露的這兩項事實看來，「群眾擁護中共的證據」可靠與否，實無庸我們再贅一詞了！

(四)任你天花亂墜,大家總是不信。

　　第四;最後,讓我們來看中共的詐騙宣傳,在老百姓方面,實際究竟起了何等反應?自中共參加韓戰,這一年以上期間,中共所集中全力以從事宣傳的一方面要「建立仇視,鄙視,蔑視美國帝國主義及積極抗美援朝的思想」,一方面則「動員人民,大張旗鼓,擁護政府鎮壓反革命」。關於前者,共幹富振聲在所寫〈東北區建立宣傳網的經驗〉一文,最可推見一切。他列舉中共在東北發佈的宣傳指示,目的在使人民養成下列若干概念:如「美國鬼子比日本鬼子更壞」,「美國鬼子想走日本鬼子老路,拿朝鮮當跳板侵略中國」,「美國鬼子來了,咱們的好日子,就過不成」,「幫助朝鮮是應該的,就像幫助鄰居救火一樣」,「打仗要靠人,不靠武器,咱們人多,美國飛機多不能佔地盤,軍艦多不能上岸,還有蘇聯老大哥幫助,保險咱們打勝仗」等。不過富振聲卻承認東本老百姓,對這種宣傳多普遍表示懷疑。「鞍山礦產工人,因朝鮮形勢緊張,有的竟怕飛機來炸,弄得沒心思做工。黑龍江肇東九區太平山村宣傳組長許成林,宣傳抗美援朝,老百姓說,人家在朝鮮打仗,和我們有甚麼關係!許講美帝國主義是紙老虎,我們一定能打垮他的侵略,可是老百姓聽完,就一聲不響散會了。吉林蛟河南崗村,有些人於聽完宣傳,表示同意抗美,不同意援朝。遼西新民營防村女宣傳員崔雅君,大喊美國紙老虎,有一位老頭問,紙老虎會不會變真老虎?朝鮮軍隊(北韓)為什麼老往後退」,富又提到:「每當朝鮮戰爭緊張時,群眾發生恐慌,抱著存貨不存錢的態度搶買貨物,更有人大吃大喝,願將錢化光為止。遼西新民劉家村貧農劉成才,看見學生扭秧歌,

就不耐煩的說，你們還扭秧歌，也不看看現在到什麼時候啦」！綜觀以上這一連串的實例，只是說明了一點，「人民的眼睛確是雪亮的」，任何詐騙宣傳，都無法將整個事實完全淹沒。雖然富振聲結論，謂「每一思想沒有搞通的疑慮，終於被宣傳員最後說服」。大家當然都可以想到，如果富振聲沒有這樣結論，則東北宣傳網的一切負責人員，就可能全都受到中共嚴重處罰，而富振聲這篇報告，也可能被指為反革命宣傳。不過所謂說服，或即對那些思想沒搞通的人們，判處死刑，罰充奴工的別名也未可知。這是就抗美援朝宣傳在老百姓方面的反應而說。至於後者「動員人民擁護政府鎮壓反革命」，中共認是配合抗美援朝一件最重大工作。據中共指示，「鎮壓反革命宣傳，是要向群眾揭露反革命匪徒的滔天罪行，提高群眾警惕性，要群眾協助政府將匪徒一網打盡，俾抗美援朝，不致為反革命匪徒所破壞」。各地中共報紙，接受這一指示，除新聞部份，盡量鼓動人民檢舉「匪特」，及誇大公審熱烈情形外，評論部份，屬於此一類的，1月份佔各報全部評論數量百分之七十三，2月份佔百分之九十五以上。連篇累幅，都是鼓吹殺人，再加上繼續不斷的殺人名單，真使每一持讀中共報紙的人，都感到滿紙血腥，撲鼻欲嘔。這對於人民群眾，是否已發生中共所期望的成效呢？從各方情形觀察，都證明適得其反。第一，由於中共誅殺範圍過於廣泛，即向和所謂「反革命」毫無牽連的，也人人自危，報紙再逐日擴大這種殺人的恐怖，於是一方面造成城市人心不安，一方面使許多本來不敢鋌而走險的，也不得不痛下反共決心，奔向附近山區，參加游擊，增加了游擊力量，這情形在湖南，貴州，廣西各省最為顯著。第二，因有

許多廉潔方正，向為群眾敬仰的人被殺，報紙為強調這些人該殺，不能不造出無數憑空誣衊的罪狀，罪狀是人人一望即知為無稽的，遂使若干真正該殺的人，其罪狀反為群眾所懷疑。中共宣傳，在群眾心目中，乃認為全屬詐騙，毫不可靠。第三，中共這樣公開鼓吹殺人，確實數目，雖從未公開宣布，但要為歷史上一次最大的屠殺。人民因報紙天天強調鎮壓反革命，而反革命份子愈多，這引起群眾一種推測，終於形成了信念：中共是要垮臺了，否則為什麼有這許多人不怕死，比黃花崗烈士，前仆後繼還多到幾千百倍呢？中共鎮壓反革命宣傳收穫如此，和抗美援朝一樣，都只是證明了中共詐騙宣傳的破產。

中部棄激為憤怒

我在本文開始時，即鄭重指出，任何詐騙，只能收效於一時「久假不歸」，從無不敗之理。中共以詐騙得中國，竟仍欲以詐騙治之，三年之間，儘量擴大其詐騙的運用，今所有謊言，無一不徹底戳穿，如上所述，實已與蘇聯之詐騙政策，同趨崩潰。蘇聯國力較厚，故能歷三十餘年而始敗象顯露，中共則根基淺薄，僅僅三年，即已飄搖杌陧不可終日。中共對外任何煙幕，縱尚能搖惑一二短視政治家之視聽，大勢所趨，決無復施展伎倆，抄縱播弄的可能。對國內人民，雖屠刀在握，指鹿為馬，人民亦不得不仍以馬應之，但四億五千萬人民，腐心切齒，每人均透徹了解，「毛澤東，共產黨，你們這些名字，都和美國人罵馬立克一樣，只是說謊的代稱」，換一句話說，正即騙子的別名。「時日曷喪，予及汝偕亡」，一個政權的主持者，到了舉國發現他們是一

群騙子，由鄙棄激爲憤怒，無論如何，這政權的毀滅一定是
計日可待的。

中共的欺騙數不完

　　中共在進行與國民黨政權作戰時，拼命以優厚條件，美
滿諾言，號召無恥大員，失意政客，及生活困難，只求保持
飯碗之小公務員「起義靠攏」，曾幾何時，對此種起義靠攏
份子，重則誅殺，輕亦放逐。即地位隆崇，名義上任「副主
席」如李濟琛之類，亦等於待決之囚，餔啜以外，毫無所
事。又中共僞裝民主，爲爭取國內外新聞界同情，曾一貫以
言論自由的金字招牌高壓國民黨，對國民黨檢查新聞大罵，
扣禁一二祖共報紙大罵，修訂〈出版法〉大罵，拘捕一、
二親共記者，則更斥爲大逆不道。則再三宣稱，中共一旦執
政，對全國報紙，必一反國民黨所爲，給予毫無限制之言論
自由。及中共僭據大陸，不特國民黨報紙全被籍沒，民營報
紙亦幾於無一倖免。李宗仁派議和代表赴平，中共明白宣
布，不許新聞記者隨行採訪，降低記者身份，視記者如寇
仇。其後英美駐華記者，全被驅逐，新聞從業人員，紛遭屠
戮。全世界新聞界，至此始憬然於中共過去之所謂爭取言論
自由，不過爲打擊國民黨一種手段，中共本身，其字典上，
固根本無「言論自由」一字。中共執政之初，以禁絕貪污，
不騎在人民頭上，昭告全國，乃轉瞬之間，魚肉人民，貪污
遍地。中共在各地勸誘黨團員及舊公務員登記，信誓旦旦，
凡如限登記的，決保障其安居無事，乃登記甫畢，上海、北
平各大城市，即按照登記名冊，逐一捕殺。執政第一年，以
鐵幕封鎖未嚴，調查工作未了，恐地主挾資遠逸，故意宣

示，對地主富農絕不苛待，土改辦法，必十分溫和合理，及佈置完備，即全國大舉鬥爭清算，五畝以上之自耕農，亦均以地主待遇，虐殺之慘，史未前有。又科征捐派，名目百出，献(獻)機献(獻)砲，搜括無窮，此批甫了，另批又起。凡此種種，都是中共執政以來，一部分欺騙事件的真憑實據。而這些事件，又只是中共「以欺騙至中國」政策中千百萬件中之極少數，如果逐一列舉，即真要改中共歌頌自己那句話，「共產黨的恩情說不完」，爲「共產黨的欺騙數不完」。

宣傳是共黨「三寶」之一

中共每一句謊言的發布，都自認爲宜於擴大傳的最好資料。宣傳Propaganda一字，導源於羅馬教皇格雷哥利十三世，原意只在將羅馬教義，灌輸於虔誠的教徒。但格雷哥利十三世，以消滅法國新教徒，造成1572年8月24日巴沙洛莫Bartholomew大屠殺[注6]紀念著稱，所以我們今天提到「宣傳」起源，不由便連帶引起一種對迫格雷哥利十三世害異教思想的憤怒。「宣傳」這字，多少在先天方面，挾有不祥成分。不過無論如何，並沒有代表說謊。到了列寧、史太林、希特勒、墨沙里尼這一般魔王下凡，「宣傳」才突被他們大量運用，與「特務」、「集中營」鼎足並立，成爲極權國家的三寶，於是由「灌輸教義」引申爲「不惜以種種方法，轉變對方意志，俾合於宣傳者目的」。因此誇大與說謊，遂亦摻雜於宣傳方法之中。中共以說謊爲宣傳，實得自乃祖乃宗，並非中共的創造，惟此種罪孽，本來的宣傳意義，不負其責。照集權國家作風，宣傳成了他們的鴉片，牠卻能獲得一時興

奮，然在上癮以後永久吸用，則必弄到形銷骨立，精進身亡為止。中共以宣傳興，終必以宣傳亡，正就是這個道理。

真理打倒「欺騙」

民主國家對宣傳的含義，只以提出事實，闡揚真理聽對方選擇爲止，反對「誇大」，更反對「欺騙」。爲了抵抗蘇聯及其歐亞附庸政權的說謊，美國已迭播巨款，進行「真理運動」及「心理作戰」。羅素曾說：「我們應在宣傳和思想方面，去做大大的努力，一方說明西方立場，一方指出莫斯科勝利對於人類的危機，在這方面花的錢，比實際戰爭中花的錢，效能要大百倍以上」。羅素這看法，是十分正確的。但我們必須特別指出，民主國家的重視宣傳，應與極權國家的重視宣傳，截然兩途，不容混淆。唯有發揚真理，才可擊敗謊言。我們尤願意於此建議，民主國家爲澄清真理謊言的界線，最好今後盡其可能，以真理運動，來代替「宣傳」一詞的使用。愛好民主自由，堅決反共抗俄的中國人士，爲迅速擊潰即將崩毀之中共政權起見，中國之「真理運動」，我們每一個中國人，尤應及時奮起，盡其最大最善的努力！(中華民國40年9月27日香港)

成舍我

原文登載《自由中國》
1951/09/27

注1：司徒雷登(John Leighton Stvart，1876年-1962年）美國人，基督教傳教士、教育家、外交官。曾任燕京大學校長及校務長、美國駐華大使。出生於中國杭州，父親為美國在華傳教士。1896年畢業於弗吉尼亞州漢普登。司徒雷登曾說自己「是一個中國人更多於是一個美國人」。從小說的是杭州話，11歲時回到美國的弗吉尼亞州上學，鄰裏小孩嘲笑他是個不會說英語的「土八怪」。1904年司徒雷登帶著新婚妻子回到杭州，開始從事傳教事業。「九一八」事變後，司徒雷登親自帶領數百名燕大師生走上街頭遊行，在隊伍最前方高呼「打倒日本帝國主義」。 抗戰期間，他因拒絕與日軍合作，曾被囚禁近4年之久。「整個20世紀，大概沒有一個美國人像司徒雷登博士那樣，曾長期而全面地捲入到中國的政治、文化、教育各個領域，並且產生過難以估量的影響」。1949年8月2日，中共進入南京後不久，他黯然離開中國。同年新華社播發毛澤東的檄文〈別了，司徒雷登〉，該文後來被收入中共中學語文教材裡。著有《啟示錄注釋》、《傳教士和大使司徒雷登在華五十年回憶錄》等書。

注2：郭沫若(1892-1978)，原名郭開貞，又名郭鼎堂，生於四川樂山沙灣。1906 年入嘉定高等學堂學習，開始接受民主思想。1914年春赴日本留學，這個時期接觸了泰戈爾、歌德、莎士比亞、惠特曼等作家的作品。1918年春寫的《牧羊哀話》是他的第一篇小說。 1918年初夏寫的《死的誘惑》是他最早的新詩。1919年五四運動爆發，他在日本福岡發起組織救國團體「夏社」，投身於新文化運動，寫出了《鳳凰涅磐》、《地球，我的母親》、《爐中煤》等詩篇。1921年6月，他和成仿吾、郁達夫等人組織「創造社」，編輯《創造季刊》。1923年、他在日本帝國大學畢業、回國後繼續編輯《創造週報》和《創造日》。1924年到1927年間，他創作了歷史劇《王昭君》、《轟瑩》、《卓文君》。1928年流亡日本，1930年加入「中國左翼作家聯盟」，參加「左聯」東京支部活動。1938年任中華全國文藝界抗敵協 會理事。這一時期創作了以《屈原》為代表的6個歷史劇。他還寫了《十批判書》、《青銅時代》等史論和大量雜文、隨筆、詩歌等。1944年春，作《甲申三百年祭》，被中共中央定為整風學習文件。1949年後，曾任中共中央人民政府委員，國務院副總理兼文

化教育委員會主任、中國科學院院長，全國文聯一、二、三屆主席，並任中國共產黨第九、十、十一屆中央委員、第一至第五屆全國人大常務委員會副委員長，全國政協委員、常務委員、副主席等職。1957年17卷本《沫若文集》開始出版。主要著作有《新華頌》、《東風集》、《蔡文姬》、《武則天》、《李白與杜甫》等。

注3：中國自古雖有了各式不同的官報名稱，不過其來源大抵出自《起居注》、《月表》、《月歷》、《時政記》，登載內容主要為皇室動靜、官吏升降和尋常諭摺，以及大臣的奏摺。「邸報」出現於何時，學界曾出現爭論不休的景況。有學者認為公元前2年漢武帝初年，中國就出現了這種被稱為「邸報」的官文書，它們是一種由地方藩鎮派駐在首都的「邸吏」，用竹簡把朝廷的命令傳報給地方的官報。此一說法進而認為中國古代報紙史，基本上就是一部「邸報」史。藉此推論「邸報」的名稱，雖然各朝代有異，「朝報」、「條報」、「報狀」、「邸鈔」、《京報》等等不同的概稱，皆是「邸報」的一種形式展現。但是此一說法為某些學者反對，認為將「邸報」泛稱為中國古代的報紙，雖然表示了舊式官報一脈相承的特性，卻忽視了其中的差異性，不僅容易引起誤解，也會令人以為中國古代報紙似乎只有「邸報」一種存在。有關「邸報」出現於何時？學界的看法頗為歧異，出現年代的認知，也相差甚遠。方漢奇認為應出現於漢代，寧樹藩則認為出現於唐代，黃卓明則認為出現於明末時期。到清代時，同時有「邸報」和《京報》兩大系統一事，則是可信的。

注4：胡喬木（1912年6月1日-1992年9月18日）江蘇鹽城縣鞍湖鄉人，原名胡鼎新，筆名喬木。1933年-1935年在浙江大學外語系學習。在校期間，他組織秘密讀書會，傳播社會科學和馬列主義知識，是學生運動的領導人之一。1937年7月到達延安，1941年2月起任毛澤東秘書、中共中央政治局秘書，至1966年6月「文化大革命」爆發止。曾任中共中央宣傳部常務副部長、中共中央副秘書長、新華社社長、《人民日報》社社長、中共中央書記處候補書記、中央書記處書記、中共中央委員、中央政治局委員、新聞總署署長、國務院學位委員會主任委員、中國社會科學院院長

和名譽會長、中共中央顧問委員會常務委員。1955年當選為中國科學院院士(學部委員)。1982年第十二屆中央政治局委員時,主持起草了《中國共產黨中央委員會關於建國以來黨的若干歷史問題的決議》等重要文件。著有《中國共產黨的三十年》、《胡喬木文集》、《關於人道主義和異化問題》、詩集《人比月亮更美麗》。1992年9月18日在北京去世,終年81歲。

注5: 艾思奇(1910- 1966)哲學家。本名李生萱,雲南騰衝人。據他自己所稱「愛思考的奇異事物」,即成筆名「艾思奇」。幼年隨父至昆明,受到嚴格的家學教育,後又隨父至香港,進教會學校學習英語。早年留學日本, 1935年參加中國共產黨。 1935-1936年任上海《讀書雜誌》編輯。 1937年到延安,歷任抗日軍政大學主任教員、中央研究院文化思想研究室主任、中共中央文委秘書長、《解放日報》副總編輯。1949年中共建國後,任中共中央高級黨校哲學教研室主任、副校長,中國哲學會副會長、中國科學院哲學社會科學部學部委員。他長期從事馬克思主義哲學研究、宣傳和教育工作,注意把馬克思主義哲學通俗化和大眾化。積極與各種唯心主義哲學論戰,捍衛辯證唯物主義和歷史唯物主義。主要著作有《大眾哲學》、《哲學與生活》、《艾思奇文集》,主編有《辯證唯物主義與歷史唯物主義》等。

注6: 大屠殺指的是1572年8月24日法國天主教派對胡格諾(Huguenot)新教徒的「Saint Bartholomew」節大屠殺。此一事件的背景為新教胡格諾教派要求信仰自由與合法地位,與支持舊教的法國王室發生多起衝突。與此同時,法國王室又發生繼承危機,貴族之間形成皇位爭奪戰,這場權利爭奪由於又牽涉到新舊教之爭,情況變得日趨複雜。這些貴族基本上分成三派:支持新教派、支持舊教派、信仰舊教但保持中立派。於是造成1562年-1598年間的法國內戰時期,史稱為「胡格諾戰役」(Huguenot Wars)。「Saint Bartholomew節」大屠殺,引發了法國五次內戰(1574-1576),最後交戰雙方簽訂了〈紳士和約〉(The Peace of Monsieur),再度停火,而此一和約則規定法國境內除巴黎之外,新教教徒可以得到宗教自由等權利。

因不堪殘酷虐待
陳德徵在滬庾斃

自由人(新聞稿)

　　前上海《民國日報》總編輯；國民黨上海市黨部宣傳部長陳德徵注1，抗戰前，以某案免職，十餘年來，即未再作任何政治活動。抗戰勝利，由渝回滬，亦息影家居，不問外事，中共到滬，陳自以絕無問題，不思他去，不料數月以前忽被拘捕，昨據此間陳之友人，傳出消息，爲陳因不勝共黨酷虐待遇，晨近已庾斃獄中。

百憂

原文登載《自由人》
1951/10/06

注1：1929年3月26日國民黨上海特別市黨部主任和宣傳部部長陳德徵提出一個「嚴厲處置反革命分子案」。該提案提醒人們警惕「反革命」活動，並將「一切反對三民主義的人」，皆視爲「反革命分子」。爲了鎮壓所謂的「反革命者」，法院不必拘泥證據。凡經國民黨省黨部及特別黨部書面證明爲「反革命分子」者，法院或其它法定之受理機關，都可以反革命罪處分。陳德徵的這一提案爲國民黨「法西斯專政」特色，開啟了方便之門。這一提案激怒了胡適。他看到提案後忍不住給當時任司法院長的王寵惠寫信，在這封公開信裡，胡適對國民黨破壞法律程序和根本否認法治的現象提出了抗議。胡適將此信稿送國聞通訊社發表。但信稿被檢查新聞的官員扣去，未能刊出。

應李彌特別邀請
女立委羅衡赴滇

自由人(新聞稿)

　　滇籍女立委羅衡，上月曾由台來港，小作勾留，旋由港飛往某地。據可靠消息，羅係應滇主席李彌[注1]之邀，前往就詢一般局勢，及今後應採措置。李並有意請羅担任省府秘書長職務。但羅是否願就，尚待考慮。羅今年已將五十，日常男裝，亦從未與人論嫁娶，民國16、7年曾留法習空軍，對軍事工作向感興趣。日昨羅有函致此間友人，謂已安抵李部根據地，全滇人民反共意志，至為堅決，相信世界大局一有變化，在滇共軍，即必可掃數殲滅。

百憂

原文登載《自由人》
1951/10/06

注1：李彌（1902年-1973年），字炳仁，號文卿，生於雲南省盈江縣
　　（祖籍騰衝縣）。李彌排行第六。他小學畢業後，轉去騰衝升
　　學，就讀於清末舉人王承漠的私館。1926年黃埔第四期畢業。
　　1936年任江西瑞昌縣長。1940年調升為第八軍榮譽第一師師長。
　　1944年奔赴滇西松山戰場，加入中國遠征軍，打響松山戰役，因
　　功升任第八軍軍長。1948年所部改編為第十三兵團，任十三兵團
　　司令官。淮海戰役中，奉命支援黃百韜部未果，不久第十三兵團
　　兵敗覆沒，李彌轉至山東濰縣、青島，乘海輪赴南京、上海。
　　後任第十三編練司令部司令兼重編第八軍軍長，往閩西、雲南
　　徵兵。1950年1月，李彌奉召去臺灣。不久，李彌所指揮的第八
　　軍，第二十六軍有少部分逃至緬甸。該年9月，蔣介石派李彌等
　　人到緬甸北部，糾集殘部和部分武裝人員，組成「反共抗俄救國
　　軍滇南邊區第一縱隊」。李彌被委任為「雲南省人民反共救國軍
　　總指揮」，「雲南省政府主席兼雲南綏靖公署主任」。1951年5
　　至7月，緬甸的國民黨軍在美國的支持下，兩次反攻雲南邊境，
　　進入到耿馬、滄源、孟連等地。1953年1月，在緬國軍成立「雲
　　南反共救國軍遊擊總部」。緬甸政府後來對李彌部隊進行軍事圍
　　剿，同時向聯合國提出控訴。臺灣國民黨政府逐將李彌的部隊改
　　稱「東南亞自由人民反共聯軍」。同年底至1954年，李彌部隊多
　　數陸續撤往臺灣。李彌到臺灣後，先後任國民大會代表、中央評
　　議委員和「光復大陸設計研究委員會」委員等職。1973年在臺灣
　　去世。

共區人民不怕威嚇不受欺騙
強派勒售僞「報」仍難暢銷

這是中共即將崩潰的先兆 董必武所說共區
報紙發行數字全係信口胡吹

自由人

　　北平共酋董必武[注1]，在今年11月僞「國慶紀念」廣播
中，極力誇揚僞人民共和國兩年來各項成就。關於新聞事
業，據稱：「新中國的新聞出版事業有了極大發展，全國報
紙發行量已達六百萬份，約爲1948年的三倍。」照董的語氣
聽來，六百萬份這數字，無論是真是假，但他敢如此提出，
他自信就業有異乎尋常的勇氣。因爲他及同他地位相等的共
酋，總以爲中國報紙發行量，如能達到六百萬份，無疑地，
必已是登峰造極，「發展極大」。其實全中國大陸，有人口
四億五千萬，日銷報紙六百萬份，比起中共一向號召輕視鄙
棄的美國「紙老虎」，人口僅及中國大陸三分之一而報紙每
日發行數平均達五千萬，實屬相差太遠。董必武所誇稱的
六百萬份，不特不能算他吹牛的特殊勇氣，反而不折不扣證
明了他太短視、太低能。試想這樣一個宣傳起家並認爲宣傳
高於一切的中共，在統治了全中國大陸兩年多以後，竭盡強

派勒銷的全力，而報紙發行量，比起紙老虎竟還是天淵遠隔，望塵莫及。豈不遺笑紙老虎，成為中共的恥辱？董必武那篇廣播，的確也太欠考慮了！

就中共本身報告　證明沒有六百萬

報紙是中共最大政治工具，在大陸上，他以種種方法，迫使人民購讀。他們讓人民將報紙視成布帛菽水，不可片刻離棄。尤其中共本身，有武裝部隊五百萬，黨員、團員、公務人員，及工作上必須讀報之宣傳員、報告員等數百萬。如果大家遵奉中共命令，認讀報為日常生活所必需，則即除去一般人民，專就此數約千萬之文武同志計算，六百萬份發行量，也實已低到不可再低。然而，按諸實際，董必武所廣播報告，「發行量已達六百萬」，究竟是否確已達到？為解答這一問題起見，我可以提供一些中共本身的官方文件，來證明董必武在廣播中提出此數字時，確實有他驚人的說謊勇氣。

距董必武此次報告的前一年又四個月，即去年6月17日，郭沫若在「人民政協」報告，全國日報有一百六十五種，共日銷兩百六十餘萬份。今年2月28日，即董必武報告的前八個月，中共召開報刊發行工作會議，偽郵電部報告，自中共將報刊發行工作，交由郵局主辦，現郵局代理發行之日報共一百四十種，日銷二百廿萬份。這數字比去年減低四十餘萬份，當由會議決定，到今年底一定要達到發行總數三百四十萬。其實，此兩次報告其可靠程度本就很成問題，因數字可能更少，年底能否增加尤屬毫無把握。即假定上述兩次報告為可靠，但僅僅相隔八個月，無論如何飛漲，似乎也很難從

二百廿萬，一下就跳到六百萬。而且比中共所屬的年底最高
標準，幾將提高一倍。這實在不易使人相信！

多發行一份報紙 即多殺一個敵人

　　中共對於報紙的發行，一向本採取抗戰時期，日本人及漢
奸在淪陷區辦法，強派勒銷，人民閱報，等於捐納，但人民
總是和拼命逃稅依樣，逃避閱報。今年7月，漢口中南郵政電
信管理局發表〈開展發行工作〉一文，綜述該局一年中努力
推銷中共報章的各種經歷。首稱，「郵局方面把發行報紙當
作一項重要的政治任務。曾提出『多發行一份報紙，就是多
消滅一個敵人』的口號。」這口號何等嚴謹！

　　由此推敲，則凡拒絕看一份中共報紙的，豈不將等於承
認自己為一個中共敵人？此後該局即列舉忍飢耐寒，舌敝唇
焦種種推銷方法。據稱：「湖南祁陽郵局郵務員黃陽明，每
天冒著風雲，挾著傘，穿著草鞋，走遍了祁陽每一個農村，
向農民推銷報紙」。但該局黯然承認，「此類辦法收效仍然
不大。因農民不願閱報，結果，只好找一般區鄉級共產黨幹
部，和政府機關首長，設法派銷。自得到他們大力幫助，發
行工作才有重大發展。」……「湖北黃陂張店區區長，即在
幹部會議上發動，指定每一農會，如何派銷」。「各地更組
織發行委員會、發行站、發行工作隊，即讀報組，武漢市如
花發行委員會領導下，成立了五百個發行站」。「又動員各
地學校選派熱心為群服務的學生擔任發行員。河南滎陽縣更
利用各小學生回家吃飯時間，將報紙向各村派送」。「郵局
更將推銷標語，製成郵戳，印在每一個經過郵局信件的信封
上藉喚起群眾注意」。(按上海郵局對推銷共黨報刊，也特

別賣力。據9月17日上海《新聞日報》載：郵局方面曾提出
「發行一份報紙多抽美帝一根筋」的口號郵工分別組成小隊
挨戶訪問發展定戶))。如上述，中南郵局這樣吃苦耐勞，努力
推銷，應該得到中共有關方面極度嘉許。不料漢口《長江日
報》一面刊登郵局報告一面卻發表批評大事譴責，請「郵局
承辦發行，目前主要缺點和問題，是若干郵局職工思想能欠
明確，各地組織之發行委員會大部流於形式。成績很壞」。
該報尤其認為痛心的，是「中南區三個重要報紙，《長江日
報》，《新青年報》，《工人日報》，現有發行數字，都比
中共預定標準，少到百分之三十以上」。這就是說，比中共
預定今年年底的最高標準，還至少差百分之三十。又北平
《人民日報》社論，對全國郵務工作人員指斥尤嚴。《人民
日報》說：「甚至一部份郵政工作人員，錯誤地看待發行報
刊工作，認為是撿了一根瘦骨頭，認為是賠錢的業務，因而
對報刊發行工作採取了敷衍了事的態度，對於發行部門漠不
關心，實際困難不予解決，發行效果也不加以檢查。」中共
這兩大黨報對郵局如此痛擊，正不啻自行招供，人民不歡迎
他們的宣傳。因之，無論由局如何努力，共幹如何強迫，他
們的銷路仍低落的可憐。依照《長江日報》所載，現有銷數
離預定標準尚低百分之三十以上，加以類推，是中共報紙
總發行量，到今年七月，尚最高不過三百廿萬份之百分之
七十，即仍為二百二十餘萬份。除非中共能進一步引申「多
發行一份報紙就是多消滅一個敵人」的口號，更佈告全國，
「凡不閱中共報紙的，即實行以反革命敵人論罪」，則董必
武所說的日銷六百萬，不特10月1日以前，絕未達到，恐怕也
就永遠無法達到了！

中共完全開倒車　回覆了邸抄朝報

　　中共報紙之不受人民歡迎，除痛恨其出賣國家投靠蘇聯，全部說謊，欺騙人民外，另一原因，即一切中共報紙，雖名目儘有不同，內容均千篇一律。自首至尾，百分之百，都是說教式長篇大文，或公報式法令規章。蘇聯及附屬國報紙，通篇塡滿恭頌共魁的字句，毛記赤朝，自也不能例外。今年1月15日，紐約《新聞週刊》，曾統計某日《真理報》第一版，共提過史泰林名字，一百零一次。9月1日香港出版之《今日美國》，也統計過《人民日報》，從7月20日到8月2日，兩星期中，依共提過毛澤東名字四百三十次。《人民日報》之恭頌「領袖」，雖還遠不及《真理報》努力，但共黨報紙，一定要將「領袖」大名，映塡入人民腦中，像唸「救主耶穌」，和「南無阿彌陀佛」一樣，則屬殊途同歸原則無二。因此，任何一份中共報紙，都卑汙諂佞，無法卒讀；嚴格說來，中共統治下的報紙，已完全失去客觀報道，公正批評的一般原則，他們只是一張一張的傳單廣告，絕不能稱作報紙。中國的報紙，經過長期演進，好容易由專替皇帝宣達政令的邸抄朝報，進步到人民的輿論，而現在中共，卻又整個倒退，將人民輿論，回復爲抵抄朝報，這個是中國報紙發展史上一最黑暗時期，且不僅從精神上批判，有如此荒漠落後之處，即就通常的編輯技術來說，今天中共若干主要報紙，許多形式，至少還向四十年前古老的《申報》、《新聞報》看齊。現代報紙，爲避免紙張浪費，節省閱讀時間，引起讀者美感，一般趨勢，總字型縮小，選材求精，文字生動，排版活躍，中共報紙卻幾乎都與此趨勢相反。以中共最高黨報北平《人民日報》爲例，就字型論，文字同爲直行的

日本報紙，早已採用七號，或八號字，大陸在中共入侵前，我國多數報紙，由新五號進步到新六號，《人民日報》，則從六號又改回新五號。至報紙內容，因限於全面宣傳性，除「政府」法規，共酋演說外，幾無其他可讀之件，而此種法規演說，又往往長達數萬言，編者既不另作提要，也不分段標題。一片烏黑，填滿爲止。因一切資料，根本是奉命刊登，不容許選擇，自然更談不精要。又文法不通，別字連篇，讓一句長至數百字，在《人民日報》，已視爲毫不足奇。整版方式，尤呆笨不堪入目。《人民日報》四大版，每版七長欄，全部長行，絕少長短交錯拼排。題目冗長，正題副題合計，竟有多達百字以上的。如何美觀動人，絲毫從不講求。《人民日報》是中共典型報紙，舉一反三，則中共報紙之不受人民歡迎，除不甘心情願聽從中共宣傳外，報紙內容的陳腔濫調千篇一律及文字蕪雜，排版拙劣，也是最大因素。

　　中共報紙編輯技術之落後，致影響到宣傳效能。中共宣傳主管機關，似乎也逐漸察覺。僞新聞署長胡喬木於今年3月，曾一再強調寫短文的重要。6月間，中共發出指示，斥責重慶《西南工人報》，瀋陽《勞動報》，中南《工人日報》，「滿紙長篇大論，文字生硬冗長，讀不清，看不懂，尤其4月17日中南《工人日報》『迎接五一』一文，第一句竟長達一百二十餘字，同日上海《勞動報》一個標題，長三十五字，爲什麼不可以縮得簡明一點？」但由於中共之情性已深，積重難返，特別以說教式長文起家的如劉少奇，艾思奇之類，他們弄慣了王媽腳布又臭又長那一套，要縮短也縮不來。報紙編輯，先天的既沒有技術修養，樂得消閑自在，不

求精進，每版以填滿了事。所以儘管少數中共宣傳看到此點，而中共報紙之枯燥呆板，則依然沒有絲毫的改變。

　　一部份在海外之中共或受中共津貼的報紙，他們由於這幾年來經驗，以深切知道海外僑胞，眼睛雪亮，比鐵幕以內人民，更不易遭受欺騙，中共宣傳品，在海外尤無法推銷。海外共黨報紙，又不像在大陸一樣，可以乞助於刀口鎗刺，用共黨之力，強派勒銷。於是這些報紙的主持者，就不能不想盡方法，打開生路。他們在中共准許之下，或有時偽裝中立，也將一些路透社美聯社電訊，斷章取義，摻雜刊登。或儘管改變排版方法採取以往大陸上自由報紙進步，美化的作風。最下流的，即更大量搜刊各種低級小說，以引誘觀眾。但如此賣盡氣力，結果竟仍和鐵幕以內的共黨報紙相似，發行數量並不上漲。雖然編輯方法的改變，曾發生若干成效，然這一方面收穫，遠抵不上因刊登英美電訊關係而被共區阻絕進口的損失。總之，無論如何，一切都只證明了共黨報紙，已不能再在海外發生欺騙僑胞的作用。

　　報紙發行數量的多寡升降，在自由世界內，向被視為每一國家人民文化水準的測驗器。至於鐵幕國家，則人民閱讀報紙，是強迫而被動，如果政權堅強，發行數字，應祇有逐日上漲。假若發行的數量永遠停滯，甚至每況愈下，則每一鐵幕國家的共黨政權，必已失去其權威或欺騙人民的功效。一旦局勢變化，這種國家，人民必會首先奮起，結合外力，打倒騎在他們頭上的共黨。因此，在戳穿董必武的廣播謊話以後，事實證明了共黨人民，已痛恨中央宣傳。不怕恐嚇，不受欺騙。中共報紙的發行數字，兩年以來不特未突飛猛進，

而且正江河日下，這不僅是報紙發行量多寡升降的問題，而是告訴我們，中共政治，已走上了崩潰之路。在此中華民國雙十國慶佳節，盼望鐵幕內炎黃子孫，艱危堅苦，百折不鐃，整個自由世界，敬於此為他們祝福，大陸人民的真正解放是不會再□□拖延。相信自由光輝，即將在最近期間照遍整個大陸——你們儘量準備迎接這個時日的到臨吧！

舍我

原文登載《自由人》
1951/10/10

注1：董必武(1886年-1975年)　曾任中共中央南方局副書記、中共重慶
　　工委書記、中共中央財經部長、華北局書記、華北人民政府主
　　席。原名董賢琮，又名董用威，字潔畬，號壁伍。湖北黃安(今
　　改稱紅安)人。早年接受康有　為和梁啟超的維新思想，後受到孫
　　中山革命民主思想的影響。1903年考取秀才。1905年考入湖北
　　「文普通」學堂，1910年畢業，獲清朝學部授予的拔貢學銜。後
　　在黃州任教員。1911年參加了辛亥革命，同年加入中國同盟會。
　　1914年考入日本東京「私立日本大學」學習法律，在日本加入孫
　　中山創建的中華革命黨。1915年回國從事「反袁活動」，兩次被
　　捕入獄。1916年出獄後再度赴日本。1918年回國，參加「護法運
　　動」。1919年在上海參加了「五四運動」，後創辦武漢中學，教
　　授國文。1920年秋在武漢建立共產主義小組。1921年7月出席中
　　國共產黨第一次全國代表大會，是武漢小組代表。隨後建立和發
　　展湖北省的黨組織，任中共武漢區委委員、湖北民運部長、湖
　　北省委委員。第一次「國共合作」負責籌建國民黨湖北省黨部，
　　並任湖北省國民黨工作委員會主任，國民黨中央候補委員。1928
　　年赴莫斯科中山大學、列寧學院學習。1932年回國，在江西中
　　央革命根據地，歷任中共中央黨校校長，中央黨務委員會書記，
　　中央工農民主政府執行委員，最高法院院長，工農檢察委員會副
　　主任。1934年到陝北後，任中共中央黨校校長，陝甘寧邊區政府
　　代理主席。抗日戰爭時期和抗戰勝利後，是中國共產黨「國共和
　　談」談判的代表之一。1945年代表共產黨參加舊金山聯合國制憲
　　會議。1949年中共建國後，歷任中央財經委員會主任、政務院副
　　總理、政務院政法委員會主任、最高人民法院院長、全國政協副
　　主席、中共中央監察委員會書記、中華人民共和國副主席暨代主
　　席。1975年任第四屆全國人大常委會副委員長。是中共六屆中央
　　委員，七、八、九屆中央政治局委員，十屆中央政治局常委。出
　　版有《董必武選集》、《董必武政治法律文集》、《董必武詩
　　選》、《董必武年譜》。1975年4月2日在北京逝世，終年90歲。

捷克共黨如此欺騙人民
逃出國境將被美軍虐殺
三位青年男女因此將出逃計畫延緩了一年

自由人

可可糖送給每一捷人

　　鐵幕內慘受壓迫的人民，近多甘冒極大危險，設法逃入自由世界，其中以波蘭捷克兩國國民，求逃之心，最為迫切。今年9月，一輛捷克火車，司機早有出逃決心，竟不顧停車訊號，直接衝過捷克邊境，開抵西德。這一件事，實充分表現鐵幕內人民正如何卓絕勇敢，渴盼光明。在火車衝入西德後，所有乘客，由美軍採用極民主自由方式，回捷與否，聽各人自行選擇。因該車逃出捷克，只係司機個人計畫，其他乘客，或家屬在捷，恐遭清算，或有重要業務，無法即此脫離。甚至有若干乘客，根本是「騙在人民頭上」的共黨官員。這三種人，他們總共有七十七名，都願意回去，美軍毫不留難，除將不願回捷的乘客另行安插外，這些願意回去的人，在殷勤款待，充分休息之後，即一一送出邊界。邊界守軍，還對每一乘客，各贈與若干條可可糖，並祝「一

路平安」。當這些乘客回抵捷境時,共黨官員,新聞記者,政治警察,也早就等候歡迎。他們對這班歸來的乘客,第一句話,就是,「你們這次經過了美軍充分的虐待,現在重新回到祖國懷抱,當然是太高興了」。乘客中也就有人連聲稱是,並大呼:「美軍的確是殘暴得可怕」。

為了愛所以回到祖國

於是捷克報紙,及一切鐵幕國家,就都發表了一篇脫險乘客向捷克總統致敬宣言。宣言中最重要的幾句話,「因為我們愛你,因為我們愛偉大的史太林元帥,因為我們知道你正在領導捷克走向快樂的將來,所以我們不顧一切困難,重回到你的懷抱了」!

但這篇虛偽宣言,不料竟在上星期,被回捷乘客中一位十六歲的女學生完全戳破。故事的經過如下:

一年前就想逃出鐵幕

柴登楷女士(Zdonka),現年十六歲,一年以前,他就和一位女友,一位男友訂有密約,決設法逃出鐵幕。她家本住捷克邊境,在那天乘車回家時,不料竟被司機將車駛出了捷克。她雖然慶幸自己獲得自由,但想起他們三人間的密約,她不能違背信義,獨自行動,於是在美軍徵詢她是否回捷時,她仍然決心回去,所以那七十七人向捷總統致敬的宣言,她也應是其中的一個。但事實上,她回到捷克以後,馬上就秘密通知那兩位訂有密約的朋友,將他們遲遲一年未能解決的疑問,由於她這次意外的一次旅行,已獲得充分解決。那就是他們因過去受了捷克共黨宣傳的欺騙,說逃到西

德的人，受美軍如何殘酷虐殺，致使他們一再遷延，不敢實現他們的計畫。現在她親眼看到美軍對待捷人是怎樣和善友好，所以在她回到捷克不到三星期，就又偕同那兩位密友，不惜再冒生命的危險，千辛萬苦，進入了西德美軍防區。

自由說自己願說的話

她在進入西德後，還告訴了人們兩件小故事，第一是她們上次帶回去美軍饋送的可可糖，因爲怕被共黨及海關囉嗦，許多人故意在每一條糖上，各咬一口，以表示她或他們對這種糖，味道並不感十分優美。第二，捷克政治警察，曾責令那一次回來的每個乘客，要大家留心注意不肯回來的那班人行動。警察說，這些賣國賊，一定會再溜回捷克，替美國人作間諜。

這三位青年朋友，一位預備去澳洲，柴登楷和男友，則打算去加拿大。他們都說，因爲聽見這兩個地方，人們都可以自由說自己願說的話，所以要親去試試，享受人生這一項最偉大的幸福。

百憂

原文登載《自由人》
1951/10/27

艾森豪威爾難言之隱

自由人

　　艾森豪威爾這次由巴黎飛回美國，雖然一再聲明，是早和杜魯門約定，表示此行目的，為商討大西洋統帥職責內各有關事項，而不是大家注目的總統競選問題。不過許多人仍在懷疑，他參加競選與否，將由這次回國，得到確切的決定。

　　他早向共和黨一部分擁護者，表示可以接受共和黨的提名，而這一部分擁護者，並早就進行了各種應有的準備。華盛頓方面，成立了非正式的競選總部。但為什麼到現在他還是扭扭捏捏，不肯正式宣布，據最近艾氏最親近的人們在華盛頓透露，艾氏對競選總統，有三項顧慮，第一，大西洋統帥，這地位非常重要，他捨棄統帥而競選總統，是否將引起一種不好印象，說他對世界人類服務熱忱，不及個人權位濃厚。第二，他和共和黨沒有歷史關係，儘管全國投票，當選的把握很大，而在共和黨內，卻不一定能制勝塔虎脫。但這兩點的顧慮，還都沒有第三點重要。

　　第三點，艾氏遲遲不敢決定最主要的原因所在。即艾在民主黨政府下，從羅斯福時代到現今，都佔有極顯要地位。

他對於民主黨一切措置，也就不能不負相當聯帶的責任。最低限度，他不便拚命攻擊民主黨，但若他接受邀請，出為共和黨的總統候選人，則在全國作競選鬥爭時，就無法不竭盡全力，痛擊民主黨政府過去的種種失敗。這在艾氏的地位和做人風格上，實有其不易克服的困難。所以艾氏最如意的打算，是兩黨都推他做候選人，但這是不能做到的。看情形，艾氏對這問題，一定感到不少的苦痛。

塔虎脫看準艾帥這「難言之隱」的弱點，他就不顧一切，於上月先發制人，正式聲明競選。並在參院召開了一次國會有史以來人數最多之記者招待會，到記者二百三十人，攝影記者五十人。他向記者宣布競選政綱；第一，他將在自由的原則下求進步，以對抗由羅斯福至杜魯門時期所施行的社會主義；第二，以誠實、廉潔，對抗貪污腐化；第三，在美國國力許可下，堅決阻止蘇聯擴大侵略，以對抗杜魯門政府因愚蠢而失去中國，並引起了朝鮮戰爭。從宣布競選那天起，10月份，他一共演說了十六次。本月，預備也做同一數目的講演，因國會休會，他打算周遊各州，並在本雪威尼、田納西等地，均將有大規模演說會舉行。

民主國家在每次大選前例有的民意測驗，目前美國正逐漸展開。除本刊六十七期筆者介紹過舊金山一個記者團體的測驗結果外，前一星期，美國全國編輯協會，又公佈了該會徵詢三百十九位日報和週刊編輯人的結果。計編輯人們，認為杜魯門將被選為民主黨總統候選人的，有六十四票，參議員道格拉斯(Paul Douglas)六十三票，參議員畢爾特(Harry Byrd)六十二票，每人僅一票之差。至共和黨方面，塔虎脫

得一百二十八票，艾森豪威爾得八十七票，這和舊金山記者
所估計，大致相近。可見美國一般人看法，都覺得在共和黨
內，艾帥並非塔虎脫的敵手！

百憂

原文登載《自由人》
1951/11/10

我記得

新聞天地・我看今年

　　《新聞天地》問我新年對大局的看法，我是一個不歡喜多
談將來，而願意追溯過去的。下面的幾段話，是否能作爲我
對《新聞天地》的答覆，就請《新聞天地》的記者先生去自
由鑒定吧！

　　我記得：當十年前，1941年12月8日，珍珠港突被偷襲，
及香港新加坡發生激戰的消息，傳到重慶，重慶的男女老
幼，在那天幾無不極度緊張與奮，認爲日本小鬼竟又敢和英
美巨人挑釁，這真是自尋死路！一位向以「征倭必勝」被稱
專家的老朋友，曾盡一夜功夫，寫成一本小冊子，題爲《新
加坡是日本的墳墓》。第二天滿頭大汗，匆匆來找一家出版
社主人，要他設法在最短時期出版。剛巧我也在座，我笑著
說，你如此強調新加坡軍港的堅強，但日本先發制人，英美
措手不及，也許你這書還沒出版，而新加坡業已陷落。他立
刻和我大吵一場。結果，不幸這本書，他竟真正白賠了紙張
和印刷費，在新加坡陷落以後，一本也未便送到市場去賣。
這對於當時一般人抱「英美最強」、「民主必勝」的信心，
確是受到不小打擊。

我又記得：從那天日本向英美開戰起，僅僅三個月，不特香港(12月25日)、新加坡(1942年2月15日)如風捲落葉，迅即陷落，且相繼攻佔了仰光(3月8日)、巴丹(4月9日)、爪哇(3月9日)，更進而直搗澳洲。眼看日軍兇殘，將橫掃整個東南亞。我們每晚聽東京日閥和南京汪記廣播，都無不大吹大擂誇揚戰果，尤其汪記漢奸政權，一方面把皇軍神威，捧到三十三天，一方面痛罵英美，斥為不堪一擊。最妙的，漢奸政權更異想天開，臨時造兩個新字，將「英」「美」和加一犬旁，改為「犭美」「犭英」，盡情侮辱，以取媚於主子。那時，重慶確有不少人對「反侵略戰爭」的前途，感到徬徨。特別在最後日軍攻到獨山的一段時期，若干動搖份子，受了漢奸宣傳影響，曾偷偷溜出重慶，向漢奸政權靠攏。日本倒台以後，這些三四等漢奸，也有被政府追捕究辦的，他們偶然見到抗戰時期同跑警報的舊友，幾莫不搥胸痛哭，表示愧悔。然而這又有什麼辦法？誰叫他們在黎明前的黑暗，不咬緊牙關，再多多苦熬一下！

最後，我還記得：在我的雜記中，對大陸上貴人們所高捧為「民主革命領袖」的李闖王，曾摘抄過一些有關他一生興亡的史實：

李闖王起家延安，以打倒腐敗政府，救濟窮苦人民為號召。他的反政府文告有云：「賄痛官府，朝廷之威福日移，利入戚紳，閭左之脂膏盡竭，獄囚纍纍，士無報禮之心，征斂重重，民有偕亡之恨」，這對於當時政府貪污腐敗，橫徵暴斂，及濫捕知識份子，歷歷如繪。無怪歷史上說，「一時讀者，多為扼腕感歎」，這似乎對闖王抱無限同情。

但闖王得勢之後，他的恐怖政策，殺死不少他所號召要拯救的貧苦人民。武昌一役，殺十餘萬人，大江為之不流，並且他明定條文，除望風投降外，進攻一地，凡拒守一二日的，殺闔城十分三四，如拒守五日以上，即全數屠殺，不留一人。如果農民革命領袖，是這樣的一種典型，則每城每天，僅槍斃幾個或幾十個「國特」、「文特」，那真是後不如前，遺笑先輩。也或許這小的殘殺，正是未來大殘殺的開始吧！

闖王用兵，史稱銳不可當，他刳人腹為馬槽，或於馬前殺活人，以血飲馬，因此，一到作戰，馬看見人，就奮躍前進，以為食料。士兵出戰，有回顧者，即斬之。這真是「人海戰術」的老祖師！無怪乎他能在很短期間，瓦解了大明帝國，逼死了莊烈帝，大搖大擺，坐上了北京皇帝的寶座。

不過他從這寶座，跌下來太快了。尤其這位被譽為農民革命領袖的闖王，他的生命却道是被結束於憤怒的農民之手。《明史》的記載如下：注1

自成自武昌老通城，沿途掠殺，通城有羅公山，山有元帝廟，村民正集會謀桿衛閭井，自成單獨騎登山謁元帝，村民見自成至，爭持農器碎其首以死。

「掛羊頭，賣狗肉」的下場，如此如此！

成舍我

原文登載《新聞天地》
1952

注1：按《明史·列傳》一百九十七卷〈流賊〉記載，李自成之死，說法分歧，原史料如下：「自成走延寧、蒲圻，至通城，竄於九宮山。秋九月，自成留李過守寨，自率二十騎略食山中。為村民所困，不能脫，遂縊死。或曰村民方築堡，見賊少，爭前擊之，人馬俱陷泥淖中，自成腦中鉏死。剝其衣，得龍衣金印，眇一目，村民乃大驚，謂為自成也。時我兵遣識自成者驗其尸，朽莫辨」。

由杜魯門打「窮撲克」
看出民主世界的可愛

自由人

在宣布拒絕競選的前夕，竟能如此安閑恬靜，比起史太林希特勒等惡魔，以數千百萬人血肉，作鞏固個人權位的工具，這安能不使我們對民主體制，欣然嚮慕．

「杜魯門是否再參加競選？這一個不僅全美國甚至全世界，大家所渴盼揭曉的謎底，到上月29日終於打開了。他在民主黨的傑佛遜紀念餐會上，斬釘截鐵，宣布他決心：任期屆滿，離開白宮。雖然第二天另一餐會，會場上充滿「我的需要杜魯門」的呼聲，若干民主黨幹部，也強調杜的表示並不能即作爲最後決定，但我們相信，杜魯門這一決心，無論如何，是不會再行轉變。今後全美國全世界所注意的，似將只有民主黨內，何人在大會能獲得多數提名，及兩黨最後勝利究將誰屬等問題而已。

不願擔任副總統　曾使羅斯福生氣

爲什麼杜魯門在長期考慮以後，做了這不再競選的最後決

定？從杜魯門過去歷史，平時心情，及家庭環境來看，我們或許可以這樣推斷：第一，他雖已經歷了幾十年政治生活，對政治興趣，似乎並不十分濃厚。他由副總統正式總統，及1948年擊敗杜威，本只是由於時勢機運的偶合，當然都非他始望所及。他因羅斯福逝世入主白宮，而造成他此一地位之副總統資格，在1944年民主黨大會提名前，他原是替貝爾納斯活動。據最近出版，白宮記者席爾曼著《總統先生》(*Mr. President*)一書所述，當民主黨主席韓來格用電話通知，羅斯福要他出任副總統時，他堅決拒絕。及至羅斯福大發脾氣，囑韓轉告：「在這艱危凶險的作戰時期，如果他(杜)願意讓民主黨及美國跨台，那是他的責任，讓他自己決定。」杜魯門在這樣公誼私情的高壓下，才勉強接受。假使這是可靠故事，則他就自然還不失為一個淡泊謙退的雅士。此次敝屣尊榮，不足驚異。第二，政治家出處進退，太太關係，往往有不少影響，杜魯門夫人，一向就主張丈夫急流勇退。雖然她不曾和伊里諾斯州州長史提文森(Stevenson)(史也是盛傳下屆民主黨總統候選人之一)的太太一樣，因為丈夫不接納她放棄競選州長的建議，就立即一怒離婚，但正因為杜魯門有上述淡泊謙退的本性，且富於人類家庭的溫情，僅憑宣布不競選以後，這幾天報載杜夫人的笑口常開，他這一決定，就有了重大的收穫。

韓戰局勢將惡化　更促成退休決心

再就美國今日面臨的世界局勢，及他個人考驗的大選動向來說，他放棄競選，也正是他必然的抉擇。第一，朱毛席捲中國，使蘇聯握有東南亞最高權威，打破美蘇均勢，這

自然是杜魯門政府世界政策一最大失敗。雖然他想藉朝鮮
戰爭，急圖補救，不特爲時已晚，且二十餘月來的一切表
現，仍只是太不澈底。眼看和解無成，東南亞野火，愈燒愈
大，世界大戰，隨時可一觸即發。他自顧才力，不能擔此艱
危大任。在傑佛遜紀念餐會以前約十天，民主黨主席麥金萊
曾親到他休假地「西鑰」，密談三日。當記者以杜魯門是否
競選問題，詰問麥氏時，麥表示，這與朝鮮能否達成休戰，
有密切關係。假使休戰成功，杜可能認爲政策勝利，麥氏言
外之意，即杜可能將參加競選。麥氏並預測，韓戰局勢，到
本年7月民主黨大會，最遲到11月大選投票時，應已獲得解
決。雖麥氏這些談話，旋被杜魯門堅決否認。我們仍不難從
此看出，麥克阿瑟最近一次對杜魯門韓戰政策的強烈批評，
及聯軍一再讓步仍不能達成休戰協議，且更被中共破口大
罵，誣衊美國採行細菌戰等，這對於杜魯門放棄競選，都各
不失爲決定性因素之一。第二，除世界政策失敗外，行政
人員的貪污，在美國人民心目中，對杜魯門政府也早已形
成一最惡劣印象。杜魯門初於競選問題，遲遲不作決定，
其意未嘗不欲假以較多機會，測驗民意歸趨。及至上月新
漢廈(New Hampshire)和明勒沙達(Minnosota)兩次初選，在民
主黨方面，他比其他候選人，票數皆特別落後。以凱佛維
Kefauver作比，在新漢廈，傑得二萬一百四十七票，杜得一
萬六千二百九十八票，在明勒沙達，傑得一九八六八票，杜
更慘敗僅得三六四四票，這是人民不再需要他的顯著表現。
如果還不放棄，試問他硬著頭皮，橫衝直撞，又究有什麼把
握？

在西歐數週休假　每晚曾大打撲克

　　個人心情，當前環境，及世界局勢，都足以促成他放棄
競選的決定。如果「以君子之心待人」，我們還相信，他這
一睿智的決定，由於政治興趣的低落，其成份遠在環境壓迫
之上。據說：他宣佈決心以前，在「西歐」曾作數週休假，
每晚自下午4時至11時，經常和太太及三數好友，打所謂「窮
撲克」，規定每人每週以輸完一百元為度，輸完以後，贏則
「搬本」，輸即不算，此即中國麻將牌中之「進花園」，而
他竟樂此不疲，且以善能「偷雞」致勝。當一個以出售領帶
起家的小店員，數十年間，飛黃騰達，位至元首，而在最後
放棄尊位的幾天前，竟能安閑恬靜，行若無事。這比起那些
史太林，希特勒之流，以數千百萬人的血肉，作鞏固自己權
位的祭品，那麼，我們又安能對此民主國家的體制，民主元
首的作風，不致其無限欽佩的敬意！

舍我

原文登載《自由人》
1952/04/02

我有過三次值得追憶的「笑」

前記

朋友們總勸我寫點自傳或回憶錄之類，我曾經打算過寫《記者四十年》這樣一本東西，只是始終沒有時間來動手。一方面，也實在因爲自己想想，值得寫的東西太少了。尤其最近讀到兩位美國老報人故事，更使我寫的勇氣，化爲烏有。一位八十八歲主持好幾家報館館務的柏京世士先生(S. Albert Berkins)，他原本準備五十歲就退休的，但延長了三十八年，不久以前，他對慶祝他八十八歲誕辰的賀客說，我不能放棄現在的工作，我也不想放棄。另一位八十七歲在《舊金山紀事報》當校對長的霍白思先生(William H. Forbes)，他從1883年進《紀事報》，總共工作了七十年，校對過七萬萬字，始終不肯退休，好容易到今年6月，才接受同事勸告，離開報館。這樣看來，《記者四十年》，比起他們，豈不等於一個「記者小孩」？如果貿然寫出一本這樣「小人書」，那麼，試問又有何價值？

但朋友好意，我總是感謝的。爲了有些故事，怕日久模

糊以致遺忘起見，我準備「散裝」、「零拆」分段雜寫，對讀者可作茶餘酒後的談助，對自己，於將來真能寫書時，也未嘗不是一種保存資料的好辦法。因為我欠了將近一年的文債，這幾天追了更緊，無法躲避，暫先以此篇搪抵，如時間許可，當繼續寫寄，不過一口氣究竟能寫多少，我現在也沒有把握！

據說，每天大笑幾聲，可以延年益壽，但處在這個憂患煎迫、災難重疊的時代，笑已不易，大笑更難，尤其確實發自心坎，並非假笑、苦笑，而是值得永遠追憶的真「笑」，人生幾十寒暑，恐怕碰到的機會，將是難上加難，少而又少。

現在清算我四十年報人生活，像這樣值得追憶的真「笑」，居然非常幸運，已總共有過三次。不過每次都曾付過一筆極其龐大的代價。

張宗昌沒有補我一槍

先從第一次說起。

民國17年前，各色各樣軍閥，統治著當時中華民國首都所在地──北京。在這夥軍閥下辦報，如果你甘心替他們之中，其一掌握北京統治權的軍閥做機關報，奴顏婢膝，歌功頌德，那麼，毫無問題，你會有大官可做，有津貼可拿。不過，這樣的報紙，老百姓是不需要看的。而且軍閥們此來彼去，朝起夕倒，你做某一軍閥的機關報，某軍閥倒了，你也一樣要跟著流亡。但你若不走這條路，一心一意，要辦一張人民的報紙，說人民的話，這樣，人民是歡迎你的，只是掌握著統治權的軍閥，卻會天天將你當敵人看待。封報館，抓

主筆，真是家常便飯。雖然比起共匪以武力佔據大陸時，封盡所有報館，殺盡所有報人，他們要瞠乎其後，甚至今天大陸老百姓，竟會追想起來，把民國17年前，算做中國「新聞自由」的唐虞三代。然而今天追想的唐虞三代，在當年民間報紙和報人，却都已水深火熱，無法忍受。大家盼望由國民黨領導的國民革命，早日成功，好對這些壓迫言論、蹂躪人權的軍閥，作個澈底掃蕩。

我是在這夥軍閥統治之下，由替別人辦報，以至自己辦報，先後曾因觸怒軍閥的關係，在北京被捕十次以上。不過他們究竟比今天的共匪寬大多了，十幾次被捕，多則一個月，少僅一兩天，即被釋放。拘押地點，大多在警察廳內，且照例新聞記者，特別優待，可以看報，可以會客。只有最後一次，形勢非常嚴重，如果不是只差一根頭髮的距離，我就早在鬼門關內永恒安息了！

比林白水晚一天

事情發生在民國15年8月，由於張(作霖)馮(玉祥)激戰結果，馮軍敗走南口，張作霖統率下之奉軍及直魯聯軍進入北京。張本身仍在東北，張學良和張宗昌[注1]，代他做了北京新主人。老百姓對當時互爭雄長的各系軍閥，一向最恨奉軍，尤其恨以張宗昌為首領的直魯聯軍。因此，過去北京城中的民間報紙，總對他們不抱好感，一直到他們做了北京城主人，這種態度，仍並沒有很多肯立即屈服，作一百八十度轉變。張學良、張宗昌認為非以最大決心，槍斃一些主持這種報館的報人，不足以樹立威望、鎮壓反動。於是在進城不到十天光景，就首先捕殺了《京報》社長邵飄萍先生[注2]。接

着，又殺了《社會日報》社長林白水^{注3}先生。當林先生遇害第二天，嚴重的災難就降臨到我身上。我記得那是8月中一個深夜，天氣酷熱，我將《世界日報》大樣看完，上床不久，房門虛掩，正矇矓間，忽然人聲鼎沸，還沒有讓我起身，大隊憲兵，已一擁而入，圍在我的床前。他們說：「憲兵司令部王司令(琦)請你談話。」我知道「大事不好」。再看，滿院子都站了兵，在這樣情勢下，當然除跟着「走」以外，別無他法可想。大門外三輛卡車，他們將我推上第二輛，擠在車子的正中，每一隻手，有兩個兵緊緊抓住。一切佈置，都和我在當天《世界晚報》上，根據外勤報告所寫的一篇〈林白水先生遇害經過〉，完全相同。因為先一天林先生被捕，時間也在深夜，也是大隊憲兵，三輛卡車，也是說請他到憲兵司令部談話。林先生被捕後，卡車一直駛往天橋刑場，僅在前門外憲兵分隊，等了十分鐘，據說憲兵向王琦請示，應否立即照命令執行。總計從被捕到行刑，前後不過三小時。我在卡車上想，前一段既然和林先生遭遇毫無差別，自然下一段，也就不會有不同的演出。我寫的那篇〈林先生遇害經過〉，有最慘痛而未發表的一段。即當劊子手最後執槍向林先生射擊時，他曾輕輕的說：「林先生！你是讀書人，我不讓你吃太苦，就一槍送你升天吧！」果然，從後腦射入，前眼穿出，不待再發第二槍，即已斃命。這是劊子手對死者所施的最大仁政。有些天性特別殘忍的行刑兵，故意和死者過不去，往往先就不致命處，亂射一陣，使你延長痛苦。我於是默默盤算，是否今夜槍斃我的劊子手，還是昨夜那一位？他是否也會把我當「讀書人」，與林先生同等優待？是否也將是一顆子彈，從後腦射入，前眼穿出？不料這些問題我正

在考慮時，車已進入兩扇朱紅大門，原來卡車並沒有和昨夜一樣，直駛刑場，而是開到憲兵司令部。我被挾下車，暫送進附近一間小房，四圍都是荷槍實彈的丘八注4。我完全不知道，我將在這裡等候多久，有一點是十分了解的，即雖未直駛刑場，但周圍形勢，却並沒有絲毫徵象，顯示已轉趨和緩。

憲兵向我學崑曲

剛到憲兵司令部不久，天已黎明，我從屋內，遠遠看到那三輛捕我的卡車，仍然停放原處，捕我的憲兵，除一部分在我身旁看守外，其餘多躺睡車上，他們都沒有換班，似乎正隨時待命出發中。我聽到屋外一個憲兵，很埋怨地對他的同伴說：「這次咱們真倒楣，忙了一夜，到現在還摸不着床舖。你看前晚林老頭那一檔，幾個鐘頭就完事，多乾脆，為什麼這個小夥子，却還不快點送他回老家？」他的意思，我完全明白。只是「為什麼」沒有快點送我「回老家」，這一點，我不明白，却正和他一樣。

不料時間一分一秒過去，我在這間小屋，居然連住四天，第四天恢復了自由。第一天下午，形勢已漸和緩。三輛大卡車開走了，憲兵換班了，而且看守我的憲兵，只剩下了四個。我在三十歲以前，最喜歡唱崑曲，此時他們不許我看書報，我只好坐在屋內，一面用手打板，一面念念有詞，起初他們莫名其妙，後來知道我在「唱戲」，有一年紀最輕的憲兵，定要我教他唱，我竟收留了這樣一個學生，直到出獄，教會了他唱一小段「夜奔」。傍晚，報館已設法將各方營救情形通知我。第二天，有幾個朋友，他們竟得到王琦特別

允許，到屋內來看我。第三天，我已可隨便出屋散步。第四天下午，一位副官來叫我，說王司令等我說話。這個王司令是張宗昌親信，張宗昌每晚狂賭，照例多由他代管籌碼，張宗昌需要女人，也照例多由他代為搜求，所謂憲兵司令，根本他並不管兵的軍紀風紀，而只是替張宗昌捉人、殺人、綁票，和擄架良家婦女。在那張宗昌極盛時期，他真算紅得發紫，無惡不作。當我進到他辦公室時，竟出我意外，他一變其驕橫兇惡的態度，很客氣地向我說：「這次很對不住，委屈了你好幾天，現在，督辦(張宗昌)已有命令，叫我將你送交孫慕老(寶琦號慕韓)注5，你現在就可以走了。」說完，他即派一名副官，讓我回屋收拾隨身雜物，陪我乘車，到永康胡同孫正在借來避暑的一個私人花園。副官拿出張宗昌一張大卡片，上面寫着：「茲送上成舍我一名，請查收。」孫也寫了一張回片：「茲收到成舍我一名，謝謝。」副官交傳完畢。我十分感激，叩謝了孫慕老。於是我回到《世界日報》，結束了四天以來，我畢生未有的一幕驚險怪劇。在我被捕期間，《世界日報》，並沒有因此停版。這是奉軍到北京後一個特殊作法，即他們只殺人不封報館。他們說，殺人是執行軍法，人殺了，報館如不自動關門，繼任的人也決不敢再冒險。殺人而不封報館，不算摧殘輿論。因此，在邵飄萍、林白水兩先生遇害時，《京報》、《社會日報》，並未被奉軍查封。這套「不摧殘輿論」大道理，真可算他們的新奇發現。

「今晚大帥好日子」

　　為什麼我會自鬼門關邊緣，突然生還，而沒追從邵林兩先

生於地下？其間經過是這樣的。在我被憲兵押上大卡車後，我的家和報館，連夜向各方求援。孫寶琦先生，他得到消息，知道形勢嚴重，剛一天亮，就趕到張宗昌住所。據說：我被捕前，張宗昌原講過，這傢伙，抓到就斃了完事，但這話並沒有當面吩咐王琦，照例槍斃像我這類的人，王琦總要得他一句話。捕殺林白水先生，是先已將槍斃命令交給王琦，所以只要憲兵報告王琦抓到了，就立即執行，我則事先沒有命令，不料那晚王琦不在賭場，當他趕到張處請示時，恰巧，張那晚正新討第幾十幾名一位姨太太，本來天亮才散的賭場，提前兩小時，他睡覺了，副官問王有什麼急事，王告訴他，要槍斃一個記者。副官就開玩笑似的，說：「王司令，你怎會這樣不湊趣，今晚大帥好日子，只要人抓到了，什麼時候都可以殺，何必搶在此刻，來惹大帥噁心呢？」我所以能够停留在憲兵司令部，大卡車並沒有直接開往天橋刑場，原因即完全在此。孫慕老到達張的住所，張正酣睡，孫告訴張的副官：「我在客廳等督辦，你現在不必驚動他，他什麼時候起床，請你儘先報告，只說我天亮就來了！」副官非常奇怪，不知有什麼緊急大事。孫與趙爾巽注6、王士珍注7在北方軍政界，向被尊稱為「三元老」，奉軍戰勝，原擬擁孫組閣，張宗昌主張尤力，正多方向孫勸駕，副官均悉其事，今孫黎明即來，情形突兀，副官不敢輕視。張甫醒，即立以孫在客廳坐候告張。張大驚，迅起迎晤。張初疑孫來商組閣大計，及孫提出我被捕事，張即頻稱此小問題何勞慕老枉駕親臨。孫謂事關人命，並非小事。張乃數我三大罪狀：一、惡毒反奉。二、和馮玉祥有密切勾結。三、替國民黨廣大宣傳，最近還接受了廣州十萬元宣傳費。孫謂第一

點，如果報紙反奉，是在你們進城以前，則那時馮軍統治北京，誰敢明目張膽，不登馮軍所發反奉消息？而甘冒危險幫你們講話？這是北京報紙最普遍現象，也是他們辦報者共有的苦痛，我相信《世界日報》絕對沒有比其他報紙反奉特別惡毒。至於第二點，他根本和馮不認識，連面都沒有見過，談不到有任何密切勾結。目前最重要的，在第三點，假使他真是接受了廣東這麼大的一筆宣傳費，在北京故意和你們搗亂，那麼軍事時期，我也不敢替他說情。否則子虛烏有，我就不能不請你從寬處置，立予釋放。好在十萬元數目不算小，由那家銀行匯的，來龍去脈，極易調查。但據我所知，他所辦的《世界日報》、《世界晚報》，都是由他個人辛苦經營，白手起家，從沒有任何背景，他本身生活，十分刻苦，恐怕十萬元之說，未必可靠。經如此逐項解釋，結果，張表示無論如何，看在慕老分上，決(絕)不重辦。孫辭出後，即將情形告知我家屬和報館同仁，那時《世界日報》創辦未久，《世界晚報》雖營業上已有盈餘，但賠補日報，還嫌不夠。我雖然熱烈擁護國民黨，卻從沒要過國民黨分文資助。十萬元當然絕無其事。而且我那時負債累累，沒有存款，只有當票。孫慕老要報館開出我的債主姓名，債款數目，並撿出最近一些當票，由他再寫一封信，送給張宗昌，證明我如此窮困，決非腰纏十萬元之人。張當晚覆孫，謂「本應立予槍決，茲承尊囑，已改處無期徒刑。」第二天，孫再找他，問改處無期徒刑，是否係查出我確已收受廣東來款。張謂尚未查出。孫說，如果成某罪有應得，處死亦不足惜，否則無期徒刑甚至坐一天牢，也未免冤枉好人。張見孫如此一再為我辛苦奔走，知決(絕)非普通求情可比，乃允再行考慮。但口

頭上仍說即派人切實調查。究竟已經查明，抑或根本未查，他並未宣佈，只是隔了兩天，就這樣將我胡(糊)塗捉來，胡(糊)塗送走。從他寫名片將我當禮物似的送交孫慕老這一點看來，顯然他意在讓我明白，他這面子是賣給孫慕老的。

孫慕老拯救了我

孫慕老肯這樣以全力救我，在他只是人類同情心的偉大表現。我和他既非親戚，更非本家。他在那時，認識我還不到兩年。他於民國13年，被曹錕拉任國務總理，但沒有多久，因許多問題，與曹意見不同，曹的左右，即拼命給他打擊。他們想推戴高凌霨[注8]，就由王克敏[注9]出面，與他處處作對。王是財政總長，北京最大多數報館，都由他廣給津貼，以反孫爲唯一條件。孫名爲總理，然財權由王掌握，本身薪水都被王拖扣不發，自然更無錢敷衍報館。因此，北京報紙，擁王反孫，幾乎成了一面倒。不過一般老百姓，是同情孫的。時《世界日報》尚未出版，《世界晚報》也出版不久，晚報在北京銷路很好，我們爲了反映老百姓意見，對孫曾作百分之百的支持。王克敏本是金佛郎案[注10]罪魁，久爲社會所切齒，晚報副刊「夜光」詩，由張恨水先生編輯，恨水每天總有幾首打油詩，痛罵王克敏，這些詩作得很好，爲一時所傳誦。孫奇怪，爲什麼《世界晚報》，肯如此熱烈爲他主持公道。他辭去國務總理後，叫他長公子景陽來訪我，由他長公子介紹，我才進謁過他幾次。初不料兩年以後，他竟在這樣一幕危急驚險的大災難中，拯救了我。

在我被捕的最初十幾小時內，北京城中，幾乎無人不相信我的命運會與邵、林兩先生一樣。有些特別關心的朋友。

還等在天橋刑場附近，準備對我作最後的辭別，路透社發出第一次電報，說我業已處決，害得國外朋友，還有人打唁電慰問我的家屬。以後大家雖知道我生命或可保全，但決不料到第四天，我就能仍回《世界日報》，照常工作。軍閥時代的橫暴荒謬，無法無天，視人命如兒戲，雖尚遠不及二十五年後的朱毛匪共，然在當時卻業已登峰造極，中外震動。國際聯盟，為交回領事裁判權而組成調查法權委員會，各國代表，正在此一期間，來北京開會。他們調查結果，在日內瓦發表一個報告，曾列舉十四件非法殺人捕人的要案，認為中國司法制度並未確立，中國收回領事裁判權尚非其時。在這十四件要案中，邵、林兩先生之死，和我之捕而未死，都被逐一列舉，佔了極重要部份。雖然這是帝國主義者有意推宕，然而軍閥們造成口實，授人以柄，這種損害國家的罪行，也的確不容寬恕。

「督辦」拉我喝茶了

經過這一次驚險怪劇以後，我將報館付託同人，自己則一度離開北京，等到革命軍北伐成功，軍閥崩潰，「北京」改成「北平」，才飄然歸來。這時，張宗昌已手無寸鐵，變成光桿督辦(北平人仍依舊習呼他為張督辦)，但在國民政府寬大政策下，不久，他竟能由大連回到北平，公開安度其豪奢的寓公生活。我在北平，每天一俟晚報出版，總多半趕到中山公園，步行一周，並在來今雨軒，作短時間的休憩。張宗昌回濟南被韓復榘派人刺殺的前幾個月，他也常來公園，我的茶座，往往與他的桌子鄰近。大約有人指給他知道了，他總是目不轉睛望着我。有一次，和他同座的一個人，與我

十分熟識，就走過來，拉我到他那張桌子坐。他笑着問我：
「你認識我麼？我就是曾經抓過你而幾乎將你槍斃了的張督
辦！」我自然也就笑了，我說：「那麼，張督辦！你是不是
還想補我一槍呢？」他連忙說：「沒有的話，你是好人，那
次真對不起！以後請你多幫忙。」於是大家狂笑了一陣，我
在笑聲中向他告辭，而我這一次「笑」，在我的生命史上，
要算出自心坎，最真誠而且也最不會忘記的。不過，我所付
出的代價，確是太大了！

汪兆銘好像觸了電

話題轉入第二次：

對日抗戰發動後，民國27年，國民政府在漢口召開國民
參政會，開會前數日，汪兆銘以議長資格，假漢口某銀行大
廈，歡宴全體參政員，那天他親自站在大廳門口，當每一參
政員進來時，他總是滿面春風，尤其會使你感覺親切而驚奇
的，即你縱與他素少往來，多年不見，但他不特一面和你仍
照例握手極緊，一面並可喊出你的大名，「某某兄」，從最
普通三五句寒暄客套中，千變萬化，打入你心坎，表示你的
一切，他無時不在關切着。這本是汪兆銘生前最大的一套政
治魔術，雖然許多人早已看破，他却依然永遠如此耍下去。

我和他不僅素少往來，且有過一段極不愉快的歷史。民
國23年，我所主辦的南京《民生報》，因為揭發行政院政務
處長彭學沛注11經手建築行政院官署，貪污舞弊，汪是行政院
長，不料竟認為這是對他的一種重大冒犯。雖然鐵證如山，
他仍不顧一切，以最大壓力，將《民生報》非法封閉，將我

非法拘禁了四十天。並永遠不許我在南京辦報。此在當時，曾爲一轟動全國之巨案。我出獄以後，他叫人示意，如果我向他低頭，則一切不難和解。那位居間奔走的的朋友勸我，新聞記者和行政院長碰，結果總要頭破血流的。我曾執拗地答稱：「我的看法，與你恰恰相反，我相信我和汪碰，最後勝利，必屬於我。因爲我可以做一輩子新聞記者，汪不能做一輩子行政院長。」其後我又在上海創辦《立報》，《立報》和我北平《世界日報》，仍然高喊出兩個口號，即對外要堅決抵抗強敵，對內應澈(徹)底肅清貪污，這從主張妥協及賄賂公行的汪兆銘看來，自然爲大逆不道。他想盡種種惡毒計畫，要將我「斬草除根」，幸而他自己不久遇刺下臺，這些計畫，才無法貫澈。但許多人告訴我，他每次和親信提到我時，仍是切齒痛恨，認爲23年那一幕，他做的還不够痛快，留下我一條命，他耳根總始終不會清淨。

　　從23年到27年，已整整過了四年多。漢口招待參政員的盛會，汪兆銘無法將我的名字單獨勾去。當我進入某銀行大廈時，彭學沛正站在汪的旁邊(時彭任參政會副秘書長)。彭見我，非常不安，立即避開，汪却絲毫沒有改變他那副滿面春風的姿態，而且這次握著我手，似乎還特別比握別人的緊。並爲我破例，暫時不再站在門口，引着我，走向裡面一列沙發，請我坐下，用很柔和的聲調向我寒暄，這聲調雖然離現在十四年了，彷彿還和昨天一樣，盤旋在我的耳際。他說：「我們大約已好多年不見了，你北平和上海的事業，都已爲國家抗戰而犧牲。我們很擔心你在北平出不來。最近聽說，你的《立報》又已在香港出版。香港是英國殖民地，對中國人很不客氣，尤其他們處處想博取日本人歡心，在那裡

辦報，大概很苦痛吧？」說到「苦痛」兩字，他笑容頓斂，頻頻擦其兩掌，似乎替我着急的樣子。他態度表現得如此誠懇，如果在一個不了解汪的個性者看來，一定要感激涕零，但我是十分了解的，不過為着禮貌關係，他這一套，我自然也得客氣一下。我說：「承汪先生這樣關切，我不勝感激，覆巢之下，焉有完卵？北平上海淪陷，個人事業的毀滅，那是無法避免，也是無足顧惜的。至於香港辦報，誠然痛苦很多，所幸香港雖是殖民地，在相當範圍內，還能實行法治，她好像還沒有過不依法律手續，封報館捕記者，從這一點說，是比我過去在國內辦報，要有較大的身體安全和言論自由啊！」汪聽了，不待我再說下去，竟像觸電似的，馬上站起，說：「我們改天再細談吧！」我這時，却十分自然地，笑着向他說：「今天汪先生太忙，以後我再專謁汪先生請教，說不定我還要來漢口辦報呢！」

席終人散，回到寓所，我將這次對話，告訴一些朋友，大家還幫著我，痛快笑了一陣。

「人生何處不相逢」

第三次，也就是比較最近的一次。

去年(指民國42年)6月23日，我在香港，《新聞天地》主持人卜少夫先生約我在豐澤樓吃晚飯，同座有幾位日本記者，臨入席時，一位六十歲左右老頭子，從外面跟蹌走進，卜先生給我介紹，這是日本老記者武田南陽，此次代表日東通訊社，參加經濟考察團，剛從日本來港。一方面也就向他介紹我。我正在為了「武田南陽」這個名字，似乎觸發的一種異

様感覺時，他却先拉住我的手，連喊：「想不到！想不到！我們竟會在這裡見面，我們是老朋友！」他說北平話，非常流利。我才想起，這傢伙原本就是七七抗戰我逃出北平後，他帶著日本兵，佔據我北平《世界日報》，其後在華北統制文化，煊赫一時的著名浪人武田南陽。

民國26年北平淪陷時，我隻身空手，變裝逃出。我的家本住在報館，日本人將我報館封閉，所有資產，無論報館機器，或私人衣物，全被沒收。留在報館的家眷，被趕出來，等於共匪所謂「掃地出門」。武田南陽做了社長，第一年還冒用《世界日報》名義。一年以後，因為王克敏等在日本人導演下組織新民會，將這張報指作新民會機關報，也就把報紙名字改作《新民報》，一直到日本投降前一年，武田南陽受另一系日本人排擠，才在再改名《華北新報》時被迫辭職(武田與日閥根本博友善，當時華北文化事業多由其控制)。34年8月，日本投降，9月，重慶同業應何應欽先生之邀，我代表重慶《世界日報》，從重慶飛往南京，參加9月9日何氏在京舉行的受降典禮。為了先在上海先恢復《立報》的關係，遲到十月底，才回北平。《華北新報》一切資產，原即《世界日報》資產。我在上海時，就聽見各地接收情形多半紊亂，我曾寫信給當時主管接收文化機關的一位負責者，我說：對外抗戰，民間報紙，為國家而犧牲，這是分所當然，無所顧惜，今最後勝利既已到臨，我們辦民間報紙的，自然仍回到民間去，我仍將以自己血汗，恢復自己事業，我不願要國家一文津貼，或變相的津貼(其時如《大公》及某某等報都各得官價外匯美金二十萬元，不少報館在法幣劇烈貶值時，向國家銀行貸款，均即變相津貼之一種)我只要收回日

本人從我手中奪去的資產，我不要別人的一草一木，但我的一草一木，如果被日本人搶去以後，又被我們自己的政府搶去，則我一息尚存是必須抗爭到底的。我到北平，《華北新報》資產，已由主管機關接收，並無交還原主之意。我下了飛機第一件事，就打聽最初搶我報館的武田南陽，是否仍在北平。當確切查出他的住址以後，我立即派人向他查問沒收《世界日報》及交給《華北新報》時前後確切情形，他提出一本沒收《世界日報》時的財產清冊，一本移交《華北新報》時的財產清冊，並另外寫了一封證明信，證明現有《華北新報》的資產來源。

根據這些證件，我向北平接收文化機關主管人，往返交涉，好不容易收回一部份，勉強拼湊，於34年12月，將《世界日報》、《世界晚報》恢復出版。當時有許多朋友，勸我舉發武田為戰犯，將他扣留在平，清算他勾結日軍，統治文化，及劫奪《世界日報》的種種罪行。我說：日本投降，我們最高領袖廣播，力主寬大。好在他今天並沒有能够私人帶回任何報館一件機器，一個鉛字，雖然《世界日報》部份，我未能如數收回我的原物，但他在交給《華北新報》時，一切就已與他無關，我們又何必一定同他為難，不給他一條回國自新的道路？他那時得安然搭着遣俘專輪回去，我這個第一號受害者，並未給以任何困擾，我想，他多少總要認為一種非常的幸運！

豐澤樓的會見，我和他自然都同樣感覺意外，他總是搖着我的手喊老朋友，其實此時此地還才第一次見面。也許是他的天良發現吧，態度多少有點侷促不安，他一再向我舉杯，

說以前種種，請你都儘量忘記！我說：「中國幾百萬軍民的死亡，和不可計算的物質損失，由於和約簽訂，我們都儘量忘記了，像我和你這點雞毛蒜皮的過去，還有什麼不可忘記的價值？其實，我在民國34年回到北平時，就曾想過，中國人有兩句古語：『一葉浮萍歸大海，人生何處不相逢』，我沒有在那時直接找你麻煩，就為了留下今天我們在此相見的地步呵！」我笑了，他更笑了，全座也跟著作了一陣狂笑！

這是我第三次最可紀念的笑！

由於大陸淪陷，北平《世界日報》又遭遇抗戰期間同一命運。新的敵偽，正運用我的房屋、機器和一切設備，出版他們的匪報——《光明日報》，朋友們說，你應該再有一次值得追憶的「笑」，我很堅決而有信心的答覆！這機會一定有，而且到來的時間也為期不晚了！

成舍我

原文登載於成舍我先生《報導雜著》一書，
轉載於《傳記文學》第58卷第5期
本文寫於1953年左右，正確時間待考（編者按）。

注1：張宗昌(1881年-1932年)，字效坤，山東掖縣人。民國時期的北
洋軍閥之一，曾以山東為根據地，發展其土匪勢力。辛亥革命
時，率眾投靠山東都督胡瑛，後轉到上海，成為上海都督陳其美
手下的團長。袁世凱當總統後，張陣前倒戈，投靠馮國璋，被任
為馮的副官，策動刺殺反對袁世凱的陳其美。後來在軍閥間的混
戰中失敗，本來欲投靠直系曹錕，因吳佩孚反對而作罷，於是改
投奉系張作霖。之後因為替張作霖收編了一幫東北土匪，被任為
吉林省防軍旅長，再招攬數千流落中國東北的白俄部隊，發展至
近萬人馬。1924年9月「第二次直奉戰爭」，張宗昌率兵入關，
轉戰江蘇，打敗孫傳芳部，進駐上海。孫傳芳拉攏張宗昌，結義
為兄弟。後來段祺瑞將江蘇另交給他人，改為把山東讓給張宗
昌。張被任為山東省軍務督辦，兼省主席。1926年國民黨北伐，
張作霖、孫傳芳合作組「安國軍」對抗，張宗昌為副司令。1927
年初，張宗昌部在南京上海一帶被國民革命軍打敗，退回山東。
「寧漢分裂」期間，張宗昌進攻馮玉祥軍隊，又大敗。1928年6
月，張作霖退出關外時被炸死。張宗昌在山東欲率餘部出關外，
被張學良拒絕。之後張的餘部在山東被白崇禧收編，張本人則逃
到日本。1931年九一八事變後，張學良怕張宗昌會附和日本，邀
其回國寄居門下。　1932年張宗昌受國民黨山東省主席韓復榘之
邀回到山東，離開濟南時被為父報仇的鄭繼成槍殺。後鄭繼成被
國民政府特赦釋放。張宗昌是北洋軍閥當中聲名最劣的一個，主
政山東時土匪作風不改、無建樹可言、販賣鴉片、勾結日本等
等。民間稱張為「狗肉將軍」、「混世魔王」、「三不知將軍」
（不知自己手下有多少兵、不知自己有多少錢、不知自己有多少

個小老婆）。張本來是目不識丁的軍閥，成為山東督辦後才學寫字，卻愛附庸風雅作詩，還出版了一本《效坤詩抄》。

注2：邵飄萍（1884年-1926年）名振青，浙江金華人，光緒秀才。1902年入浙江高等學堂，畢業後回金華任中學教員。1912年到杭州創辦《漢民日報》，因撰文譏諷袁世凱，揭露貪官污吏，3年內3次被捕。1914年流亡日本，組織「東京通訊社」，曾將電稿馳報國內，揭露日本向袁世凱提出的滅亡中國的「二十一條密約」。1916年回國任《申報》、《時報》、《時事新聞》主筆。 1918年夏，在北京創辦「新聞編譯社」，為第一家中國人自辦的通訊社。是年10月創辦《京報》。「五四運動」時因揭露曹汝霖等賣國罪行，報社被封，再次東渡日本。 1920年返京，復辦《京報》，並任教北京大學、北京政法大學。1925年春，經李大釗、羅章龍介紹，曾加入中國共產黨。1926年北京「三一八慘案」（段祺瑞政府鎮壓北京學生運動）發生後，撰文譴責段祺瑞、張作霖的倒行逆施，支援群眾反軍閥運動。是年4月，被奉軍誘捕，4月26日以「宣傳赤化」罪名為由被張宗昌殺害。著有《新聞學總論》、《綜合研究各國社會思潮》。

注3：林白水（1874年-1926年），福建閩侯（今福州）人，原名，又名萬里，字少泉，號宣樊、退室學者、白水。別署肖泉、白話道人等中年自號「白水」（從其字「少泉」而來。割「泉」而為「白水」，表現即使身首異處，也不放棄主張）。新聞工作者、報界先驅。1901年任杭州求是學院總教習，開始進行反清革命宣傳。同年6月任《杭州白話報》主筆。同年冬赴滬，與蔡元培等成立「中國教育會」，組織「愛國學社」。1903年初赴日本留學，曾參加「拒俄義勇隊」，年底回國後歷任福建軍政府法制局局長、北京大總統府秘書、眾議院議員等職。在上海參與創辦《俄事警聞》，又創辦《上海白話報》。1904年再赴日本，入早稻田大學法科兼習新聞，加入同盟會。1905年年底回國，從事著述，曾翻譯出版《日本明治教育史》。辛亥革命後加入袁世凱政府，曾任眾議院議員和袁世凱總統府秘書等職。袁死後棄職，繼續從事新聞工作。1913年政治會議議員。1915年任參議院參議，後任直隸都督府秘書長。1916年起從事新聞事業，創辦北京《公言報》，

任主筆，支持段祺瑞政府。1918年組織北京新聞記者赴日視察。歸國後創辦《新社會報》，旋遭徐世昌政府封閉。1921年參與創辦《新社會日報》(後改《社會日報》)任社長，上海《平和日報》等，開始抨擊軍閥。曾主編多種刊物，言論犀利，針貶時弊，為軍閥忌恨。1926年8月因在社論中屢次抨擊軍閥張宗昌，被張逮捕殺害。1985年中共民政部正式追認林白水為「革命烈士」。著有《日本明治教育史》、《劍綺緣》、《生春紅室金石述記》、《各國憲法源泉》、《林白水先生遺集》等。

注4：「丘八」是對兵士貶義的舊稱。

注5：孫寶琦(1867年-1931年)字幕韓，浙江錢塘人，生於清末官宦世家，其父為光緒朝戶部左侍郎，弟為孫寶瑄著有《忘山廬日記》一書。1886年(光緒12年)起，歷任候補直隸道臺、軍機處官報局局長、駐法德公使、順天府尹等職。1900年八國聯軍入侵後，遂慈禧太后、光緒帝等逃至西安，入值軍機處。1906年調任軍機大臣，旋任駐德公使。1909年回國，任津浦路公辦。後升山東巡撫。武昌起義後，一度宣布山東獨立，任都督。1913年9月任外交總長。次年代國務總理。1915年日本提出「二十一條」後，即辭職。次年出任審計局長，此後歷任財政總長兼鹽署督辦，經濟調查局總裁等。1924年任國務總理兼外交委員會委員長，任內與蘇聯建立外交關系，向德國索賠成功。後任漢冶萍鋼鐵公司及招商局董事長、中法大學董事長。

注6：趙爾巽(1844年-1927年)，字公鑲，號次珊，漢軍正藍旗人。1867年中舉人，1874年中進士，任翰林院編修。先後任安徽、陝西等省按察使，甘肅、新疆、山西布政使。1903年（光緒29年）署湖南巡撫，是年冬奏准將湖南阜湘、沅豐兩礦務公司併為「湖南全省礦務總公司」，掌握全省採礦、煉砂之權，藉以抵制外國攫取湖南的礦權。倡導教育改革，將長沙所有書院改為新式學堂。後歷任戶部尚書，盛京將軍、湖廣總督、四川總督及東三省總督。武昌起義後，避居青島。1915年12月，袁世凱稱帝，被尊為「嵩山四友」之一。1925年2月，北京臨時執政府段祺瑞舉行「善後會議」，推其為正議長。5月，段祺瑞執政後，聘其為臨時參政院參政，並被指定為參政院院長。趙氏自受任為清史館

館長後，即主持《清史稿》之編撰工作，館設東華門內，廣聘海
內通儒，負責撰述。1927年，全稿粗具，因以時局多故，年邁力
衰，亟思告竣，後因病委袁金鎧主其事，旋即逝世於北京。《清
史稿》後由柯劭忞完成刊行。趙爾巽著有《刑案新編》、《趙留
守攻略》等。

注7：王士珍(1861年-1930年)，字聘卿，號冠儒，直隸保定人，北京
武備學堂畢業，有「北洋之龍」之稱。1896年擔任袁世凱天津小
站練兵，「新建陸軍」步兵第三營幫帶，工程營管帶。1900年，
調山東省任參謀處總辦。1902年，升北洋常備軍左翼翼長、第一
鎮統制、練兵處軍令司正使。歷任諸軍職，至1911年升任陸軍部
大臣，1915年擔任袁世凱政府陸軍總長。1917年袁世凱垮台後，
任國務總理。王士珍為北洋系大老，故每當軍閥之爭時，總推他
擔任調節人，或北京的過渡政權守護人。1928年奉軍退出北京，
北京政要推王士珍擔任治安維持會會長，以待北伐軍入城。1930
年過世。

注8：高凌霨(1868年-1939年)，字澤畬，天津人，為中國清末民初時
期的政治人物。他在清末時期兩湖總督張之洞的支持下，以舉人
的身份出任湖北的提學使。至辛亥革命期間回到天津，協助把銀
行系統進行現代化。1923年，在曹錕賄選總統之前，高凌霨曾出
任臨時攝行大總統職，至曹錕當選後，任國務總理一職。1935
年，任天津市市長。抗日戰爭期間，高曾協助侵華日軍，藉以獲
得河北省省長一職。

注9：王克敏(1873年-1945年)，籍貫浙江杭縣(今餘杭)，生於廣東，
字叔魯，清末舉人。1903年任留日學生監督，後改任駐日使館參
贊。1907年回國後歷任直隸交涉使等職。辛亥革命後，任中法實
業銀行中方總經理。1917年任中國銀行總裁，並一度擔任北洋政
府財政總長。1923年助曹錕賄選總統。1932年起，歷任南京國民
政府東北政務委員、北平政務整理委員。1935年任冀察政務委員
會委員。抗日戰爭爆發後，投降日本，成立「華北臨時政府」，
任行政委員會委員長，以及組織「新民會」任會長。1940年3月
30日，依附於日本勢力底下的汪精衛中央政權，終於在南京成
立。華北的王克敏臨時政府被降格為「華北政務委員會」，成為

汪政權的附庸者。王克敏於是任汪政權的聯合委員會主任委員、華北政務委員會委員長兼內務總署督辦等職。抗日戰爭勝利後，以漢奸罪被逮捕。1945年12月25日在獄中畏罪自殺。

注10：歐戰結束以後，法國政府照會中國政府願意仿照美國的辦法，退還一部分庚子賠款，充作「中法實業銀行」復業，以及兩國文化教育交流的經費。但中國付予法國的賠款，須照金佛郎內所含純金數量，折合外匯計算。依照當時八國聯軍結束時，所訂的和約，並未規定對法賠款須依金佛郎計算，而且法國的幣制為盧金本位，本無金佛郎其物，而歐戰以後，法國佛郎大跌，照現值計算，中國只須付往年一半銀兩，即可清償法國應收賠款，而使用金佛郎計算，中方將蒙受更大損失。因此國會及工商界紛紛表示反對。主事者對法方條約不大明瞭，而且國會及社會反對聲浪非常強烈，以致兩年來一直懸而未決。及至王克敏當了孫內閣的財政總長，積極謀求此案的通過，理由是：第一、他在1917年第一次擔任王士珍內閣的財政總長時，自兼中國銀行、中法實業銀行的總裁，當然希望銀行能夠復業；第二、庚子賠款慣例由海關稅款抵付，直接撥付各國，剩餘款項交中國政府；這筆公款稱為「國餘」，是中國政府的一項重要收入。自金佛郎案發生後，法國公使傅樂猷策動「辛丑和約」簽字國，函請總稅務司英人安格聯，扣留這筆「關餘」不發，總數達一千多萬元，王克敏希望金佛郎案解決後，便可取得這筆關餘，以解財政不足的燃眉之急。但是，如照法國的要求，中國至少要損失六千萬元；以將來的「關餘」六千萬換眼前的現款一千餘萬，無異飲鴆止渴，所以孫寶琦堅決反對。

注11：彭學沛(1896年-1948年)，江西安福人，與羅隆基、王造時、彭文應，人稱「安福四才子」。青年時代在日本京都帝國大學畢業後，又赴比利時遊學，回國後，任北京大學政治學教授。1928年2月，《中央日報》在上海創刊，任主筆。1932年3月起，先後任代理內政部長、全國經濟委員會委員、交通部常務次長、交通部政務次長、戰時生產局副局長等。1947年為行政院政務委員。1948年赴粵途中，因飛機失事死亡。著作有《歐美日本的政黨》、《中外貨幣政策》等。

機場幾乎變成了「墳場」

回憶・報學半年刊

五年前一堆噩夢

　　五年前，共匪圍攻北平，在傅作義簽訂投降條款以先，決心離平的黨政要員，及一部份反共人士，曾藉著城內東長安街臨時機場的便利，安全飛出。許多朋友總以爲我也是從這個機場飛出的幸運人之一，他們想到我幾十年來，在北平經歷過種種驚險故事，尤其七七抗戰，我於北平淪陷後逃出，在前門車站幾乎被日本憲兵抓走那一幕，比起這次輕鬆方便，滑脫了共匪魔掌，兩相對照，真值得爲我慶幸。但事實上，不特我並沒有那樣好運氣，而且這次運氣特別壞，遭遇的事變，也特別凶惡。至今想來，那短短數日中，曲折離奇，真像做了一大堆惡夢。當我將一切情形告訴朋友時，連我自已也彷彿仍在夢中。不過，我到底還是出險了，雖然與朋友們原來的想像不同，如果真有值得「慶幸」的話，這可慶的程度，在我的生命史上，確是極其強烈的！

走出了天津碼頭

　　民國37年12月14日，我從上海乘招商局元培輪到天津，

預備當天即由天津轉乘火車回北平。我是這年9日底由北平南飛，在京滬間料理一些有關《世界日報》的業務事件。時東北戰局。日趨惡化，但一般人對平津安全，似乎還有相當信心。我原擬自上海乘飛機北旋，12月10日到航空公司接洽，只能定到15日飛北平的票，而12日有元培輪開津。我一向最歡喜海上旅行，計算時間，與其等飛機，還不如乘元培輪，早一天到達，因為元培輪在14日午前靠岸，我下午快車即可抵平。不料11日夜深，上船以後，未知何故，竟延遲了4小時，12日黎明，才在上海開出，而13日船過煙臺，遇到暴雨狂風，於是本來14日上午可以在天津下船的，直到傍晚，我始能走出天津招商局碼頭。我下船時，還和船上一位職員開玩笑：「我被你們耽誤了，平津間沒有夜快車，我要在天津住一夜旅館，旅館費的損失，應該由你們賠償。」這位職員也笑著答覆我：「無論損失多少，請你先記帳，下次再搭我們這條船時，我在票價裡如數扣還你。」當時無論船員或乘客，誰沒有想到，只在十幾小時以前，華北局勢。已遭到意外突變，魔雲妖霧，正籠罩整個華北的上空，——北平已在14日上午被匪軍四面圍攻，北平至天津交通，14日起完全斷絕了！

北平已無路可通

我剛一走出碼頭，一位《世界日報》事務員，即從接客的鬧轟轟人群中，掙扎出來，向我招呼。他第一句話問我：「今天船到晚了，社長，你準備住那家旅館？明天回北平，坐早車或午車？我馬上就去定票。」我正要準備答覆他，忽然另有一個人，拍我肩膀，大聲嚷著：「老成，你跑回來幹

什麼？」我轉頭一看，竟是同業天津某報社長某君。他知道我坐元培輪到津，特來接我。我很詫異他問我的這句話，過於奇怪，他也就不待我開口，立即明白告訴我：華北局勢，急轉直下，朱毛匪軍，今晨已將北平城包圍，平津車被截斷，我將困在天津無法去平了。他又說：「這消息，平津報紙，因軍事關係，到此時尚未發表，所以一般人只感覺大局嚴重，至已經嚴重到怎樣程度，卻多半還模糊混沌，莫名其妙。」我於是問那位事務員，他究竟什麼時候從北平來？他說：「昨天下午。」我又問他：「動身前，已否聽到匪軍已向北平城進攻？」他說：「並沒聽見。不過最近半個月，北平人心確是特別驚慌。」他昨天到津，業已天黑，因今早要起早接船，所以吃完晚飯，即蒙頭大睡，今天一早到碼頭，不料船到得太晚，在碼頭呆了一天，以致外間情形，全無所知。我們三人邊談邊走，在這一剎那間，我所受刺激，正如夜半熟睡，忽披大地震驚醒，屋搖瓦飛；牆裂棟墜，四顧徬徨，幾不知人間何世！此時我只好暫先接受這位同業社長的邀請，坐著他的汽車，一同到東興樓晚餐。由他再邀來幾位和我較熟的天津同業，從他們口中，我更判明了匪軍這一攻勢，對平津已志在必得。有人說：匪軍截斷平津路，過去每一個月，嘗會發生三四次，安知這次不事同一律，今天斷了，明天即已修復。你今天先安睡一晚，明早起來，或許就有了好消息。我明知這話是故意安慰我的，不過，如果我今天不先安睡一晚，試問又能有任何其他更好辦法？這些朋友，表面雖作歡笑，與馬路上電燈通明，熙來攘往，不減平日的外觀，若相輝映；實則，我看每人眉峰深鎖，一個個都好像有塊千斤巨石，壓在心頭。的確，這晚在此聚會的，思

想和文字方面，多曾和共匪有過長期的劇烈鬥爭，「覆巢之下，焉有完卵，大家對自己以及國家未來命運，自然都會要十分感覺沉重。這一頓晚飯，吃到十點多鐘才散。幾位在天津《民國日報》負責的老友，拉我到他們的「社長宿舍」暫住數日，我爲了消息靈便起見，也就欣然領受了這個好意。

與北平同人通話

《民國日報》，當時在天津規模最大。銷路最廣，社長卜青茂先生[注1]，因業務關係，前兩天去到北平，不料恰碰上共匪發動攻勢，平津路被截斷，平津間飛機停航。他在平無法回津，和我在津無法回平，可算事有巧合，同病相憐。當時局發生重大變化，報館主持人不在館內，其他同人自然要深感不安。(我所以從上海趕回，原就怕華北時局有變化，不料這變化竟比任何人所想像的時間都特別提早了。)幸平津長途電話，還照常通暢無阻，卜先生在14日共匪圍城這一天，已打回好多次電話。我於當夜住進《民國日報》社長宿舍後，藉著《民國日報》同人和卜先生通話的機會，也和卜先生談了幾分鐘，知道平郊炮戰，忽斷忽續，不過城內秩序，還相當良好。接著我就另和《世界日報》及在平眷屬通話，大家都恨我沒長出一對翅跨，好不要飛機，不要火車，自己飛回北平。從15日起，天津各報已正式發表了北平被圍的消息，同時也登有傅作義方面所公佈的一些捷報，而平津車不久可望修復，和平津間飛機不日即可復航的新聞，更接連不斷，日有刊載，不過我深切知道這都是安定人心的作法。估計各種因素，通車復航，決非最短期間，所可實現。要回北平，也只有先回京滬，在京滬找機會。天津人地生疏(疏)，我既斷

絕了由天津回北平的念頭，自應儘早離開。一些朋友，已在
塗改身份證，尋求避難所，我沒有天津身份證，更無處可容
我避難，萬一匪軍竄入天津，當比我在北平更加危險。我以
此意在電話中和北平同人商量，他們也一致同意要我迅速離
津，越快越好，當然他們還望我能再從南京飛回去！

天津無路回上海

　　我於15日夜間，和北平通話，作了儘速離津的最後決
定。16日清早，我沒有麻煩任何朋友，自己從電話簿上，抄
了一大堆航空公司、船公司、旅行社名字，按照地址，挨家
訪問，看他們有無到上海的船票機票。訪問結果，我立即發
現，除平津路被截斷外，僅在這短短一兩天內，所有天津對
其他任何地區交通，也都已完全斷絕。大沽口附近，據說，
已發現零星匪軍，原來停泊紫竹林一帶的商舶，15日已全數
搶先開走，我14日坐來的元培輪，也是14日開走的。此時港
內，已沒有半條商輪蹤跡。至民用航空部份，則中國、中
央、民航隊三家辦事處，均已宣布結束，不再派飛機來津。
旅行社是代理性質，既然無船無機，他們對顧客，自然除搖
頭苦笑而外，不能另有其他的答覆。但也有些比較圓通的，
不願叫顧客過份絕望，他們對顧客說，現在沒辦法，請過兩
天再來打聽吧！我跑了十幾家，情形大抵如此。朋友們向我
建議，目前只有找軍用機一條路。但我和天津任何一位高級
將領，都不認識。且戎馬倉皇之際，為個人逃難，去打擾指
揮作戰的將領，亦於心不安。自非水盡山窮，不願作此打
算。16日白忙一天，17日仍不死心。我繼續訪問旅行社，有
的昨天遺漏了，有的再碰碰運氣，明知百分九十九，所得結

果，仍將與昨天一樣，不料意外奇蹟，居然在比百分之一的機會上，被我尋到。17日傍晚，我最後走進一家旅行社，問題急轉直下，圓滿解決。第二天黎明，我就可照正當手續，不託人情，不花黑錢，坐民用飛機，直向上海飛去！

奇蹟竟意外飛來

那是17日下午5點鐘左右，我走進附設在利順德飯店內的來福旅行社。這旅行社，昨天我已來過，並已得到搖頭苦笑的回答；今天我第二次來，原只是碰碰運氣。櫃臺上那位職員，似乎已認識我，當我問他今天有沒有新消息時，他一言未發，卻匆匆跑進裡面一間小房，另請出一位碧眼黃髮外國人，看光景大約是旅行社老闆。當他聽我說要回上海時，他放聲大笑了，連說：「這真是你千年難遇的好機會！你運氣太好了！」於是他告訴我：在一星期前，他這家旅社，曾徇顧客之請，向陳納德的民航隊，包了一架飛機，直飛上海。不料，平津間戰事突起，飛機未如時到達，本以為不再來了，不料今午突然接到民航隊電報，這架包機，定明早8點飛到天津，他立即分別通知原來定票的旅客，其中有一位陷在北平，無法回來，此刻正空出一張票，還沒決定轉讓給「誰」，剛才這位中國職員告訴他，我昨天已經來過，他推想，我必是急於要走，那麼，他就決定將這張票讓給我！接著他又笑著說：包機票價，照人數攤算，票錢和平常一樣，收金元券，並不像別家，在危急時就向客人敲竹槓，要黃金美鈔。不過我必須即刻拿錢來買票，並帶行李過磅，因為現在離起飛，不僅隔十幾小時，而且他們馬上也要下班了。我聽完他的話真是「喜出望外」。我飛奔回寓，帶了錢和一隻

原從上海攜來的小提箱,在不到1小時以內,即向來福旅行社將各項手續完全辦妥。(這時已沒有航檢處核准之類的手續)旅行社規定,明早6點從利順德飯店出發,他們有汽車,將旅客送往機場。當我回到《民國日報》社長宿舍,以這一消息告知在津的幾位朋友時,大家都十分驚奇。他們替我高興,說:照此情形,真簡直有點近於神話!接著,我又用長途電話告知了北平的報館同人,和我的眷屬。從電話中得悉北平城內,今天仍相當安定,惟砲聲竟日未停,燈水時斷時續,東長安街建築臨時機場,即可竣工。他們因我明日即回京滬,更因臨時機場告成,我由京滬飛平的可能性自必增加,深感快慰。不過整個局勢,惡化至此,我除鼓勵大家,努力出最後一版外,(當時傅作義向新聞界宣稱,最低限度亦必能和閻錫山守太原一樣,一年半載,死拼到底)想起來日大難,相見何時,大家聲音也就都顯得有點哽咽。我將在津各事料理完妥以後,小睡片刻,為了怕耽誤旅行社規定時間,不到18日上午4點,我就起床,草草盥嗽,準備出發。

砲聲阻止上機場

不料玻璃窗外剛現白色,我正要開門動身,忽然一陣砲聲,所有玻璃都震動作響,同住的人多被砲聲驚醒。大家立即意識到,圍攻天津的匪軍,必業已逼近郊區。自我到天津以來,這幾天,匪軍本已從四面八方向天津進擊,不過聽到如此沉重的砲聲,這還是第一次。我走出宿舍,知道臨時戒嚴,斷絕交通,行人車輛,完全絕跡。眼看旅行社約定時間業已過去,只是我揣想,既然發生緊急事故,任何人都會受到影響,我不能如時到達旅行社,別人必一樣不能到達,所

怕的，飛機可能不來，或來了，過時不候，空機飛走。幸而
不到1小時，砲聲停止，交通接著逐漸恢復。我趕到旅行社，
所有乘客，連我總共二十七人，也正紛紛自各處先後趕來。
人數點齊，全體坐了一部敞篷大卡車，向張貴莊機場出發。
車上寒風刺骨，路面冰結如鏡，張貴莊機場，離市區約三十
華里，此時已上午8時左右，雖砲聲已停，但人心、市面、一
切情況，都立刻顯得比聽砲聲以前，嚴重了幾十百倍。卡車
開出市區不遠，突防守部隊迎頭攔阻。旅行社職員提出昨晚
請得准許通行的證件，據防守部隊宣稱，此證件現已完全無
效，並向我們說明，張貴莊一帶，戰事可隨時爆發，機場業
經破壞，民航隊飛機恐亦未必再肯冒險在該處起飛降落。旅
行社與乘客商量，乘客對此消息，雖十分惶恐，但每人似乎
都有一種非走不可的決心，無論怎樣危險，總想進了機場，
看飛機究竟到了沒有再說。旅行社爲了責任和業務關係，也
願盡力交涉。卡車載著乘客，往返奔馳於被攔阻的地方，與
主管此事的軍事機關之間，先後三次，都無結果。最後，有
一位乘客，自告奮勇，他說，他和司令官陳長捷很熟，他是
東北退出來的一位軍官，既然旅行社交涉辦不通，他可以再
去找陳司令試試看。於是大家下來，讓他一個人坐了卡車去
司令部，果然不到一小時，一位軍官陪了這位乘客，向防守
部隊傳達准許放行的命命。不過這位軍官和前往陳長捷處交
涉放行的乘客，都一再向大家警告，機場附近，絕不安全，
隨時會有戰事發生，如果有人覺得不必冒此大險，最好現在
退出。但詢問了好發遍，並無一人退出，大家意志堅定，卡
車就不顧一切，開向機場。沿途充滿戰時景色。卡車開到，
已是下午3時。機場設備，確已撤退，跑道一部份已破壞，軍

隊在機場附近數華里外佈防，場內僅有小工數人。但民航隊飛機於當天上午8點仍如時降落，因久候乘客不至，正發動馬達，準備空機飛走，幸我們恰巧趕到。這是一架C四十七式，機上漆有(801)機號，容量很小，且相當破舊，有一扇窗，沒裝玻璃，用木板釘住，藉爲代替，好在大家逃難心切，能夠有機可搭，已是深感萬幸。經旅行社與機師接洽完妥以後，乘客依次登機，每人計算最遲當晚8時，總可在上海吃晚餐，大家閉目休養，靜待起飛。

死神降臨的恐怖

飛機在一段尙未破壞的跑道上滑走，快到盡頭，正要上升，忽轟然一聲，機身震動，我立即睜開眼睛，發覺機身向右傾斜。兩位美籍飛機師，迅將馬達關閉，打開機門，從機上跳下，我們趕著追問，發生什麼事故，他們很懊喪地說，輪胎有一隻炸了！於是大家也陸續下機，我們原以爲輪胎炸了，照平常坐汽車的想法，飛機上總帶有「備胎」，可隨時取出更換。但這個樂觀想法是錯誤的，不僅在這架飛機上，並無「備胎」，而且因爲飛機場一切設備，均已撤退，倉庫器材，早經搬走，據飛機師告訴我們，除打電報請上海派專機搬送輪胎來，此外毫無辦法，這真使我們一刹那間，儼如墜入了萬丈深淵，所有登機時種種希望，已全部化爲烏有。惶恐焦急，不可言狀。我們從昨夜至現在，每人緊張、疲乏、飢餓、僵冷，多大致相同。到旅行社集合以前，誰也未曾睡好，砲聲把大家嚇了一跳，在敞篷卡車上僵坐了六七小時，早飯大半沒有吃，午飯更不必說。此刻困站在這空曠孤寂、一望無邊的飛機揚內，連一滴乾淨可飲的水都找不著，

尤其時正嚴冬，氣候酷冷，而18日這一天，西風刮得特別
大，兩隻耳朵和十個手指好像都要被凍得和自已脫離似的。
飛機師安慰我們，由上海派專機來，最多四小時必可趕到，
勸大家先回飛機內避避寒，好歹只要忍耐這四小時，就一切
問題解決了。但這四小時竟比四年還長，好不容易挨過了一
小時，北方冬天的陽光，到下午4點多，已經顯得昏暗，大
家正淒惶愁苦無法排遣時，突然和今早相似的巨大砲聲，一
陣陣不斷傳來，而飛機場外，不知何故，遠遠發現好幾堆火
光。於是原來代替我們向陳長捷交涉的那位東北軍官，連聲
嚷著，共匪似已向飛機場發動攻勢。不過據他推測，離機場
還不太近，幾堆火光，或許是我們自己軍隊，在破壞什麼建
築物，或若干物資，以免陷入敵手。他警告大家，萬一砲聲
更近，就只好跑出機場，緊急疏散。惟無論如何，決不可再
坐在飛機上。起先飛機師勸大家上機避寒，目前則每個人的
冷、餓、渴都被這幾陣砲聲打得煙消雲散，賸(剩)下來，只是
死神降臨的恐怖。大家再爬下飛機，有幾位女客，已嚇得號
啕痛哭。照機場附近形勢，大家都意識到，國軍似已有計劃
放棄，只要共匪認真進攻，幾小時就可到達。寒天黑夜，人
疎(疏)地生，四顧蒼茫，有何處可以逃避。眼看這機場，將變
為一群旅客的墳場！而天色越暗，砲聲越緊，遠處的火光，
也就照得越紅亮。看手錶，短針正指著五點，上海的輪胎，
還是杳無消息。其實，專機送輪胎，早已絕望，只因飛機師
怕大家過驚懼，他們還在儘量拖延，不肯宣佈而已！

半邊引擎飛上海

正在這危急萬分，間不容髮之時，忽然聽到天空前飛機嗡

嗡的聲音，大家希望恢復，以爲輪胎來了。飛機師指揮機上電務員，似乎在和來機通電，商量著什麼問題。飛機場已沒有指揮塔，沒有燈火，更沒有任何夜航設備，我們真也無法想像，它究將如何降落！或許因爲太陽雖已西下，天色還未全黑，而我們這架炸了輪胎的飛機，又把所有燈光，全部打開，附近數十步，照得特別明亮，機上的無線電，代替了臨時指揮塔，有這種種原故，所以幾度低飛盤旋以後，居然安全降落了。不過降落地點，在另一條跑道上。離我們並不太近。我們的飛機師趕緊過去，不到一刻鐘，即回來向我們宣佈：今天上海無機可派，不能送輪胎來，這是一架從蘭州、西安沿途裝運器材向上海撤退的C46型機，恰巧經過天津，接到公司通知，特冒險登陸，搶救乘客。C46，比我們原坐的47型大，現在只好將機上所載公司器材(不幸器材中並無輪胎)放棄一部份，騰出噸位讓乘客坐，但乘客行李，則必須完全犧牲，絲毫不許攜帶，以免超量過大。飛機師並警告大家，目前情勢緊急，不必猶豫，馬上就走。任何乘客，此時此地，只求救命，行李有無，自然無人計較。我們依照飛機師所說，空著兩手，毫不考慮，向來機停靠的方向，拼命急走。無如機場多半破壞，東邊一個坑，西邊一條壕，暮色蒼茫，難於辨認。一位攜帶兩個小孩的中年女客，偶一疏忽，全體跌入泥坑，經大家合力，逐一扶起，幸坑底不深，尚未受傷，這樣大約走了五六百碼路，才到達機旁。飛機等客人上完，立即開動馬達，不料馬達吼叫了很久，還沒有離開原地，原來C46型飛機，兩個引擎臨時突有一個失靈。飛機師在滴水成冰的嚴寒下，竟急得滿頭大汗，在那裏緊急修理。忽一片砲聲，比以前特別響亮，這等於告訴大家，共匪進攻，

更見迫近。我們也不知這引擎究竟修好沒有。只是一刹那
間，飛機師卻已跳上機頭，不顧一切，將飛機滑出了跑道，
急向南方騰空飛去。

這一架C46型機，雖比我們原坐的47型801號稍大，但除了
我們這批轉搭的二十七位乘客以外，機上還先坐有民航隊由
蘭州、西安押送器材，一並撤退的職員十多人，再加上若干
比較貴重不便在張貴莊機場拋棄的飛機零件和若干用品，無
論如何，載重量總已超過。我們固然不確切知道，壞的引擎
已否修好，惟細聽聲音，似乎總只有一邊，在吼得比平時特
別吃力。機上燈光全部熄滅，看不見任何人的面孔，不過每
人內心都充分了解，我們雖已逃脫了匪軍炮火，至究竟能否
靠這架危險萬狀的飛機，逃脫死神，安全到達，則仍是一個
重大的未知數。所幸飛了兩小時以後，並無變故發生，有些
人因為整天疲勞、緊張過度的關係，至此乃得稍稍鬆弛，昏
然入睡。計自6時35分由天津起飛，約在11時左右已抵達淞滬
上空，但當晚上海濃霧蔽天，因此又盤旋許久，方才降落。
大家看地面燈火輝煌，並認出這是虹橋機場，多高聲歡呼，
共慶生還。不料我們剛走出飛機，一陣哭聲，竟又從人群中
傳出。

好一幕破涕為笑

我回頭細看，那位邊哭邊走，哽咽不止的，就是在天津
換飛機時，帶著兩個小孩跌入泥坑的中年婦人。據她向大家
訴說，她將天津整個家產，變成細軟，裝在兩隻行李箱內，
因為掉換飛機，不特行李箱未能提出，連一個留在原機座位
上的手提包，慌亂中隨眾出發，也未能上機取走。她是廣東

人，準備回廣東去，上海舉目無親，最初救命第一，金錢衣物，只好置之度外，現在命是有了，但手無分文，擺在眼前的緊急問題，即自己帶著孩子，到那裡去？無錢坐車，更無錢住旅館！她痛心全部財產，化為烏有，更著急到今晚食宿都無法解決，忍不住放聲痛哭。但由於她這一哭，立刻提醒了最大多數乘客，他們想起每人所丟失在張貴莊機場上的行李，對自己都原是十分重要，他們不由自主，也跟著那位中年婦人，焦急起來。(我那隻原由上海帶去的小提箱，只有一些換洗衣服，和毛巾牙刷之類，雖然丟了卻足沒有什麼值得顧惜的。)這時一位站在我們身旁的民航隊辦事處職員，向我們詢問：你們原來是不是坐801號，因臨時輪胎爆炸，才轉搭這C46型機？在聽了我們說經過以後，這位職員，立即笑著向大家道賀，說你們絲毫不必著急，這架801號機，已比你們先一小時到達上海，現停在龍華機場，所有留在機上的行李，已全部運來，明早9時，可即來此處提取，保證各位絕無損失。原來那架輪胎爆破的801號，因我們業已換機飛走，機上客人騰清，不再有喪失人命的危險，飛機師為保全這架飛機，不讓他落入共匪魔掌起見(也為了不讓他們自己落入共匪魔掌)，就不顧一切，憑一隻輪胎，冒險起飛。居然毫無問題，安全飛出，以引擎本屬完好，而重量較前減輕，速度比我們坐的那架46型快，所以竟趕在我們前面，到上海比我們早一小時。大家聽了這意外喜訊，知道每人不僅有了生命，還有了行李，中年婦人，當然更「破涕為笑」。同機的另一位廣東籍女乘客，願意雇車送她到一家旅館，本來極感嚴重的問題，大家也就立刻都不成問題了。

最戲劇化的一天

用二百元金元券，我在虹橋機場雇了一部「野雞汽車」，直駛向南京路我動身前所曾住過的一家旅館。安頓甫畢，牆上的鐘正敲著12點。我舒服地洗完澡，吃完飯，拉開窗簾，面向窗外，欣賞著上海夜景。大約此時，影院戲院，末場剛散，一股股人流從馬路上不斷衝過，流線型汽車，排得和長蛇陣似的，向各個不同方向駛去。全市霓虹燈，仍和平常一樣燦爛奪目。許多舞場，奏著色情樂調。我睡在席夢思床上，想起民國37年12月18日這一天，要算是我記者四十年生活中，最富於戲劇化的一天。更特別想起，僅在幾小時前，大家站在緊張混亂，四顧蒼茫的荒原上，忍飢受凍，比鋼刀還要鋒厲的西北風，不斷向臉上刮削，砲聲不斷，機場可隨時變為墳場的那種驚險情況，與此時此地，溫暖如春，互相對照，真是恍如隔世。我開始懷疑，我在做一個噩夢，不，從14日踏上天津碼頭起，簡直接連不斷，在做著一大堆噩夢。——現在，這堆噩夢，度過18日午夜之後，總算已告一段落了！

光陰比「超音速飛機」還更快地飛過，轉眼之間，已是五年。最近不久，我在臺北，偶然遇到一位曾在民航隊工作過的職員，我和他談起五年前這一個驚險故事。他說，當時他在上海，大家對這兩架飛機從天津冒險飛出，安全抵達，都無不詫為驚人奇蹟。因為機場破壞以後，沒有指揮塔，沒有氣象報告，更沒有夜航設備，在共匪砲火威脅下，一架爆了一個輪胎，一架壞了一個引擎，居然都能黑夜起飛，人機均安，毫無損失，尤其那架C46型機，載重逾量，到上海時碰

著漫天大霧，如果再遲個十分鐘不降落，油也完了。他說，凡此種種，真可算集驚險之大成，大家每一提起，總只有感謝上帝。我不同意他這個結論，我說：當我們危急存亡間不容髮之時，我並沒有看見上帝曾給予我們任何援助，我所看見的，只是那些由參加飛虎隊作戰而轉變爲民航隊駕駛員的幾位美國人。他們已爲這二十七位乘客流汗，且更幾乎爲這二十七位乘客流血。如果提到感謝，我只有感謝美國公民對公眾負責盡職的偉大服務精神，而這種精神，正是我們中華民族十分需要，尤其是我們以服務公眾爲最大職責的「報人」，所十分需要！至於有人罵陳納德在中國「刮龍」注2，假使「刮龍」而肯如此負責，如此盡職，最低限度，像我和那其餘二十六位中國人的「龍」，還應該有何遺憾，不願意讓他「刮」麼？

（本篇完）

成舍我

原文：《報學》半年刊第1卷第5期

本文原寫於1948年12月18日上海，成舍我來台後於1953年重新整理，與〈我有三次值得追憶的笑〉一文合併，另命篇名〈記者四十年〉刊載於《報學》半年刊（編者按）。

注1：卜青茂，字蔚然，河北省趙縣人，北平民國大學畢業。抗日戰爭前為國民黨河北省黨部幹事，曾參與國民黨「實踐社」。1945年8月15日日本投降後，國民黨曾在天津從事地下工作的「中央宣傳部」華北宣傳專員龐宇振，首先在天津出版一份4開小報《民國日報》。這個報紙的名稱是從1930年代國民黨天津市黨部主委魯蕩平主辦的《民國日報》沿襲下來的。後來國民黨「中央宣傳部」委派卜青茂為天津《民國日報》社長，接收了日本人原於天津所辦的《華北新報》的全部資財、器材，正式出版《民國日報》。龐宇振自辦的那個4開的《民國日報》即刻停辦，旋被任命為《民國日報》總編輯。事實上，卜青茂、龐宇振對新聞業務並不熟稔。卜青茂於是從北平請來俞大西為總主筆，張元璞為經理，還有編輯、記者30餘人(多數為原「實踐社」成員)。抗戰勝利後的天津尚無報紙，《民國日報》是最早發行的，對開一大張，最高發行量為3萬份。後來《大公報》、《益世報》相繼復刊，《民國日報》銷數才減至1萬份左右。

注2：「刮龍」語詞來自粵語，意思是指以不正當手段剝刮錢財。

如何辦好一張報紙？

台北編輯人協會演講詞

　　兩個月前，台北新聞界在記者之家歡迎霍華德先生，我記得有一位同業，曾問霍先生「如何辦好一張報？」當時霍先生很幽默也很誠懇地說：「這問題我到現今還仍在研究中，如果我有百分之百的把握，那麼，我所主管的許多報館，就不會還有幾家沒辦好，要賠本。」不過他接著說：「就我的經驗看，辦好一張報，編輯人的才能，關係極大，請到一位最夠格的編輯人，應該是最主要的條件之一。」他怕大家因此忽視了業務人員的地位，最後又補充一句：「經理的得人，當然也不可忽視的！」

　　霍華德先生，為美國歷史最早，規模最大，由史克列普斯報團擴為史霍報團(Scripps-Howard) 的主持人之一。這報團原由老史克列普斯於1878年創辦，霍華德先生參加較晚。幾時言來，在許多報館經營中，成功的固，失敗的也並非沒有。如《聖路易紀事報》(St. Louis Chronicle) 就因為不能戰勝同時同地的其他兩報(Post-Dispatch與Globe-Democrat) 而於1905年停刊，損失很大。現在屬於史霍報團卓著聲譽最成功的報紙，是紐約的《世界電訊太陽報》(World Telegram and sun)，

它本是三家著名報紙，被收買後合併唯一的。1927年更購進
《太陽報》。據1953年《美國新聞年鑑》載，《世界電訊
太陽報》(晚刊)，日銷五十四萬一千四百八十五份，比《紐
約時報》(晨刊)日銷五十萬三千九百九十九份還多了三萬多
(《時報》星期刊約達一百一十萬份)，雖然不及紐約日銷的
兩百二十萬份的小型《每日新聞報》(*Daily News*)，和九十多
萬份的赫斯特系《鏡報》(*Mirror*)，但就報紙地位說，時報和
世界電訊太陽報在美國卻毫無疑問，幾乎各佔了早晚刊的首
席，成為美國最有價值的報紙。

由於成本增高，競爭加劇，美國報紙陷於業務不景氣而弄
到經濟無法維持的，也確實不少。史霍集團報紙，幸而業務
發達的比較多，所以雖然有兩三家不景氣，仍然不影響整個
報團的進展。再美國佔第二把交椅的赫斯特報團，當老闆赫
斯特健在時，就曾一度比史霍報團倒楣，而遭遇到最困難時
期，據說大部分幸靠他老情人電影明星戴維斯幫助，方才度
過難關。其實，這種報紙不易辦好的情形，全世界都大體相
同，所以霍華德先生慨乎言之，「到現在，我還沒有將一張
報辦好的把握，一切都仍在精密研究中。」不過他所說「辦
好一張報，編輯人關係最大」，這句話卻是至理名言。特別
對我們未來整個的中國新聞事業，將是一項極富意義的啟
示。

內容不好，免費送人，人家也不願意看

本來編輯人(Editor) 這一職位，在英美報紙，極其重要，
英國的編輯人簡直和我國報館社長相等，無事不管，有時廣
告方面都要聽其指揮。美國編輯人雖只管言論，版面，然而

事實上，許多報館，編輯人由社長(即館主)兼任。無論英美，編輯人的確掌握著一個報館最大部份的命運，成敗興亡，幾乎繫於一身。霍華德的話，也正是說明了西方報紙的真實情況與正確概念。一張報紙辦好的因素，固然極多，不過最應首先注意而必須全力以赴的，自以報紙內容、言論版面為第一。

有些辦報的人，不講求報紙內容，千方百計，專從廣告上打主意，情面而外，甚或更透過一些特殊關係，軟討硬要，非登不可。又有一些辦報的人，版面如何視為不足輕重，所努力的只在如何推銷，或托人介紹，或挨戶勸購，再或三日一小宴，一折九扣，優待報販，向報販下工夫，請其特別幫忙，打擊他報，扶助自己。這兩種人，絕無例外，結果都必殊途同歸，獲得百分之百的慘敗。大家不要誤會，以為我的意思認為廣告發行，辦報的人，都不應該注意。

我所以說他們必然慘敗，是敗在不先注意報紙內容。因為內容不弄好，言論，版面，一踢糊塗，就發行說，你即逢人哀求，或竟免費奉送，人家也不願閱看。至於廣告，則更要銷路廣，效力大，人家才肯刊登。假使這張報根本沒有幾個人看，登載任何廣告，都如石沉大海，則儘管賣人情，講關係，最多也不過敷衍一次、兩次，要人家歡欣踴躍，長期作你的廣告顧客，那等於你要人家做你長期的廣告「施主」，當然這是不可能也極可恥的。我常說笑話，假使我辦的報，在某一城市中，銷路最壞，假如我的兒女結婚，他或她希望有較多親友參加婚禮，則結婚廣告，他們一定希望能在一家銷路最大的報紙上登，而我為他們的廣告效力打算，也就不

應該不原諒他們這種苦情，由此類推，可見銷路不好的報紙，兒女也無法敷衍你，何況別人。

只有你的銷路在某一城市佔到第一或第二位以後，廣告才會競先恐後，自動上門，甚或為了爭取某一效力最大的地位，而需要和排隊買最叫座的電影票一樣，風雨無阻，唯恐失望。至於如何才可以使銷路達到第一或第二位，毫無疑問，就看你的言論，是否比別人精闢、公正。你的新聞是否比別人迅速確實，你的排版，是否比別人生動美觀？文理不通的話，和排印錯誤的字，你是否能夠保證比別人少，或完全沒有。換一句話說，即必須一切內容，都比同一區域內任何一家別的報紙好，或比任何一家報紙，有你獨特的優點，然後你才可以安全穩固，取得廣大的讀者。

因此，一個報紙辦好的順序，是由編輯到發行，由發行到廣告，不先搞好內容，即妄想銷路大、廣告多，那就完全因果顛倒，必將勞而無功。霍華德先生說，有才能編輯人是報紙辦好的重要因素，即正是這個道理。

《立報》拒登廣告一砲而紅

於此，我附帶報告兩個小故事。民國24年，我和一些朋友在上海創辦《立報》，當時大家認為上海這個碼頭，已被《新聞報》、《申報》兩家包辦，不知有多少新聞捧過跟頭，特別是廣告拉不到，沒有廣告，報紙無法生存。因此，《立報》前途，大家都替我們擔心。若干以剝削報館為業的廣告販子，正準備大敲斧頭，讓我們去登門求助。

不料我們卻在各報所登封面整幅的創刊預告中，以最大字

體，特別聲明，在《立報》發行數字，不能證明已達到十萬份前，任何廣告都一概拒絕刊登。這個聲明，不僅大出那些廣告販子的意料，即一般讀者，也非常驚奇。這在宣傳上，已發生不少作用。及《立報》出版，最初我們集中全部力量於編輯方面，接著就在本外埠精密佈置發行網。那時上海報紙銷路最多的也不過十萬份左右。當我們銷到四五萬份時，許多工廠商店就已感到每一角落，都有了《立報》的讀者。他們要求登廣告，越是我們拒絕得十分堅決，他們也就要求得特別熱烈。

廣告販子不再等候我們登門去求助了，他們受顧客委託，自己來和我們懇切情商，要我們增加篇幅，開放廣告。所同意給予我們廣告的實收價格，也和對待一般新報館，七折八扣，層層剝削，迥不相同。他們說：《立報》篇幅不多，銷路很大，廣告地位特別珍貴，廣告費應該照上海最大標準計算。我們沒有求過人寫介紹信，更沒運用其他任何特殊的關係，我們的廣告這樣不招自來，源源不絕，沒有多久，《立報》居然不但沒栽跟頭，反而成了上海一個賺錢的報館。這可以說，就是根據上述辦報要先注意報紙內容那一項原則的。

另一件與此相反的故事，即當某一報館某年在某地出版時，他們把大部分力量用在拉廣告，他們很高興，有不少廣告販子為他們卑辭厚禮所動，願替他們特別幫忙。臨到出版前夕，還收到一則指定登在報頭旁邊「包醫花柳」的特等廣告，經理部要求編輯部撤銷一條新聞，來容納這則廣告，恰巧我正來向這家報館的朋友道賀，我笑著和經理部朋友說，

第一天報頭旁邊，就登載這樣一條「包醫花柳」廣告，未免
太欠雅觀了。那位朋友聳一聳肩說，那有什麼法子？這一條
廣告連登三天，我們可收到將近一百元美金的廣告費，報館
資本不雄厚，我們不能不看在錢的面上，有所犧牲。我說，
照我的看法，這類廣告，恐怕登出之後，到收費時你將連一
塊美金也收不到，那麼，豈不冤枉？他堅決地否認我這一
預言。過了半年以後，我碰到這位朋友，偶然想起那筆廣告
費，我問他已否收到，他很懊喪地告訴我，登廣告的醫生，
已離此他去，介紹人不負責任，到現在真是一塊美金都沒收
到，已經列入呆帳作廢了。而因為創刊時報頭旁邊一連三天
刊登這樣的惡劣廣告，對於讀者，當然印象不會好。這一故
事也的確值得我們警惕的！

版面重於一切

版面重於一切，編輯人掌握著「辦好一張報」的主要關
鍵，我已在前面一再說過。而且這種觀念，在美國，由於許
多眼看即將倒閉的報館，因版面及時革新，挽回厄運，而更
被證實。霍華德先生推重編輯人最有助於報紙的辦好，我還
可以在舉一個實例做參考。

美國有一位湯納士先生(William A.Towns)，他再過去十年
內曾替六個身患重病的報館負責診治，他通常擔任著編輯人
工作，他所投藥劑，總是調整版面充實內容加強社論的權威
性。只要病人肯照單服藥，結果總沒有不藥到病除的，他們
不特沒有一命嗚呼，且逐漸強壯，由賠本而變到賺錢。不過
最近一次，他接受洛杉磯病報《每日新聞》(*Daily News*) 的邀
請，卻因為病人拒絕服藥，而被迫辭職。

　《每日新聞》在五六年前，由發行人兼編輯人鮑第(Manchester Boddy)、總經理史密斯(Robert Smith)積極努力，銷路曾提高到三十萬份，1948年，當地新出版一家《鏡報》(*Mirror*)，《每日新聞》內容不如《鏡報》，大受打擊，銷路跌到二十萬份以下，於是鮑第感到厭倦，不久以前將全部產權移讓給史密斯。史爲求不再賠本，一面裁員減政，節省支出，一面提高報價，由七分到一角，增加收入，企圖以此方法，達到平衡。到今年2月，他更震於湯納士病報名醫的盛名，特地請他擔任《每日新聞》編輯人，不料湯就任以後，所開的一些整頓編輯部藥方，因爲多數要增加支出，大部分不爲史密斯所採納。經過了七十二天，到本月初，湯看到沒有辦法，只好告訴史密斯，讓他另請高明。湯於退出《每日新聞》以後，報館最主要目的，是出版一張好報紙，但在《每日新聞》情況之下，我是無法將這張報紙辦好，只能自認碰壁了。

　而史密斯目前的搶救辦法，卻在打算將晚刊改爲早刊，以避免《鏡報》的壓迫，又看到上次增加報價所受到的不利影響，準備仍將一角報價減回原有的七分。但他自己所開的這個藥方，一般人都不認爲高明，不易有起死回生的奇效，許多職工，都在作著遠走高飛各自謀生的打算。由此看來，偉大而天才的編輯人，不僅是辦好一張報的主要條件，而且能將辦不好的報，轉手辦好。「如何辦好一張報」，問題至此，總算已得到大部分解答了。

要把報業看作指揮一支作戰軍隊

　當然這問題的全部解答，仍有待於全世界報人繼續而謹慎

的研究。於此，我願意再補充一些小小的意見：首先讓我引用一個笑話作開端，某地曾有過一位江湖郎中，大貼廣告，出售消滅臭蟲的「祖傳秘方」，買他這「秘方」的人，他總是交給一個層層封固的小包，要他回家睡覺前打開。不料一層又一層剝開之後，原來所謂「秘方」，只是兩個大字「苦捉」。如何辦好一張報，也有所謂「秘方」的話，則最主要的「秘方」，我想恐怕也就只有改「苦捉」為「苦幹」而已。

　　此外，我認為辦報還應有三種看法，第一、要把辦報看作開機器，馬達固然重要，小螺絲釘也不能忽視。編輯人縱然絕頂天才，如果配上一些缺乏能力，不太負責的校對，時常將「中央」錯成「中共」，「大使」錯成「大便」，「倫敦」錯成「敦倫」，那麼，這張報仍將難以博取讀者良好的印象，由編輯方面推而至於其他部門，報差不按時送報，信差不按時取稿，工人不按時出版，其對於報紙的能否辦好，當然影響很大。第二、要把辦報看作指揮一支作戰的軍隊。新聞工作，雖被稱為自由職業，但為增加工作的效率，一報館的組織和紀律，卻絕對不能鬆懈。指定的發稿時間，一定不許遲誤，指定的採訪任務，一定需要達成。印刷部延時出版，一定要追究責任，校對房錯字連篇，一定要依章處罰。尤其重要的，即對於參加這支報館軍的每一份子，必須隨時隨地充分鼓舞他們的戰鬥精神。一個標題不如人，編輯先生應該感到羞愧，一條新聞不如人，外勤先生應該吃不下飯，人人要爭取勝利，但這勝利的有效期限，永遠只是一天。今天勝利了，明天仍需要勝利，並不能因為今天努力奮鬥，粒米寸布，不許浪費，不應該節省時，子女教育，或急病開

刀，幾千幾萬，也毫無吝惜。譬如我們自由中國，一旦反攻登陸，假使爲軍事當局所許可，即使特包一架飛機，去獵取最早最確最詳的消息，花多少錢，也是值得，不然的話，像我將全部電燈，按所需時間，分組按設總門，全部總門，集中於總管理處，我的座位旁邊，指定專人，按時啓閉。又如每天利用一部份通信社廢稿，將反面作爲夜間編輯的稿紙。及嚴禁印刷部職工，撕破捲筒報紙上廁所之類。這在一些大報館大豹人眼中，雖是卑不足道，但我們總相信凡是可以防止的浪費，就必須加以防止。將辦報看作開機器，看作上前線，看作管家務，如果這對於解答「如何辦好一張報」，能作爲一種參考資料，當然那將是我所十分欣願的！

成舍我

台北編輯人協會演講詞
1953/05/23

「黨報社論」
是否「不值一讀」？

自由中國

　　時常有人告訴我：中國朋友，男女老少在一起，談到報紙，談到每人讀報的嗜好，十之八九，總會不期而然，異口同聲說，他或她，最討厭讀「黨報」，尤其討厭讀黨報「社論」。問其原因，則你所可獲得幾乎一致的答覆，是黨報新聞選擇太偏私，於黨有利的，小事化大，拼命宣傳，於黨不力的，不僅大事化小，甚至化為烏有，從頭至尾，使你永遠找不到。社論呢！更是澈底的黨八股，「高臺講章」昏昏欲睡，一年到頭，永遠引不起讀者興趣。這是若干讀者對「黨報」的觀感，當然，他們所說的黨報，並不限於那一黨，更不限於那一份黨報—甚至那一時期哪一地區的黨報。不過在聽了此類說法之後，我必須鄭重指出，討厭「黨報」，這一心理，大部分是並不正確的。如果說，黨報不受人歡迎，那是黨報的決策者，觀點有偏差，負責者技術不高明，「黨報」本身，確實在沒有應被厭棄的道理。

　　所謂「黨報」，在民主國家體制下，是由某一政黨黨部、

黨員，或擁護該黨政策者所辦。他的意義與一黨專政的共產
國家，法西斯國家，自然「自由」、「專制」，天上地下，
迥不相同。民主國家的報紙，如就言論型態，加以類別，要
不外黨報、獨立報、中立報三種。獨立報與中立報的區別，
以美國爲例，獨立報是在某一時期，他覺得民主黨的政策值
得擁護，他的言論，就和民主黨一鼻孔出氣，等於民主黨
的義務黨報，但到另一時期，他覺得共和黨政策比民主黨
好，他又馬上一百八十度轉彎，變成共和黨義務黨報。實在
說，獨立報當他擁護某一黨時，簡直可將他算作準黨報，不
過他和黨沒有任何物質關係，不像正規黨報受拘束。霍華德
系報紙就是這一類型的代表。中立報，則任何時期，他對於
「民主」、「共和」甚至其他黨派都一視同仁，各方面的意
見都介紹，各方面的活動都捧場，而報館本身，卻絕少獨特
主張。美國讀者，最不歡迎沒有主張的報紙，伊里諾斯州大
學新聞系教授巴汝諾(Reuel R. Barlow)曾說：「沒有主張的報
紙，等於沒有脊柱的動物」。因此除非在「一報獨占」的較
小城市，讀者爲了怕這僅有的一份報，變成「一黨獨佔」，
乃寧願其沒有主張，態度中立外，一般情形，對於模棱兩可
毫無定見的報紙式極爲厭惡的。讀者此類傾向，不僅美國爲
然。英國幾家最受讀者歡迎的全國性報紙，就沒有一家言論
政策，不是站在某一政黨的立場，如《泰晤士報》、《每日
快報》、《每日郵報》、《每日電訊》之於保守黨，《每日
先鋒》、《每日鏡報》之於工黨，《新聞紀事報》之於自由
黨，除《每日先鋒》外，他們在形式上，都不受黨的控制，
但他們旗幟鮮明，遇某一重大問題發生時，決不放棄他們批
評的機會，也絕不掩飾他們對於某黨的擁護或反對。這些報

的銷路，除《泰晤士報》力求高貴，情況特殊，其餘各報多的超過四百萬，至少也將近兩百萬。而且，越是議論精闢，態度堅定，戰鬥意味高度發揮的報紙，越受到讀者讚揚。新聞發達史上，英美不少名記者，也都由火藥氣味最濃的黨報準黨報產生。英美讀者，如此歡迎黨報，準黨報，尤其如此歡迎黨報、準黨報的言論，為什麼，我們中國，男女老少，卻會提起「黨報」就會許多人感覺不滿，提起黨報「社論」，更竟要嗤之以鼻，認為不值一讀呢？

《時論集》這一本小冊子，是程滄波注1先生二十年前在《中央日報》所寫的四十二篇社論。《中央日報》是國民黨最大黨報，國民黨是中國最大政黨，《中央日報》社論在政治方面的權威性，當然是無可懷疑。讀了這本《時論集》，更使我相信「黨報社論」有其偉大的價值，所謂「黨報社論令人厭惡」之說，如前所述，不僅英美情形，適得其反，即在中國，似乎也絕難置信。程先生主持《中央日報》，先後將近十年，他所寫社論，當幾十倍於四十二篇，但僅就此極少數的四十二篇來說，豈特在當時，必曾家傳戶誦，影響遼闊，二十年後的今天，我們讀到任何一篇，還浩氣蓬勃，有頑廉懦立精神一振之感。像這樣哀梨並剪痛快淋漓的黨報社論，普天下讀者，將鼓舞頌讚之不暇，厭惡觀念從何發生？假使真有人厭惡「黨報社論」，指「黨報社論」是沒有生氣，千篇一律的黨八股，那麼，我就請他去仔細閱讀這本小小的《時論集》，定能幫助它消除不少誤解。

作者在「自序」中說明：「本集所錄，蓋於二十年前先後在《中央日報》所撰載之時論……其時自一二八至抗戰後

期,其地則由南京武漢長沙以至重慶。」我們回想這一時期,在中國現代史上,真所謂「道喪時昏,禍延兇播」,外則異族入寇,中原丘墟,內則共匪肆虐,生靈塗炭,中華民族遭遇此空前危機,也正是執政的國民黨艱虞絕續之交。這四十二篇時論,不特誠如著者自序所說:「時事論評,實爲一時代活動之史料,於歷史文獻,自有其一席地」,且由此不難看出,國民黨政府,在群議鼎沸,人心震盪下,當時壤斥姦凶,播亂反正,曾經過多少苦闘。民國22年陳獨秀以危害民國罪受審[注2],雖陳已被史太林派排除,然共產黨徒,仍利用陳所聘律師章士釗[注3]的辯護,謂「以蘇維埃體制代國民政府,此僅是顛覆政府,而並非危害國家,」謬說流傳,廣爲煽誘,我們讀作者所著一論再論「今日中國之國家與政府」,痛切指出,「推翻國民及其政府後,建立蘇維埃制度,此與鄭孝胥等迎立溥儀,同爲變更國體,同稱叛國。而絕非更易政府一語所可輕輕文飾。」將共黨叛國罪行,揭發無遺,以親蘇共黨,比親日漢奸,此在今日,固已天經地義,人所共喻,然二十年前,則即一向反共最力之老國民黨員,爲了怕所謂刺激蘇俄情感,爲了怕失去所謂左派青年捧場,尙十之八九,逡巡顧忌,不敢如作者直人快語,一口道破。像這樣浩氣澎湃,正義凜然的文章,權集中幾於觸目皆是,全國國民,能確立他們對國共兩黨忠奸的認識,這些文章,是有其重大意義的!

把黨報社論,看作只是宣揚政績,歌功頌德的工具,不論是非,不辨邪正,這一觀點,是並不合於黨報使命的。美國報史上一位最偉大報人,《紐約論壇報》(*New York Tribune*)谷利來氏(Horace Greeley, 1811-1872)他被稱爲「美國報業之

父」(The father of American Journalism)，為「美國的記者首相」(America's Premier Editor)，為「戰鬥的記者」(Fighting editor)，他是共和黨員，幾乎畢生為共和黨而奮鬥。他力主釋奴，〈二千萬人的祈禱〉(*The prayer of twenty millions*)一文，對於林肯釋奴政策成功，及南北戰爭勝利結束，關係極大。但他在《論壇報》所寫評論，批評共和黨的錯誤，幾乎多過他對共和黨的頌揚。最後，且獲得一部份共和黨人擁護，另組自由共和黨，和共和黨提名連任的總統候選人格蘭第，競選總統，雖然以數十萬票之差，競選失敗，但由此可見，黨報的社論作者，並不是先宣了誓，改「天下無不是的父母」，為「天下無不是的本黨」。而戰鬥記者之可敬，與夫黨報之不可蔑視，更彰然明白，絕難否認。幾十年來，中國的黨報，雖比較少此特色，但《時論集》中，如〈漢口韓玉宸事件〉一文，著者從毫不畏縮，指責當時國民黨黨員及政府人員。原文說：「本黨黨員及政府人員今日心裡之怯懦與信仰之動搖，滔滔者皆是也。本黨若干同志自來態度上之錯誤，在過去為虛驕及誇妄，在現在為惶惑及退縮，因虛驕及誇妄，故行為上只有衝動而無理智之表現，個人及國體之實力不能充實，因惶惑與退縮，故判別力薄弱而無法掙持難關。由前之因，故在過去對於黨外之人，為盲目的打倒而不暇為之吸收。骨鯁自愛之士，散而之四方，希旨逢迎之人，群集於肘腋，使黨之面目，頓然改觀。由後之因，故在現今對於黨外之人，為盲目的膜拜與妥協。對於黨外之言論，為盲目的附和及忍受。方寸無定，賓主易位，廟謨國策，搖移莫定，而政府之安危，遂生波折。今日國事無可措手足，此種情形實為之大梗。而此種病根所在。乃由於黨員自身平時信仰之不

堅，組織之不嚴密，平日之跳動叫囂，純爲一股客氣，而心中絕無主持。一旦有事，客氣既無所用，遂覺中心搖惑，不能自主。動定從違，聽人驅斥。無事不可容忍，無人不可容納，更無言不可附和……。」像這樣坦懷至公，盡情傾吐，雷吼電擊，毫不掩飾的說法，我們縱不能以「中國的報業之父」稱作者，至低限度，其爲中國「黨報」中一位卓越的「戰鬥記者」，應可當之無愧。而黨報社論之非盲目歌頌，更於此得一確證。

　　讀者對於任何類型的報館，其所寫社論，均殷切期望，他們能將當前每一重大問題，分析批判，貢獻其精闢獨特的見解。沒有見解模稜兩可的報館，等沒有脊柱的動物。這一現代讀報的傾向，已如前述。所以無論黨報非黨報，當每一重大問題發生，不特不應逃避自己對該問題的評釋，並且這評釋越早發表越能滿足讀者要求。(當然，有時因問題複雜，情況不明，不能立即發表社論，或發表而需保留一部份意見的，自屬例外。)所以社論作者，一方面固需要通才達識，宏遠博雅，但尤其需要的，還是機敏銳力觸類旁通的判斷。我相信時論集作者，卻已百分之百，兩項條件均已具備。關於英國及若干國際問題，獨潛專精，觀察明確，固不待說，而對任何重大事件，下筆神速，更已幾乎到達驚人的程度。如〈昨日西安之叛變〉一文，作者自註：「西安叛變消息到南京，爲當年12月12日下午。下午5時後，京中黨政軍高級人員齊集鬥雞閘何應欽部長公館。中央常會及中央政治會議聯席會議，於晚間9時開始。時行政院副院長孔祥熙於晚間12時半由上海乘飛機到京出席會議。會議舉行至翌晨5時3刻方散。筆者離會去《中央日報》草此社評，已在13日晨6時」。按當

時南京各報，每晨出版，最遲爲上午7時半，除去排版、製版、印刷約需1小時，作者此文，所費時間，最多當未超過半小時。如此抓住機會，絕不偷懶，是則於極度神速以外，其對讀者負責盡職，由足爲我們從是報業者所矜式。

《時論集》所收四十二篇社論，在中華民族最驚險最艱苦最重大一段時期中寫成，每篇每段，都可當作這一時期的歷史資料讀。此外，由於作者之長才廣度，無所不包，不僅讜言宏論，足予讀者以啓發，既就文學修養，飛辯揚藻，發彩流潤，清辭妙句，諷詠無窮，高初中青年學生，如作爲模範文讀，其必有適當收穫，亦絕無疑義。

如果報館社論，數字時地，偶有舛誤，或詞微義隱，稍欠明暢，此則由於時間破促，報館人力物力之儲備，尚待充實，環境紛錯，各方新聞自由之障礙，未盡排除。此中甘苦，時論集作者於自序中亦已痛言之。「時論作者，當其籌思振筆，發爲文章，每次午夜漏盡，燈昏目哆。時或酷暑流金，几案炙手，或厲寒砭骨，筆硯成冰，而時間及環境之束縛顧忌，理想與現實之調和斟酌，蓋非親歷其境者，不能道其甘苦於萬一。」在這種了解之下，讀報館任何社論，假使竟發現了微眚小疵，那當然可以體諒。讀《時論集》的人，自然更不會例外。

最後，我願再重複說明一句。在兩黨對立，或多黨林立的民主國家內，黨報準黨報，發表論評，提一個政黨向讀者堂堂正正提出對於當前每一重大問題的意見，這是絕無理由，會受到讀者厭棄的。只有不加贊否，模稜兩可，投機取巧，自命中立的報紙，才爲讀者所鄙視。因此，我不相信若干人

所持「黨報社論不值一讀」的說法。假使讀者真有這所謂
「黨報社論不值一讀」的觀念存在，那定是一黨專政下的黨
報；或像美國若干小城，一報獨占，（即該城只有一報，沒
有其他日報對抗競爭）而這張報，是屬於某一黨的！

成舍我

原文登載《自由中國》11卷9期
1954/09

注1：程滄波(1903年-1990年)，原名中行，字曉湖，江蘇武進人。曾就讀於聖約翰大學文科，1925年畢業於復旦大學。畢業後在上海《時事新報》擔任主筆。1930年英國倫敦大學政治經濟學院進修，1931年回國，任國民會議秘書。1932年5月被任命為改組後的國民黨中央機關報《中央日報》首任社長，對報紙進行整頓，增出《中央夜報》、《中央時事周報》。1937年再次去英國。抗日戰爭爆發後，於翌年回到重慶繼續主持《中央日報》報務，任社長。1939年冬，調任國民政府監察院秘書長，後來還擔任國民黨中宣部次長。在重慶的三年多時間，還兼任復旦大學新聞系主任，主講《新聞評論與新聞採訪》。1941年9月，被國民黨中央黨部派往香港，任《星島日報》總主筆。太平洋戰爭爆發後回渝，曾與成舍我等人合作組織「中國新聞公司」，投資經營重慶《世界日報》，主持該報的社評委員會，任總主筆。抗日戰爭勝利後回滬，接管《新聞報》，任社長。1948年當選立法委員，1949年5月去香港，任《星島日報》總主筆。1951年到台灣，歷任國民黨要職，同時擔任中央政治大學、東吳大學、世界新聞專科學校教授。著有《時論集》、《滄波文選》、《土耳其革命史》、《民族革命史》、《歷史、文化及文物》等。

注2：1932年10月15日下午7時，家住上海岳州路永興裏11號的陳獨秀被國民黨當局逮捕。國民黨當局假借司法審判的方式，向江蘇地方法院起訴陳獨秀，指控的罪名是「攻擊國民黨政府，危害民國，集會組織團體，以文字為叛國罪」。 1932年10月15，陳獨秀沒有想到，他被共產黨開除黨籍之後，卻被國民黨當局逮捕。為此，《世界日報》刊登一幅漫畫：主人公是受盡皮肉之苦的陳獨秀——共產黨一拳把他打傷了，國民黨兩拳把他打昏了。1933年4月14日，江蘇地方法院開庭審理陳獨秀案。陳獨秀闡述了打

倒國民黨政府的三條理由，即(一)國民黨政治是「刺刀政治」，
人民沒有言論權，違背民主；(二)人民窮困而財富集于官僚；
(三)政府對日本步步退讓，不接濟十九路軍在上海的抗日行動。
經過連續三次法庭審理，陳獨秀的辯護律師為章士釗、彭望鄴。
1933年4月26日下午，法院判決陳獨秀和同案的彭述之有期徒刑
13年，剝奪公權15年。陳不服判決，向最高法院提出上訴。1934
年7月20日，最高法院刑事庭改判陳獨秀有期徒刑8年，撤銷原判
的「剝奪公權」部分。「陳獨秀被審案」在當時引起很大的注
目，包括當時曾來華訪的英國哲學家羅素，都曾向蔣介石發出了
懇求電文。《申報》更刊出蔡元培、柳亞子、楊杏佛、林語堂、
潘光旦、董仁堅、全增嘏、朱少屏合署的《快郵代電》；傅斯年
發表《陳獨秀案》一文，說政府決無在今日「殺這個中國革命史
上光燄萬丈的大彗星之理！」。蔣夢麟、劉復、周作人、陶履
恭、錢玄同、沈兼士等12人致電張靜江、陳果夫說情；胡適、翁
文灝、羅文幹、柏烈武等或致電蔣介石或私下奔走。

注3： 章士釗(1881年-1973年)，字行嚴，號孤桐，筆名黃中黃、青
桐、秋桐，湖南長沙人。清末任上海《蘇報》主筆。辛亥革命
後，曾任北京大學教授、北京農業大學校長、廣東軍政府秘書
長、南北議和南方代表。1924年任段祺瑞執政府司法總長兼教育
總長，次年兼署教育部總長。創辦《甲寅雜誌》週刊，以「秋
桐」為筆名，該週刊由於以老虎為其封面，時人又稱章士釗為
「老虎總長」。他專研邏輯學，並率先將此學傳入中國，始知所
謂思想方法、演繹、歸納及形式論理與邏輯論理之分別。行文著
墨，也多以邏輯法則行之，時人稱其文為「邏輯文」。1933年起
在上海作律師。1936年任冀察政務委員會委員兼法制委員會主
席。抗戰時期，歷任第一、二、三屆國民參政員。抗戰勝利後，
在上海作律師。解放戰爭後期，曾同江庸、顏惠慶組成上海和平
代表團進入中共解放區。1949年為南京國民黨政府和平談判代表
團成員，後留北平。同年出席中國人民政治協商會議第一屆全體
會議。中華人民共和國成立後，曾任政務院法制委員會委員、全
國人民代表大會常委、政治協商委員會常委、中共文史館館長。
1973年5月25日赴香港探親，7月1日在香港病逝。著有《柳文旨
要》、《邏輯指要》、《銅官感舊集》、《東西文化批評》等。

「人權保障」與「言論自由」

自由中國

(3月4日，在立法院第15會期第五次公開會議上，向行政院長俞鴻鈞^{注1}提出的質詢。茲將當時質詢內容，錄成此文送《自由中國》發表。)

今天我要向行政院提出兩項質詢：第一、關於人權保障，第二、關於言論自由。

大陳撤退，與一部份烏煙瘴氣的國際局勢，雖然只是黎明前一段黑暗，但無可否認，此時此地，我們總算遭遇了重大挫折。如何來彌補挫折，或更進一步，變挫折為勝利。這在極權國家，通常的途徑，是對外越遭遇挫折，對內越加緊壓迫，民主國家則不然，且恰與極權國家相反。對外越遭遇挫折，對內越加強民主，加強團結。「人權保障」和「言論自由」，正是民主政治的兩大支柱，臺灣已訂為中華民國「反共抗俄」的復興基地，中華民國應該是不折不扣的民主國家。而我們最近簽訂的「中美共同防禦條約第三條」^{注2}，又有彼此加強自由制度的承諾，當此安危興亡千鈞一髮的重大關頭，所以我特別提出這有關「人權」、「言論」兩大問題的質詢，切望俞院長對此，各予以明確解答。

一、關於人權保障

先說人權保障。雖然外間對這一問題，有許多駭人聽聞的流言，但我絕對相信，政府對人權保障，絕不是從不注意，像施政報告中所列軍法司法審判範圍再度劃分，及切實執行提審法等，都可以親切看出，政府對人民身體自由，何等重視！尤其最近軍法局長包啓黃貪污勒索，枉法弄權，政府毫不寬縱，處以極刑，更爲一最明顯的鐵証。但由於包啓黃的罪大惡極，從另一方面看，卻又正足以說明我們的軍法部門，確有嚴重問題存在。一個操生殺大權的軍法局長，任期那樣長，經辦案件那樣多，雖賴政府賢明，在惡貫滿盈以後，終於明正典刑，人心大快。不過以前由他經辦的案件，政府是否曾因此引起警惕，有所檢討？君主時期，國家殺一壞蛋，像劉瑾、魏忠賢、和珅之類，一定同時就將被這壞蛋毒害的人，平反昭雪。包啓黃地位，雖比不上劉瑾、魏忠賢、和珅，至少總是「無法無天，有條（即金條）有理」，貪污弄權的壞蛋之一，則毫無疑問。幾年來，被他冤枉毒害的，死者縱不可復生，生者卻必須平反。民主國家的刑事被告，在發現法律事實有重大錯誤以後，雖經判決確定，也儘有非常補救的辦法。我不知道政府對此有無準備？

我現在舉出幾件莫名奇妙的案子，雖然我不知道是否由包啓黃主辦，但無論如何，這些案子，都沒有經過普通司法機關。假使不由包啓黃負責，那又應該由誰負責？是否還有和包啓黃一樣枉法弄權的人？我不明白真實情形，只有請政府去自行考察。

(一)龔德柏案

第一件，是國大代表前南京《救國日報》社長龔德柏^注

3失蹤案。龔德柏這個名字，大家聽來，一定不會生疏。他是一個將近七十歲的老報人，許多年來，我們政府的最高國策，是抗日反共，而龔德柏抗日反共的堅決徹底，就他所編著的《征倭論》、《抗日必勝論》、《共匪禍國論》等書，在配合國策的宣傳上，都曾經發揮過相當功效。尤其他在馬歇爾來華的和談期間，當時主管宣傳機關，曾通知各報，對朱毛指稱中共，不能稱共匪，但《救國日報》卻拒絕了這個命令，並大寫文章，說共產黨本質，到任何時候都脫不了匪性。這一點，尤為難得。但他於38年隨政府撤退來臺後，39年3月8日，突然失蹤。從那時算起，再過三天，就整整滿了五年。這五年中，他的老婆兒子，都從來沒有見過他一面，老婆兒子生存死亡，他也無從知悉。他的老婆急到把頭髮禿成光頂，一家大小，啼饑號寒。這五年中，他究竟犯的什麼罪？關在什麼地方？誰都不知道。但似乎誰都知道，這五年中，他沒有受審，沒有判罪，沒有槍斃，卻也總沒有回家。此外又似乎誰都知道，龔德柏這個人，只在此島中，雲深不知處。有人說，因為他一生信口罵人，人緣太壞，沒有朋友替他奔走，所以儘管失蹤了五年：「不審、不判、不殺、不放」，主辦這個案件的人，也就覺得很放心，不會引起何種反響，因此，也就無法使我們賢明的政府當局，詳悉真相。誠然，他人緣不好，朋友不多，不過，我相信，龔德柏沒有人緣，龔德柏卻有人權，龔德柏縱無朋友支援，像這樣「不審、不判、不殺、不放」，卻可以激起天下公憤。龔德柏今年已六十六歲，聽說最近身體很壞，且曾幾度絕食。如果他是匪諜，政府就早應予以槍斃，如果他不是匪諜，相反的，且是一位抗日反共愛國家愛民族的老鬥士，就早應使其恢復

自由。再退一步說，他曾信口罵人，縱於法無罪，卻應該遭一點口孽果報，然而五年牢獄之災，這果報也夠慘重了！究竟怎麼一回事？請俞院長予以說明。

(二)馬乘風案

第二件，是本院委員馬乘風被捕案[注4]。這一案件的經過，本院同人都知道，政府也不會不知道，他被捕到現在，也已快滿三年，依照我們的刑事訴訟法，偵查羈押，固不能超過兩個月，如有必要，也只能延長一次。繼依照去年8月15日本院通過的「戡亂時期監犯處理條例」第二條：「被告在偵查中羈押滿二個月，審判中滿五個月尚未偵查終結或判決者，應自本條例施行之日起，兩個月內辦結之，逾期尚未起訴或判決者視為撤銷羈押。」該條例於去年8月23日由總統明令公佈，從8月23日起算，到現在也已半年，馬乘風無論是尚未起訴，或尚未判決，也早應該有資格享受「視為撤銷羈押」的浩蕩國恩。老百姓對著立法委員，總常常很歡喜說，你們是老百姓的人權保障者，如果我們自己的身體自由，都得不到合法保障，我們真不知老百姓這類的話，是頌揚還是諷刺？也真不知怎麼向我們的選民交代？這究竟又是怎麼一回事？請俞院長予以說明。

(三)軍法犯究已保釋多少？

除這兩件平民而牽涉軍法的具體案件以外，第三、接著我還要請問俞院長，「戡亂時期監犯處理條例」，經總統明令公佈，業已半年，施政報告中告訴我們，普通監獄，依照條例，准予釋放的人犯，截至去年12月止，為1769名，但軍人監

獄，被保釋的，究竟有多少？報告中未經堤及。據說有許多
合乎條例的軍法人犯，依照條例，呈請保釋，卻以條例以外
的種種原因，一拖再拖，迄無下文。難道立法院所通過，總
統所公佈的法案，下級機關，竟還可以打折扣？竟還可以不
遵行？這究竟又是怎麼一回事？請俞院長予以說明。

(四)在港若干立委何以不許來臺？

最後，我還要提出一點，居住及遷徙的自由，本也是憲
法上賦予人民權利的一種，不過臺灣在非常時期，臺灣需要
出入境證，自有其必不得已的理由，但是我希望這種出入境
證的核發，一定要百分之百的公平嚴正，不能看面子，講恩
怨。我最無法理解的一件事，立法院每次會期，大家總接到
院內紀律委員會的一份報告，報告內容，是有若干困居香港
不能來臺出席的委員，委員會要求院會，勿以「一會期無故
不出席」論，將其除名。唯一理由，是他們不來臺灣，並非
他們不願來，而是臺灣主管機關，不肯簽發臺灣入境證。立
法委員來臺出席，是他的權利，也是他的義務，為什麼領不
到入境證？假使這位委員有附匪嫌疑，那麼，核發入境證的
主管機關，報告院會，依法將其除名。如果並無附匪嫌疑，
如何可以剝奪他們居住本國的權利，阻止他們如期報到的義
務，一連幾年，不許入境。幸而我們立法院，開會的法定人
數，只要五分之一，而在臺立法委員，一向均超過法定人數
很多；又幸而我們院內的執政黨，佔絕大多數，少數委員缺
席，於開會和議案進行，都不發生困難，假定我們的立法
院，和美國參議院一樣，第一、是條約案需要三分之二的多
數票，才能通過；第二、是本屆參議員，政府和反對黨，相

差只有一票，那麼，行政機關有如此不可思議的大權，可以隨便拒絕立法委員入境，使若干立法委員，不能報到出席，則所謂最高立法權的行使，將成何景象？成何體統？據說，這些被拒入境的委員，他們的言行，到現在還是指天誓日、反共抗俄，當然我並沒有責任，擔保他們的言行，但政府卻必須負起責任，將拒絕他們入境的原因說清楚。究竟是怎麼一會事？請俞院長予以說明。

二、關於言論自由

以上四點，是關於人權保障的，現在，再質詢有關言論自由問題。

台灣報紙雜誌，事先都不檢查，臺灣有極大限度的言論自由，這是無可否認的。雖然有人批評我們的〈出版法〉，對言論自由，束縛太嚴，因為第一、台灣不許辦新報和新雜誌；第二、政府可以停止任何報紙雜誌的發行，到一年之久，情節重大的，還可以延長。換一句話說，就是「封門」。試問人民連報和雜誌都不許辦，還有什麼言論自由？一份報紙或雜誌，政府認為不滿意，就可以封他一年，甚至一年以上，豈不等於宣告報紙雜誌的死刑？但是這種對出版法的批評，真是黑天冤枉！出版法在立法院通過時，小組會和大會，前後開了不下五十次，大家十分謹慎，總怕這份〈出版法〉，與我們憲法上的言論自由，出版自由原則衝突。現行〈出版法〉四十五條，全部精神，是保障的意義多，管制的意義少，尤其鑒於過去行政機關，對人民申請辦報辦雜誌，動輒以莫名其妙的因素，長期壓擱，作為變相的拒絕某報某雜誌出版，所以〈出版法〉第九條特別規定，登

記手續，每一機關，必須於十日內辦完，不得延擱。我們翻遍了整個〈出版法〉，實在尋不出有一條文，禁辦新報新雜誌，也尋不出有一條文，封閉報紙雜誌，可以長達一年或一年以上。那麼批評〈出版法〉，束縛言論，過於嚴酷，這究竟從何說起？

原來這些束縛言論自由過於嚴酷的條文，不出於立法院通過，總統公佈的〈出版法〉本身，而只是出於(民國)41年11月29日內政部部令公佈的〈出版法施行細則〉。這一份由行政官署制定的施行細則，許多地方，多與母法的立法衝突，痛快的說，簡直就是違憲。所謂不許新報新雜誌出版，是根據施行細則第二十七條：「為計畫供應出版品所需之紙張及其他印刷原料，應基於節約原則，調節轄區內新聞紙雜誌之數量」。所謂停止報紙雜誌的發行，可以長達一年或一年以上，是根據施行細則第十九條所規定。這都是超越了〈出版法〉範圍，其責任非〈出版法〉本身所應負擔。

(一)新辦報紙雜誌何以不許登記？

因節約紙張書籍印刷原料，就可以禁止新的報紙雜誌出版，這真是天下奇聞。那麼，同一理由，出版書籍也要紙張，也要印刷原料，何以不為了節約，也調節數量，假使真這樣做，禁止新書出版，自由中國的文化，豈不全部破產？不這樣做，又何以對出版書籍如此其寬而對報紙雜誌卻如彼其嚴？假使問題出在「計畫供應」四字上，但政府對報紙雜誌所需的紙張及印刷原料，並沒有免費白送，只有過去紙業公司由政府公營時，各報配紙，官價比黑市便宜一點。然而政府絕無理由，認為這是一種恩惠，憑這點恩惠，就可剝

奪自由中國全體人民的出版自由、言論自由、新聞自由，而
禁止出版新報新雜誌。且配紙制度，就台灣說，根本沒有必
要，這種制度的產生，在西方，只有戰時因海上封鎖，本國
產量不足，外紙不易運到，或平時因本國產量不足需要數量
太大而又有經濟危機，必須節省外匯，減少外紙輸入，這才
有限額配紙的辦法。英國配紙，即是最明顯一個例子。然而
英國配紙，並不禁辦新報及新雜誌。而且上述造成配紙制度
的那些情形，臺灣都不存在。台灣白報紙產量，每年二萬
五千噸，以目前全省二十七家日報每月共配紙三百四十六
噸，全年只有四千一百二十五噸，僅佔總產量六分之一。紙
業公司，只怕紙造出來銷不了，絕不怕產量不夠。誠然，戰
時任何物資，都需要注意調節，有人說，臺灣報紙雜誌，已
經太多，政府限制新報新雜誌出版，並非絕無理由，殊不知
報紙雜誌，為推行民主政治的必需品，為人民的精神食糧，
和一般商品不同。別的商品，怕生產超過需要，不得不限制
生產，一國報紙雜誌，發行的數字越多，越證明其文化發
達。尤其戰時，發行越多，越可增加抗敵的宣傳力量，增強
人民的精神動員。單就報紙一項說，臺灣報紙，不特並非太
多，相反地，只是太少。現在全世界每日銷報二億一千七百
萬份，以銷數與人口做比例，英國最高，每一千人閱報
六百十五份，瑞典人口七百多萬，少於台灣，但他有報紙
二百五十種，銷數三百五十萬，每一千人中，閱報四百九十
份。台灣人口九百萬，多於瑞典，但我們只有日報二十七
家，銷數三十三萬六千七百〇六份，每一千人中只閱報
三十七份，與瑞典為四九〇與三七之比。試問這個數目，是
太多還是太少？這真是少得可憐了！而就我們為東亞五千多

年文明古國的地位說，簡直是少得可恥！爲什麼內政部卻要限制新報出版？政府每年千方百計，鼓勵人民食糧增產，爲什麼對於最重要的精神食糧的增產，卻千方百計加以束縛？如果真是本國白報紙產量不夠，海上封鎖，外國報紙不能進口，限制新報猶有可說，現在明明是白報紙供過於求，在此情形之下，還要以節約爲藉口，新的報紙既不許出版，原有報紙也限定篇幅，最多只許日出一張半，那豈不等於叫自由中國的男女老少，在台灣每年糧食豐收的情形下，禁止他們生兒育女，要他們束緊褲袋，每天只吃一晚飯，一樣可笑，一樣不合理？

有人說：以前台灣紙業公司是公營，政府可以控制紙價，現在紙業公司已出售民營了，假如解除新報限制，解除篇幅限制，則需要用紙的數量增加，一旦紙業公司要加價，加價以後，不增重報館負擔，就勢必由政府補貼，增重政府負擔。實在這也不成問題。台灣雖處於戰時狀態，但海上並未被敵人封鎖，一切物資均可隨時進口。過去政府要厲行配紙制度，除採用紙業公司產品以外，不能有所選擇，現紙業公司既改由民營，如政府取消配紙，則報館用什麼紙，最好，最合算，應儘有選擇自由。目前加拿大紙，每噸一百二十六美元，由香港轉購，也不過每磅港幣五角，以官價外匯計算，這一價格，遠比臺紙公司的定價低。假使紙業公司出品，不比外紙貴，即使稍貴，大家爲了扶助本國工業，也未嘗不可忍痛採用。但若價格超過外紙太遠，而品質又不如外紙，則政府亦即絕沒有強迫報館始終犧牲不許選擇的理由。且在自由選購下，或許反可促使臺紙，改進品質，減低成本。現在台灣有許多日用品，本省工廠已可生產，仍

酌准同類產品進口，爲什麼單獨不准報館購用外紙？如果說爲了節省外匯，則照目前報館月需白報紙三百多噸計算，開放以後，准辦新報，准增篇幅，即使增至四百噸，每月也不過美金五萬零四百元，或港幣四十四萬零八百元，再加上雜誌用紙，爲數亦極有限。自由中國雖應該盡量節省外匯，但鹹魚、奶粉、罐頭食品等過去每月進口外匯，總數均在五十萬美金左右，難道自由中國全部報館雜誌所需白報紙的重要性，竟連鹹魚奶粉罐頭食品都比不上？

(二)停刊可達一年以上豈非變相封門！

至於依據出版法施行細則第十九條，停止報紙雜誌的發行，可長達一年或一年以上，換言之，即等於政府有權可以封閉報館雜誌，這絕對不是〈出版法〉的立法原意。封閉報館雜誌，這在現代真正的民主國家，除大戰期間偶有例外，原則上也已絕跡。民主國家，對於報館雜誌違反法律的處罰，只有對該違法的報紙雜誌負責人，依法起訴，起訴後，如果他確實犯罪，那麼，罰款坐牢，也並不因其爲報業的名流大亨而特予寬徇。像1949年，日銷四百多萬佔英國第一位的《每日鏡報》注5，即因非法刊載哈夫案，負責人鮑蘭，被判徒刑三個月，罰款一萬磅。這樣處罰，並沒有人能指責政府摧殘言論自由出版自由新聞自由。一方面報館本身，卻不因言論或新聞出了毛病，而即被封門，禁止出版。〈出版法〉第三十七條第四項，對報館最重處罰，雖有定期停止發行一項，但內政部絕不應因此即可在施行細則內，擴大其定期停止發行的期間至一年，尤其內政部還有權將停刊期間延長至一年以上。所謂「一年以後再延長」，究竟延長至什麼

時候？三年、五年、十年、百年？施行細則上並未確定。老實說，這就是無期停刊。〈出版法〉是「定期」，內政部不特把「定期」的時間延長到一年，而且延長到「無期」，試問施行細則是不是違法？現代的報館雜誌，已全部企業化，如以臺北為例，假使像《中央日報》、《新生報》、《中華日報》、《聯合報》等，一有過失，行政機關即有權將其停刊一年或一年以上，試問這個報館，每月幾十或幾百萬元的支出，幾百或幾千職工的生活，如何應付？又正因現代報館雜誌企業化，其組織多為股份公司，報館為法人，其地位與其他任何法人機關相等，報紙出了毛病，負責人應受懲罰，但不影響報館的存在。正如內政部下錯了一項命令，只應處罰下命令的內政部長，絕不能將內政部封閉一年或一年以上，一年或一年以上，不許內政部再發命令。英美等民主國家，只處罰報館負責人，不停止報紙出版，這個理由，是十分顯明的。

臺灣有極大限度的言論自由，從無人予以否認，而我們的〈出版法〉，立法原則，是保護多於管制，也無人予以否認，只是因為內政部以行政命令，頒布了這項超越〈出版法〉的〈出版法施行細則〉，不許辦新報、辦新雜誌，行政機關可以變相的封報館、封雜誌，這才使大家懷疑，臺灣是不是有言論自由？不知俞院長對於這一錯誤，是否將予以有效的補救？

人權保障，言論自由，這兩大問題，就是我今天要向俞院長提出的質詢。如果說，大陳撤退以後，此時此地，談人權，談自由，未免不切需要，我的看法，正如我前面所說，

極權國家，對外越遇有挫折，對內越加緊壓迫，民主國家，對外越遇有挫折，對內越加強民主。美國人有句傳頌一時的名言，即自由世界最大資產之一，是鐵幕內被奴役人民對民主自由的嚮慕。拿這句話適用到自由中國，我們也可以說，自由中國最大資產之一，是大陸上被共匪奴役的同胞，對臺灣民主自由的嚮慕。一萬四千名反共義士的歸來，就正是這一項資產的兌現。而最近大陳群體義民撤退來臺，也是自由中國民主自由深入人心的結果。此時此地，我們正應加強自由民主，使鐵幕內的同胞，一遇機會，即可聞風興起，全國響應，以比打倒滿清打倒帝制更快的速度，打倒共匪。立法院每屆會期開始，立法委員行使憲法上賦予的質詢權，對政府施政報告，追根查底，盡量發言，以及政府的開誠布公，盡量答覆，這都是民主風度最好的表現。像我剛才所說的這些話，以及若干同人所說的話，如果讓鐵幕內同胞聽到，他們一定立刻會想一想，這些話，假若在共匪的什麼政協會議，人民代表大會上說，那不是馬上就會拖出槍斃！但他們相信自由中國立法院立法委員，向政府提出合法的質詢，我們不特絕不會被政府拖出槍斃，並且還可以繼續不斷的問，政府還可以繼續不斷的答，報紙應該也還可以繼續不斷的登載，這對於鐵幕內同胞，將如何激起他們對自由中國的嚮慕？至於有人說：我們的質詢，不免暴露了政府弱點，世界上，那一個政府沒有弱點？問題就只在弱點會不會被暴露？暴露了會不會有補救？像美國這樣標準的民主國家，高級官吏貪污違法，各地警察以私怨逮捕記者，秘密拷打，因被檢舉以致送進監獄的，幾於時有其事；法國以人權宣言震耀世界，而據最近報載，竟查出有十個人，每人被非法羈押到平

均十八個月,為被審判。是不是因為有這些黑暗不幸事件的暴露,大家不肯說,不敢說,這才是一個國家的絕症,這才是一個國家的恥辱!

我的話說完了,現在敬待俞院長的答覆!

成舍我

原文登載《自由中國》12卷6期
1955/03/04

注1:俞鴻鈞(1896年1月4日-1960年6月1日),廣東新會縣人,上海聖約翰大學畢業,國民政府高級官員,北伐時出任上海市財政局代理局長而邁入政壇,於動員戡亂時期受命主持上海央行黃金儲備運往台灣。1953年任台灣省省主席,1954年繼吳國楨後任行政院院長至1958年。

注2:「中美共同防禦條約」簽訂於1954年12月2日,是台灣和美國之間一個雙邊軍事同盟協定。第3條的內容為「締約國約定為了強化自由的諸制度並促進經濟進步及社會福利,而互相協力,並為了達成這些目的個別的及共同的繼續努力」。

注3:龔德柏(1891年8月9日-1980年6月13日),字次篔,湖南省瀘溪縣武溪鎮人,歷任《國民外交雜誌》主編、《東方日報》中文版總編輯、《中美通訊社》總編輯等職。1923年執教於法政大學;與成舍我合辦《世界晚報》,後兼《世界日報》總編輯,1925年離開成舍我的《世界報系》,自行創辦《大同晚報》,與成舍我競逐北京報業市場,因經營不善,旋即停刊;1932年於南京創辦《救國晚報》,翌年停刊;1933年再創辦《救國日報》。該報言論極力擁護國民政府堅決反共,因此受蔣聘為國民政府軍事委員會少將參議;1935年再當選為國民黨五全大會湖南省代表。抗日戰爭爆發後,《救國日報》停刊。1950年初,龔去台北,蔣介石委其「國大代表」和「光復大陸設計研究委員會委員」。1950年

3月9日,他應邀到新竹的國防大學演講,談的雖然是反共問題,他仍不改本性,針砭國民黨的反共政策時,也不忘痛罵國民黨高層人物。演講結束之後,他突然不知去向,當天也沒有回家,遭受國民黨的軟禁,此一事件被稱之為台灣第一件軟禁案。龔德柏是被軟禁在新竹的一處軍事基地,距離他的家只有咫尺之遙。當然初期短時間內純粹是軟禁,總政治部介入後則變成正式監禁,而且獄中待遇非常差,直到成舍我質詢後才獲得改善(雷震曾在一篇文章中略為提到這段經過,他說,龔德柏演講時批評孔祥熙和宋子文做國民政府財政部長時的貪污舞弊,把美金存在美國銀行裡,數目甚鉅,比以色列總理拉賓夫人莉亞把其丈夫在美國當大使時演講所得美金,存在美國銀行的數目多出幾百萬倍)。因抨擊時政,涉及當政者多,數度被捕入獄。故新聞界稱其為「龔大炮」。1980年6月13日(年89歲)病逝。先後著有《日本人謀殺張作霖》、《揭破日本的陰謀》、《中國必勝論》、《日本必亡論》、《龔德柏回憶錄》、《汪兆銘降敵賣國秘史》、《愚人愚話》、《也是愚話》、《又是愚話》、《還是愚話》(此四書通稱〈四愚集〉)。譯有《西原借款真相》、《日本侵略中國外交秘史》、《日本對華經濟侵略之過去與將來》等書。

注4:馬乘風河南省人,中央軍事政治學校畢業,國民參政會第一、二、三、四屆參政員,第一屆立法委員。1951年馬乘風因匪諜案遭逮捕,同時被捕有趙守志、楚鴻烈二人。1955年10月13日才審判定讞,馬,無期徒刑;趙,死刑;楚,七年有期徒刑。

注5:1903年英國《每日鏡報》(*Daily Mirror*)由Alfred Harmsworth(1865年7月15日-1922年8月14日)於倫敦所創辦,Alfred Harmsworth就是報業史有名的北岩爵士(Lord Northcliffe)。該報初始是為女性議題所設計的報刊,後來因為虧損,於1914年走向「大眾化」路線。以標題醒目、文字通俗、登載大量圖片為編輯方針。1915年出星期日刊《星期畫刊》,後來又出版《星期日鏡報》、《星期人民報》。該報以報型小而被稱為TABLOID(小報)。後來該報為迎合低層次讀者,大量報導兇殺案、皇室名人內幕等低俗新聞,TABLOID(小報)成為這類低俗報紙的代稱。

寫字無損於「國利民福」

題卓君庸先生「用筆九法——中國書法科學化」

新聞天地

　　我沒有任何天才，但興之所好，任何事都歡喜學習；只有兩件事，我雖然極感興趣，然自信「此生休矣」，那就是開飛機與寫字。因為這兩件事，年青人才有資格學習，已愈「知命」，「一事無成兩鬢斑」的我，豈敢存在美妙幻想？

　　有人說：學習飛機駕駛，固然必須年青，但寫字則不然。陸放翁〈學書〉一詩：「九月十九柿葉紅，閉門學書人笑翁」。這首詩作於宋慶元4年(1198年)，那時他已七十四歲；七十四歲尚可學，僅僅年逾「知命」，自更不成問題。不過這一說法，對我並不適用。放翁七十四歲的〈學書〉，實際上他早已「學」成，所謂〈學書〉也者，特放翁謙抑遜讓之詞，絕非七十四歲才開始學習。像我則從小到老，幾十年記者生活，雖然至少總已寫過幾千萬個方塊字，卻從來未曾正襟危坐認真學習過一天。「記者」的字，「搶快」第一，當代固不乏以「記者」而兼「書家」的天才，惟也不能否認，「潦草」、「塗鴉」，是多數記者的通病。施之於我，其病入膏肓，尤可算百分之百。那麼，我現在縱比放翁作〈學

書〉一詩時的年齡還小好多歲，但我是毫無根底，不學則已，學則必須從頭學起的。據說，年紀大的人，手腕早都僵硬，如果年輕時沒有學好，無論如何，年紀大了，無法再許問津。老年學字，正與中國俗語所云「八十歲學吹鼓手」，同樣的滑稽可笑！

今年2月，卓君庸先生以所著《用筆九法——中國書法的科學化》，囑為序題，我堅決辭謝。先生怪詢其故。我說，一生不願說外行話，更不願冒充內行。我於中國書法一竅不通，《用筆九法》，確否於學書有益，我實難信口妄談。先生乃再問對寫字有無興趣學習，我以興趣極高，但年老不敢做此妄想對。先生遂慨願負責教導，謂：「我的『用筆九法』，無論老少，均可適用。你不妨試寫三月，將必可得一確證」。我敬謹接受這啟示，且深感在此「邦有道則庶人不議」的大時代，「不為無益之事，何以遣有涯之生」，閉門寫字，縱無益於「國計民生」，然亦無損於「國利民福」，對個人自是「安身立命」最好途徑。因每週一次，從先生問學，每晚則自行臨摹。先生的教導方法，是先令照《用筆九法》範本描紅，然後由魏碑兼及章草，大小均寫。當我最初在家描紅《用筆九法》時，兒女們圍桌大笑，說「爸爸變成小學生了」。兩月以後，老友程滄波先生，偶從我寫給他的一張請客片上，發生了是否為我所寫的懷疑。他問：『為什麼兩月之間，你的字，形態氣味，都大有變化』程滄波先生為當代「記者而兼書家」的天才之一，他說：雖然你的字不算已經寫好，但總算已經走上寫字的正路了。如果滄波先生這句話，可以作為我寫字兩月已有寸進的証明，則唯一原因，自是君庸先生「用筆九法」之賜。

　　君庸先生畢生研治書法，遠在二十年前，我所主辦的北平《世界日報》就曾發表過君庸先生講述「用筆九法」的一篇專文。也許這是君庸先生將他自己的卓越發現向社爲公開提出最早的一次。不過，二十多年來，我實在沒有對這一卓越發現過分重視，因爲我不敢相信除趁少年時期痛下苦工以外，寫字還能有任何其他捷徑與奇蹟。但由於我最近實際體驗，和看到許多從君庸先生請益者的成果，這捷徑與奇蹟的存在，我似乎已不能再有懷疑了。如果中國的方塊字，不被那些一心要毀滅中國文化的人們所廢止，消滅漢文以拉丁化代替，而中國書法，仍然是幾千年來最可珍貴的世界美術品之一，則君庸先生幾十年來所辛苦倡導的《用筆九法——中國書法科學化》，就實在值得我們來切實宣揚，大力推行。

成舍我

原文登載《新聞天地》447期
1956/08

贈摯友程滄波先生

詩選

縱橫萬里半坵墟，

痛惜中原付刦餘，

報國愧言吾有筆，

安貧敢歎出無車，

最難論事同新貴，

只合幽居理故書，

羣盜未夷双鬢白，

閑搜惡草細鋤除。

成舍我

1956/11/27

六十自壽

詩選

誰言脩短真前定，

不壽居然到六旬，

垂暮天心憐夕照，

思歸鄉夢憶秋尊，

半生苦辣酸甜味，

萬里東西南北人，

壯業早隨烽火逝，

王師何日靖胡塵。

成舍我

1957

《中華日報》鼓吹暴動！

自由中國

　　我愛讀貴刊，但我並不是對貴刊每一篇文章，每一項主張，每一句話，都百分之百的擁護。就春秋責備賢者的原則說，偏(偏)激和過火的地方，貴刊尚未能全免。不過最大部份，貴刊是確已善盡其代表輿論的職責。一切公正而純潔的讀者，大概總多能同情我這一說法的！

　　貴刊是非官方性的刊物，對執政黨及政府設施，站在人民立場，當然應該認真批評；另一方面，官方主辦之報紙雜誌，對貴刊所說，如認爲不能接受，出爲辯正，亦義所當然，雙方只要不逾越軌範，即都不失爲民主國家的良好表現。但不幸得很，最近我從圖書館裏，看見許多官報、官雜誌(包括黨)，對貴刊破口惡罵，且千篇一律，其姿態與方法，很像過去大陸上之清算胡適、圍剿胡風，尤其去年12月24四日由名報人曹聖芬^{注1}先生主持之《中華日報》所發表的一篇短評，竟公然鼓吹暴動，想在「群眾義憤」這一塊官製面具下對貴刊痛下毒手。我讀完以後，真懷疑後自已是否仍站在自由民主這一片乾淨土——臺灣——上，因爲臺灣是如所週知，我們的政府，向以治安良好，上下守法，昭告中外；法

治國家的官報(黨報)，勸人民違法暴動，這究竟是什麼邏輯？真令人百索莫解。

《中華日報》的原文是這樣的：

〈蛇口裏的玫瑰〉

《伊索寓言》裏有一段故事：宙斯神結婚時，所有的動物都送了禮；有一條毒蛇用它的口含著一朵玫瑰，也爬進了禮堂，宙斯神說：「所有的禮我都收下了，但從你的口裏，我不敢收任何東西。」

這一次，總統希望國人用意見來慶祝他的誕辰，一般報紙雜誌發表了許多意見，成熟與否是另一問題，但都是善意的。惟有一個刊物——《自由中國》，發表了一篇極端無禮——而且無理——的文字，以慈禧太后來影射我們總統，以滿清即將亡國的政權來影射我們自由中國政府，從咀咒總統到咀咒到我們的國家，這真是毒蛇口裏流出來的東西，無比的腥臭，也無比的惡毒！

政府現在極力維護言論自由，對這種毒液的流播，似乎不會採取什麼行動了；我們老百姓是不是可以想點辦法呢？這裏有一件美國的例子。

在華盛頓總統退休的那天，費城《晨報》寫了一篇文章說：「這位萬惡之源的獨夫，今天退而與平民并(並)處了；他再不能憑藉權力，為非作歹了。我們應該把今天定為美國的國慶。」這篇惡意文章發表的當天，費城群眾砸了《晨報》館，把主筆巴哈結結實實地揍了一頓。

佛蘭克林後來論到這件事說：「在言論自由的國家，要政府來取締惡實的謾罵和不負責任的言論，總是緩不濟急的。倒是群眾激於義憤，直接了當，給這些文氓一點教訓，反能收制衡之效」。

我們老百姓不要忘記了自己所能發生的制衡作用，對於這些毒蛇、黃鼠狼必須迎頭痛擊，它們才不敢為害社會。

依據這篇殺氣騰騰、滿紙血腥的官報短評看來，毫無疑問，《中華日報》是在鼓勵臺灣群眾，去照費城群眾的辦法，將《自由中國》社砸成粉碎，將《自由中國》的主筆結結實實揍一頓。《中華日報》更特別提出一位與華盛頓幾乎齊名同為美國開國元勛(勳)的佛蘭克林先生的話，給採取非法暴動的人們保鑣，說什麼這類行動在言論自由國家，「直接了當，反能收制衡之效」。最初我總善意而天真地期望，寫這篇短評的，或許是提筆之前，多喝了幾杯老酒，以致頭昏腦暈，語無倫次，但直到現在，不特沒在該報發現更正，反而繼續登載所謂「響應」的文字(本年1月9日)，同時在黨(國民黨)辦的另一刊物《政論週刊》(第一〇五期)上並予轉載而加以贊揚。因此，我也就沒有法子不得不承認這篇短評，縱不代表整個官方(黨方)，至少總代表了整個官報──《中華日報》。

我是一個靠勞力吃飯的小公務員，但我曾讀過大學新聞系，也做過幾年小記者，當然，我沒有出洋到過著名的新聞學府鍍金，沒有做過官報社長，更沒有做過侍從文學之臣。現在，想借貴刊餘白，向名報人、名新聞學者的《中華日報》社長曹聖芬先生提出下列三項疑問。

第一、 我不知道〈蛇口裏的玫瑰〉一文所引佛蘭克林
的那段話，究出在佛蘭克林那一本著作上。該文中的佛蘭克
林，當然是人所共知的本吉明‧佛蘭克林(Benjamin Franklin)。
我很辛苦找到了他許多著作，都沒有找到他這一段贊許痛打
巴哈的名論。他本是一位多產作家，政治、經濟、科學、哲
學，無所不通，我自慚淺陋，無法盡讀他的全書，因此很誠
懇的祈望曹社長將此段名論來源，予以指出。

第二、 所指被砸的費城《晨報》，應即爲1790年10月1日
在費城創刊的《曙光報》(*The Auroro*)，被打的主筆巴哈，應
即爲本吉明‧佛蘭克林‧巴許 (Benjamin Franklin Bache)注2。
因爲根據美國新聞史的記載，在華盛頓總統退休時痛罵華盛
頓，而其文字大略與《中華日報》所引相似(《中華日報》所
引與《曙光報》原文出入很大)，次日即被暴徒尋釁的，只有
《曙光報》與巴許。於此，有一最奇特的問題，須向曹社長
請教的，《中華日報》說該事件發生以後，佛蘭克林曾認爲
報館被砸，主筆被打，乃直接了當可收制衡之效的義舉，不
過美國新聞史告訴我們，巴許是本吉明‧佛蘭克林最鐘愛的
孫子。巴許於1790年創刊《曙光報》時，本吉明‧佛蘭克林
已逝世六個月，《曙光報》痛罵華盛頓的社論，第一篇刊佈
於華盛頓總統發表臨別贈言後的1796年12月23日，第二篇刊佈
於華盛頓總統第二任期滿實行退位的1797年3月6日。這離佛
蘭克林之死，已相隔六、七年，佛蘭克林如何能從墳墓中發
出如此驚人偉論？更如何能忽在一百七十年以後受《中華日
報》的推崇贊賞，作爲砸報館打主筆的護符？假設《中華日
報》知道被打的「巴哈」，就是佛蘭克林的愛孫，那麼，我
相信《中華日報》一定還會對佛蘭克林，加上一句中國式的

頌詞：「佛蘭克林大義滅親」。

第三、 照《中華日報》所舉佛蘭克林的名論，使我引
起了一個離奇的回憶，所謂「給文氓教訓」這一類口吻，到
(倒)非常和幾十年前北洋軍閥如張大帥(宗昌)、孫大帥(傳芳)
者相似。那時對報館不只是砸，而是澈底封禁，對主筆不僅
是揍，而是根本鎗斃。《中華日報》不將「給文氓教訓」的
名論，託之於張大帥、孫大帥，這當然是因爲我們今天，究
竟是一個中外具瞻的民主自由國家，所以要找根據，只好向
標準的民主自由國家——美國——身上想辦法。誠然，我們
不能否認，民主自由如美國，也並不能根絕砸報館揍主筆的
不幸事件，不過儘管有這類事件發生，大家總認爲不幸，尤
其新聞界本身。即如去年4月，美國勞工問題專欄作家李塞爾
(Victor Riesel)[注3]，爲了他一向不惜揭發勞工方面各種黑幕，受
人仇恨，當某日李氏在百老匯附近散步時，被暴徒洒了一臉
硝鏹水，雙目因此失明。美國新聞界不特沒有向暴徒叫好，
說這是「給文氓一場教訓」，相反地，乃一致譴責暴徒，要
求緝兇，而對被害的李塞爾，則致予深切同情。最近全案破
獲，暴徒一人自殺，兩人一判五年徒刑，一判兩年。我們讀
遍任何民主國家的新聞史，實在找不出一張民主自由的報
紙，而曾主張過用暴力砸報館揍主筆。而且就美國的法律
說，報館雖享有百分之百的言論自由，但鼓吹暴動，卻一樣
要受到法律嚴厲制裁。我們很奇怪，在民主自由的中國，爲
什麼《中華日報》獨能公然鼓吹暴動，而沒受到治安當局的
干涉，和檢察官的檢舉。是否自由中國的報紙，於享有百分
之百的言論自由以外，更享有鼓吹暴動自由？

《中華日報》社長曹聖芬先生，是一位名報人、名新聞學者，且剛從美國著名的新聞學府密蘇里大學新聞學院學成歸來，對於我上述這三項問題，相信藉貴刊的介紹，總能給予我明確的回答。

最後我還對貴刊致其最誠懇的兩項期望；第一、勿為暴力恫嚇而屈服。第二、更嚴肅貴刊對一切問題的批評，貫澈對事不對人的原則，使今後一切讀者更能增加對貴刊的同情，最低限度，我個人將會要對貴刊每一篇文章，每一項主張，每一句話，都能百分之百的擁護。

范度才敬上 46年1月10日。

范度才

原文登載《自由中國》
1957/01/16

注1：曹聖芬(1914年-2003年) 字欽吉，湖南益陽人。1932年，湖南省
立第一中學畢業。1937年，中央政治學校(現今國立政治大學前
身)新聞系第一期畢業。其報人生涯始於「中央通訊社」記者，
曾駐點南京、長沙及桂林。1939年對日抗戰期間，受徵召至軍事
委員會侍從室任少校速記，後為蔣介石(時任軍事委員會委員長)
中文秘書。1953年，前往美國密蘇里大學新聞學院研究兩年。
1955年回國後，歷任《中華日報》社社長，《中央日報》社社
長、《中央日報》社董事長，及中央通訊社董事長。1990年自中
央社退休。2003年6月1日，病逝於台北榮總，享年90歲，後安葬
於加州舊金山。

注2：本吉明‧佛蘭克林‧巴許(Benjamin Franklin Bache，1769
年-1798年)，美國新聞工作者，為「傑佛遜主義」的擁護者。他
以一台舊的印刷機，利用其祖父的商店，開始了他辦理報刊的起
點。1790年10月1日在費城創刊的《曙光報》(*The Auroro*)，批評
並攻擊聯邦體制，同時公開宣示對於開國功臣華盛頓，與約翰‧
亞當斯的不信任。由於指責華盛頓曾於美國獨立運動時期，曾
與英國秘密來往，後被以煽動騷亂、妨害治安的罪名逮捕。1798
年美國聯邦政府準備對其提出審判時，他因染黃熱病過逝。本吉
明‧佛蘭克林‧巴許後來被美國新聞界認為，是第一個敢勇於爭
取言論自由的先行者，由於他的貢獻才有後來美國憲法第一修正
案。

注3：李塞爾(Victor Riesel，1917年-1995年)美國新聞記者，主要採
訪路線為勞工和工會新聞，並為《紐約郵報》寫專欄。1957年在
曼哈頓街上，被人撥灑酸性液體，導致他終身失明。

我對「清議與干戈」的看法
——敬答《中華日報》社長曹聖芬先生

《自由中國》

　　這是范先生寫給本社的一封〈投書〉，內容針對《中華日報》社長曹聖芬先生1月26日在該報發表的〈我的看法與作法〉一文。范先生除對曹先生沒有找出佛蘭克林讚揚暴動的根據，深感遺憾以外，關於〈清議與干戈〉一文，有深切的看法。雖然他的看法不一定百分之百與本社意見相同，但我們認為這對想藉〈清議與干戈〉而挑撥是非、鼓吹暴動的人，不失為一副降火散氣的良藥，用為刊佈，並敬謝范先生主張公道的好意。——《自由中國》編者

　　謝謝由於《自由中國》社介紹，使我得於1月26日《中華日報》上，讀到曹聖芬先生對我1月10日至《自由中國》社函的答覆，以曹先生現有地位與聲望，無論就我目前為生活而做小公務員，過去為興趣而做小記者，對曹先生說，我都是末學後進。曹先肯對我的投書，長文賜答，曹生先啟迪青年的熱忱，自然只有使我熱衷感佩，敬仰無已！

不過我將曹先生〈我的看法與作法〉一文，再三誦讀以後，我卻非常奇怪，雖然曹先生大文，第一句就指名是答覆范度才在《自由中國》社的投書，但我在投書中向曹先生請教的三項疑問，曹先生大文數千言，卻始終一字也未提及。尤其我最急於求解的一點，佛蘭克林死於費城《晨報》(Aurora)(我譯此名《曙光報》)出版前六個月(1790)而曹先生用老兵筆名所寫〈蛇口裡的玫瑰〉，竟謂費城《晨報》被群眾搗毀(1797)後，佛蘭克林曾大事讚揚，並以「引號」引證佛氏原文，「在言論自由的國家，要政府來取締惡毒的漫罵，和不負責的言論，總是緩不濟急的。倒是群眾激於義憤，直接了當，給這些文氓一點教訓，反能收制衡之效」。一個已死七年的佛蘭克林，如何竟能死後復活，發出如此偉論，鼓勵群眾暴動，爲相隔兩個世紀後的曹先生所引證？我請曹先生指出這段偉論出在佛氏的那一本原著，曹先生並未指出。曹先生說我上次投書，只抨擊〈蛇口裡的玫瑰〉爲鼓吹暴動，面對〈清議與干戈〉的惡毒，卻不置一詞，曹先生認爲這是我「避重就輕」，這是我「明足以察秋毫而不見輿薪」，我要反問曹先生，你答覆我的投書，不答覆我所提出最主要的疑問，究竟是誰避重就輕？誰是明足以察秋毫而不見輿薪？讀者眼睛是雪亮的，想也用不著我代作斷語了。

統觀曹先生〈我的看法與作法〉一文，洋洋大著，拋開我原來所提問題，而轉移視線，集中攻擊《自由中國》祝壽專號中〈清議與干戈〉一文。曹先生說：

〈蛇口裡的玫瑰〉一文，乃針對《自由中國》雜誌祝壽專號上〈清議與干戈〉一文而發，如果不讀〈清議與干戈〉，

而來檢討〈蛇口裡的玫瑰〉，那便等於無的放矢！〈清議與干戈〉既然刊在祝壽專號裡，當然是爲總統祝壽的，但這篇文字既非意見，亦非批評，而是敘述拉邦氏攬權自恣四十年，終於引起拳匪之亂，對外失敗，乃下詔罪己，又無誠意，終致亡國。說這篇文字不是對總統號召國人批評其個人的一種影射，豈非欲一手掩盡天下人耳目？凡影射的文字，並不要指名坐姓，只要大多數讀者一目瞭然，知其所影射的人物，便可以構成誹謗罪的。而且作者的惡毒尚不止此，他暗示這種誹謗一遭取締，便將引起干戈，這簡直在鼓吹內亂！范先生讀了〈蛇口裡的玫瑰〉認爲不妥，而范先生獨沒有讀過這篇文字？如果讀過而不置一詞，那不是故意的避重就輕，便是足以察秋毫而不見輿薪了！

曹先生又說：

凡是稍有歷史知識的人，無不知道總統三十年來所遭逢的困難。然而他在盤根錯節之中，勞心焦思，愈挫愈奮。國家在他手裡統一了，抗日在他手裡勝利了，民主政治在他手裡實行了。任何人縱使和他有私人的恩怨，對於他謀國的苦心是應該諒解的，對於他奮鬥的精神是應該崇敬的。不料當他七十歲誕辰的時候，〈清議與干戈〉的作者竟加以無端的污衊！於情於理，寧可謂平？天下不平之事，必然要引起義憤！老兵先生之所以主張「迎頭痛擊」，便是這種義憤的表現。作新聞記者的人必須有正義感，必須有「自反而縮，雖千萬人吾往矣」的精神；如果明知眞理被抹煞而不能謂之辨明，明知事實被歪曲而不能謂之剖白；甚至隨聲附和，人云亦云，那將使社會是非不明，黑白不分，便有愧記者的職責

了。

　　根據上引曹先生兩段大文，曹先生確切認定：〈清議與干戈〉作者係以清那拉氏影射今總統蔣公，蔣公功勳彪炳，如此妄相比擬，乃對蔣公無端污蔑。該文雖並無一字明指蔣公，然據曹先生的法律觀點，已可構成對蔣公誹謗，且更進一步，指作者暗示，這種自命清議的「誹謗，如遭取締，便將引起干戈，更簡直在鼓吹內亂」。因此，由曹先生化名的老兵先生，就不得不義憤填膺，主張要依照佛蘭克林死後復活的指示，號召直接行動，「給文氓一點教訓」。曹先生〈我們的看法與作法〉全篇精華，完全在此。我最初總疑心如是荒誕不經得文章，何致竟出諸我素所敬仰的曹先生之手，但標題下面，顯明地標著「曹聖芬」三個大字，我無法再懷疑了。曹先生挺槍勒馬，叫我出陣，對〈清議與干戈〉一文，發表意見，那麼，我自然不能躲在陣後，讓曹先生笑我避重就輕。(曹先生眼中，或許已認為這個〈清議與干戈〉一文，已被曹先生投下一顆細菌彈，沒有人敢再染疫上身了)，現在，我只好懇求《自由中國》社，再給我一點篇幅，將我對這一問題的「看法」，轉達曹先生。

　　我對〈清議與干戈〉一文的看法，第一、曹先生不能找出佛蘭克林死後復活的根據，於是轉移陣地，竟想利用舉世敬仰今總統蔣公的心情，再頌揚蔣公的烟(煙)幕下，來掩飾自己鼓吹暴動的謬誤。蔣總統抗日反共，勳業彪炳，其為歷史上最偉大的人物之一，早有定評。整個大陸正為赤匪狂流所淹沒，我們尚保此一片乾淨土——台灣——免於奴役。台灣幾年建設，已鑄成反共堅堡，不僅打回大陸，台灣為最主要基

地，在整個自由世界反共聖戰中，台灣亦早被認作插入俄帝心臟，制俄帝死命的一把尖銳利刃，這一切一切，我們能不感謝蔣總統英明領導？「爲管仲，吾其被髮左衽矣」，微蔣總統，我們或早已做了共匪的刀下鬼。我們何幸有此高瞻遠矚艱苦奮鬥的領袖，使我們仍能挺起脊錐，做自由人，自由說話。因此，我相信自由中國的人民，無分男女老幼，其擁護蔣總統的決心與熱忱，決(絕)無任何差別。擁護蔣總統，頌揚蔣總統，絕不是曹先生的專利。曹先生大文，強調蔣總統不可污蔑，如果曹先生想以別人的血，染紅自己的頂子，別有企圖，此係另一問題，我未便置評，否則自由中國，有誰能忍心害理，對蔣總統肆其污蔑。(當然共產匪徒不在此例)曹先生故入人罪，不只是誣陷〈清議與干戈〉作者，簡直是對自由中國人民的一種侮辱。尤其曹先生更欲用此手段挑撥群眾，砸報館、打主筆，萬一實現，對內爲製造地方騷亂，對外則影響國際視聽，曹先生試一反省，責任將何等重大！我所謂自由中國人民，一致擁護蔣總統，這絕非我個人虛言空論，而是有種種眞憑確據。即就曹先生所惡意打擊必欲得而甘心，刊登〈清議與干戈〉一文的《自由中國》雜誌爲例，曹先生大文，一再痛斥該祝壽專號爲誹謗蔣總統，爲對蔣總統不敬，但我從頭至尾，將祝壽專號，包括〈清議與干戈〉在內，讀過許多遍，不特沒有發現半句誹謗文詞，(也許我與曹先生不同，我是一向不帶有色眼鏡的)且適得其反，祝壽專號第一篇，也就是正式代表該社發言的社論，在「壽總統蔣公」的標題下，第一段：

今天是中華民國總統蔣公七旬華誕，這是國家元首的大慶，我們理應追隨國人之後，在此謹致祝賀之忱。蔣公對國

家的貢獻，諸如北伐之成功，抗日戰爭之勝利，以及對外不平等條約之廢除，這一聯(連)串的豐功偉績，均早爲國人所熟知，無須我們細說。到今天，他以七十歲的高齡，仍然擔當著領導反攻復國的重大任務，對國事獨挑大樑，國人對他的崇敬與感激，非筆墨能形容。一般人到這樣的年齡，也該享受一些優游林泉的清福，無奈國步維艱，蔣公還是擺脫不下，國家與國人對他所負實多。我們爲蔣公祝壽，應想到今後該怎樣的替他分憂分勞。

這是對蔣總統何等懇摯忠愛的表現，如果曹先生大文中頌揚蔣總統的一段，並非別有用心，而確是出諸敬愛領袖的至誠，則誰無眸子，曹先生又如何可以顚倒黑白，指鹿爲馬，獨任《自由中國》雜誌爲誹謗？假使曹先生說，《自由中國》社的話，口是心非，那麼，誰又能保證曹先生的話，不是別有企圖，不是口是心非？同一表現敬愛領袖的文字，出之自己爲忠貞，出之他人爲誹謗，我於此不能不引用曹先生一句原文，「天下不平之事，必然要引起義憤」

第二、曹先生集中火力攻擊《自由中國》社祝壽專號，更集中火力攻擊祝壽專號中〈清議與干戈〉一文，曹先生論點：(一)該文既刊在祝壽專號，自即係針對總統發言，如謂並非影射，豈非欲一手掩盡天下耳目？(二)該文以那拉氏影射總統，實犯誹謗罪，該文暗示誹謗如被取締，即將引起干戈，簡直在鼓吹內亂。曹先生如此深文周納的「看法」、「作法」，可惜生在民主自由的今天，國家法典，不能像專制時代，可聽由私人殘害忠良，任意曲解。茲敬就曹先生論點，分別糾正其謬誤。我首先所應指出的，報紙雜誌出

「專刊」、「專號」，並非每篇文章都必以「專刊」、「專號」的主題爲限。其屬於祝壽性者，像過去國民黨爲若干黨內元老祝壽或紀念專刊，均多以學術性論文爲主，涉及祝壽或紀念本身的，爲數極少。至於一般問題的專刊專號，範圍更富彈性，我手邊正有最近兩期由教育部主辦的《教育與文化》，第十五卷第二期(1月31日出版)，標題爲〈教育展覽專號〉，但全刊三十六頁，僅十八頁涉及教育展覽會，其餘一半篇幅，如曾約農先生之評〈美國怎樣選舉總統〉，顧敦鍒先生之〈之江大學建校談〉，即均與專號主題毫不相干。又同卷第三期(2月7日出版)，標題爲〈農業學術團體概況專號〉，然記述農業學術團體的篇幅，也只佔全刊二十八頁中之十七頁，與專號主題無涉，如陳源先生之〈國際頑弱兒童工作者協會第三屆大會報告〉，竟也編刊在內，假若照曹先生論點，這兩本專號，就都應痛被抨斥，不合體例。固然《自由中國》社祝壽專號並未特別聲明〈清議與干戈〉與祝壽無關，但據傳，與該文作者及接近的朋友告人，該文脫稿遠在去年秋季。作者好研究清末史料，此爲若干研究成果之一。作者欲爲檢討庚子事變英俄兩國在中國矛盾關係，經向圖書館及私人借得《瓦德西日記》，瓦向德皇報告，以及其他大批有關義和團之清廷上諭，各大臣奏章、私人筆記等，適因《自由中國》社向作者徵索文稿，作者即就上述史料，寫成〈清議與干戈〉，其時去祝壽時間尙遠，蔣總統既未公告求言，作者更根本無從想到《自由中國》社有發行祝壽號的計畫。假使確知所傳，這是作者撰寫本文的經過，照一般刊物出版專號先例，曹先生如何就可以一口咬定祝壽專號內，不容許有與祝壽無關的文字？沒有時間性的歷史評述，

登在祝壽專號內，就一定是有意影射？其次，曹先生認該文
以那拉氏影射總統，實犯誹謗罪，我們統觀〈清議與干戈〉
一文，並無一字涉及總統，總統畢生對國家貢獻與措施，試
問有哪一件事，會與殘暴糊塗的那拉氏相似。「清議」與
「誹謗」截然兩事，壓迫清議可以引起干戈，此古今中外不
易之定理，問題在是否壓迫。台灣在反共抗俄的備戰時期，
一切報刊，享有適度的言論自由，此為任何人不能否認，尤
其總統於七十大慶，公開求言，總統如此重視清議，我們誠
百思不解，曹先生從哪一角度竟聯想到總統會因壓迫清議而
引起干戈，如作者所暗示。曹先生開口閉口，既說作者誹謗
總統，又說作者鼓吹內亂，均屬觸犯刑章，窺其用意，無非
要掩飾其本身鼓吹暴動的謬誤，故不惜信口胡扯，正與上次
捏造佛蘭克林讚許砸報館打主筆，異曲同工。殊不知刑法第
三百十條誹謗罪：「指摘或傳述足以毀損他人名譽之事」，
如果說〈清議與干戈〉一文作者有觸犯誹謗的罪嫌，那麼，
有告訴讀者，應該僅為已死的那拉氏，或那拉氏的子孫，而
且作者尚可因同條第三款及第三百十一條第三款的保障：
「所誹謗之事能證明其為真實。」(〈清議與干戈〉文內所引
各項公文書，當然足資證明)「對於可受公評之事而為適當之
評論」，宣告無罪。至於曹先生所謂「影射」云云，我前已
說過，那拉氏與總統，根本無一相似，何從影射？如曹先生
咬定此為影射，則誹謗總統者恐將為曹先生而非作者，且若
評述史事，就可被任意妄指為影射，為犯罪，試問司馬光、
呂祖謙、王夫之之流，將如何下筆？而今之研習歷史者，也
將天天有跑「司法大廈」的危險，事之可哂，孰過於此。專
制時代，有所謂文字冤獄，如漢楊惲[注1]以「田彼南山，蕪穢

不治」，被指爲影射朝政蕪穢，明徐一夔[注2]賀太祖萬壽，以「光天之下，天生聖人，爲世作則」，被指爲光天之下影射太祖曾頭髮削光，「生」與「僧」同音，「則」與「賊」同音，清查嗣庭[注3]以試題「維民所止」，被指爲「維」、「止」兩字，係將清帝「雍正」二字斬首，三人均慘處極刑。此種事例，二十世紀的今天，民主自由的台灣，是否執筆作文者，尚應時時以楊惲、徐一夔、查嗣庭爲戒？曹先生以新聞界先進，剛自民主自由的模範國家(美)歸來，苟略能平心思考，恐亦將啞然失笑。至曹先生所未作者暗示壓迫清議將引起干戈，簡直在鼓吹內亂，刑法第一百條破壞國體竊據國土的內亂罪，竟可由曹先生如此解釋，真可算是曹先生自我創造，天才發明。總之，曹先生許多說辭，怪誕不經，略有法律常識的人，都將嗤之以鼻。結果，倒是我前次指證曹先生鼓吹暴動，確確實實，曹先生犯了刑法第一百五十三條，「以文字煽惑他人犯罪」的刑責。因爲鼓吹群眾破壞治安，採直接行動，砸報館、打主筆，無論從任何觀點說，這都是犯罪的。

第三、曹先生一口咬定〈清議與干戈〉既刊在祝壽專號，即一定係以那拉氏影射總統，想藉人民對於總統的愛戴，激起人民憤怒，砸毀《自由中國》社，打傷或打死該文的編者與作者。曹先生看了我前面兩點意見以後，或許仍不服輸，甚至還可以理直氣壯地說：〈清議與干戈〉一文，以那拉比總統，大逆不道，該砸該打，如果《自由中國》社及該文作者，並沒有那種悖謬的動機，爲什麼他們不自動聲明，而需要你范度才以讀者地位，代爲辯解？你不是《自由中國》社編者，更不是〈清議與干戈〉作者，究竟是否有意影射，

「人心隔肚皮」，你如何有資格知道？關於這一點，我可以
正告曹先生，我之相信該文並非影射，不僅如前所說，與該
文作者及接近的朋友，深知經過，最大理由，我還是根據民
主政治的常識。民主國家人民可自由批評總統，美國立國以
來，一百八十年中，那一任總統多多少少不曾受過報刊的抨
擊？甚至「暴君」、「騙子」、「政棍」這類惡毒字樣，有
時竟也會在報刊出現。卸任不久的杜魯門，就是挨罵最多的
美國總統之一，據他自己所寫《回憶錄》說，1948年，他競
選連任，許多報紙雜誌，拚命圍攻，民意測驗和專欄作家，
幾乎異口同聲說他人望低落，無法當選。及至以壓倒多數當
選以後，他在華盛頓萬眾歡呼聲中，仍看到《華盛頓郵報》
門外掛著一大幅標語，指明對他的當選並不心悅誠服。他回
到白宮，立即寫一封短信給《郵報》，表示他並無意強迫任
何不滿意他的人來擁護他，但他認為美國現在應該大家精誠
團結同舟共濟，使每一個人，都能過著富裕生活。這並不是
杜魯門度量特別大，而是民主政治下一種親愛和平的氣氛所
自然養成。老實說，在民主政治體制下，除此而外，杜魯門
也很難有其他更善於自處的辦法。(美國總統認為報刊對個
人有意誹謗，唯一可以採取制裁的辦法，是直接向法院告
訴，老羅斯福總統(Theodore，Roosevelt)，就曾提出過兩次這
樣的告訴)民主國家的人民，對國家大政，盡可自由批評。
總統並不因為其為國家元首，有不受批評的豁免權。(不負
實際責任的元首自當另論)，如果生當二十世紀，身為民主
國民，而報刊的編者作者批評總統，尚不敢直言正論，而必
轉彎抹角，扭扭捏捏，出之以「影射」，申之以「暗示」這
還配算什麼自由言論？什麼民主國家？如果更進一步連「影

射」、「暗示」也在禁忌之列，犯之者甚至可與數千數百年前的楊惲、徐一夔、查嗣庭等同科，作這些主張的人，那簡直是存心侮辱這個國家，也簡直是這個國家元首的罪人。自由中國當然是一個不折不扣的民主國家，況在總統公告求言之下，《自由中國》社的編者與〈清議與干戈〉作者，假使要表達其「壓迫清議即將召致危亂」的意見，我真想不出，有什麼因素，會使他們不敢明白說出而必須採取曹先生所謂「影射」、「暗示」的途徑？我不相信該文之爲「影射」、「暗示」，其故在此。至《自由中國》社及〈清議與干戈〉作者，爲什麼不將該文刊登經過，及其並非「影射」、「暗示」，發表聲明？我想如有必要，他們應該可以向讀者說明。只是在曹先生主張直接行動一文公開以後，爲保持國家的體面，他們似乎不便發表了。因爲如竟發表，豈不等於告訴世界人士，自由中國的報刊，不僅不容許對政治直接批評，連「影射」、「暗示」也有問題，有影射暗示的嫌疑，即可召致被砸被打的威脅？辯正並非「影射」、「暗示」，勢將被認爲一種祈求免砸免打的乞憐！

以歷史上人物事實，比證當前政治，不僅在二十世紀民主國家，絕對不構成犯罪，即專制時代，除了遇到好殺多疑的皇帝，或鍛鍊羅織的奸賊，可以招致橫禍以外，最大多數，都不致遭受譴責。甚至還可以獲得明主的嘉勉。曹先生痛斥〈清議與干戈〉作者以那拉氏影射總統，爲極度「惡毒」，而必須予以「痛擊」，那拉氏之不能影射總統，前以詳切言之，即退一萬步言，作者真如曹先生所說，有意影射，則我願以至誠敬請曹先生試讀下列兩段中國線裝書：

1.晉太康3年春正月丁丑朔，帝(武帝)親祀南郊，禮畢，喟然問司隸校尉劉毅曰：朕可方漢之何帝？對曰：桓、靈。帝曰：何至於此！對曰：桓靈賣官錢入官庫，陛下賣官錢入私門，以此言之，殆不如也。帝曰：桓靈之世，不聞此言，今朕有直臣，固爲勝之。(《資治通鑑》卷八十一)

2.唐貞觀4年6月乙卯，發卒修洛陽宮，以備巡幸。給事中張玄素上書諫……陛下初平洛陽，凡隋氏宮室之宏侈者，皆令毀之，曾未十年，復加營繕，何前日惡之而今日效之也？且以今日財力，何如隋世？陛下役瘡痍之人，襲亡隋之弊，恐又甚於煬帝矣。上(太宗)謂玄素曰：卿謂我不如煬帝，何如桀紂？對曰：若此役不息，亦同歸於亂耳，上歎曰：……玄素所言誠有理，宜即爲之罷役，後日或以事至洛陽，雖露居亦無傷也。仍賜玄素練二百匹。(《資治通鑑》卷一百九十三)

桓、靈亡漢，煬帝亡隋，晉承漢，唐承隋，在專制時代，天威不測，所謂「批人主逆鱗」，所謂「侍君如侍虎」，而劉毅、張玄素竟能面斥武帝不如桓、靈，太宗不如煬帝，武帝、太宗不特不以爲罪，反深爲嘉納，當時武帝太宗的左右，也沒有一人指劉毅、張玄素爲誹謗，而慫恿兩帝推出午門斬首，或嗾令侍衛用亂棒打死。千百年前的專制時代，尚有此民主風度。中華民國推翻滿清，舉滿清的稗政，爲民國的鑒戒，此不僅爲人民所應言，亦爲執政者所必知，那拉氏之失政，最多亦不過等於桓、靈、隋煬，而我總統的豐功偉烈，恢廓有容，較晉武、唐太宗寧有遜色？即使〈清議與干戈〉作者有意舉那拉氏亡國事實，以警戒當前執政，這仍不失爲愛國家愛領袖的忠誠。(曹先生注意，我並不是代表《自

由中國》社及〈清議與干戈〉作者在此承認該文確係有意作此暗示。)而且他還並沒有向劉毅、張玄素一樣：你如此做，已等於桓、靈、隋煬帝甚至桀紂。最大限度曹先生說法，也不過暗示，你若照那拉氏那樣做，你就有召至危亡的可能。這與以那拉比總統，意義根本不同。這是中國「言者無罪，聞者足戒」的傳統，正如瓊樓玉宇，識東坡之忠悃，斜陽烟柳，諒稼軒之哀怨。爲什麼曹先生偏要鍛練羅織指爲惡毒，慷慨填膺，號召群眾，對《自由中國》社及〈清議與干戈〉作者予以迎頭痛擊？難道新聞界先進，國民黨幹部的曹先生，竟不願我們賢明領袖，內與容納直言的太康貞觀，外與尊重輿論的美國總統抗衡並美，恢宏大度同垂不朽？

我的話已經說得太多了，我不能再糟蹋《自由中國》社的篇幅，最後，我只願再抄兩段線裝書，已作本文的結束：

(一)鄒忌修八尺有餘，身體昳麗。朝服衣冠窺鏡，謂其妻曰：「我孰與城北徐公美」？其妻曰：「君美甚，徐公何能及公也」！城北徐公，齊國之美麗者也。忌不自信，而復問其妾曰：「吾孰與徐公美」？妾曰：「徐公何能及君也」。旦日，客從外來，與坐談，問之：「吾與徐公孰美」？客曰：「徐公不若君之美也！」明日，徐公來，孰視之，自以爲不如，窺鏡而自視，又弗如遠甚。暮寢而思之，曰：「吾妻之美我者，私我也；妾之美我者，畏我也；客之美我者，欲有求于我也。」於是入朝見威王曰：「臣誠知不如徐公美，臣之妻私臣，臣之妾畏臣，臣之客欲有求于臣，皆以美于徐公。今齊，地方千里，百二十城，宮婦左右莫不私王，朝廷之臣，莫不畏王，四境之內，莫不有求於王，由此觀

之，王之蔽甚矣。」王曰：「善」。乃下令：群臣吏民，能面刺寡人之過者，受上賞；上書諫寡人者，受中賞；能謗議于市朝，聞寡人之耳者，受下賞。令初下，群臣進諫，門庭若市。數月之後，時時而間進，朞年之後，雖欲言，無可進者。燕、趙、韓、魏聞之，皆朝于齊。此所謂戰勝于朝廷。（《戰國策》）

　　（二）上（唐太宗）嘗止樹下，愛之。宇文士及，從而譽之不已，上正色曰：「魏徵常勸我遠佞人，我不知佞人爲誰，意疑是汝，今果不謬。」士及叩頭謝。（《資治通鑑》卷二九六）

成舍我

原文登載《傳記文學》
1968/2/16

注1：楊惲（？－西元前45年），西漢文學家。字子幼，宣帝時曾任左
　　　曹，後因告發霍光謀反有功，封平通侯，遷中郎將。神爵元年
　　　（西元前61年）升為諸吏光祿勳，位列九卿。其父楊敞曾兩任漢
　　　宣帝時丞相，母親司馬英是著名史學家兼文學家司馬遷的女兒。
　　　《漢書・公孫劉田王楊蔡陳鄭傳・楊敞》（卷六六）對其敢言有段
　　　深刻的描寫：「長樂者，宣帝在民間時與相知，及即位，拔擢親
　　　近。長樂嘗使行事宗廟，還謂掾史曰：『我親面見受詔，副帝，
　　　秺侯御。』人有上書告長樂非所宜言，事下廷尉。長樂疑惲教人
　　　告之，亦上書告惲罪：『惲聞匈奴降者道單于見殺，惲曰：『得

不肖君，大臣為畫善計不用，自令身無處所。若秦時但任小臣，
誅殺忠良，竟以滅亡；令親任大臣，即至今耳。古與今如一丘之
貉。』懌妄引亡國以誹謗當世，無人臣禮。』上不忍加誅，有詔
皆免懌、長樂為庶人」。

注2：《明史‧列傳第一百七十三‧文苑一》：徐一夔，字大章，天臺
人。工文，與義烏王善。洪武二年八月詔纂修禮書，一夔及儒士
梁寅、劉于、曾魯、周子諒、胡行簡、劉宗弼、董彝、蔡深、滕
公琰並與焉。明年書成，將續修《元史》，方為總裁官，以一夔
薦。

注3：「查嗣庭試題案」發生於1726年，是文字獄史上流傳最廣泛的大
案。禮部侍郎查嗣庭到江南某省主持科考，試題出的是「維民所
止」，出自《大學》。但這句話卻被人送到雍正面前，說「維
止」二字乃是去「雍正」之首的意思，雍正輕信大怒，令查嗣庭
斬首。清代對於查嗣庭及該案的記載，較著名的史料如下──法
式善的《清秘述聞》(卷五)載：「江西考官：禮部侍郎查嗣庭字
潤木，浙江海寧人，丙戌進士。編修俞鴻圖字麟一，浙江海鹽
人，壬辰進士」。朱彭壽的《舊典備徵》載：「禮部侍郎查嗣
庭，以所著日記悖逆不道，並科場作弊，請託關節，五年五月於
監斃後戮屍」。趙慎畛的《榆巢雜識》(上卷)載：「雍正4年，
閣學查嗣庭典試江西，所出題目，露譏刺時事之意，並於行李中
查出日記記本，語皆怨誹、捏造。如以翰林改授科道為可恥，以
裁汰冗員為當厄，以欽賜進士為濫舉，以多選庶常為蔓草等語。
經革職交三法司審擬，依照大逆凌遲。旋以病斃，戮屍。上以嗣
庭玷辱科名，停浙江人鄉、會試，設觀風整俗使」。

記者節與「感恩節」

散論

　　這幾年來，節目越添越多，各行各業，幾乎都有自己的
節目，略加列舉，即有司法節(1月11日)，農民節(2月4日)，
戲劇節(2月15日)，童子軍節(3月5日)，婦女節(3月8日)，郵
政節(3月20日)，美術節(3月25日)，新式的過節紀念文，當然
我也不例外。但由於我曾承諾替《文星》湊稿，自從〈狗年
談新聞自由〉那一篇文章被斥爲「亡國主義」的不詳之文以
後，我每期總是多方賴債，眼前情形，似已無法再賴，所以
也就只好自行破例，硬著頭皮，寫成這篇短稿，供《文星》
主編人補白之用。剛巧我一提筆，就想起一段經過，記者節
對我，確有值得紀念的故事。二十五年前，我在南京辦《民
生報》，因揭發行政院政務處長彭學沛瀆職貪污，院長汪兆
銘在合法程序失敗以後，竟以非法手段將我拘送憲兵司令部
四十日，我出獄那天，正是民國23年9月1日第一次記者節。
汪兆銘爲什麼要在這一天釋放我？是有意點綴節令？還是無
意偶然巧合？我無從推斷。惟就當時各地新聞界被迫害情
形，與定九一爲記者節意義，作一對照，實屬南轅北轍極度
矛盾，迄今思之，仍有啼笑皆非之感。

　　記者節的由來，是民國22年8月，國民黨江蘇省黨部，因
鑒於在國民政府統治下，各地仍時有封禁報館，囚殺報人的

非法暴行發生，仍呈請中央執行委員會轉請國府，通令全國
各級政府及軍隊，尊重言論，保障人權，對新聞從業人員的
身體安全，不許非法侵犯。國民政府依此意旨，發布命令，
全國新聞界，大感興奮，杭州市記者公會，即向全國新聞界
建議，定明令發佈之9月1日爲記者節。各地欣表同意，自行
集會紀念。但即在命令發佈以後，就我記憶所及，自22年9
月1日，至23年9月1日，期間對新聞界最顯著的迫害，除我的
《民生報》被永久封閉，我自己被囚禁四十天外，還有北平
《華北日報》社長劉真如，編輯陳國廉從北平押解南京，被
囚月餘，上海《時事報》被禁止郵寄內銷(當時租界尚存在，
政府不能直接封禁)終於無法維持，發行人張竹平，連同其所
經營之《大晚報》、《英文大陸報》、「申時電訊社」，一
併出售，由政府某顯要接辦。至各較小城市封報拘人之事，
則不勝枚舉。杭州記者公會之所以要求定九一爲記者節，各
地報業之所以贊同定九一爲記者節，從另一角度，實等於對
當時政府作一種深刻的諷刺，幽默的抗議。我於23年9月1日
被釋出獄，各地報業，正第一次舉行記者節紀念會。我記得
有些報紙，曾指稱我能恢復自由，正是政府尊重記者節的表
現。假使話真如此，那麼就我個人說，記者節應該是我的感
恩節了。

　　所最使人鬱憤而痛惜的，即自從民國22年9月1日政府通令
全國尊重言論自由，保護報業報人，並由報業要求定九一爲
記者節以來(政府正式核准定九一爲記者節，在民國32年)，現
在已有二十五年悠長的歷史，我們新聞業今日所享受的言論
自由，人權保障，究竟已否百分之百，達到二十五年前政府
通令的原意？尤其在〈出版法修正案〉最近通過以後，新聞

業處境只有比過去更艱難，新聞業心情比過去更沉重。

今年元旦我在《文星》發表的那篇〈狗年談新聞自由〉，用意只在說明開放言論的重要。我曾指出，上一個狗年(六十年前的戊戌)，康梁促請清室開放言論的失敗，是清廷覆亡最大因素之一。我並沒有「未卜先知」的本領，我沒預想到，現在這一個狗年，竟爲〈出版法修正案〉，幾鬧得天翻地覆，中外震動。不過我總相信我們現在所擁護的這個政府，原則上應是毫無疑問，朝著民主自由的正路走，「前事不忘，後事之師」，她決不會重蹈上一個戊戌的覆轍。即使偶然迷失方向，走錯了幾步，她一定也早晚會能發現糾正。因此，我雖然鬱憤痛惜經過二十五年悠長時期的記者節，而記者節所以成爲記者節的最初意義，還並未百分之百的澈底實現。但假若今天政府忽然感覺，二十五年前政府保障言論自由(那時中國還沒有新聞自由這個流行的名詞)的命令，仍確有儘量貫徹的必要，則〈出版法〉的廢止或再修正，定將成爲政府尊重新聞自由當前最起碼的步驟之一。我曾提到記者節在我的生命史上，一度是我的「感恩節」。如果政府真能這樣做，那麼這一次或下一次的記者節，勢將成爲整個新聞界的感恩節了。我更切望中華民國各種行業的節日，都能本著成爲節日的意義，求其實現，不僅徒爲形式上的過節，起不潄歟盛哉！

成舍我

原文轉載《成舍我先生紀念文叢——百歲誕辰專輯》
1958

狗年談新聞自由

文星雜誌

所謂「決萬幾於公論」,「協國民之同心」,「一上下之議論」,無一不是「尊重新聞自由」的表現。

今年——中華民國47年——歲在戊戌,在「掉書袋」的人們說來,也許要變作歲在「著雝」(箸雍)、「閹茂」注1。戊屬狗,戊年俗稱狗年,狗是最富於警覺性了,「人為萬物之靈」,因此,遇到狗年,大家似乎都應該特別提高警覺。

「甲午」、「戊戌」、「庚子」、「辛亥」,在中國近代史中,是四個最重大的年號。從甲午到辛亥,雖短短不足二十年,但每一年號,都有其劃時代的特殊意義,聯貫起來,並有其因果必然關係。試問甲午之戰,如中國不創鉅痛深一敗塗地,則戊戌維新運動,如何會那樣如火如荼,聲勢浩大?維新運動不失敗,庚子拳禍無從發生,辛亥革命也許就都將延緩。六十年前的戊戌,是清廷存亡興敗唯一轉捩點。當時那拉母子,若均能接納康有為建議,誓告全國:「決萬幾於公論,採萬國之良法。協國民之同心,無分種族。一上下之議論,無論藩庶。」注2則載湉及那拉后,行且

與異地同時之明治，維多利亞比肩並美。那拉氏兇暴愚昧，毫無警覺，不特不許載湉採納變法維新的大計，反信用她自己豢養的那些股肱心腹，也就是她的忠實幹部，幽囚載湉，屠殺志士，舉一切新政而廢棄之，甚且迷信符咒，欲藉以扶清滅洋。聯軍入京，倉皇西竄。腐爛潰決無可補救，卒至辛亥首義，天下響應。三百年的滿清，從此宣告死亡。這真符合了一句成語：「要毀滅一個人，最好先叫他發瘋。」我們今天身爲中華民國的國民，不是大清帝國的子民，那拉氏的發瘋，是應該值得我們感激的！

如上所述，六十年前的戊戌，對清室運命，是那樣重要。戊戌乃清室存亡與敗大關鍵。能貫澈維新變法則存，不能則亡。而在康有爲、梁啓超等所倡導的維新運動中，雖然練兵購艦，開礦築路，千頭萬緒，綱目極多，但統觀康有爲八次上書[注3]，他所認作能否貫澈維新變法的最大關鍵，似乎又只集中在廣開言路一點。廣開言路的具體方法，則是號召全國，出版新報，如果拿六十年後今天的用語來說，即爲「尊重新聞自由」。所謂「決萬幾於公論」、「協國民之同心」、「一上下之議論」，無一不是「尊重新聞自由」的表現。〈公車上書〉中最激勵人心，傳誦一時的名句，如云：伏願陛下先罪己以勵人心，次明恥以激士氣，集群材咨問以廣聖聽，求天下上書以通下情，明定國是，與海內更始。又云：「否則皇上與諸臣雖欲苟安旦夕，歌舞湖山，求偏安而不可得，求爲長安布衣亦不可得」，又云：「沼吳之禍立見，裂晉之事即來，職誠不忍見煤山故事也。」[注4]如此激昂慷慨，載湉亦不能不爲之動容感歎。接著，他就要求清廷以事實證明尊重新聞自由。在禁辦新報的壓制下，請政府獎

勵民眾廣設報館。第四次上書，有「設報達聰，各省州縣鄉鎮，應普設報館，以解蔽隔」的建議。注5康氏之意，如不廣設報館，不尊重新聞自由，則民智不開，上下壅隔，任何新政，都將無從實施。這與三十年後英國拉斯基教授所稱，得不到新聞自由的人，等於失去自由。真可算若合符節，誰能說前一輩子中國知識分子，不了解新聞自由的重要？

戊戌新政，起自民國前14年(1898，清光緒24年)6月11日(陰曆4月23日)，清載湉下詔變法，迄9月21日(8月初6)，那拉氏再下詔垂簾聽政，前後共一百零三天。這一期間，清帝確曾下過不少有關新政的詔書，如廢科舉、建學校之類，其中最重要，而影響亦最大的，則莫如開放報禁，准人民自由辦報注6，當時全國雖已有若干官報、民報，但官報只登載諭旨摺奏，不許輿論時政，臧否人物，民報則只通商口岸有租界可資庇護的，能享有新聞自由外，自京師以至各省，隨時均有報館被封，主筆被捕的危險。尤其在北京首都所在，事實上幾乎不許私人辦報。

新政時期下列的兩項詔諭，在中國新聞自由史上，實具有重大意義：

(一)在准派康有為督辦上海《時務報》一旨中，孫家鼐原奏，有許多主張開放言論的卓見，如云：「今之論治者，皆以貧弱為患矣，臣竊謂貧弱之患猶小，壅蔽之患最深」。又云「官書局雖(向)有《彙報》，係遵總理衙門奏定章程，不准議論政事，不准臧否人物，……應該(亦請)開除禁忌……」。注7清帝根據孫奏，下諭：「孫家鼐奏遵議上海《時務報》改為官報一摺。報館之設所以宣國是而通民情，自應亟為倡辦

(必應官為倡辦)，……其天津、上海、湖北、廣東等處報館，凡有報章，擇其有關時務者，由大學堂一律呈覽。(至)各報體例，自應以指(臚)陳利害(弊)，開擴見聞為主。中外時事，均許據實昌言，不必意存忌諱，用副朝廷明目達聰，勤求治理之至意……」。

　　(二)在准〈瑞洵奏請遍設報館實力勸辦一摺〉的詔諭中，請：「報館之設，原期開風氣而擴見聞，該學士所稱現商約同志於京城創設報館……即著瑞洵創辦以為之倡，此外官紳士民，並著順天府府尹、五城御史切實勸諭(辦)，以期一律舉行。」注8

　　載湉如此開放言論，倡辦新報，尊重新聞自由，無疑地，都是康梁大力苦勸的結果。無如那位那拉氏及其親信幹部，卻誓死反對，硬要將清廷拉向腐敗滅亡一方面去，除誅殺維新首要譚嗣同等六人，嚴拿康有為梁啓超外，並大封報館，濫捕主筆，自京師以至各省，報人被捕者百名以上。下列諭文，即是那拉氏復政後一篇最得意傑作，換一句話說，也就等於奠定了後十三年隆裕下詔退位的命運。

　　「光緒24年10月上諭：莠言亂政，最為生民之害。前經降旨，將官報局《時務報》一律停止。近聞天津、上海、漢口等處，仍復報館林立，肆口逞說，妄造謠言，惑世誣民，罔知顧忌。亟應設法禁止。著各該督府飭屬認真查禁。其中主筆之人，率皆斯文敗類，不顧廉恥。即飭地方官嚴行訪拿，從重懲治，以息邪說而靖人心。」注9那拉氏比諭，和載湉開放言論諸諭，是一項何等黑白分明的對照。本來，戊戌這一年，擺在清廷面前的是兩條路，一條是「存」與「興」，

載湉在康梁敦促下所要走的，一條是「亡」與「敗」，那拉氏及其守舊幹部所要走的，清廷終於選定了後一條，於是庚子和辛亥兩大年代，遂無可赦免，接踵而至。真所謂種瓜得瓜，無力回天，非局外人所能以任何方法挽救的！戌是狗年，狗是最富警覺性的，上一個狗年，那拉氏竟在外患內憂萬分急迫的時期，毫無警覺，自召覆亡，相信世之當國者，定能永垂鑑戒！

成舍我

原文刊載：《文星雜誌》
1958/1/5

注1：古時文人一般書寫年號，採用中國曆干支(歲陽、歲陰)題款，歲陰即所謂的「大干支」，例如甲子則用「閼逢、困敦」；乙丑則用「旃蒙、赤奮若」；丙寅則用「柔兆、攝提格」；甲午則用「閼逢、敦牂」；乙未則用「旃蒙、協洽」；戊戌則用「箸雍、閹茂」等等。

注2：原文出處為光緒24年正月(1898年)，康有為〈上清帝第六書‧應詔統籌全局摺〉：「其誓文在決萬機於公論，采萬國之良法，協國民之同心，無分種族，一上下之議論，無論藩庶，令群臣咸誓言上表，革面相從，於是國是定而議論一矣」。

注3：康有為〈上清帝書〉，應為七書而非八書。第一書時間為光緒14年9月，第七書為光緒24年正月。不過有關康有為奏摺的真偽問題，學界仍存有許多爭論。多年來在研究戊戌政變，特別是百日維新的重要史料，首推《戊戌奏稿》。該書是康有為之女康同璧於1911年多方搜集，得奏稿二十篇，存目十三篇而成。1973年中

央研究院研究員黃彰健出版了《康有為戊戌真奏議》一書，便認為該書的奏稿，多數是康有為在戊戌政變後的補作或偽作。1981年北京《故宮博物院院刊》，載文介紹了〈故宮藏清光緒24年內府抄本《傑士上書彙錄》〉，又收錄了康有為在戊戌年正月到7月的條陳十八件，發現有七件從未在任何出版物上刊載過，有五件不僅奏文與過去發表不同，而且內容上有不同程度的差異，統計結果只有六件與過去發表相同。

注4：一般是以光緒21年4月8日(1895年5月2日)，康有為的〈上清帝第二書〉做為〈公車上書〉的開端。此處所引原文為〈上清帝第五書〉，該書被視為是〈公車上書〉的補充說明，時間為光緒23年12月(1897年)。此處所引前兩段奏摺原文原貌應如下：「伏願皇上因膠警之變，下憤之詔，先罪己以勵人心，次明恥以激士氣，集群材咨問以廣聖聽，求天下上書以通下情，明定國是，與海內更始」。「皇上與諸臣雖欲苟安旦夕，歌舞湖山，求偏安而不可得矣，且恐皇上與諸臣求為長安布衣亦不可得」。

注5：康有為對於「廣設報館」的主張，事實上在〈上清帝第二書〉時，便已明確提出：「近開報館，名曰新聞，政俗備存，文學兼存，小之可觀物價，瑣之可見士風，清議時存，等於鄉校，見聞可闚，可通時務……宜縱民開設，並加獎勵」。此處援引的是〈上清帝第四書〉，原文如下：「設報達聰……宜令直省要郡各開報館，州縣鄉鎮亦令續開，日月進呈，並備數十副本發各衙門公覽，……中國百弊，皆由弊隔，解蔽之方，莫良於是」。

注6：清朝官方允許開放辦報，時間為光緒24年6月8日(1898年7月26日)，見光緒帝上諭〈允許開辦報館諭〉，(錄自《光緒朝東華錄》)。

注7：〈孫家鼐奏遵議上海《時務報》改為官報摺〉(光緒24年6月8日)。括號文字為原奏摺文。

注8：〈瑞洵奏請遍設報館實力勸辦一摺〉(光緒24年7月27日，1898年9月12日)。

注9：〈查禁各報諭〉(光緒24年8月24日，1898年10月9日)。

60 年代

　　五四運動，是民族革命、政治革命、思想革命的綜合體，沒有「五四運動」，不平等條約的鎖鍊，不會解除，腐惡的軍閥勢力不會打倒，「民主」與「科學」的觀念，不會建立，換一句話說，也就是中華民國，永遠無進入現代國家的行列，而孫中山先生倡導的國民革命，也就難以成功。我們回想起四十七年前，以北京大學為首的英勇青年，赤手空拳，在刺刀鎗托下，如何與腐惡軍閥苦鬥，這一運動，豈是「文藝」一詞所能概括？即至今日，我們仍覺得「五四」精神，有繼續發揮的必要，共匪奴役人民，其殘暴百倍於北洋軍閥，我們正應鼓舞青年，以四十七年前打倒軍閥的英勇，打倒共匪。

不許馬虎

小世界・我們的話

　　今天(民國)55年元旦，《小世界》第53期出版，也正是《小世界》對外發行第二年的開始。檢討過去，策望將來，我們免不了極簡單地要向關心的親愛讀眾說幾句話在去年第一期「我們的話」中，早經說過，這份周刊，太渺小了，沒有甚麼了不起。尤其因為主要目的，是供世界新聞專科學校同學們實習，無論編輯、採訪、校對、發行、印刷，都由同學們手腦並用，親自負責，各科老師，只是從旁輔導。同學們既在「學」的階段，自然知識能力，都薄弱，錯誤幼稚難免。但在學校的立場，本校創設之初，即以「培養健全新聞人才，為自由中國及收復大陸後建立健全新聞事業之用」。昭告國人，勗勉青年，則以學校名義出版的校刊，無論如何，對同學，對讀眾，總應努達到一份優良報刊應有的水準，換一句話說，在同學與讀眾的觀感上，多少總應起一點示範作用。因此，我們儘量督勵同學，事事認真，處處努力，雖然不能盡如理想，但就工作態度說，我們是不容許同學們有任何的不認真，不努力。我們最重要教條，就是「不許馬虎」。

從「不許馬虎」這一信條，我們所要求在事實上表現的，第一、無論寫評論、新聞，下筆時總應儘量避免以個人好惡夾雜其間。第二、凡標明「本報特訊」字樣的，應儘量名副其實，凡任何日報已登記過的消息，絕對避免「炒冷飯」，在過去一年中，我們第一版標明「本報特訊」的新聞，因此有很多確是「獨家消息」，爭取了讀者，給我們不少鼓勵。第三、我們特寫和三個副刊，應儘量做到增廣知識，裨益身心的地步。第四、我們的印刷、排版、應儘量力求美化。第五、我們的校對要精細，應儘量減少錯字。

我們今後，切望在建立「健全新聞事業」原則下，能永久堅守這些發行報刊最起碼的標準。並切望不久將來，在報禁解除以後，小世界能發展成一份天天出版「不許馬虎」的日報，與讀者相見。

成舍我

原文登載於《小世界》
1964/01/01

悲宗讓夫人病逝

自撰輓聯

　　結褵三十年，邦國多難，舊都、香港、桂林、回憶於日寇共匪砲火下，冒險逃生，襁兒抱女，餘悸猶昨，艱苦備嚐成痼疾。

　　去家數萬里，骨肉分離，大陸、歐洲、北美、豫期當戡亂反攻勝利時，退老環遊，比翼尋親，此願未償，天人永隔哭殘絃。

成舍我

1964/01/11

「補牢」萬不得已最好不要「亡羊」

小世界·我們的話

　　臺北新生大樓的大火災，雖事隔兩週，可是當時的悲慘情形，將永久存在於居民腦海中，尤其使市民痛心的，是有關當局對於防火工作，實在沒有盡最大的責任，消防設備也是陳舊不堪，否則絕不會發生如此重大的災情。省府現在決定要加強各縣市的消防設備，這雖說是亡羊補牢，如果真能做好，則那些無辜死亡的人，總算有了犧牲的代價。

　　但是，加強消防設備，是要確實做才好，千萬不要像過去那樣，拿裝置霓虹燈的高梯作救火雲梯之用，花了五六萬元購置幾件據說可以耐高熱的原子救火衣，卻無法使用，祇能做為陳列品，這樣，國家的錢實在花得太冤枉了。

　　最重要的，亡羊補牢，只是萬不得已，最好不要「亡羊」。類似新生大樓事件，如防洪、防颱之類，早應未雨綢繆，先作準備的，不知尚有多少。在此有關當局，千萬勿再是事前顢頇，事後張惶！

成舍我

原文登載於《小世界》
1964/02/05

應追究誰負責騙人的責任

小世界・我們的話

　　我們經常在報紙廣告中間，發現許多光怪陸離的廣告，不少在日本地攤上無人過問的落伍醫療品，竟在台灣廣告欄中宣傳得有聲有色，說是科學上的新發現，不僅騙人，更是害人。

　　最近台北商展會場中忽然出現所謂「電子健康診療儀器」，據說可以在三分鐘內檢查人體各部份器官的病態。而且還能對症處方，檢查一次收費拾元，觀眾在「電子儀器」的引誘下，紛紛就醫，主持這架「電子儀器」的人，據說是收穫甚豐，得其所哉！

　　可是，據此間醫學界人士表示，利用「電子健康診療儀器」為人體診斷各種疑難疾病，尤其是在幾分鐘內，幾乎是一件不可思議的事情，臺大醫學院院長也認為無此可能，那麼商展會中所陳列的儀器，它的診斷和檢查，就成了大問題。我們不願說這是一個騙局，祇好說這是一齣趣劇，不過既成問題，則十元前實在花得太冤枉。但已經花去的冤枉錢，應該向誰取償，商展會不是一個黑機關，且在各主管機

關重重督導下，竟然發生這種公然騙人的事，我們不能不希
望有關當局，追究責任。

成舍我

原文登載於《小世界》
1964/02/12

淨化空氣要先從公車做起

小世界・我們的話

　　爲了臺灣的污濁問題，有關當局已聘請了一位美國專家，到此地實地視察和研討改善的辦法，這當然不失爲一種賢明措施。

　　臺灣空氣的污濁，凡是居住在寶島的人，大概都有說不出的苦惱，各種有害人體的氣體，如燃燒生煤、及汽車排洩的黑霧以及其他種種，把寶島弄得烏烟瘴氣，混濁不堪。

　　實際上，照成台灣空氣的污濁，有關當局似乎不能推卸這種責任，像生煤燃燒問題，在取締聲中，許多用戶，置若罔聞；汽車排氣問題，公路局與公共汽車的柴油機械，始終沒有改善的辦法，公車過處，黑烟遍地，這不僅破壞了市容，也毒害了市民。

　　凡此種種，毋需專家的視察與當局指導，誰不明白，祇以有關當局不肯切實執行法令，樣樣姑息，於是臺灣的空氣，就越來越污濁了。

　　要淨化寶島空氣，一定要嚴格執行管制辦法，我們要求

先從公路局汽車做起，勿讓那些造成肺癌，危害健康的氣
體，無限制的排洩出來，否則儘管來了千百個專家，結果還
是等於零！

成舍我

原文登載於《小世界》
1964/02/19

在「莒」與在「臺」

小世界‧卑論集

　　諺云：「卑之毋高論」，高談闊論，徒增嗤鄙，庸劣如愚，寧卑毋高，成卑論集。

在「莒」與在「臺」

　　「毋忘在莒」，這一個號召，似已做到了「全國響應」。可惜我們生在兩千年後的今天，無法知道紀元前284至279年間苦守不屈的「莒」，那時城中，有沒有一食萬金的酒家，通宵達旦的舞廳？更有沒有利用權勢的貪污，和官商勾結的暴發戶？如其有，我們今日真可高枕無憂，等著同樣復國的奇蹟從天而降。如其沒有，那我真不明白，在如此金迷紙醉的寶島，大家究竟有些什麼表現，來響應「毋忘在莒」的號召！

百憂

原文登載於《小世界》
1965/01/02

小姐萬歲

小世界・卑論集

　　「賽美」與「世界小姐」之類的選舉，這本是工商業極度
發達下，一般商人的廣告噱頭。某一國家參加競選的小姐，
中選與否，不特與國家地位無關，就連這個國家的小姐們，
爲美爲醜，也不能以一概全。比如最近一次某地世界小姐的
競選，當選的是希臘小姐，試問希臘的國家地位，是否就因
此而提高？希臘的全體小姐們，是否就因此而增加其美的榮
譽？反之，未當選的第一等大國，如英如美，當然不會因此
而使國家地位降低，她們國中的全體小姐，也仍然美則自
美，絕不會因此而被人疑其已由美變醜。

　　對於參加這類競選而中了三四名副榜的小姐們，在辛苦
了幾十天以後，一旦萬里歸來，自會引起人類憐香惜玉的同
情感。但若以巨大篇幅，出號標題，大書特書，認爲替國家
提高了地位，以「英雄凱旋」的姿態，作「舉國若狂」的歡
迎，這就未免有點「那個」了！

　　我統計了一下最近某小姐歸國那天的臺北幾家大報，關
於她的歸國新聞平均每家登了九百行。最多的登了一千二百

行；若以廣告價格計算，每行新臺幣十四元，這一家報，就
等於替某小姐登了一萬七千三百六十元大廣告。但其他若干
重要消息，多縮在角落，寥寥數十字。這與「毋忘在莒」的
號召，是否符合？漪歟盛哉，小姐萬歲，我們「毋忘在莒」
的新聞界萬歲。

百憂

原文登載於《小世界》
1965/01/02

實話實說

小世界‧卑論集

　　現正旅遊美國的監察委員陶百川先生[注1]，本月4日在《聯合報》發表長文，題爲〈美國人的想法和我們的做法〉。對中美關係、世界大勢、及中華民國前途，有很多精闢觀察。其中若干消息，雖是舊聞，但過去卻從未能從我們國內的刊物上讀到。不過陶先生的某些觀點，也有違我們所不能完全苟同的。像照抄在下面的一段：

　　我國對美國人的官場外交、國民外交，和國際宣傳，做的實在太差勁了，太不注意了，於是成效也太少了。遠的不比說，小的更不待說，即以蔣總統最近對亞盟總會的演講，和對二中全會的訓示而論，我們看到的六家大報紙，祇有一家登了二三十個字，其餘一字不登……。

　　陶先生將所看到了美國六家大報，對我們最高領袖如此重要的演講和訓示，五家一字不登，一家登了，卻只登二三十個字，這一現象，歸咎於我們的官場外交、國民外交，和國際宣傳，做的不够。實則這一譴責，相信我們的有關當局，是不會接受的。由於現代報紙的極度「商業化」，「趣味

化」，尤其美國，一位盟邦元首的言論，在版面上，往往會被電影明星，或網壇名將的整頁報導所淹滅。我在上次卑論集已說到，臺北報紙，爲了刊載某中國小姐「載譽」歸來，而擠掉了無數重要消息，商業化、趣味化遠較於美國落後的我國報紙上如此，更何怪乎美國？自然我們外交方面有關當局，更不會甘心接受陶先生的譴責！

但我們卻有一點，要鄭重請求有關方面注意的，即今後報道美國報紙對我政府重要文告的反應時，千萬不要再只說「美國各報，多已橫跨全版的標題，顯著刊登」，像陶先生說六家大報五家一字不登情形，也要實話實說。拉斯基名言：「讓人們每天讀到真實正確的消息，才是真正民主自由的基礎」實話實說，不僅是真正「自由民主」的基礎，也是「反攻復國」基本條件之一！

百憂

原文登載於《小世界》
1965/01/09

注1：陶百川（1903年-2002年8月16日）浙江紹興人。上海法科大學法學
系畢業，嗣赴美國哈佛大學研究院進修政治及法律。投身國民黨
文宣系統，上海《國民日報》編輯，後任《晨報》總主筆，後加
入CC系任國民黨上海市黨部執行委員，「幹社」副幹事長。1934
年，出任上海警備司令部軍法處長，並任中國文化建設協會上海
市分會幹事長。抗戰時離滬去香港，任國民黨中央宣傳部駐香港
特派員，並兼任香港《國民日報》社長。抗戰後任上海特別市臨
時參議會議員。1942年主編《中央周刊》，同年出任重慶《中央
日報》社長，國民參政會參政員及國大代表。1949年來台灣後任
監察委員。1977年自動引退，被聘為總統府國策顧問。高雄美麗
島事件後，去美國。1986年黨外運動高漲，曾策劃國民黨與黨外
溝通事宜，主張體制內的漸進改良。後任國民黨十二屆中央評議
委員。1990年任「國家統一委員會」委員。對兩岸關係的研究
投注相當心力，言論頗有影響力。著有《中國勞動法之理論與
實際》、《比較監察制度》、《監察制度新發展》、《臺灣要
更好》、《臺灣怎樣能更好》、《人權呼應》、《東亞豪賭》、
《陶百川叮嚀文存》等。

許漲不許跌？

小世界・卑論集

　　在自由經濟體系下，工商業發達國家，證券市場，自有其生存價值。但任何一種股票的漲落，就正常標準說，自以其本身業務盈虧為比例。凡違背此一標準，而從中操縱的，即所謂賭博投機。主管機關所應監督防止者原即在此。股票有漲有落，既一切出乎自然，則政府固無必要，將某一股票提高。如果要將股票提高壓低的權利操之主管機關，那就等於主管機關自己去參加賭博、投機。尤其漲了，就欣然色喜，跌了，就勃然震怒，這更失去了政府立場。假使許漲不許跌，那麼每種股票，最後豈不是都將要漲到千、萬、億、兆的天文數字？

百憂

原文登載於《小世界》
1965/01/09

兩億台幣

小世界·卑論集

　　在13日的臺北各報，登載著下列一段新聞：「中華民國駐
聯合國常任代表劉鍇大使11日中午，會晤宇譚[注1]秘書長，并
(並)將一張499萬500美元的支票，交給宇譚，作為中華民國政
府繳付聯合國的歀(款)項。自從聯合國成立以來，中華民國政
府總共已繳付約5000萬美元的會費，其負擔比例，佔聯合國
豫(預)算百分之4點57，在聯合國116個會員國中居第5位。此
次付歀(款)後，中華民國即能確保其在聯合國中的投票權。」

　　同日各報又登載著下列一段新聞：「印尼退出聯合國後，
印尼外長，12日命令聯合國駐印尼辦事處關閉，並停止一切
活動，外長譴責聯合國現正為帝國主義者所操縱。但聯合國
秘書長宇譚，仍在要求菲總統馬加柏皋[注2]勸說印尼總統蘇卡
諾[注3]，重行考慮其退出聯合國的決定。」

　　從上面這兩段新聞，作一比較，任何人都可看出，我們中
華民國對聯合國是如何尊崇愛護，而傾向共匪的印尼，則正
與共匪一鼻孔出氣，侮辱破壞，無所不至。我們一次繳歀(款)
約500萬美元，目的是在依據憲章要確保我在聯合國的投票

權，但由於亞非集團若干不肖份子被共匪收買，以及若干自由國家的軟弱畏縮，以致迄至現在，牽匪入會的空氣，及兩個中國的謬論，仍極濃厚普遍。反觀印尼，如此橫行不法，而負聯合國重要責任的秘書長宇譚，在挨罵挨打以後，還要敦請調人，磕頭做揖，哀懇蘇卡諾再作考慮，不要出會。法紀蕩然，公理安在？如果這種無法律，無是非，無正義的情況，不予糾正，這個聯合國，還有什麼存在價值？

中華民國的經濟雖正日臻繁榮，但在積極準備反攻復國的我們，500萬美元外匯的數目確不算小。如果按匯率折算，約合新臺幣兩億元，當此春節屆臨，軍公教人員生活極度困難之時，如果以此兩億元，移做春節補助金，相信軍公教人員，身受實惠，士氣人心，必將為之振奮。比起縮衣節食，送給聯合國，仍只是換來附匪份子繼續叫囂，孰得孰失，此一問題，實任何人均可判定。

然而政府從大處著想，對此一曾由我們參加締造的世界機構，始終忍痛支持，這是中華民族「忠恕」精神的偉大表現，無論如何是值得我們諒解的。

百憂

原文登載於《小世界》
1965/01/16

注1：宇譚(U Thant，1909年1月22日-1974年11月25日)出生於緬甸班
達諾(Pantanaw)，畢業於仰光大學，早年為一教育家，曾任中學
教師及校長，1952年至1953年任緬甸駐聯合國大使，1959年任聯
合大會副主席。1961年至1971年間，出任聯合國第三任秘書長，
是截至目前唯一亞洲人出任該一職務者。任職其間曾調節過古巴
導彈危機、1965年印巴爭端和1967年第三次中東戰爭。著有關於
《城市歷史》、《國際聯盟》、《緬甸教育》等方面的著作及三
卷本的《第二次世界大戰後的緬甸歷史》。

注2：馬嘉柏皋(Diosdado Pangan Macapagal，1910年9月28日-1997年
4月21日)第9任菲律賓總統。

注3：蘇卡諾(Sukarno，1901年6月6日-1970年6月21日) 印度尼西亞民
族獨立運動的領袖，出生於印度尼西亞東爪哇一個小鎮布里達
(Blitar)。1927年7月4日，領導和創立了印尼民族協會並出任主
席，次年該組織改名為印尼民族黨。1945年印度尼西亞獨立，蘇
卡諾擔任第1任總統。

新人新政

小世界・卑論集

新人新政，在任何一個朝代，總是值得人民翹首企盼，景仰期望的，國家多難之秋，自然更不待說！

但是今天的「新」，明天就會變「舊」，要永遠保持新的精神，那就只有勵行我們的古訓：「苟日新，日日新，又日新」。

如果不能保有這種精神，則轉眼之間，新人物就會變成「老油條」的！阿門！

百憂

原文登載於《小世界》
1965/01/16

給老人留下最好的楷模

小世界·卑論集

邱吉爾先生已入彌留狀況，世界上任何偉大人物，地不分中外，時不論古今，總都無法逃免「凡人皆死」的公例，這是人類最大的悲哀，也是造物者留在人類中唯一最大的公平。

如果用文字來贊美邱吉爾先生，那將是幾百幾千頁也寫不完盡。相信全世界報紙，除了共產國家，都會同致哀悼。但我認爲他所最值得贊美的，還是他的一種偉大政治風度。當國家需要他時，他是那樣勇於負責，大聲疾呼，以血、淚、汗挽回國運。當國家不需要他時，他又是那麼瀟灑淡泊，毫無怨尤，以著書作畫，度其餘年。這從1945年大戰已接近勝利，他被國人遺棄，及前年他以老邁退休，向國會告別，都給世人留下最深刻的印象，也給許多年老而貪戀權位的偉大人物，留下最好的楷模。

有「生」必有「死」，有「上臺」必有「下臺」。「生不必喜，死不必哀，」這固然已是達觀者人人應有的認識。而「上臺」勿驕縱，「下臺」不貪戀，中國俗語所說「拿得

起，放得下」，如果偉大人物都能追隨邱吉爾先生這一楷
模，相信歷史上必將能保持無數偉大人物的完整人格及晚
節。這是從一般人行將千言萬語贊美邱吉爾先生的哀詞中，
我所願說的最簡單幾句話。

百憂

原文登載於《小世界》
1965/01/23

「佛店」與「所得稅」

小世界・卑論集

　　所得稅如能公平徵收，是一切稅法中最優良的一種直接稅。我國的所得稅法，規劃詳盡，應該可以收到最大的實效。但百密難免一疎(疏)，像臺灣某一種相當龐大的營利收入，和某一種相當優厚的個人所得，即被所得稅法遺漏了。而這些營利事業和個人，為了收入太豐，就往往鬧出許多糾紛，甚至臭不可聞的醜劇。

　　　我所謂相當龐大的一種營利事業收入，就是遍及全省的若干商業性「佛店」，我所謂相當優厚的一種個人所得，就是遍及全省的若干職業性「和尚」。他們建立廟宇，不是以「靜修」為目的，而是以營利為目的，唸一堂經，放一堂燄口，多要收到數千元，最少亦須數百元。而職業性「和尚」，如被雇用，則幾百遍「阿彌陀佛」，通常就每人所酬一百二十元。而在這些「佛店」中招待親友，一棹(桌)八個碟子的簡單素席，代價最低在三百元以上。不久以前，一位黨國元老逝世，其遺族在某一「佛店」作「七」，總共不到十個小時，就報效了一萬多元。然而這一切收入，沒有統一發票或收據，不貼印花，自然，更談不到繳納所得稅。據說，

臺灣有些香火極盛的「佛店」，每年純利超過千萬。尤其時屆春節，善男信女，往往會排成長龍，將通往「佛店」的數里長馬路交通阻塞。像這樣有利無稅的好買賣，恐怕除了我們的寶島，不容易再在他處發現！

由於「佛店」的老板，大發其財，於是各種醜聞，就不斷在報紙出現。過去高雄的僧尼婚變案，曾佔據了許多報紙社會版的頭條新聞。最近又有不少「佛店」爭產消息，替報紙湊熱鬧。從「四大皆空」的佛門，變成唯利是圖的佛店，我佛有知，寧不為之痛哭？

越南佛徒，為了爭政權而鬧的天昏地暗，我們寶島的佛徒，為了爭女人、爭產業也鬧的難分難解。這都是佛門的不幸。切望大德大慧的真正佛徒，能迅速重整清規，挽此頹風。

所得稅法的徵稅對象，在第六條中，規定個人所得，於律師、會計師、技師、醫師、藥劑師、助產士、工匠、代書人、著作人、經濟人外，有「歌唱演奏之以技藝自立營生者」一項，為什麼以念經為職業的和尚，能不算歌唱演奏，自力營生？至「佛店」之公開營業，其為營利事業當然更不待說。稅務機關，為了解救當前的財務困難，千萬不要放棄此一龐大的稅源。

百憂

原文登載於《小世界》
1965/01/23

賭股票的慘劇

卑論集

　　賭博是犯法的，但股票的賭博却反可得到法律的保護。

　　新光產物保險公司襄理王海濤，槍擊臺北市議會副議長陳少輝，其中恩怨，雖然傳說不一，但王海濤行兇唯一原因，在賭「股」大輸，則爲不爭的事實。

　　王海濤參加「股」的賭場，循着一般賭博的途徑，初由小賭小勝，逐漸膽大氣壯。在大賭大勝，已獲得將近千萬的勝利果實以後，仍不收手。以致終於局勢大變，全軍覆沒，除了付出已得果實，反將原有資產，整個犧牲。稱兄道弟的好友陳少輝，未予援助，遂窮極無賴，出此行兇下策。陳少輝幾乎送命，無論將來法院如何判處，王海濤這一生，總將大部斷送，不容易「再起」了。

　　自從臺灣開放證券市場以來，因管理欠善，缺乏合理有效的輔導，像王海濤這種傾家蕩產的人，正不知尚有多少？猶憶民國初年，上海交易所賭博極盛時，交易所廁所中，曾一再發現服毒上吊的賭客。如果有關當局，不迅籌對策，則類似王海濤的慘劇，可能還將變本加厲，在我們的寶島演出。

百憂

原文登載於《小世界》
1965/01/30

搖擺政策應該結束了

小世界・卑論集

越南又發生政變。這個苦難的國家，自從吳廷琰[注1]倒臺以後，短短兩年中，已政變了好多次。雖然差強人意的，變來變去，並未脫離反共的範圍。但黃臺之瓜，何堪再摘，如果這樣混亂不安情形，無法迅速結束，則儘管發動政變的人，從未準備，由反共變到親共，而且確仍繼續其反共作戰，實際上，他們每次政變，却都是在那裏替共黨鋪路，使自由的越南，變成被奴役的越南。

越南局勢糟到今天這種地步，雖原因很多，但無可諱言，越南的混亂不安，正是美國政策混亂不安的反映。因為美國在越，對任何問題，都是兩面搖擺：一方面揚言將戰爭帶至北越，一方面又宣稱絕不將越戰範圍擴大，一方面迫令軍人，將政權交給文人政府，一方面等到文人政府被推翻，又立即袖手旁觀，強調不干涉友邦內政。如此兩面搖擺的結果，遂使戰事無法進展，永遠站在挨打地位，政治則此爭彼奪，即短期小康之局，亦迄難實現。美國如尚不迅即警悟，痛下決心，仍聽任混亂不安的情勢，無限期延長，相信越南之必從自由變為被奴役，那確將計日可待！

　　戰局與政局，互相依倚，由於反共戰爭，迄在膠著，大家精力遂不期而然的從對外轉到對內。假使越戰真能積極擴大，將戰火帶入北越，則士氣民心，突然振奮，軍人浴血前方，所期待最大榮譽，在受降與凱旋。人民支援作戰，佛徒與學生，集眾遊行，將不是向當局政治示威，而只是向全國慶祝勝利。因此，我們認為今日越局的混亂不安，責在美國政策的混亂，而解決越局最效的方法，就是美國停止搖擺，擴大越戰。

　　由此類推，所有美國在東南亞其他地區中，如果真要協助盟邦，建立貨真價實的民主政府，其最有效政策，也只是擴大反共戰爭，使每一被割裂的自由國家，能迅速收復失地，完成勝利。而各地現有蝸角式的內爭^{注2}，也就自會煙消雲散了！

百憂

原文登載於《小世界》
1965/01/30

注1：吳廷琰(1901年1月3日-1963年11月1日)，南越第一任總統(1955
年-1963年)，生於阮朝越南的首都順化，天主教家庭。1954年奠
邊府戰役後，法國政府為了和北越胡志明政權對抗，宣布將權力
移交給阮朝末代皇帝「保大」，並成立南越政權和北越政權抗
衡。保大皇帝委任吳廷琰為首相，主權主理南越。1955年吳廷琰
在美國支持下政變，簽署法令廢除保大皇帝的皇位，並成立越南
共和國，宣誓成為南越總統。吳廷琰獨尊天主教而廢棄佛教，並
實施軍事統治措施，激起了當地民眾的不滿，1963年11月1日美
國政府為了挽救南越政治敗局，策動了楊文明政變，吳廷琰與五
弟吳廷瑈被政變軍隊槍殺，四弟吳廷瑾亦被政變軍隊處決。

注2：「蝸角之爭」的典故來自《莊子‧則陽篇》。說在蝸牛的兩個觸
角上有兩個國家觸、蠻，經常為了爭奪地盤而發生戰鬥，竟至
「伏屍數萬」，追逐逃兵「深入漠北」，班師回朝竟要十五、六
天的時間。衝突的規模可真夠大，而這一切卻發生在蝸牛的兩個
觸角上，隱喻所爭極為微小之意。

切勿「到此為止」

小世界・卑論集

在上一期〈卑論集〉中，我曾指出，結束東南亞若干國家內部紛爭的最佳策略，莫過於擴大對共作戰。尤其越南各派對立，如果美國真能將戰火帶入北越，則反政府反美國的街頭羣眾，自然會立刻移轉目標，變為熱烈的勞軍、祝捷。而原來潛伏在羣眾中的共黨份子，到了戰事擴大，政府即不會再予姑息，真正愛國的越南人民，也必將自行清除，沒有他們繼續潛伏的可能。

最近一週的越局變化，雖然美國仍並無決心，將戰火帶入北越，但即是小小兩次轟炸，已使我上次所作假設，得到初步證明。第一、這一週來，西貢以及其他最易騷動的幾個城市，沒再有反政府反美國的羣眾運動出現，最低限度，總算已休息了一週。第二、一向在軍人中最愛興風作浪，有「頑童派」領袖之稱的空軍總司令阮高其[注1]，在緊接美機出動轟炸的第二天，他自己率領越機參加作戰，座機中彈，手臂受傷，充份表現了他的英勇，過去那種爭權搗亂的「頑童」作風，突然消逝。第三，所謂越南「強人」與美國駐越大使泰萊幾成死敵的阮慶[注2]，9月在接受記者訪問時，他鄭重宣布：

所有越南的將領，他們都反共而不反美，他們深知，在越南的生存搏鬥中，美國已盡力協助他們，保衛越南人民。兩次小小轟炸，已初步換來越南軍民如此誠摯的表示，如果真將戰火帶入北越，則越南內爭的終止，那必將不成問題。

不過相反的，如果美國保護越南人民免於奴役的行動，「到此地步」，所謂報復，乃上次砲擊東京灣被譏為「銀樣鑞鎗頭」的再版，詹森總統8日在華盛頓所說：「美國為了使自由不致毀滅，將不顧任何威脅，付出任何代價」，仍只是一種美麗辭令；則我敢斷言，反政府和反美國的羣眾運動，無疑的又很快怒火復燃，將再在西貢以及其他越南若干城市出現。

百憂

原文登載於《小世界》
1965/02/13

注1：阮高其(1930年9月-)出生於河內以西的山西市。1951年他從南定
　　軍官學校畢業，隨後到法屬摩洛哥馬拉喀什航空學校和法國高級
　　空軍學校受訓。1954年9月他在法國空軍擔任了3個月的飛行員。
　　1954年12月至1956年2月，他先後任南越空軍運輸飛行團和柔佛
　　巴魯一空軍基地司令。接著，他到美國空軍指揮與參謀學院深
　　造。1963年，年僅33歲的阮高其出任南越空軍司令一職，成為南
　　越名聲顯赫的「少壯派」軍官。阮高其行事風格頗具爭議，他習
　　慣一身漂亮的飛行服，打著紫色的領帶，腰間挎著一支手槍，開
　　著軍用吉普四處招搖。酗酒、賭博、逛夜總會。1965年，阮高其
　　和一幫「少壯派」軍官發動政變，推翻文官政府，自任「戰時內
　　閣」總理，並在1967年任美國控制下的南越副總統。1971年，阮
　　高其向總統寶座發起挑戰，但在權力鬥爭中失敗，被迫辭去副總
　　統職位，重回空軍。1975年，西貢淪陷，阮高其移居美國加州。

注2：阮慶，曾在萊文袄恩軍營接受美軍的軍事訓練，後歷任南越軍隊
　　師長和軍長，1963年11月在美國持下發動反廷琰軍事政變，成為
　　軍事政權的領導人之一，1964年1月再度發動政變，推翻楊文明
　　政權，出任總統，同年10月改任總理，到1965年6月下台。

誰投美國第一顆核彈

小世界・卑論集

　　共匪第二次試爆核子裝置的傳說，日來又甚囂塵上。猶記共匪第一次試爆前數日，新華社尙力斥西方所傳，純屬捏造。則此第二次試爆，只要共匪尙未按鈕燃發，自然仍不會採美國方式，豫(預)作宣布。但共匪爲貫徹其赤化世界迷夢，對六億饑餓人民已告枯竭的膏血，正盡量抽吸，以發展其核子計畫，是二次試爆，無論傳說如何，其實現當只是時間問題！

　　共匪一向以「誇大宣傳」起家，何以對此最有宣傳價值的核子試爆，事先乃竟諱莫如深？無疑地，牠只在害怕西方國家，萬一福至心靈，突趁此將爆未爆之時，大舉轟炸，將共匪以人民膏血換來的各項裝備，一掃而光。共匪打腫臉充胖子，一套本錢毀滅，極難再搞第二套。因此，牠無法不提心吊膽，一變其「誇大宣傳」的傳統，以避免致命的打擊。

　　歷史上最令人惋惜悲憤的，也就是當民主自由與獨裁侵略對立時，站在民主自由方面的國家，總不能把握機會，趁獨裁侵略的暴力，尙未形成，或形成而尙未強大，即搶先

一着，予以致命打擊。遠的姑不論，證以近三十年最顯著事例，1931年的九一八事變，國聯不能予日本以制裁，終召致中日大戰及珍珠港的突襲。1936年希特勒撕毀羅加諾公約[注1]，進軍萊茵，國聯尤其握有實力的英美兩國，均熟視無覩，致納粹放心大膽，得寸進尺，最後發動第二次世界大戰。共匪攫奪中國大陸，造成今日對世界的嚴重威脅，特別使美國寢饋不安，如果在中日戰爭結束以後，美國讓中國政府自行解決其內政問題，則共匪或早已與被麥克塞塞[注2]窮剿的菲律賓虎克黨同其命運，不再存在。即退一步，遲至徐州會戰前，美國能予中國政府以確實有效援助，甚或僅需一紙證明美國決心不許共黨攫取中國大陸的宣言，即可阻止共黨前進，最低限度，也或將造成劃黃河以守的南北韓局勢。但美國不僅都放過了這些大好機會，相反的，是撤退顧問團，發表白皮書。我們不忍譴責美國，只能歎息，由於美國缺乏高瞻遠矚的偉大政治家，以至今日全世界同受其害，最感苦痛的美國，更可以中國兩句古話來說明：「養癰貽患」、「自食惡果」。實則就上舉三十年來的事例，又何僅美國為然，站在民主自由方面的國家，有誰不是寧可將來大流血，不願眼前吃小苦？

由於共匪的坐大，即蘇聯共匪分裂的幻想，在赤化世界的共同目標下，不可能實現，目前，留給自由世界，特別是留給美國的機會實在不多了。距第一次核子試爆不到半年，第二次準備試爆的消息又傳遍。如果美國再不把握這最後僅有的機會，則未來投向美國的第一顆核子彈，恐將不來自莫斯科，而將來自北平。

　　魯斯克^{注3}去年九月在底特律發表演說：「縱容侵略，結果必召來大災禍，因此，在侵略開始時，就必須加以遏阻」，美國過去已一再縱容侵略，眼看大災禍很快到來，如何趁共匪核子武器尚未大量發展以前，予以最直接有效的遏阻，美國當局，實已不容許再有徘徊猶疑的餘地了。

百憂

原文登載於《小世界》
1965/02/20

注1：1925年《羅加諾公約》(The Lugano Convention)是歐洲多國在
瑞士羅加諾簽訂的七項協議。羅加諾公約被認為是1924年至1930
年期間西歐各國關係之改善提供基礎。1930年，德國極端民族主
義再度抬頭，「羅加諾精神」宣告幻滅。1934年，波蘭對於「東
方羅加諾」之提議，要求確定東方邊界，德國反對；波蘭又要求
西方承認她在1920年從蘇聯得到的土地利益，故此未能達成任何
協定。1936年3月7日，納粹德國否定「羅加諾協定」，進駐原本
為非軍事區的萊茵區。1933年起德國加速擴展軍事工業。1934年
秘密突破《凡爾賽和約》對其軍隊的限額。1935年正式重建空
軍，實施義務兵役制，秘密頒佈《國家防禦法》。1936年德國宣
佈廢除《羅加諾公約》和《凡爾賽和約》的有關規定，派兵進入
萊茵非軍事區。

注2：麥格塞塞(Ramon Magsaysay 1907-1957)，出身貧寒，早年靠著
半工半讀，好不容易才完成了大學學業；太平洋戰爭爆發後，始
得把潛藏的統御能力有所發揮。這位游擊英雄被麥克阿瑟將軍派
往他的故鄉三貝爾省擔任軍事總督，同年並當選國會議員，由此
展開他睥睨政壇的序幕。1950年，菲國由於軍警腐化和菲共黨
「虎克黨」猖獗，麥格塞塞臨危受命出任國防部部長，結果不負
眾望，軍紀在其鐵腕作風之下大獲整頓，並將菲共從萬餘名削弱
至三千餘名而聲名大噪；隨即在1953年以壓倒性的勝利，取代季
里諾而當選總統。

注3：魯克斯(Dean Rusk, 1909-1994)1946年進入美國政府部門工作。
1950年任美國遠東事務處的助理國務卿，成為韓戰及事後板門
店停戰協定的主要政策負責人。1952-1961年任洛克菲勒基會總
監。1961年入甘乃迪總統內閣，後成為甘乃迪任內國務卿，並在
其後的詹森政府裡，持續發揮其影響性。1970-1984年魯克斯自
政府部門退休後，任教〈國際法〉於喬治亞州立大學。魯克斯相
關的政策，主要有積極經援第三國家、鼓勵低關稅的世界貿易政
策、支持美國政府介入越戰，同時也是美國「不孤立的圍堵政
策」主要制訂人。該政策主張在圍堵之餘，共黨仍能參與國際和
平事務，成為後來尼克森政府脫離圍堵政策，積極接觸中共的法
源依據。

(無題)

小世界 · 卑論集

　　春節期間，曾經一再佔據若干報紙整版或半版地位的「梁祝故事」，由於種種鐵證如山的事實，現已烟消雲散，不再爲報紙所刊登了！

　　所最足使人驚奇的，以交通若此便利的今日，即使遠如美國，臺北報紙如要明瞭某一消息，也可立即使用越洋電話，向紐約、華盛頓求證，何以近在眼前的蘆州鄉，反任此荒唐故事，一再傳佈。甚且繪聲繪影，作許多色情挑逗的描寫。如「少女喬裝壯男，同床不辨雌雄」，及「近水樓臺不得月，辜負青春兩年多」之類。新聞以求真實爲第一義，而如此不真不實的新聞，居然能流傳多日，始被拆穿，這不得不令人詫爲異數！

　　自由中國的報業，在最近幾年中，的確有極大進步，但像這類足予大眾以不良印象的虛構新聞，總切望今後能盡量不再在各報出現。

百憂

原文登載於《小世界》
1965/02/20

使共匪腹背受敵

小世界・卑論集

　　南韓已派兵援越，雖數僅兩千，微不足道，但對於破碎疲敝的越南，要不失爲精神上有力鼓勵，最近美參議員史丹尼斯，又建議促請自由中國派兵援越，猶憶韓戰期間，麥克阿瑟，即曾力主我軍參戰。論者每以美國不能贏得韓戰，麥帥此一建議未被杜魯門採納，實爲最大因素之一。時逾十年，今詹森總統對史氏建議，是否不致蹈杜魯門故轍，此時殊難豫(預)斷。

　　我們曾一再指出，越戰發展到當前階段，美國已只有前進，絕難後退。尤其重要的，與其說，越南內部動蕩不安，政變迭出，使剿共作戰，受到挫敗，無寧說，正因美國對越，舉棋不定，越南內部才會一再發生政變。數週前，美機兩次轟炸越北，使越南軍民一度興奮，各種混亂，暫告中止。但接踵而來的美國次一步，竟不是繼續轟炸，而只爲美國重彈舊調，「無意將戰爭帶入北越」，而暫告中止的混亂，乃又迅即恢復。

　　解救越局的唯一方法，在美國停止搖擺，痛下決心。而東

南亞自由國家，也能同時與美國協力，予越南以確切援助。
如南韓增強援越兵力，及自由中國派兵援越之類，都不失爲
確切援助之一。

　　不過我們更願指出，與其由南韓及自由中國派兵援越，
無寧直截痛快，由南韓及自由中國各自向共匪窟穴，大舉反
攻。歷史上挫敗強敵的最佳戰略，莫如多闢戰場，使對方備
多力分，無法兼顧。越南是共匪赤化整個東南亞的第一到障
礙，正如兩千年前，秦人吞倂六國，先取韓魏，蘇子由所謂
秦之有韓魏，譬人之有腹心之疾。我們要保衛越南，首先要
阻止共匪以強大兵力入越。而南韓北進威脅鴨綠江，我自由
中國渡過海峽，橫掃粵閩浙魯沿海各省，整個大陸勢將紛起
響應。如此，則共匪腹背受敵，縱未必立即崩潰，亦絕不敢
再以大軍入越，與美作陣地戰。是自由世界不僅坐收保衛越
南之實效，且進一步，可能造成共匪的覆亡。切望領導自由
世界的美國，能制敵機先，對此最佳的戰略精心考慮。

百憂

原文登載於《小世界》
1965/02/27

百萬英鎊援助獅子山

小世界‧卑論集

　　報載美聯社獅子山自由市23日電：我外交部常務次長楊西崑，在當地面告獅國總理馬蒂，中華民國將在今後五年內，以一百萬鎊的經費，化(花)在對獅國的技術合作事業上。楊次長代表國家，迭往非洲，爭取各獨立新國對我友誼，數年以來，成效卓著。而我所派農耕隊，以及若干技術合作工作，深得非洲各友邦贊譽。這些不可否認的事實，都是值得我們引為欣慰的！

　　不過有一點，我們必須使非洲友邦確切了解；我們爭取友誼，和共匪以金錢賄買不同。共匪金錢賄買的，不僅在加多一張助其打入聯合國的同意票，實際上，是為顛覆滲透，赤化該受賄國鋪路。牠不是爭取友誼，而只是爭取奴役。一旦赤化成功，則原來受賄國家的子女玉帛，都全部為共匪所有。其收穫將更超過我國歷史上晉人賄虞伐虢[注1]的故事，豈僅「璧猶是也，馬齒加長」[注2]而已。而我們的爭取友誼，則百分之百為爭取真的友誼。一百萬鎊，比起共匪動輒以大陸人民血汗換來的幾千百萬美金做為賄賂，真是多寡懸殊。但我們化(花)任何一文錢，都沒有任何不利對方的企圖，甚至是

否擁護我在聯合國固有地位，當聯合國已形癱瘓的今日，也已不成爲我們的條件。如果就通常化(花)錢只在侔(牟)利的一意義說，這一百萬鎊，不但數字不小，反可說太浪費了！

　　一百萬鎊，以目前匯率計，合二百八十萬美金，也就等於一億一千二百萬新臺幣，以最近政府準備增加公教人員待遇標準，最少每年又可多發一個月薪俸。但我們政府，從國際友誼的遠大處着想，算盤並未如此細打。那麼，非洲友邦，對這一友誼的提供，難道還不應該特別珍視？

百憂

原文登載於《小世界》
1965/02/27

注1：《戰國策》(魏策三)〈秦使趙攻魏〉：「昔者，晉人欲亡虞而伐
　　虢，伐虢者，亡虞之始也。故荀息以馬與璧假道於虞，宮之奇諫
　　而不聽，卒假晉道。晉人伐虢，反而取虞。故《春秋》書之，以
　　罪虞公」。

注2：《穀梁傳・僖公二年》：「荀息牽馬操璧而前曰：『璧則猶是
　　也，而馬齒加長矣』」。用以比喻歲月流失，年齡增大。

共黨如何能停止侵略

小世界・卑論集

上月27日，美政府發表的《越南事件白皮書》，主要目的，在說明兩點：(一)越南目前的戰亂，是外來的北越侵略，而不是內部的任何叛變。(二)只要北越停止侵略，結束在越南的游擊戰，則美國必實踐過去一再諾言，將美軍撤出越南。

美俄雙方，對這一白皮書的反應，觀點恰巧相反。美國參議院民主黨領袖曼斯菲德，贊賞白皮書內所顯示的美國對越政策，是足以封閉火山口，使其不至爆發。換一句話說，他認為美政策不是擴大戰爭，而是遏止戰爭。但蘇聯總理柯錫金^{注1}，則指斥這是黑皮書，不是白皮書，並以照例威嚇口吻「警告」美國：「亞洲全體人民，將反抗美帝危險挑釁的戰爭。」又說：「如果美國以為對一個社會主義國家的侵略，將不會引起其他社會主義國家的聯合與堅決的防衛，那將是一項大錯誤。」是柯酋不特不相信美國有意和平，且竟認為白皮書等於一塊挑戰牌。

在白皮書發表後這幾天，事實上，美國正增強兵力，加緊轟炸，越共則到處突襲。其後臺中共，且拒絕戴高樂所謂

和談。不論雙方真意如何，但越南得失，關係自由或奴役在東南亞的生死存亡，已爲任何人所共認。美國人雖內心不願作戰，國內的失敗論，也確在日形高漲，然若逼到退無可退，讓無可讓時，也就無法不挺起脊樑，與敵人拚一死活。所以，認爲美國已決定擴大越戰，固然未必正確，但唉聲歎氣，以爲無條件投降，即將實現，也未免過於悲觀。誠然，白皮書所謂「只要北越停止侵略，美軍即可撤出越南」，退讓意味，至爲濃厚，問題却在北越如何能停止侵略？因爲共黨一日不進行侵略，那就不成其爲赤化世界，人類公敵的共黨了！

百憂

原文登載於《小世界》
1965/03/06

注1：柯錫金(Alexei N. Kosygin，1904-1980)，1927年加入共產黨，1930年加入蘇聯中央委員會。1940年成爲史達林有關經濟和工業政策的得力助手。1964年在布里斯涅夫任總書記期間，成爲蘇聯總理。他在總理任期介紹了各種各樣的經濟、現代化改革措施，可惜並不爲布里斯涅夫所支持。1980年因健康理由辭去總理一職，同年突然過世。

從「小白菜」說起

小世界・卑論集

　　冤獄賠償，據說即將加價，這當然是人權保障的一個好消息。古今中外，何時何地，沒有冤獄？尤其人命關天的謀殺案，往往因採證關係，刑事被告，在「死刑」與「無罪」之間只繫於法官的一念，失之毫釐，差以千里。九十年前民間轟傳的最大冤獄——楊乃武與小白菜注1——在一再判處死刑，（小白菜即葛畢氏，被認定因與楊戀姦，而毒斃其夫葛品連，被判凌遲極典）纏訟三年之後，始獲平反。光緒3年2月，清帝嚴諭，懲處承審此案有關官員；杭縣知縣劉錫彤革職，發往黑龍江効力贖罪。杭州府知府陳魯，寧波府知府邊葆誠，浙江巡撫楊昌濬均革職查辦。同時傳諭全國：「人命重案，罪名出入攸關，全在承審各員，悉心研鞫，期無枉縱。此次葛品連身死一案，該巡撫等訊辦不實，幾至二命慘罹重辟。嗣後各直省督撫等，於審辦案件，務當督飭屬員，悉心研究，期於情真罪當，不得稍形輕率」，迄今江浙一帶，將此案演成各種戲劇，觀眾於楊昌濬等對被告們慘毒刑訊，堅持處死，無不髮指。雖然當時沒有賠償制度，但許多大官，因此充軍革職，老百姓自會「人心大快」！

連日報載火窟雙屍案被告張韻淑，由被判死刑，至發還更審，迄今已繫獄一年零七月之久。在發還更審期中，調查庭已開過二十三次，何時定讞，此時無從豫(預)測，但法院之精心研審，足證現代的司法制度，確非九十年前之輕率定案，草菅人命可比。

唯報載：「張韻淑在當日庭訊時，曾指責法院對於她所供她丈夫替人頂罪，而收到六兩黃金的事，竟不予追究。讓貪污犯罪的人逍遙法外，而她是冤枉的却要坐牢。」張是否冤枉，在法院未判決，即判決未確定前，自無人可妄置一詞。但若如該被告所說，指證了黃金來源，而法院不予追究，貪污不須告訴乃論，人人可以舉發，何以在該被告舉發以後，法院不依法偵查，這就使我們無從理解了！

百憂

原文登載於《小世界》
1965/03/06

注1：「楊乃武與小白菜案」發生於同治12年(1873年)。舉人楊乃武因
　　與房客畢秀姑綽號「小白菜」（因年輕美貌，又常著綠衣素裙而
　　得名），兩人過從密切而引發流言，又值患有宿疾的畢秀姑之夫
　　葛品連因病暴卒，早已懷疑兒媳與楊乃武有苟且之事的婆婆葛喻
　　氏便向官府具狀鳴冤。於是一場謀殺親夫的冤案，在各級官府的
　　刑訊逼供之下，便順理成章地炮製出來。該案歷時三年之久，驚
　　動了清廷兩宮太后，此案終於復審昭雪，使封疆大吏十餘人受到
　　處分。慈禧太后後來會嚴查此案，有其政治因素存在。1864年太
　　平天國初滅，江浙盡為湘軍一系把持。湘系首領曾國藩曾任兩江
　　總督，並以欽差大臣督辦江南軍務，奉旨督辦四省（蘇、皖、
　　浙、贛）軍務，其巡撫、提鎮以下悉歸節制，權傾一時。此時湘
　　軍一系已成尾大不掉，並漸有藩鎮之勢，對於清廷來說也算一
　　患，早有剷除之念。楊一案只不過給了西太后一個名正言順的機
　　會，藉以打擊湘軍。

「敢爲之臣易求，敢言之臣難得」

小世界・卑論集

歷史上最受讚美的「貞觀之治」，一方面固由於唐太宗雄才大略，英明睿智，另一方面，如果沒有賢能幹練的股肱元良，也就不容易達成那樣空前燦爛的治績。尤其當時中心人物之一——魏徵，知無不言，言無不盡，犯顏直諫，功勞最大。

魏佐太宗，自諫議大夫，檢校侍中，進左光祿大夫，封鄭國公，他在太宗平定羣雄的時期，曾受命安輯山東，文治武功，都極煊赫，但他爲當時及後世所極度崇敬的，却特在他的敢於諫諍。〈太宗本紀・魏徵傳〉及《貞觀政要》中所載的一些故事，極足證明，元首與股肱之間，他們是如何坦誠互諒，相得益彰：

上屬精求治，數引魏徵入臥內，訪以得失，徵知無不言，上皆欣然嘉納。

上遣使點兵，封德彝奏中男雖未十八，其軀幹壯大者，雖細弱亦可并點，上從之。敕出，魏徵固執以爲不可，不肯署敕，至於數四。上怒，召而讓之曰：中男壯大者，乃姦民

詐妄，以避征役，取之何害，而卿固執至此？對曰：夫兵在御之得其道，不在眾多，陛下取其壯健，已道御之，足以無敵於天下，何必多取細弱，以增虛數乎？……上悅曰：

嚮者朕以卿固執，疑卿不達政事，今卿論國家大體，誠盡其精要。乃不點中男，賜徵金甕一。

徵有志膽，犯顏敢諫，雖帝怒甚，神色自若，帝亦爲之霽威。

貞觀十七年，鄭文貞公魏徵薨。上思徵不已，謂侍臣曰：人以銅爲鏡，可正衣冠，以古爲鏡，可見興替，以人爲鏡，可知得失，魏徵沒，朕亡一鏡矣。

在雄才大略、英明睿智的領袖下面，做一個最高地位的助手，是不容易的。因爲一般人看來，無論助手如何才能，絕不會超過領袖。但任何偉大領袖，總是「人」而不是「神」。人不能沒有錯，糾正領袖的錯失，第一、要有批逆鱗、捋虎鬚的膽量，得失榮辱貶謫誅戮，都毫無顧惜。第二、要有愛領袖愛國的赤誠，足使領袖信其忠讜，而不疑有他圖。魏徵的成功，就由於他具備了這兩項條件。太宗如沒有魏徵，則錯失無人糾正，所謂「貞觀之治」，也許不會如此輝煌。明成祖說：「敢爲之臣易求，敢言之臣難得。」史家不稱道魏之文治成功，而獨不厭其詳的反覆頌揚其犯顏直諫，理由或即在此。

連日風雨淒厲，春日匿影，圍爐煮茗，讀《唐書》及《貞觀政要》。10日上午，自殯儀館弔祭陳副總統歸來，適《小世界》編者催稿甚急，因摘錄數則，並述所感，以實我之

〈卑論集〉。

百憂

原文登載於《小世界》
1965/03/13

南越不可姑息共諜

小世界・卑論集

　　美國加強對北越的轟炸，傳軍方已準備出動轟炸機一百
架，每天最少轟炸一次。尤其詹森總統一再表示，如果共匪
參加越戰，美機即轟炸中國大陸，共匪絕不可重溫韓戰舊
夢，幻想中國大陸仍為可以免於轟炸之庇護所。美國對共匪
態度，如是明朗化，不但大戰不會爆發，此局部性之小型越
戰，相信也可望早告結束。

　　不過配合美國的堅決政策，另一方面南越政府，也必須
採取若干行動。除團結對敵，加強作戰外，舉凡一切偽裝民
主的共諜或親共份子，都應該毫無顧忌，徹底剷除。共黨一
向最善玩弄的魔術，就是以「民主自由」及「民族主義」的
虛偽口號，作一切顛覆、叛亂的擋箭牌。像南越這樣遭受共
黨的殘暴破壞，使善良無辜的人民，一批又一批慘被意外屠
殺，而若干共諜及親共份子，竟煽誘某些無聊教派，流氓政
客，公然要求美軍退出，倡言和平中立。如果任其發展，不
僅對民心士氣，影響太大，美國的堅決政策，無疑地，也要
感到沮喪！

　　我們預料，共匪如不敢正面對美國作軍事的應戰，未來唯一出路，將是擴大南越內部反美。是美國可能取勝於戰場的，而或將受挫於內鬨。這是南越堅決反共的人民，所必須嚴加警戒的。

　　我們切望三名「和平運動」親共份子的被強迫遣往北越，將是南越政軍當局配合美國政策不再姑息共諜的開始。

　　　　　　　　　　　　　　　　　　　　百憂

原文登載於《小世界》
1965/03/20

飛機師與空中小姐

小世界‧卑論集

　　十天前，一架菲律濱客機，在菲律濱國內飛行，於馬尼剌
至某地途中，撞山墜毀。除一名菲籍醫師及其四歲幼女，倖
獲生存外，航員乘客，全部罹難。據該生還之醫師告合眾國
際社記者：失事前正副駕駛，均離開駕駛臺而與空中小姐，
縱情閒談。當乘客發現他們陶醉於男女談笑時，已意料到或
將有不幸事件發生。不料轉眼之間，大家竟同歸於盡，而這
三位航員，也就永遠不能再有談笑的機會了。

　　自來飛機失事，有關方面對失事原因總照例有一項調查程
序，但由於每次失事，多半為全部罹難，以致失事真實情形
極難徹底明瞭，而調查工作，也就無法達成完滿的任務。像
上次陸運濤注1等在臺中搭乘失事的民航機，即其一例。

　　這架十天前撞山墜毀的菲機，如果沒有那位幸運生還的醫
師，誰能想到，受全體航員乘客生命付託的正副駕駛員，竟
會於執行任務時，離開駕駛臺，與空中小姐縱情談笑？所謂
玩忽業務的刑責，雖然對死者無法追訴，但一切航空公司，
及負有管制責任的機關，對這一切寶貴資料，難道還不應急

切注意，勿使類似情形，再度發生？

　　我也曾有過目覩機師，與女友並坐駕駛臺，擁抱談笑的經驗，我和同機乘客，當時也曾心驚膽顫地捏了一把汗，不過總算幸運，安全到達目的地。通常坐汽車，一般人都有常識，不應與司機談話，飛機比汽車，危險要增高多少倍，乃竟有如此玩忽的機師！雖然他們自己已付出最慘重的代價，但乘客何辜，遭此生命的損失？這是民航安全上一個嚴重問題，大家都不應等閒放過！

百憂

原文登載於《小世界》
1965/03/20

注1：陸運濤(1915年-1964 年)新加坡及東南亞的電影製片人、鳥類學家及攝影家。1915年生於馬來亞吉隆坡，國泰機構董事長，1964年不幸因飛機失事逝世於台灣。同行者有陸運濤夫人、國際電影懋業公司製片王植波、台灣電影製片廠廠長龍芳、及國際影業董事長夏維堂等人。

西貢豈可宣布解嚴
——美越當局均有輕率疏忽之嫌

小世界‧卑論集

　　早成為越南共黨爆炸的最大目標——美國駐越大使館，終
於3月30日上午20時，達成其恐怖任務，傷亡慘重，多至二百
餘人，使北平共匪，欣喜若狂。匪《人民日報》，認此一爆
炸，是「對詹森政府嚴重警告，如美國仍堅持欲留在越南，
則將死無葬身之地。」

　　美國人是否即已為此一爆炸嚇昏，立即如共匪一向所用的
術語：「從南越滾出去」？相反的，詹森總統却於接到報告
後，發表談話，「這將祇會加強美國人民與政府繼續對越南
援助及支持的決心」。同時宣布，他將迅速要求國會撥歁重
建美國駐越大使館。一般揣測，美國今後對北越的轟炸，必
更擴大，轟炸河內，可能將為爆炸美國大使館的一項報復。

　　美國外交機構在共黨或親共區域，被投石破壞或大舉焚
燒的，近數月來，已隨着越戰的擴展，如印尼、埃及、莫斯
科等地均曾不斷發生。紐約時報專欄作家貝克(Russell Baker)
注1對此事件，有過一段足以代表美國人民不屈服於暴力的意

見。他說：「你們可以在任何時候，毀滅我們的大使館，但我們也可以在任何時候，立即將新的大使館，從廢墟上建立起來」。詹森總統在駐越大使館被炸當天，就宣布向國會請歉(款)重建，正充分說明了這一點。

納粹飛彈襲擊倫敦，并(並)不能使英國抵抗希特勒的戰意崩潰，日本飛機偷襲珍珠港，并(並)不能使美國放棄維護人類自由的決心，歷史前例，至爲顯著。共匪欲以爆炸美國大使館，使美國退出越南，這種想法，真愚蠢而極幼稚。

不過我們所不能不提醒美國，及負責維護地方治安的越南當局；共黨恐怖份子，計畫爆炸美國大使館，爲日已久，且最近數月來，共黨恐怖行動，在各地一再爆發，何以美越雙方，竟未能採取積極措施，爲有效之豫(預)防？如將大使館四週住戶遷移，堆置沙包，禁止無特別許可證之普通車輛及行人通行，甚至可將大使館遷移至西貢近郊，或較易警戒之空曠地區，以策安全。

美越雙方，不早作曲突徙薪之計，授敵以隙，致造成此又一重大傷亡，不可補救之損失，雙方當局之輕率疎(疏)忽，實不能辭其咎戾。

尤其在爆炸使館事件發生前三日，西貢宣佈取銷戒嚴，誠然，戒嚴給人民帶來極大的不便，損害人民自由權利，故在民主國家，非萬不得已時，絕不輕易宣布戒嚴。我中華民國憲法第三十九條，規定總統宣布戒嚴須經立法院通過或追認，立法院認爲必要時，並得決議移請總統解嚴，程序繁密，由此可見。臺灣沒有被共匪侵入，沒有任何恐怖行動，

但臺灣實際上採取了戒嚴措置，已逾十年。越南情形，比我們嚴重百倍，越戰今已發展至極緊要階段，恐怖份子遍布西貢，幾乎無日不製造死傷，乃越南當局，竟於此最危急關頭，西貢宣布解嚴，在越政府用意，或且藉此為顯示尊重人民自由的一種民主作風，所謂騖虛名而召實禍，不足為訓，切望越南當局，從此提高警惕，覆轍萬毋再蹈！

百憂

原文登載於《小世界》
1965/04/03

注1：羅素·貝克(Russell Baker，1925年-)美國著名記者和作家，
　　　1979年美國普立茲獎（Pulitzer Prize）新聞獎得主。著有：
　　　The Good Times, *Growing Up*, and *Looking Back*等書。

不要靠天用電

小世界・卑論集

　　十年來，臺灣工業的突飛猛進，不僅我們自己有目共覩，自由世界的每一角落，似乎也都在一致讚佩。

　　最近有一件事，使我們最感不安，也可能因此，使人們對我們的工業進步，引起懷疑，那就是臺灣的電力擴增，去年枯水時期不停電，我們曾大吹大擂過，我們已戰勝自然，不再要靠天用電。但一轉瞬間，今年枯水時期，甫一到臨，我們的電力公司，已一再宣布，某些工業要減電，某些工業要停電。難道我們去年戰勝自然，今年就又被自然戰勝了我們？難道這一年中，我們的電力，不但沒有比去年擴增，反而比去年減縮？這個道理，實使人難以了解！

　　電力爲一切工業的基礎，電力不擴增，一切工業，也就無法發展，尤其已在發展的工業，忽被停止或減少電力供應，其所受人力物力及生產力方面的損失，真將不可思議！因此，十年來若干國營事業的擴大，有時受到或多或少的批評與阻礙，獨於電力，却無論朝野，總一致做無條件的支持。國家投資，美援借欵(款)，事實上都居於第一優先。燈光及工

業用電的一再加價，大家也都願意忍痛接受。收入方面，最近數年乃能常高達二十億以上，除臺糖外，已居國營事業的首位。在如此得天獨厚的情況下，何以十年前的此時枯水停電，十年後的此時，仍然要枯水停電？

科學的最高功效，就是「戰勝自然」，我們要保持十年來一切工業突飛猛進的光榮紀錄，我們必須大大努力於電力生產的擴增，一切枯水停電的不幸事故，不應再有。我們切望，由於水利的發達，我們永不要靠天吃飯，同樣的，由於電力的發達，也永不要靠天用電。

百憂

原文登載於《小世界》
1965/04/10

招商局眞是一條苦命

小世界‧卑論集

交通部長沈怡，目前向監察院交通委員會報告其整頓國營招商局計畫，

及招商局瀕於破產的實際情形。據沈氏稱，招商局已負債四千萬美元。目前只有另組新公司，新公司以二億新臺幣，租用招商局原有船隻。豫(預)定二十年期間，原欠本息將全部清償。

四千萬美元，依現行匯率，爲新臺幣十六億元，以一輪船公司，竟負債如此之巨，十六億元，幾乎算得上一個天文數字。交通部計畫，要新公司於二十年內，還清本息，假定以年息四釐計算，則十六億元每年須負擔利息六百四十萬元（當然以後因逐年還本自可利隨本減），另每年平均攤還本金八千萬元。試問憑招商局那些衰老破舊的船隻，新公司租來營運，如何有此能力，每年償還八千六百四十萬元的舊債？

招商局的拖垮，當然是管理不良冗員太多，我們推測，改組新公司最大目的，自不外要丟掉招商局舊包袱，但照沈氏

在監察院所說，招商局繁冗的人事，仍將納入新公司組織系統下，換一句話說，即舊包袱須照樣揹在背上。以二億元的資本，每年即一人不用，一文不付，僅分攤美金債務，也只夠兩年付光。我們真不明白，這是什麼計劃，可使招商局起死回生？

招商局創辦於清同治11年（1872），歷史悠久，但九十年來，就從未辦好過。光緒5年，王先謙^{注1}條陳洋務的萬言書中，即曾說過：「招商輪船，原藉以分洋人之利，辦理具有苦心，但從來營利之舉，官辦必難持久，船政總理大員，屢行更換，經管多人，頭緒紛繁，照察不及，久則弊生，且帑項有限，擴充為難……。」從王先謙的這一段話，與現在沈怡報告，互相對照，我們不禁同聲浩歎，「招商局真是一條苦命！」

百憂

原文登載於《小世界》
1965/05/22

注1：王先謙(1842-1917)湖南長沙縣人。字益吾，因宅名葵園，學人
稱為葵園先生。生於道光22年（1842）。18歲補稟膳生。咸豐11
年（1861）赴安徽安慶，任長江水師嚮導營書記，數月後辭歸。
同治3年（1864），在湖北提督梁洪勝營充幕僚。同年鄉試中舉
人。明年成進士，授翰林院庶起士，散館授編修，累遷翰林院
侍講。光緒6年（1880）任國子監祭酒。光緒23年(1897年)，湖
南「時務學堂」成立，該學堂總理熊希齡聘梁啟超、韓文舉、
唐才常等維新人士任教習。他初與張、葉等，陽為支援，陰圖
操縱。繼因維新運動高漲，他攻擊時務學堂總教習梁啟超等「傷
風敗俗」、「志在謀逆」、「專以無父無君之邪說教人」，使學
生「不復知忠孝節義為何事」；指斥南學會和《湘報》宣傳民權
平等學說為「一切平等禽獸之行」，「背叛聖教，敗滅倫常」。
並糾集張祖同、葉德輝等提出《湘紳公呈》，呈請撫院對「時務
學堂」嚴加整頓，驅逐熊希齡、唐才常及梁啟超等維新人士。
又致書陳寶箴，提出停刊《湘報》。及至戊戌變法失敗後，其
門人蘇輿編輯《翼教叢編》一書，集中攻誣變法維新。光緒26
年（1900）7月，唐才常等所領自立軍起義失敗，王先謙、葉德
輝等人向巡撫俞廉三告密，搜捕殺害自立會人士百餘人。宣統3
年（1911）武昌起義後，他改名遯，避居平江，閉門著書，凡3
年，乃還長沙，至1917年病逝世。王先謙博覽古今圖籍，研究各
朝典章制度，治學重考據、校勘，薈集群言。除校刻《皇清經解
續編》外，還編有清《十朝東華錄》、《續古文辭類纂》等。著
有《漢書補注》、《水經注合箋》、《後漢書集解》、《荀子集
解》、《莊子集解》、《詩三家義集疏》等。為文遠追韓愈，又
以桐城派陽湖派自許；其詩被稱為「得杜之神，運蘇之氣」，
「置之清代集中，挺然秀拔」。有《虛受堂詩文集》留世。

是福祉還是災禍？

從王清金案談起

小世界・卑論集

　　亂世男女糾紛，凶殺案不斷發生，社會病態，本不足怪，但像4月27日，高雄華南旅社狎客游正吉，無故殺死素不相識之幼妓王清金，情節離奇，其中包括許多嚴重的社會問題，却值得我們驚異警惕，而有悉心檢討之必要。

　　報載游正吉原爲礦工，曾屢受女人欺騙，生平信神，在大病初癒以後，入廟求籤，神告以最近某日必死。回家見母親生活艱苦。於26日投宿華南旅社，旅社侍應生詢以是否需要女人陪宿，適有莉露咖啡舘服務生，祕操淫業之幼妓王清金自願應召。游遂移其過去被女人欺騙之仇恨對王，且自信死在旦夕，應有鬼作地下伴侶，乃抽刀將王殺害。此爲游之自白，雖事實是否百分之百的如此，尚待證明，但就各方報導看來，似也不致相差太遠。

　　在這一荒唐故事中，如(一)男人被騙，何以不能循合法途徑解決？(二)神棍斂財，何以所作籤語，竟會如此惡毒，肯定指示某人某日必死？(三)旅社成爲淫業介紹所，咖啡舘成爲

淫窟，何以當地警局，竟如此任其自由發展，未爲有效之防止？這些問題，都值得逐一檢討，但我們認爲最重要的，還在另一點：一個十六歲的女孩，父親有正當職業，何以會被逼到要以賣淫養家？據28日各報所載王清金的家庭情況，及賣淫過程：「芳齡十六歲的王清金是臺南人，住臺南市西門路六巷三十五號之六，父王正元，在臺南市海安路大世界理髮店充理髮師，家有兄弟姐妹多人，家庭生活困難，所以才在不久之前下海，家庭生活就靠她出賣肉體以及她父親理髮所得的錢來維持。

「她在高雄莉露咖啡舘當服務生，26日晚間，當華南旅社服務生賴松娥打電話來叫小姐時，她正好在電話機旁邊，萬想不到這個電話就是『死神』的召喚」！

「王家原是一個小康的家庭，因生活所迫，所以母親王寶蘭才硬着頭皮讓女孩子出來賺這種錢，據說，清金這個女孩子雖然初中沒有讀完，但非常聰明，長的秀氣美麗，尤其平常孝順父母，她母親告以實在爲了一家的生活，不得已，所以忍痛要她犧牲，她聽媽媽的話，表示願意位家庭而不顧自己，她下海之前，她們母女曾哭泣了幾天」。「女兒出去陪客，27日早晨母親聽到噩耗，當華南旅社來電話告訴遇害時，她即抱着緊張惶恐的心情跑到華南旅社去看，天呀！果然是她的苦命女兒！這時立即昏厥過去。」

臺灣在近十年來，不僅我們自己相信，所有自由世界的友邦，也幾乎異口同聲，讚揚我人民生活水準，普遍提高，經濟發展，市面繁榮，大家都豐衣足食，已經沒有乞丐的存在。但像上面所述的王清金悲慘遭遇，我們讀了，試問應作

何感想？

　的確，這十年來，臺灣經濟發展市面繁榮，尤其我們看到臺北、臺中、高雄幾個重要城市，酒家、旅館、舞廳，生意興隆，若干暴發戶，一食、一宿、一舞，雖擲數萬金亦無所顧惜。誰能否認他們非豐衣足食？誰能否認他們生活水準未提高？不過是否「大家都」？是否「普遍高」？是否沒有乞丐？那却另有疑問。而王清金悲慘遭遇，正是這疑問最好的解答。

　因此我們願從王清金這一慘案，喚起各方注意，如果「豐衣足食」，不是「大家」而只是「少數」，「生活提高」不是「普遍」，而只是「一部分」，那麼，就整個國家社會說，試問是「福祉」還是「災禍」？我們還能够熟視無覩嗎？

百憂

原文登載於《小世界》
1965/05/01

苟能自新理可矜宥

小世界・卑論集

〈懲治叛亂條例〉，加重刑法第一百條至一百零四條內亂罪與外患罪的處罰，為唯一死刑，這在一個國家多難，共匪肆虐的時期，為防止以非法變更國憲，顛覆政府，當然有其必要。

廖文毅[注1]的頭銜，——「台灣共和國臨時政府大統領」——單從這十二個字來衡量，判處一百個死刑也不為多。然而他此次歸來，不特政府未對他絲毫處罰，任何方面，且絕無例外，都百分之百頌揚他幡然悔悟，棄暗投明。他的言論行動，連日各報，幾乎都以整版地位儘量刊載。政府的不咎既往，社會的與人為善，這都充分表現了中華民族最高的仁厚寬大。相信廖氏今後，必能如其回臺後一再發表的談話，以感恩待罪之身，努力於反共建國的大業。

犯叛亂罪這樣嚴重的巨魁禍首，一旦迷途知返，危崖勒馬，就可得到政府及全國同胞如此極其寬大的待遇，則那些罪行較輕，地位較低，但一向心懷反側，陰謀顛覆者，必能以廖文毅為模範，迅作明智的抉擇！

《史記・留侯世家》，張良勸高祖，寬赦其最痛恨之雍
齒[注2]，使當時醞釀造亂的人，都決心効忠，大家奔走相告：
「雍齒尚得封，吾屬無患矣」，政府此次對廖文毅的處置，
相信也會獲取同樣的效果。

於此，我們還願擴大範圍，更進一步，切望政府，當茲反
攻機運日見迫切，為號召全國一致，團結反共，對過去認識
錯誤，以致身負刑責的人們，只要自知後悔，政府也能援廖
文毅前例，作極寬大措置。陸宣公所謂「苟能自新，理可矜
宥」，則集全國同心同德之才智，殲大陸離心離德之共匪，
收復河山，操券可待，海內外愛國同胞，有誰不額手稱慶
呢？

百憂

原文登載於《小世界》
1965/05/22

注1：廖文毅(1910年3月22日-1986)，原名廖溫義，英文名字Thomas
Liao。1910年3月22日生於臺灣雲林縣西螺鎮義莊村。1927年畢
業，考進南京教會學校金陵大學工學院，1932年畢業，旋即入美
國密西根大學，1933年獲工學碩士，1935年獲俄亥俄州立大學化
學工程博士學位。1936年，廖文毅回到中國大陸，擔任國立浙江
大學教授，出版了《臺灣之糖業研究》一書，1937年蘆溝橋事變
後，被聘為軍政部兵工署上校技正。1940年出任香港銀行團鑒定
技師，同年回到臺灣。廖文毅熱衷於政治，二次大戰剛結束，他
就創立「臺灣民族精神振興會」，同年又組織「臺灣憲政會」。
1946年初創辦綜合性評論雜誌《前鋒雜誌》。該雜誌的主要撰稿
人，都是後來廖文毅執行「皇民化台獨」運動的核心人物，除了
廖文毅和廖文奎之外，包括邱永漢、林純章、楊基振、廖史豪
等。1950年2月在東京成立「臺灣民主獨立黨」，自任黨主席，
1955年9月，在東京成立「臺灣臨時國民議會」，12月廖文毅當
了「共和國大統領」，1956年1月宣告成立「臺灣共和國臨時政
府」，廖文毅任大總統，同時，將「臺灣臨時國民議會」改成
「臺灣共和國臨時國民議會」。1965年5月初，廖文毅表示願意
和國民黨「談判」，並回到臺灣，被任命為「曾文水庫興建委員
會」副主任委員。

注2：雍齒(？-西元前192年)沛縣人(今江蘇沛縣東)，出身豪強。秦二
世2年(西元前208年)，隨劉邦起兵反秦。秦軍圍攻劉邦於豐鄉
(沛縣西)。邦打敗秦軍後，命雍具駐守豐鄉。雍經魏國人周市
(音拂)誘反，遂行背叛；幾經反復後，再次歸向劉邦，邦以其立
過許多戰功，故未殺他。後封為什方侯。

新狗比老狗更惡

小世界・卑論集

　　毛澤東一身是病，向死神報到，這時期總不會太遠了。但若干人，特別美國人，竟將打倒中國共產黨的願望，寄託於毛的一死，這不僅過分天真，而且是近乎愚蠢！

　　史達林未死以前，全世界不也曾有許多人，以為史若斃命，蘇聯就會瓦解？事實是黑魯歇夫統治下的蘇聯，何嘗比史達林軟弱。對匈牙利革命血腥鎮壓，就是最顯著的證明。現在，由一個向無赫赫之名的柯錫金接替黑魯歇夫，對自由世界的威脅，也并(並)未絲毫減輕。

　　只有真刀真槍，流血拚命，才可以打倒惡勢力。在任何一種惡勢力形成以後，他的力量，是集體的，這一惡勢力中一二頭目的死亡，并(並)不意味着整個惡勢力的消減。

　　因此，要打倒中國共產黨，只有期待自由世界的強大團結，毛澤東那天死，也不過等於惡狗村中死了一條老的惡狗而已。可能老狗死了，新狗登場，新狗既比老狗年輕，則其瘋狂吃人的惡性，一定比老狗更強烈。以為毛死而中國共產黨即告崩潰，這一幻想，定會遭到最大的失望！

百憂

原文登載於《小世界》
1965/06/05

忍痛「開源」與忍痛「節流」！

小世界·卑論集

「一切為反共」，「一切為備戰」，在這大前提下，任何加捐，加稅，儘管冒「殺雞求卵」的危險，大家也只好忍痛接受。

理財的最高原則，無非「開源」「節流」，為了「反共」，為了「備戰」，大家忍受了「開源」的一切苦難。但為了「反共」，為了「備戰」，我們也切望不顧一切，大家更忍痛「節流」。

像許多佈置華麗的招待所，供娛樂的官辦劇團，排長龍的交通車，徒供覆瓿的印刷品，說起來，好像雞毛蒜皮，無關宏旨，但聚沙成塔，也可能變成一個驚人數字。

人民既已忍痛，接受政府的「開源」，那麼，政府難道不應該更忍痛，接受人民期望的「節流」？

百憂

原文登載於《小世界》
1965/06/05

當心「魔鬼」抬「轎」！

小世界・卑論集

　　坐轎很舒服，抬轎很辛苦，但若抬轎的恰是一羣魔鬼，他們有本領，使你坐在轎裏，舒服得飄飄欲仙。那麼，當你失去主動，任憑擺佈，昏天黑地，迷失方向時，他們會將你抬進鬼門關，你在糊塗中送了一條命，還是莫明其妙！

　　共產黨正是一羣抬轎子的魔鬼，他們最能使坐轎的人，十分舒服，因而若干年來，在全世界，不知送了多少糊塗命。印尼的蘇卡諾，就是被抬的一個。現在能否從鬼門關邊緣跳出「死」轎，逃離「魔」掌，那就要看他自己能否及時覺醒，及其覺醒程度如何？

　　其實，凡是中無定見，專愛恭維，貪圖舒服而富於領袖慾的人，即使抬轎的不是共產黨，也有隨時被一羣阿諛貪污的部下，抬向死亡的可能。

百憂

原文登載於《小世界》
1965/10/09

「不重讀書重下棋」？

小世界・卑論集

　　林海峯受人崇拜，就最近情形看來，已超過榮獲諾貝爾獎金時的楊振寧、李政道。若干居於領導青年地位的顯要，在讚揚祝賀林海峯的文告中，竟曾勗勉全國青年，要以林海峯為模範，向林海峯看齊。

　　像林海峯的天才，及他此次在「棋」藝方面所獲榮譽，這都是任何人不會漠視的。但若全國青年，誤會了若干顯要意旨，以為下棋成「名人」，是今後青年們所應一致努力的目標，使全國青年變成「棋士」，而他們的家長，也以子女下棋成名為榮，「遂令天下父母心，不重讀書重下棋」，則影響所及，必將不堪設想。

　　我們認為林海峯是值得捧的，但我們相信若干顯要之勗勉全國青年，向林看齊，是要全國青年，學習林海峯在決賽時專心致志爭取勝利的精神。而不是勗勉全國青年，不重讀書重下棋。

　　我們切望林海峯今後以過去下棋的精神，移於讀書，不特為「棋」的「名人」，更將為「學」的「名人」。棋是業餘

消遣，不是終身職業，我們相信二十多歲的林海峯，憑他這樣天賦聰明，他也絕不會拋棄書本，從此以下棋終身。他的家長也不會如此，難道領導全國青年的若干顯要，反竟會希望全國青年都成「棋士」？為了解除誤會，我們乃願為顯要的文告，作此註解。

百憂

原文登載於《小世界》
1965/10/09

何不予以考慮？

小世界·卑論集

當臺北市公共汽車管理處痛哭流涕，要求漲價，而未獲市議會通過時，臺北若干報紙，登出了下列一段新聞：

「臺北市議會副議長陳少輝昨天私下表示，他願意每月以五百萬　元，向臺北市政府承租經營公車事業，並保證絕不漲價。」

以一個不通過加價的市議會副議長，而發表如此談話，似乎會令人意想到，有「搶生意」之嫌。但公車處，天天哭「窮」，年年要「漲」，並動輒以如不漲價，及可能無公車可坐，恐嚇臺北市百萬市民。那麼，現在竟有人願意承辦，不特保證絕不漲價，而且願每月向市政府繳納承辦費五百萬元，市府對此，何不予以考慮。為了防止副議長利用地位「搶生意」，儘可公開招標，招標結果可能每月繳納承辦費，比五百萬元更高。

香港公共汽車都是民營，我離開香港十年了，最近朋友從香港來，據說，票價仍和十年前一樣，不但從未漲價，而且繳納政府的費用，年有增加，公司利潤之豐，更不待說。難

道這不是我們最可借鏡的一個實例？

百憂

原文登載於《小世界》
1965/10/09

不能再疏忽了
—— 由三義士之死應該提高警惕

小世界・我們的話

吳文獻等三義士慘遭毒手[注1]，任何人都悲憤填膺，但由於這血的教訓，我們切望朝野各方，對下列兩點，提高警覺：

第一、我們既天天大聲疾呼「反攻在望」，金馬是我們最前線，整個臺灣早已成為戒嚴地區。共匪殘暴兇橫，滅絕理智，我們有甚(什)麼理由，可以相信共匪能遵守國際通則，不攻擊非武裝飛機？則由金馬以至本島的交通，我們軍政要員，中外貴賓，如果有必要到最前線去，千萬不要再持過去那種觀光旅遊的姿態，粗心大意，不加戒備。尤其像金馬這樣軍事要地，更不宜視同名勝招人遊覽。猶憶半年以前，我們曾接待過一批香港文化人士們到金門，其中之一，竟回港不及旬日，即又應共匪邀約，前往北平，參加李逆宗仁記者會。固然我們的國防機密，未必能為此類觀光客所窺竊，然一些地形實況，自無法逃入耳目。金馬乃反攻前哨，非觀光勝地，我有關當局必須深切認定不可再有疏失。

第二、現代戰爭，早無絕對前後方可分，航程最速之敵

機，自距我最近的大陸基地起飛，不需半小時，即已達台北上空。五年以前，也許大家還有些警惕。當時政府不許各機關在台北市內，大規模興建官署，民間建築，也有種種限制，並規定每一新的建築，必有防空設備。此外舞廳及夜總會之類，均懸為厲禁。然而不知何故，這些禁令，在今日去早已扔進垃圾堆。請看五年以來，台北是內新添了多少公的摩登官署，私的摩天大廈。而中山北路一帶，光怪神秘，已幾與天都巴黎媲美。有甚麼戰時氣氛？有甚麼防空警戒？一旦敵機來襲，變起倉卒，我們的生命財產，將遭受若何損失？這真是一個不敢想不忍說的景象！我有關當局，豈可熟識無覩？

　　由於交通安全的疏忽，使吳義士等不能參加反攻，重回大陸，這當然是反共戰史中一件最大憾事，但吳義士等為自由而搏鬥，其駕艦逃出匪窟經過，已足驚天地泣鬼神。今吳義士等雖慘遭不幸，然朝野各方，若能從此次改正年來習有的疏忽，而避免了無數生命財產可能的損害，加速反攻復國的勝利，則吳義士等在天之靈，也必將感到無限安慰！

成舍我

原文登載於《小世界》
1966/01/15

注1：1966年1月9日駕艇從福州投誠的共軍吳文獻、吳珍加、吳春富等三人，在馬祖身披彩帶受到國軍熱烈歡迎後，隨即動身前往臺灣，但座機自馬祖起飛不久即遭共軍米格機擊落，稱之為「吳文獻事件」。

快到組織「老子軍」的時候了

小世界・卑論集

　　第四屆國民大會，在完成其本屆重大任務——選出總統
副總統——以後，25日，即將閉幕。此距今僅只一週之短促
時間，大家爲了張知本等組織動員戡亂委員會的提案，認爲
情形嚴重，多奔走相告，大有山雨欲來之感。但我們相信執
政黨的智慧，尤其相信「一部憲法將完整帶回大陸」的一再
昭示，這一提案，必將有圓滿的解決。我們不必憂慮「廢
憲」，更談不到如何「護憲」。

　　相反的，由於張案提出，我們可另獲一項啓示，足使我們
額手慶幸；反攻大陸的時日，真就會「近在眼前」了。因爲
張案反覆說明，爲了「達成戰鬥任務」，爲了「爭取反共勝
利成果」，才有授權總統，成立此會的必要。如果臺灣仍是
安於現狀紙醉金迷，「今歲不戰，明年不征」（用諸葛武侯
語）則豈僅此一震駭視聽之驚人提案，失其意義，即因戰時
不得已而限制人民自由之若干現行法令，似乎也應該重新檢
討。

　　實在說，臺灣與大陸，如此迫近，現代戰爭的武器威

力，如此強大，一旦反攻開始，我們「三頭馬車」的國會，是否尚有安坐臺北，從容論道的可能，此一疑問，恐任何人都能作答。我們中央的治權機關，屆時最好都暫行休會，大家組織「老子軍」（現有中央民意代表平均年齡早在五十歲以上），到前綫去參加政治作戰。即使沒有張案，事實上未來統領權限的需要擴大，恐更將倍於張案，則今日提出張案者的苦心，與夫反對張案者的「愚忠」豈不都有點「何必張皇，徒滋紛擾」之感？

百憂

原文登載於《小世界》
1966/03/19

「平易近人」

小世界・卑論集

　　「平易近人」，新當選的副總統嚴家淦，對外間經常給他
這一評語，深感滿意。他並自作註釋，從事政治工作，必須
多向別人請教，惟平易才可與人接近，才可聽到別人意見，
否則就無法與人接近。嚴氏這一說法，深合「民主」真諦，
如能切實做到，則嚴氏以文人膺選副總統，對我國民主政治
的推行，將必有重大貢獻。

　　不過「平易近人」這四個字，在過去，常被人用作舊式
官僚的處世哲學，逢人裝笑臉，說話無誠意，處事看風色，
舊時代官僚政治之誤盡蒼生，也就誤在這偽裝的平易近人上
面。民主政治的「平易近人」與官僚政治的「平易近人」，
真是失之毫釐，差之千里。我們不但切望，而且相信嚴氏所
了解的「平易近人」，將永遠屬於前者。因此，當嚴氏官邸
擠滿了道喜賀客時，我們所特別要為嚴氏道賀的，不在他當
選副總統，而在他竟能了解一個民主國家最高公僕，是要不
折不扣「平易近人」！

百憂

原文登載於《小世界》
1966/03/26

如何立作最明智的判斷

小世界·卑論集

　　爲了神經病患者一句瘋話，使由港飛台的一架客機，中途降落，數十旅客，飽受驚擾。當然，有關方面採取此緊急措置，基於安全第一的原則，確屬無可非議。民航公司少數金錢損失，及若干旅客數小時精神威脅，比起同歸於盡的人機全毀，真是大小懸殊，絕難并論。

　　不過我們所願提供有關方面今後參考的，即在充滿神經病患者的此一世界中，向馬某一類的人，及其類似的瘋癲行爲，真不知有多少。在美國，打電話到航空公司，說某一飛機上，已裝有定時炸彈，這種玩笑，早成家常便飯。我有關方面，如何勿使惡作劇者得逞，對每一謠言之來，能立作最明智的判斷。即以此次民航機事件爲例，如果當時立即發現造謠者神經向不正常，則一場紛擾即可不致發生。減少物質上精神上任何一分不必要的損失，這總是大家所馨香禱祝的！

百憂

原文登載於《小世界》
1966/03/26

好貴的輔導轉業
——每一名三輪車夫需四萬三千餘元

小世界・卑論集

　　報載輔導臺北市三輪車夫轉業，已由臺省府制訂計畫，預定分三年輔導完畢，第一年輔導二千三百人，需經費一億元，省府負擔三分之一，市府負擔三分之二。臺北市所應負擔六千六百萬元，省府指令應在社會福利基金內撥發。

　　以機動車代替人力車，換一句話說，也就是臺北市所要嚴厲執行的以計程車代替三輪車，這本是現代都市必然的趨向。政府關懷三輪車被淘汰後，原來以踏三輪車為業者的生活，這種己飢己溺痌瘝在抱的德意，確是值得大家深切感佩。不過我們所奇怪的，輔導二千三百人轉業，為什麼要消耗公歟一億元之巨？以一億元輔導二千三百人轉業，每人約需四萬三千五百元。我們身經百戰勞苦功高的三軍官兵，以及隨政府遷臺艱苦備嘗的公務人員，其達到退職年齡所得退休金，平均恐尚不能獲得此一數字。既曰輔導，自然此四萬三千五百元，只用於因輔導轉業所需支出的費用，當並非作為等於軍公教人員退休金，贈送每一三輪車夫。車夫本身，事實上，不能獲得任何實惠，而國家卻平白地損失了一筆鉅

欵(款)——一億元。

且輔導轉業並不一定即能就業。如果輔導的目的，是開計程車，試問計程車司機所需之體力、智慧，是否每一三輪車夫，均能具備？如其不能，而粗製濫造，准其及格，則滿街市虎，橫衝直撞，未來車禍之多，其害將不堪想像。抑臺北市現有計程車，已嫌過剩，如每年再添數千輛，其勢不僅轉業之三輪車夫，無業可轉，並原有之計程車司機，亦將連帶拖垮，慘遭失業。我們真不了解這個一億元輔導二千三百人轉業的計畫，究何苦來！

消滅全部臺北市三輪車，便要將全部三輪車夫強迫轉業，這一決定，究竟是「國策」、「省策」，還是「市策」？我們的三輪車，前幾年，不也曾出洋到美國，被好奇的美國人，坐着招搖過市，傳爲一時佳話？日本、香港，在汽車通行了幾十年以後，過去還有人故意要找已成古董的黃包車，出着比汽車還貴的價錢乘坐。那麼，臺北市如果留若干輛少數三輪車，爲此東方都市，點綴風物，供觀光客的遊賞，那又有何不可？爲什麼要浪費這可寶貴的一億鉅欵(款)？（如照省府三年計畫，全部支出的輔導經費，應最少爲三億元）

百憂

原文登載於《小世界》
1966/04/02

詹森總統應提高警覺了！
勿使韓戰中韋爾士一類的變態心裡再在越戰出現
小世界・卑論集

　　詹森總統不許在越空軍，轟炸河內海防，與韓戰期間杜魯門不許麥克阿瑟轟炸大陸，追過鴨綠江，可稱不謀而合，「異曲同工」。這都是所謂「不求勝」政策作祟。打仗而「不求勝」，真乃今古奇談，其損害士氣，尤極嚴重。如果詹森總統，不趕快改絃更張，我們更不敢豫料，美軍在越，將如何收場！

　　韓戰中被俘變節，拒絕遣返的美兵韋爾士(Morris R. Wills)在他留居匪區十二年以後，仍然唾棄共匪，投奔自由。最近在《展望雜誌》追述他變節時心理上所受激刺，他說：「麥克阿瑟是我的偶像，他主張的打法，正是我認為應該採用的打法，那就是轟炸中國大陸。他在我被俘前夕被解職了。但俘虜營中，我仍然為此事難過而且憤恨。我覺得當權的人不關心這場仗是輸是贏，反而他們有美酒、女人、歌舞、汽車等等，舒服享受」。

　　「我的憎恨越來越深，我對美國陸軍和美國政府深為

失望，內心的空虛只有藉對中國和共產主義的興趣來填補……」

　　這一段話，吐露了十二年前一個變節投共者的心理變態，但在十二年後的今天，雖然戰場不同，越戰代替了韓戰，總統不同，詹森代替了杜魯門，但不求勝政策卻是一樣的。作戰最重要的，在培養士氣，切望詹森總同提高警覺，不要使韋爾士一類的變態心裡，再在越戰出現。

百憂

原文登載《小世界》
1966/04/09

兩幅面孔兩套說法

小世界‧卓論集

　　爲了應付環境，一個在現實社會混飯吃的人，要裝出幾幅面孔，原也無可厚責，但擔當國家重任的高官大員，則似乎不該如此。

　　對大眾演講，報紙談話，慷慨激昂，一套「漢賊不兩立」的言論，「反攻必勝」的信心，說得口沫橫飛，頭頭是道。然背轉身來，換一個環境，無論是私人宴會，或在所謂民意機關中作秘密報告，則立刻悲觀消極，又是一套。甚至爲表示並非自己無能，而確屬弱國無外交，對那些堅持「漢賊不兩立」或「反攻必勝」者，譏爲「反共八股」，爲「不識世界大勢」。這種兩面人的說法，出之於「天下興亡匹夫有責」者的口中，本可一笑置之，出之於高官大員，却實在無法寬恕。

　　全國軍民，都正以無比熱情，追隨政府，積極作打回大陸的準備，假使像上述高官大員，他真有異乎常人的卓識遠見，他應該上向首長，坦白陳述，爲適應環境改變政策的建議，如不得請，則挂(掛)冠引退。萬不可兩副面孔，兩套說

法，立場模糊，信念動搖，對全國軍民無比熱情，暗潑冷水。縱然目的只在洗刷「並非自己無能」，保全現有地位，而確無其他用心，但無論如何，像這樣兩面人的滑頭作法，實在「此風不可長」，大家應提高警覺，毋使滋蔓！

百憂

原文登載於《小世界》
1966/04/23

勿使人人自危！

小世界‧卑論集

臺灣工業的繁榮，與地方治安的良好，這是中外公認，也是我們所足引以自豪的。但最近臺北、臺中所發生的兩件慘案，對我們良好治安，實可爲打擊沉重。

臺北的中華體育場附近，竟有不良少年搶刼情侶，並施強暴，使一對男女，羞愧自殺。臺中秀山村四十歲的邱時裕，爲了要娶十五歲的乾女兒爲妻，被乾女兒父親拒絕，乃持槍殺其全家，並刼女出走。這兩件事，已不是普通不良少年滋事，與普通流氓惡徒行兇。意義重大，不言可喻。

本來，這類慘案，過去也屢有發現，我們所痛心的，就是有關方面似始終未正視這類慘案的嚴重性。甚至不良少年搶刼殺人，竟可因家長要求，獲致和解，持槍滅門的兇殺，竟可事隔多年，無法破案。如果最近兩案，仍不能引起當局重視，而尋求根本防治之道，則自今以後，青年情侶，誰還敢結伴出遊？有女兒的人，誰還敢與有鎗的人做朋友？如此人人自危，我們稱譽中外的良好治安，金字招牌，豈不將從此砸破？

百憂

原文登載於《小世界》
1966/04/23

「第一流」

小世界・卑論集

　自從教育部發言人公開宣佈，政府將以每月等於美金一千二百元之高薪，羅致海外第一流學人歸國，這幾天來，各方反應，多欠良好。尤以正在各大專院校、各學術機關，辛勤教學，埋頭研究的學人，最感憤慨！

　每月美金一千二百元，照現行匯率即為新臺幣四萬八千元，不特全自由中國任何一位學人，從無此最高待遇，即國家元首、行政院長，也望塵莫及。難道數以百計的高等教育學術機關，竟沒有一位學人，其學術標準合於教部發言人所謂「第一流」？假若如此，自由中國的學術文化，早應破產，為什麼我們每年尚有無數大專畢業生，其學業成績能夠請到國外著名大學獎學金？而今日在美的所謂「第一流學人」，竟也有不少，就在這并非教部所承認的「第一流學人」講授培養下，畢業出國，深造成功？

　科學教育，首重設備，而科學教育的基礎，首在中學，設備不充實，等於紙上談兵，中學基礎不打好，等於對牛彈琴，任何天字第一號學人，在此種環境下施教，儘管口沫橫

飛，力竭聲嘶，也將無補於科學教育的發展。不揣其本而齊其末，揠苗助長，是不會有所收穫的！

縱使若干人看法、知識早已成為商品，教育只是居間販賣，老師為吃飯而講學，無所謂師到、風度，但站在教育當局立場，這種觀念，是萬萬不應存在的。因此，「重金禮聘，名角登臺」的宣傳，究只可用於戲院舞廳，而不可施之於教育，更不可出於教部發言人的口中。

最後，我們還不能不提醒一點，中華民國，有其法定的幣制，在中華民國境內，外幣雖許持有，但不許行使，私人機關，上不准以外幣計薪，如政府機關，竟公然宣布以外幣標準，延聘第一流學人，這是否已涉及法律問題，希望有關當局，嚴加注意！

百憂

原文登載於《小世界》
1966/04/30

過去了三天的「五四」

小世界·卑論集

　　將四十七年前，在中國現代史上，一個驚天動地的大運動
——「五四運動」，定爲文藝節，這實在有點文不對題，最
低限度，也是低估了這一運動的價值。

　　五四運動，是民族革命、政治革命、思想革命的綜合
體，沒有「五四運動」，不平等條約的鎖鍊，不會解除，腐
惡的軍閥勢力不會打倒，「民主」與「科學」的觀念，不會
建立，換一句話說，也就是中華民國，永遠無進入現代國家
的行列，而孫中山先生倡導的國民革命，也就難以成功。我
們回想起四十七年前，以北京大學爲首的英勇青年，赤手空
拳，在刺刀鎗托下，如何與腐惡軍閥苦鬥，這一運動，豈是
「文藝」一詞所能概括？即至今日，我們仍覺得「五四」精
神，有繼續發揮的必要，共匪奴役人民，其殘暴百倍於北洋
軍閥，我們正應鼓舞青年，以四十七年前打倒軍閥的英勇，
打倒共匪。

　　但若干年來的五四紀念，就一直在這「文藝節」的名義下
默默度過。有人說，幸而還有這一「文藝節」名義，全國文

藝界，熱烈興奮，舉行慶典，也就附帶的紀念了「五四」，否則「五四運動」，將根本無人提起。試問現代史上也最具有意義的「雲南起義」，與「三一八慘案」，當每年這一紀念日期到來時，誰還能在報紙上找出紀念文章，與舉行紀念的新聞？

第四十七週年的五四紀念，已過去三天了，希望大家今後不要忘記，五四固然給「文藝」帶來新生命，但它偉大的意義，并(並)不專限於文藝！

百憂

原文登載於《小世界》
1966/05/07

將何以善其後！

小世界·卑論集

「重金禮聘第一流學人」，這一由教育部發言人公開宣布而引起的軒然大波，有關當局，其措置是否適當，尤其對國內現有學人，是否將招致某種不良反應，在最近立法院教育委員會趙文藝、李慶□等質詢，及有關當局王士杰、閻振興等答覆，一般輿論，已不難獲得正確判斷，而若干在臺學人，若干報紙，也業經發表他們的看法，我們於此，不必再湊熱鬧。但有一點，各方尚不夠鄭重深刻糾正的，那就是不由國庫支出的外國捐贈，是否就可不分青紅皂白，聽人指定，任意支付。

根據有關當局的一再說明，此月薪一千二百美金的來源，係若干外國基金會捐贈，並非由國庫支出。其意若曰，如此情形，既於國庫無損，如何支付，大家何必多管，立院質詢，監院調查，也就近於浪費。雖然立院教委會中已有人提出糾正，但我們應該特別強調，作進一步說明。中華民國是一個獨立自主的國家，中華民族是一個重視人格的民族，孟子有云：「一簞食，一豆羹，得之則生，弗得則死，嘑爾而與之，行道之人弗受，蹴爾而與之，乞人弗屑也。萬鍾，則

不辨禮義而受之，萬鍾於我何加焉？」態度不好的捐贈，雖至窮如乞丐，尚且不受，何況此一捐贈之歎(款)項，若如有關當局所說，應依照捐贈者意旨支付，縱禮貌不成問題，但必將影響我整個國家制度，及國內學人情緒，甚至激起全部軍公教人員不平之感。這樣重大一件事，如何代表民意的立監院及報紙，可以袖手旁觀，視若無睹？

試問，如果某一外國基金會，認為我國家長期科學發展委員會，及教育部，對發展自由中國的科學，特別重要，也特別有成績，基於他們熱烈鼓勵我發展科學的誠意，願捐？提高我們主任委員和教育部長薪俸，每人每月美金一萬元，那麼，我們的主任委員和部長，是否也可以認為并非國庫支出，他人不必多管？不論個人應否接受，但這樣嚴重破壞了我們國家的俸給制度，及我們百萬左右軍公教人員在戡亂時期一向忍受雖「寡」而「均」的克難生活，我們將何以善其後？！

百憂

原文登載於《小世界》
1966/05/14

眞正爲人民而戰的領袖
人民是永遠不會忘記更不會辜負的

小世界 · 我們的話

　　第四任總統、副總統已於昨日宣誓就職，就總統昨在就職大典時所頒佈的演詞看來，今後最重大而最急迫的任務，將其爲反攻復國，決集中全力儘速實現。

　　總統在演詞中，曾引用孟子所云：「以天下之所順，攻親戚之所畔，故君子有不戰，戰必勝矣」，以確證共匪必亡，反攻必勝的信心。全國軍民，尤其淪陷在大陸匪區，水深火熱的苦難人民，聽到這個啓示，必然內心愉快，無限慶慰！

　　我們回想到二十年前，抗戰勝利，國土重光，民國35年，總統蒞臨北平，北平人民，那重傾城出迎，歡呼若狂的盛況。太和殿前，成千成萬兒童，竟以能擠近總統身旁，摸到總統皮鞋、衣角爲無上光榮。此情此景，猶如昨日。眞正爲人民而戰的領袖，人民是永遠不會忘記，更不會辜負的。從二十年前這一事實，就可作爲鐵證。

　　我們切盼，也確信二十年前這一狂歡的事實，在未來六年中，將儘速再在北平太和殿前出現。

成舍我

原文登載於《小世界》
1966/02/21

美國不應再裝糊塗了

小世界・我們的話

　　和尚六根清靜，不求名利，而越南的和尚，卻公然號召徒眾，干涉政治。在歷年反共戰爭中，幾乎每一次反共政府的跨台，都大部份系受到和尚壓迫。我們常譏笑僧侶而好出風頭者為政治和尚，和尚搞政治，即不其為和尚，像越南的智廣，名為佛教徒最高領袖，但他所作所為，完全是一個政黨黨魁，就他所給予越南政府及美國反共戰爭的阻撓與破壞看，更簡直即是一個共產黨在越南的地下領袖。

　　爭取前線作戰的勝利，唯一條件，必先能維持後方安定，智廣卻竭盡所能，專在後方搗亂。此次順化暴民，大舉焚掠美國新聞處，據報載「路透社」順化26日電：當暴民進行焚掠時，許多人親多好鬥成性的佛教領袖智廣，站在美新處外面，與暴民混在一起。無疑地，此次暴動，正由他發縱指使。如此明顯的叛亂，在越美軍，竟始終寬容，不予制止。美軍一再宣佈，決不自越南退卻，要與共產黨對抗到底，但前線作戰，既不轟炸河內海防，後方治安，又縱容偽裝佛教徒的地下共產如此搗亂，我們真不解，將如何爭取勝利？

　　阮高其峴港之戰，不及旬日，已將聲勢浩大，與佛徒勾結的叛軍擊潰，我們切望美國不要再被智廣并非共黨的甘言所欺，應聽任阮氏，放手平亂。過年毛澤東并非共黨，只是土地改革者的甘言，己斷送了我們整個大陸，美國如真要保衛亞洲的民主自由，實在再不能顢頇胡塗了！

百憂

原文登載於《小世界》
1966/05/28

誰敢將生命付託只學兩年的醫生

是否應鼓勵設立五年制醫學專科？

小世界·我們的話

　　報載五年制專科，由於教育部大力倡導，今年暑假，核准招生者，將在四十五校以上，招生名額，超過萬人，這比去年的學校與招生數字，均增加了好幾倍。但援例乎也已感覺有即時限制的必要，高等教育局長莊君地，2日向記者發表談話，表示今年籌設五年制專科，必須符合兩項新的條件：第一、學校、科別將以農、工醫等類爲限，其他文、法、商等，則從嚴審核，或竟不予考慮。第二、規定創校之五百萬元基金，經存入銀行後，如需動用，應先經教育部核准。我們看了這段談話，不但難以相信，五年制科的洪流，會從此遭受格阻，由於關係人民健康的五年制醫科，竟不在此從嚴審核之列，人命關天，我們深切昶心，這問題更加嚴重。

　　根據〈專科學校法〉第二十條規定，五年制專科，原只以音樂美術爲限，因此種學科，最好能從幼年開始，若待高中畢業以後，再行投考，則年事已長，學習困難，(通常學習鋼琴，且多從十歲左右開始)過去教育部於音樂美術以外，曾核准少數其他學科之五專，此就嚴格的法律觀點言，已屬

不合，乃最近一年來，專科學校法，並未修改，而教育部核准新設之五專，平均每個月約增加三、四校，此在我國高教育史上，顯為打破紀之創舉。今教育部欲加限制，但照莊君地氏所談，農、工、醫等之五專，仍可繼續增設，并可不如文、法、商科之須從嚴審核，換一句話說，也就是仍可放寬。臺灣父老，向多渴望其子弟學醫，有此捷徑，則五年制醫科，勢將普及於每一角落。農、工、醫首重數理，尤其醫科，若高中時期之數理基礎，并不良好，根本即無法投考，而五年制專科，招收初中畢業生，依照教部規定，前三年補足高中課業，後二年始為專科，姑不論數理基礎，能否於此前三年補充完成，但學醫時間，只有兩年，試問此等五年制醫科之畢業生，將如何開業？如何取得社會之信任？誰敢將生命付託只學兩年的醫生？目前三年制專科之中山醫專畢業生，考選部已認為學醫時間太短，必須經過甄試，始准發醫師執照，此一風波，尚在僵持中，若再大量開放僅僅學醫兩年之五專，將來糾紛，真不知教部更如何解決？

本來，增設學校，培養人才，對國家社會，都是好事，但主管機關，必須依據法律，適應需要，而不可好大喜功，貽國家社會以無窮之紛擾與災害，這是我們心所謂危，而不得不鄭重向教育部敬盡其一得之愚的！

成舍我

原文登載於《小世界》
1966/06/04

從蔡益案談起
如為發掘罪惡遭遇仇殺應受新聞界最高的崇敬

小世界・我們的話

《新生報》駐臺南記者蔡益，於7日上午，在臺南市議會採訪開會新聞時，突被暴徒李天來以切菜刀向後腦及肩部砍成重傷，雖送醫急救，已無生命危險，但迄至昨日，兇手始行捕穫。我們對此願提供下列意見：

第一、暴圖何故行兇？在兇手尚未訊明以前，一切傳說，自然都不能作爲依據，但無論暴徒與蔡益間，有何深仇積怨，及仇怨的起源，孰是孰非，此種殺人行兇，直接報仇的暴行，爲社會安寧計，必須嚴加制。過去許多兇案，行兇者，或始終不能捕獲倖逃法網，或雖經捕獲，所受行罰，往往未能與所施暴行相底，甚至「殺人者死」這一最簡單原則，意由於法官量刑從寬，常有例外。不久以前，某報一工人，因細故殺死同事數人，爾後竟獲免死，即其一例。固然「殺以止殺」，已不爲現代刑事政策所採行，但若一味寬大，則以臺灣「流氓」、「歹徒」之多，兇殺風氣，勢惟日彌漫。況當勘亂戒嚴時間，地方程序，首須維護。我們並不因蔡益爲一新聞記者，而即謂懲兇戢暴，應特別予以強調，

我們的確信，任何兇案之發生，負責機關，都應一律重視。蔡益兇手姓名，既早查悉，何至延擱多日，使行歸案，緝兇工作有無鬆懈，這是我們不能不深感困惑的。

第二：新聞記者，以發掘罪惡，為其重要天職之一，然犯罪刑惡之人，不自悔其行為不當，而為仇恨記者之發掘。於是匪徒燒空見慣，但此一歪風，在西方，今幸能相當止者，即法律對此等暴徒的懲罰，決不寬縱。自由中國，政治、社會之步入清明，正賴有無數「威武不能屈」的記者，一秉至公，發掘罪惡。假使蔡益的遭遇兇殺，是為了揭發罪惡，那我們不僅切望他所服務的報館，應該特予褒獎，為了尊重神聖的「新聞自由」，我全國新聞界，都應向蔡氏至崇高的敬意。

第三：我們固然相信新聞記者對本身職業道德，都應有其適當的修養，但我們也不為言，極少數害群之馬，在今日新聞界中，也無人能保證其業已絕跡。假使因本人行為不檢，而引至私人仇怨的報復，法律上對暴徒故乃應科以刑責，然此種記者，則無法獲得社會的崇敬。我們當然相信臺南兇案，絕不屬於此一類型，然我們每一位新聞從業員都應深自警惕，人人可能蹈入此一類型之陷阱為戒。這與前述為發掘最惡而招致的仇殺，社會評價那真將如「泰山鴻毛」，無可比擬了！

成舍我

原文登載於《小世界》
1966/06/11

漫談「偷工減料」

小世界・我們的話

　　考試院內考試大樓未建成而倒坍，使一位廉潔勤慎的考選部總務司長沈銘生，及一位與此工程本無關係的青年工程師許友勛無辜慘死，從昨天親赴市立殯儀館弔祭者之擁擠與歎息，以及連日來，若干報紙電臺所作的種種評議，可見社會對大眾，對此事是如何關切及同情！

　　關於坍樓的責任問題，一般人多集中於此一工程，是否偷工減料。在事實沒有確定，法院沒有審判以前，我們不願於各報各電臺公共評論以外，再作任何評論。今天〈我們的話〉只想廣泛地針對目前台灣許多建築，特別屬於政府機關的建築，何以常會有所謂「偷工減料」問題發生，提供一點意見。

　　在現代營利制度，任何工商事業的經營者，當然總沒有不想賺錢，而只願賠錢的，營造業更決不例外。一座房屋建築，需費若干，建築師照例有一合理預算，并已為承建者算好了合理利潤，如果信任建築師，則應信任此預算。但不論公私，大多數業者，總希望承建廠商。台灣公私建築，尤其

政府機關，每一工程，或循例或依法，多需公開招標，而以最低價得標。雖然低於建築師預算的標價，但規定上，業主可以取銷，但政府機關的承辦人，總怕引起傳言，事實上也很少有人敢不敢低標取高標。又某種承建廠商縱因特殊地位，可以不經由投標取得承建權，其承建價格也可以不在建築師的預算之下，但當他們轉包或分包給其他營建廠商時，則多少總要比他們原得的包價降低。既然營利事業，賺錢第一，則建築師原定合理標價，如此層層稍減，再加上應酬，及其他難以告人之費用，試問有何人肯寧願賠錢，而不偷工減料？

考試大樓的倒坍，是否由於「偷工減料」，我們不敢臆測，但「偷工減料」，顯然已成為今日建築工程中的一項流行惡疾，要消滅這一惡疾，仍需從基本觀念，和現在制度澈底檢討，僅靠某幾項發生問題的工程，懲辦某一些不法商人，若是頭痛醫頭，不會有多少效果的！

成舍我

原文登載於《小世界》
1966/07/30

究竟誰是「說謊者」？

小世界・我們的話

　　監察院彈劾經濟部長李國鼎、財政部長陳慶瑜，爲貸疑
(款)東亞紡織公司，恂情弄權，在洋洋萬言的彈劾文中，曾
暴露了五位立法委員與此一貸疑(款)案的關係。根據彈劾案
原文第一段「事實經過」，有如下的一節：「6月11日上午，
東亞公司董事長郭紫峻、副董事長兼代總經理侯庭督、常務
監察人張光壽等。該行以東亞抵押手續尙未辦妥，董事長變
更登記，亦未辦完，不便撥疑(款)。侯總經理即大吵大鬧，
臺銀負責人懾於立委權勢，即以緊急電話通知各聯貸銀行。
當日下午三時在臺銀開會，由奚副總經理主持，在該公司董
事長變更登記未辦妥前，准再借五百萬元。（連前共一千萬
元）。各銀行於13日，即如數照撥。此一千萬元貸疑(款)借到
後，不及旬日，郭紫峻等全體董監事於22日總辭職。經股東
會無異議通過，不顧申請貸疑(款)時所作力求整頓之諾言，疑
(款)一到手，即脫卸責任，經、財兩部甘受其欺，特屬不解，
迄今新董監事未能選出，目前該公司實已瀕於極度危困之境
地。」

　　所謂「要求再撥貸疑(款)」，所謂「侯總經理大吵大
鬧」，所謂臺銀負責人「懾於立委權勢……」以及疑(款)借
到，不及旬日，全體董監事立即總辭職云云，描寫經過，極

盡繪影繪聲之能事。但緊接看4日各早報刊登此彈劾文的當天下午，被稱「大吵大鬧」的侯總經理，即在《大華晚報》，發表談話反駁，下面即是侯總經理兼立委的談話原文：「東亞紡織公司總經理、立法委員侯庭督今天表示，東亞公司本屆董、監事，包括五位立法委員在內，在此項緊急貸疑(款)案中，沒有任何責任。他說，此項貸疑(款)是上屆董事長黃聯發等向財、經當局接洽的，並非是他們這一屆董事會倡議的。侯庭督表示：財經局在考慮此項貸疑(款)時，根本未曾想到立法委員的問題。董事長或總經理也沒有利用立法委員的身份，去辦理此項貸疑(款)。」

照侯氏所說，不僅未利用立法委員身份，在臺銀大吵大鬧，且根本此次貸疑巨案，與他們絲毫無關，他們更沒有任何責任。

將彈劾案與談話，互相對照，我們老百姓，真無法判斷誰在說謊，但無論如何，總有一方是「說謊者」。立、監委員，都是人民選出最高級民意代表，「不說謊」應該是做最高級民意代表最起碼的人格條件之一，現在居然發現了他們有人在說謊，而且說謊的方式，都是刊諸報章，傳之大家。我們爲證實究竟誰在說謊，唯一辦法，只有切望負偵查審判責任的司法機關，來擔起這個責任。而監院爲洗刷本身說謊嫌疑，將此案同時移送法院，在程序上，更不失爲一明辨是非之最簡便捷徑！

成舍我

原文登載於《小世界》
1966/08/06

「刑不上大夫」

小世界‧我們的話

　　部下貪污，主官長官，不但毫不慚愧，反談笑自若，大說其風涼話，似乎只要我們沒有被控貪污，即使閑言冷語，涉及自身，也就仍可笑罵由他笑罵，主官自我為之。所以許多年來，科員、科長、所長、局長之類，儘管不斷有人免職判刑，而他們的長官，如部長、主席、廳長等高級大員，卻仍可穩如泰山。姑不論有無與部下勾結貪污，連「監督不嚴」的行政責任，也很少會被查問。

　　「刑不上大夫」，這是中國的古訓，但那時的大官，多半能「君子自重」，往往因部下出了亂，就引咎自劾，甚至仰藥自盡，所以雖然「刑不上大夫」，而所受良心譴責，比刑罰還嚴重百倍。當然這種做法，在今日聰明的高級大員看來，那真是傻人傻事，豈僅不足為訓，更要使他們笑掉大牙了！

百憂

原文登載於《小世界》
1966/08/13

不要一場空歡喜

小世界・我們的話

前幾天，台灣全省，正苦於炎陽高照，農田龜裂。日月潭水位低降，電力公司在作限制用電的準備。連台北自來水源——新店溪——也受著苦旱威脅。所幸一陣過門未入的颱風，帶來了幾聲炸雷，和幾場大雨，人們都眉飛色舞，尤其廣大農民，更不斷感謝上蒼，說這是菩薩保佑，讓大家有飯吃！

在同一期間，我們的民主政壇，也起過一場風暴，也有過幾聲炸雷，直到現在，卻仍是悶熱苦旱，什麼時候，能甘霖普降，大雨傾盆，讓暑氣全消，世界轉入清涼，人們如釋重負。這真是自由中國每一個善良國民所衷誠則望的。

在旱魃為虐的時期，人們不怕颱風帶來的大雨，却怕雷聲大，雨點小，仍是炎陽逼得透不過氣，大家一場空歡喜。

「南無阿彌陀佛」。

成舍我

原文登載於《小世界》
1966/08/20

「紅衛兵」加強了人們
「共匪必敗」的信念

小世界・我們的話

　　利用尚未成熟的青少年，甚至天真無知的兒童，去作治政工具，爲一人一黨，犧牲學業，呐喊賣命，這是匪區最大的慘劇，也是共匪最大的罪惡。

　　共匪從井岡山起，就有所謂「小鬼隊」。僭據大陸以後，更經常利用中小學生，在學校監視老師，在家監視父母，使老師不敢對學生，父母不敢對兒女，隨便說話，加強大陸的恐怖統治。現在，更索性關閉了大陸各級學校，讓這些青年和兒童，變成「紅衛兵」，犧牲如此廣大之青少年與兒童的學業、生命，來保衛一小撮共匪政權，這和共匪一向強調，在核子戰爭下，不惜犧牲半數以上中國人，換取共匪勝利，同爲滅絕人性的說法，也就是共匪「一切爲人民」的真面目！

　　在共匪竊據大陸的十餘年中，一般人總誤認他們以恐怖得天下，絕不會永遠以恐怖治之，由紅衛兵的出現，我們可以相信，除了「恐怖統治」，共匪政權不可能繼續存在。古

今中外，恃恐怖統治而能永久維持政權的，似從無先例，那麼，我們一向所持「共匪必敗」的信念，似乎因此更可堅定不疑了！

成舍我

原文登載於《小世界》
1966/09/03

不要「洪」上加「洪」

小世界·我們的話

　　當6日傍晚寇拉颱風經過台灣北部時，我們最躭(擔)心的，是氣象局報告：「將帶來大量豪雨」，因爲凡住在台北有十年以上經驗的人，大家都了解，颱風過境，最可怕的不是颱風，而是豪雨。風，只要房屋堅固，門窗緊閉，幾小時嚴重期間過去，就可平安無事。至於豪雨，尤其是大量豪雨，則不僅颱風過境時，傾盆而下，風前雨後，也通常陸續不斷，河川上漲，海水倒灌，地勢較低之整個住宅區，都可一片汪洋。過去八七水災，及中山北路與木柵兩處大水，慘痛情況，至今記憶如新。而這次寇拉颱風之後將帶來大量豪雨，在當日颱風警報發出後，自然都使大家有惶懼不安，談「雨」色變之感。

　　強烈風雨，於6日晚間七八時，正達頂點，人們在廣播中，已先後聽到，環繞台北的兩大河流——基隆河與淡水河，波濤洶湧，均已超過警戒線，大家此際，都已捏著一把汗，不料就在這最後緊要階段，廣播更傳出一最壞消息，即石門水庫水位，也接近警戒線，水庫當局，必要時將開閘放水。幸而八時以後，風雨轉弱，如果豪雨仍繼續「豪」下

去，兩大河流固然繼續增高，洪流將溢入市區，再加以石門水庫，開閘放水，大家真不知道，臺北市及其近郊，會演出何等慘劇！

感謝上蒼保佑，百萬台北市民，總算有驚無險，度過了這一場寇拉颱風的災難，但颱風年年有，石門水庫今後如何能在兩大河流已超過警戒線時，避免「洪」上加「洪」開閘放水，這確是一個民命關天不容疏忽的問題。

成舍我

原文登載於《小世界》
1966/09/10

水淹台北・一場教訓別讓台北市民再吃盡苦頭！

小世界・我們的話

　　寇拉颱風呼嘯過竟才不過幾天，居民剛慶幸這次有驚無險，不料13日又遭到一場傾盆豪雨，台北低窪地區到處都遭到水淹，一片汪洋，真正成了澤國。

　　一夜之間造成澤國，大概離不了兩種原因，其一為台北市下水道始終未曾整建，除城中區較為完整外，其他地區主要幹線都未興工，有許多地方竟根本沒有溝渠。就算下水道較為完整的中山北路一帶，馬路上這次也濁水洶湧，其餘如三張犁一帶更不用說，市府雖於去年完成延平、承德及圓山三條下水道，但中山北路積水現象，仍未消除，甚至公路車也迫得改道行駛。

　　整建下水道實在是最迫切需要的工程，可是有關當局並未能「急其所急」，對於並不急需開掘的地下道工程反在全力進行，像圓山地下道，實際上祇每年農曆新年，對兒童遊樂，稍獲方便外，平時有何用處。最近，觀光局對各區城門舊址，正大興土木，他們似乎祇求點綴門面，何當真正為市

民幸福著想。高市長既然承認，台北下水道很糟，經不起考驗，爲什麼不拿出決心來搞好它！

另一造成水漲的原因，據說可能與石門水庫放水也有關係，水庫方面雖已獲得空軍氣象台警告，但仍於13日下午四時開閘洩洪，台北市在豪雨之下又兼河流水域增高，洪上加洪，安得不成爲水城？

爲了市民的安全，我們要向當局呼籲，一切措施總要權衡輕量，如果緩急倒置，則另一次豪雨的來臨，台北市民還是要大吃苦頭的。

成舍我

原文登載於《小世界》
1966/09/17

計劃改革中之手工排字
〈東南亞中文報紙研討會專題演講〉

小世界

　　感謝「國際新聞學會」注1給我這樣好的機會，使我能與
代表東南亞自由報業的許多領袖共聚一堂，討論與中文報紙
有關的許多問題，特別要我對臺灣手工排字，作一報告，我
感到很榮幸。

　　臺灣的手工排字，尤其報館方面，和各地並沒有什麼特
別不同，在民國34年臺灣光復以後、以前受日本影響的中文
排字，多為大陸式排字所代替，這與東南亞某些地區中文報
紙的排字，大致相似，似乎不值得多所報告，如果要我在這
方面說幾句話，那就只好就我主持的世界新聞專科學校所設
「報業印刷與實習」的教學，以及附設印刷工廠所實習的各
種中文排字改革計劃，略加說明，敬請各位報業領袖指教。

　　依照研討會日程，下一個節目就是王惕吾先生報告〈自動
鑄字排字法在中文報紙中的應用〉。換一句話說也就是報告
中文全自動鑄排機的運用，在王先生報告以前我先提供有關
手工排字的報告，這對在座各位報業領袖來說，正如聽取太

空飛行家報告坐火箭太空以前，先要人報告坐螺旋槳渡過臺
灣海峽的經過，一個最進步最新奇，一個太落伍太平凡，不
特不感覺興趣而且有相形見絀之感，不過既然新聞學會出了
這個題目，這題目雖不時髦，我也不能不照題交卷，各位如
不感興趣，要請多多原諒。

　　我雖然做了半個世紀的職業報人，但我對排字並非專家，
「新聞學會」出了這個手工排字的題目也許因為三十年前，
我曾對中文排字做過一些改革工作，這些改革，我在大陸辦
報和辦學校時，都曾按照計劃實行，現還再繼續推進，或許
有人以為臺灣這種改革的研究可以有助於中文報紙，那麼要
我提供一些資料，自屬義不容辭。

　　落伍的手工排字，在各種新式鑄排機及照相排字機發明以
後，如果尚有值得重視的價值，其主要理由，或如下述：

　　第一、手工排字，毫無疑問，已將為機器排字所代替，但
直到現在，用機器排中文，在設計及應用上，仍缺點很多，
在機器排字，尚未完全符合中文報業的要求以前，手工排字
不僅無法廢止，且急需有所改進。

　　第二、就現階段已經創製成功的中文鑄排機看，在經濟
上如果採用，一家中文報紙所負擔的設備費，及各項成本支
出，將要遠超過手工排字許多倍。一個日出兩大張的中文
報，他的排鑄設備，有十噸鉛，兩部自動鑄字機，五副銅
模，及若干附屬器材即可足用，以臺灣幣值及物價計算，總
共不過新臺幣六十萬元，照臺灣匯率，僅合美金一萬五千
元。一但改用鑄排字機(包括鑿孔機)至少需要八部，逐日使

用，另以兩部作準備，爲了節省時間，鑿孔機可能還要多備
二、三部，鑄排機以東京機械製造所價格每部，美金二萬
五千元計，十部即須二十五萬美金，再加增添之鑿孔機及運
達臺灣之進口關稅及運輸費用，恐至少約需三十萬，即合新
臺幣一千二百萬元，其與手工排字的設備費爲二十比一。固
然現代新聞事業需要大量投資，但東南亞的中文報紙，除了
部份資本雄厚，業務發達，有此財力除舊更新外，一般情
形，恐難輕易立即做到，只有期望這種機器，將來製造廠商
增多，售價減低，最好每個有中文報紙出版的地區，均能自
行承造，如此，始有大量普遍採用的可能。

　　再看機器排字，在中文報館中，其人工薪資及材料也較手
工排字增加很多，以台灣報紙爲例，一份日出兩大張的中文
報，每張四版，每版二十欄每，欄一百二十行，每行九字，
全份共約二十五萬字，平均每人排五千字；此外拼版、改
樣、拆版、打雜及鑄字等，共約需要雇用技工六十人，(台灣
若干大報，用人超過此一數字)每人平均以月薪一千五百元計
(各報有高或低於此一標準者，此係依台灣一般印刷技工標準
估計)，共需九萬元。如用機器排字，每一鑄排機，鑿孔，鑄
字，各需技工一人，十部機器，只需二十人，比手工排字可
減少四十人，薪金支出本應比例減少，無如現有之鑄排機，
其可容納之字數，僅二千三百七十六字(本可再加一倍，但影
響鑄孔時間，故祇以上數爲限)在使用時，缺字經常發生，
又因標題製作，及拼版工作，仍須依賴手排，尤其困難的，
鑄排字機字粒太小，只能使用一種，即通常使用之八點字(六
號)，若使用其他較大之字，如九點(新五號)十點(老五號)十二
點(新四號)，即均須另備字架，另用手排，故在此問題未獲解

決以前，現階段仍無法不保留手工排字，及聯帶因供應手工排字而需要之鑄字設備。因此；除鑄排機所需要之技工二十人外，手工排字將仍須保留四五十人，薪金支出不僅不能比原有純恃手工排字時減少，而因鑄排機技工待遇，尤較手排技工高，結果，全部支出薪金之總數，自然只有加無減。

第三、關於材料消耗部分。鑄排機之銅模壽命較手排所需銅模之壽命，最低約縮短三分之一，損耗率甚大，且此種銅模，價格亦高於普通銅模，而台灣當地，無法配置製，以及機器之保養修理，及添補零件，種種費用均，超過手工排字甚大。

第四、鑄排機最大特點，在時間方面，最高能較手排快四倍，報館排印時間第一，分秒必爭，鑄排機有此特點，其他不利因素，本都可視為次要，但在現階段，則鑄排機此一特點，並不能儘量發揮，因構造上之缺陷，鑄排機不能免除大量缺字，不能同時鑄排一種以上體型之字，更不能鑄排各種不同字體之標題。手工排字，不僅難於廢除，而在某種情形下，尤其當黎明前最後重要消息之搶排，手排一定比鑄排快，因此此一特點，目前報館，尚難遽作信賴。

以上四點，只是說明中文機器排字，目前尚在繼續發展及改進階段，手工排字仍有其存在的價值。但隨著一切事物演進，機器排字，終必代替了人工手排，那僅是時間問題。手工排字，繼續存在一天，中文報紙，也就一天不能放棄其時間更快，工作更好，費用更省的願望，因此，下列三點，是我在台灣繼續三十年來計劃，改進現有人工手排的一些綱要。

　　第一、革新訓練方法。舊式印刷工廠，訓練一個技工，均須學徒三年，報館亦多如此，大家就以爲學習排字，真需要這樣長的時間，其實，舊式訓練，學徒進廠能許他上字架檢字，通常總在一年半以後，有時甚至要等到三年才開始。工廠收容學徒技工(即所謂師父)訓練學徒，其主要目的，只在替廠方做雜工，替師父當聽差。最初一、兩年，他的工作，祇是掃地抹灰，替師父沖茶打洗臉水，買香烟、點心，以後才慢慢讓他加條、打樣，如果本人聰明伶俐，能討得師父歡心，也許特別開恩，提早上字架。但大部分，三分之二的時間，總消耗在打雜與聽差上，根本和排字無關，真正學習排字，只要有兩個星期革命性的新式訓練，就可以和一般技工同在一副字架工作，當然每小時排出字數的速度必遠不如原有技工，但只要肯勤練(排字)苦讀(字盤)半年以後，就可以達到一個普通技工每小時所能達到的標準(普通技工，每小時排一千字，熟練技工，可排到一千五百字以上)

　　我所說革命性的訓練方法原開始於民國21年(1932)，當時我創辦「北平新聞專科學校」(這個學校目的的，是每一個學生能於六年肄業期間，成爲手腦並用，全能的新聞人才，包括印刷、業務、採訪、編輯)，關於排字部分的訓練是改編字盤，印成課本。我改編的新字盤分ＡＢＣ三種，每一學生須抄讀兩星期，在兩星期中，Ａ種抄讀十遍，Ｂ種六遍，Ｃ種一遍，每日於抄讀足數後，舉行測驗，任指一字，考問其在某盤第幾行第幾字，如此週而復始，兩星期結業，第三星期第一日，只須再以一小時時間，教其如何執手盤，如何上架取字，因爲字盤均以熟讀，而部首較易辨識，一旦實行檢排，某字在某處，即不陌生，此等學生，大抵第一日，每小

時即可排出四十字至六十字，以後逐日增加，到第六個月，百分之九十均可達一千字，成績最優者，可達一千兩百字，教育程度愈高，學習排字愈易，進步也愈快，舊式學徒所以需三年，一方面固係廠方及居於師父地位之技工，不肯認真訓練，即使認真也毫無方法，另一方面，此等學徒，所受教育，最多不過小學畢業，程度太低，時間拖長，進度緩慢，當亦為原因之一。

民國24年(1935)我在上海創刊《立報》，排字工作全部由「北平新專」初級班畢業學生擔任(高級班當時尚未畢業)他們不但夜間在館內排字，白天還出館採訪。當26年中日戰爭延及淞滬時，他們在這兩分面──排字與採訪──都曾充分發揮了手腦並用最大的效率。上海淪陷，《立報》在港出版，排字工作，仍然繼續了這一傳統。

民國30年，太平洋戰爭爆發，香港淪陷，32年，我在桂林，恢復了「北平新聞專科學校」，王雲五先生，因香港變起倉卒，商務印書館，所有在港之印刷設備及紙型，均未事先運出，那時重慶各印刷工廠，設備太差，排字部分，缺少足夠技工，承排大批書籍。我偶和王先生談及我一向訓練學生排字的方法，他很感興趣，於是王先生代表商務與新專訂約，由王先生代新專設備一排字工廠，為商務排字，將紙型送到重慶，在重慶付印。新專從復校開課到桂林淪陷共只八個月，因在戰時，不僅免收學費，還要供應膳宿，限於經費，學生只收四十名。但即在這八個月中，除為桂林當地，排了若干書籍雜誌外，單替商務就排了十一種書，我在桂林淪陷前兩日逃到重慶時，還親自帶了為商務排好的最後一批

紙型，面交王先生。

王雲五先生對於改革中文排字，一方面也極感興趣，於「桂林新專」停辦以後，他就爲商務印書館在重慶自辦了一個藝徒訓練所，他也改革了舊式字盤，不過他是根據注音字母，排列字的先後，廢棄部首制，據他所撰〈中文字排列之改革〉一文中說明，當時藝徒成績也極爲優異。

第二、徹底整理字彙。中文排字，無論用機器、用人工、徹底整理字彙，均爲最主要的工作。在五萬左右的中文單字中，報紙通用的，不過七千左右。姜別利[注2]一百年前編的八十八盤，無論他所分的常用罕用，只是根據當時所印聖經及若干有關傳教的書刊，對報紙原不適用。即使適用，歷時百年，也已早應改訂。過去雖有不少人從事改革，但變化不多，總未脫原來窠臼。民國21年「北平新專」，所改編的字盤，則係依照以下原則：

根據當時五份報紙，十種雜誌使用的字，就其使用次數之多寡，逐日統計。繼續三個月，在斟酌其他資料，選出七千字，並分爲ＡＢＣ三種，編成新字盤。

分七千字爲ＡＢＣ三種，Ａ種最常用一千字，Ｂ種常用二千字，Ｃ種罕用，共四千字

將七千字裝十五個字盤，ＡＢＣ三種各五盤。Ａ種每盤縱橫各二十格，計二百字，五盤共一千字。Ｂ種每盤縱橫各二十格，計四百字，五盤共二千字，Ｃ種每盤縱二十格，橫四十格，計八百字，五盤共四千字。

　　每字之應屬何種，常須因事實需要而隨時調整，特別人名，地名，尤其譯名如甘迺迪，在平時均最常用，但當甘氏成爲美國總統時，即須變爲Ａ種，現在自然又早已分別歸還了原來地位，故報紙所用字彙，必須保持機動。

　　中文字有許多同意異形者，日本所造銅模，多不知辨別，一律製作，如「燈與灯」「洒與灑」「略與畧」「群與羣」「啓與啟」「算與蒜」及「烟、煙、菸」之類，不勝枚舉，其中雖有少數，在中文嚴格的解釋上，容有小的出入，但習慣即已選用一個，而將其他剔除，以減少中文單字之過多繁複。

　　根據我國交通部所編電碼，在字盤上，每字均將電碼標明，學生讀字盤時，連帶將電碼讀熟，因報館收到電訊，通常總先將號碼譯成文字，尤其在中央社未採用「文稿傳眞」以前，需要翻譯之電文常佔要聞版三分之一，時間人力，損失甚大，如排字者熟習電碼，則電報不需翻譯，即可交排字房檢排在，打出小樣，再送編輯部整理。此一辦法，三十年前，《立報》採用，收效甚大，現雖因「文稿傳眞」，中央社電文，台灣報紙，無須翻譯，但其他電報之仍需翻譯者，似仍不無裨益。又電碼與文字聯繫，最可幫助記憶，此於學習新字盤之易於熟練，亦爲原因之一。

　　第三、新字架的規劃：中文字盤，向有所謂元寶式、統長式，一有爲使排字人不須長時站立，及往返奔走而計劃坐排者。元寶式及統長式，每一副字，所用字架，常需三四個，佔地甚廣，所需鉛料亦多，極不經濟，新計劃的字架，每一副字，只一個字架，由兩人同時使用，此一字架，共裝字盤

十五個，橫列三行，縱列五行，由右至左第一列爲Ａ盤，第二列爲Ｂ盤，第三列爲Ｃ盤。Ａ盤每個二百格，每格一最常用字，如第一字爲「000一，一」即裝同樣之「一」一百個。Ｂ盤每盤四百格，每格一常用字，如第一字爲「00久，丐」即裝同樣之「丐」字五十個。Ｃ盤每盤八百格，每格一字爲「0012丕」則裝同樣之字「丕」字六個。字架四周上下左右各置小盤若干個，此種小盤，作置放標點符號及每種字盤中最須多用或可能多用者，如「一」字，則於字盤內已有之一百個「一」字以外，可再在小盤內加裝一倍，以備需要。又此種小盤，可裝放「詞彙」，即俗所謂棧房字如「蔣總統」、「香港」之類，以免逐字檢排。照此計劃，字架減少，佔地及存鉛亦之遞減，而將所有之字，集中於一個字架，排字人可減少往返奔走，時間體力亦均可大量節約。此種字架現稱世新式字架。

此外，我也曾另外計劃過一種排字桌，檠(桌)長一公尺三十公分，寬七十公分，高八十公分，在檠(桌)面左右及正前方各裝六十公分高之字架三面，並自檠(桌)面後伸出，左右兩方，各置高一公尺四十公分(與地面平)寬五十公之字架兩面，所有前述排字架上之字盤，一律縮小改爲三十個，ＡＢＣ各十個，但字數的分類仍與排字架所規定者相同。最常用之Ａ種置於右桌面及右方與檠(桌)面相齊之字架，Ｂ種置於左檠面及左方與桌面相齊之字架，Ｃ種置於檠面正前方及檠面伸出部份檠面以下之字架，標點符號及儲用字則分於通常裝置抽屜之處，改裝字斗，隨手取用，如此，則工作者不須起立或移動，可安作於桌旁檢字。

成舍我

原文登載《小世界》
1966/09/20

注1：「國際新聞學會」(International Press Institute，簡稱
IPI)，為民間國際新聞機構領導人組織。1950年由15個國家34
位新聞從業人員於哥倫比亞大學發起，並於1951年5月在巴黎成
立。總部設在蘇黎世，秘書處設在倫敦，後均遷至維也納。 該
組織的宗旨是為確保新聞自由、促進新聞交流以及提高實踐新聞
業務而共同努力。「 國際新聞學會」的會員分為正式和非正式
兩類，正式會員的對象為報紙、周刊、月刊、通訊社、電臺和電
視臺的負責人。非正式會員為那些從事於新聞工作，但尚不夠
資格成為正式會員的記者、評論員和新聞系統的其他人員。今
天該學會的會員數已遍及120幾個國家。該學會的主要機構有大
會，每年召開一次會議；執行局；在各成員國還設有「新聞委員
會」。刊物有《國際新聞學會報導》(月刊)。

注2：姜別利(William Gamble，1830-1886)愛爾蘭人，美國長老會傳
教士。17歲移居美國，在費城一家印刷公司當學徒，後去紐約
從事《聖經》的出版工作。1858年奉派來中國寧波主持「華花
聖經書房」。他發現上海比寧波更有發展前途，經主管部門同
意，把印刷所改名「美華書館」，並於1860年12月遷至上海。他
對中國的出版事業有重大貢獻，發明用電鍍法製造鉛活字銅模
成功，解決了漢字鉛活字印刷的關鍵問題，製成七種漢字出售，
為各地教會書刊所採用，世稱「美華字」。姜別利將漢字按照西
文活字規格，製成七種不同大小的漢文活字，分別命名為：一號
「顯」字，二號「明」字，三號「中」字，四號「行」字，五號
「解」字，六號「注」字，七號「珍」字。由於這七種漢文鉛字
的大小分別等同於西文的七種鉛字(字身高度為23.546mm、0.927
英寸)，從而解決了中西文的混排問題。他還按照漢字使用頻率
的多少按部首設計成「元寶式」的字盤和字架，提高了排字效
率，為中國印刷業長期沿用。1869年應邀去日本，指導本木昌

（Shozo Motoki，又稱日本的古騰堡）造用鉛製成一副漢字、一
副英文、一副日文，大小字型大小齊備。1871年回美國後，進
謝菲爾德學院學習，獲耶魯大學名譽文科碩士。其間，曾赴法
國巴黎學習藥物學。1886年病逝於賓夕法尼亞農莊。著有 *List of
Chinese Characters Formed by the Combination of Divisible Type of
the Berlin Font* (1862); *Statistics of Protestant Mission in China for
1864* (1865). 等書。

觀光的起碼條件

小世界‧我們的話

10月份是觀光的熱季，國慶、光復節、總統八十華誕接踵而來，外賓與僑團來臺的預計將有幾千人，所有的觀光飯店，現在都已預定一空。對於觀光事業，政府年來提倡甚力，的確也下了一點功夫，觀於最近觀光局的成立，可以概見。

不過，觀光事業還是了無起色，也是不可否認的事實，不但像美國、義大利那樣觀光收入占了外匯收入極高的比率，不可望其項背，就連南韓，我們也無法與之比擬。

觀光事業不能起飛，原因甚夥，最常提起的如出入境手續的繁難等，論者已多，不必再談，這裡只想提幾件小事。

要想觀光客源源肯來，必須使其來臺之後，感到舒適和快樂，所以居處的環境衛生、商店的待客禮貌等等，都必須注意，像現在這樣，下了一場大雨，臺北就變成澤國，邊僻的街巷，污水橫流，蠅蚋亂飛，商店售貨，漫天叫價，觀光客未有不望望然去之者。

　　再舉幾個簡單的例子，像某一號稱第一流的觀光旅社，拿出西瓜卻不備刀叉，要客人雙手捧著喫。由官方支持的某大飯店若干僕歐小童，卻官氣十足，不把客人當一回事，其他飯館、旅社送茶的侍應生，一雙污手抓幾個茶杯，連托盤都不預備的更比比皆是，這些地方不切實改革，僅憑建什麼遠東第一大佛或裝修幾座城門，而望觀光客源源而來，大把花鈔票，真是緣木求魚。

百憂

原文登載於《小世界》
1966/09/24

靠免試入學是否孔裔之光

小世界・我們的話

　　報載孔聖奉祀官孔德成的次子孔維寧，以述聖子思嫡身份，免試分發，入臺大肄業。孔維寧是比考試加分的僑生、邊疆生，更獲得特別優待。

　　孔子後裔過去有衍聖公[注1]的稱號，後來廢止了這種稱號而改稱奉祀官，並倣照清室優待辦法，訂定了一些優待條款，孔子及四配嫡裔的免試入學，即此條欵(款)之一。但在過了三十多年的大專聯考競爭如此劇烈的今天，一個孔聖後裔，不堂堂正正，與五萬青年，平等應考，而要乞靈優待，靠免試入學才能入學，是否有光孔子，實在不無疑問。

　　僑生、邊疆生，因為他們寄居海外，或偏僻邊疆，沒有與內地青年，同沐祖國深優的文化，同受祖國完美的教育，考試加分，猶有可說。像孔維寧出身聖裔，家學淵源，所受高初中教育，又與其他聯考青年，並無區分，有何理由，要求比僑生、邊疆生考試加分，更進一步，不流汗，不加油，毫無困難，竟免試進入臺大？

　　三十多年前的優待學條欵(款)，在中華民國真正進入民主

平等的今天早已不合時宜，應予廢棄。在未明白廢止以前，
政府爲了保「信」，准予援用，自屬未可厚非，但爲孔維寧
及其家長計，應如何仰體孔子畢生好學不厭，及從不枉道求
進的精神，即使政府自動令其免試入學，也當堅決辭謝，乃
在聯考發榜分數逾時數月以後，竟靦顏要求，不敢與其他數
萬青年一較長短，而自附於所沐文化、所受教育不及國內青
年之僑生、邊疆生，枉道以進入此數萬落第青年仰望羨慕而
無法進入之臺大，老祖宗——孔子——有知，安能不爲此不
肖後裔，扼腕痛哭。

成舍我

原文登載於《小世界》
1966/10/01

注1：孔子嫡派後裔的世襲封號，各朝皆置。始於西漢平帝元始元年，
　　　平帝爲張揚禮教，封孔子後裔爲「褒侯」；曹魏改號「宗聖
　　　侯」，晉、南朝宋改號「奉聖侯」，北魏稱「崇聖侯」，北齊改
　　　「恭聖侯」；北周時，晉封「鄒國公」；隋朝，文帝封「鄒國
　　　公」，煬帝改「紹聖侯」；唐初，封爲「褒聖侯」，開元中，孔
　　　子被謚爲「文宣王」，乃改「褒聖侯」爲「公爵」，仍以「文
　　　宣」爲號；宋仁宗至和二年改封「衍聖公」，後代相沿不改；
　　　1912年中華民國立，廢清朝世爵，改「衍聖公」爲「大成至聖先
　　　師奉祀官」，仍世襲。

校慶只是國慶的延長

小世界‧我們的話

國有國慶，校有校慶，我們的校慶紀念，恰在國慶後的第五天。10月本是校慶典中最多的一月，我們在慶祝雙十，全市大遊行以後，全體師生，又來共坐一室，歡度自己的校慶；使「國慶」、「校慶」幾乎打成一片，這是一個幸運的巧合。實在說，如果我們不能歡度國慶，校慶也就無法在喜氣洋溢中舉行。國與校的禍福榮辱，是不可分割的，校慶只是國慶的延長，我們恭祝校慶，更應加強我們對國慶的歡呼與愛護。

校慶的目的，並非炫耀、誇大，而只是一年一度，檢討自己的得失，我們應該年年比較，今年比去年進步，明年比今年更進步。我們創校十年，比起十年前的今天，誠然今天是確有進步，但高學府的成長，十年僅是一個極短的階段。校長常告訴我們，過去十年，他不過做了一些鋤地下種的工作，培育滋長，開花結果，仍有待於將來。這個責任，是我們全體師生和畢業校友，都應奮發努力、共同負擔。世新前途是無限的、偉大的，我們謹此於歡呼，「世新萬歲」！、「中華民國萬歲」！

成舍我

原文登載於《小世界》
1966/10/15

「洋夫婿」不可亂找！

我們的話

外國月亮並不比中國圓，外國人的品格，也並不個個比
中國人高，最近臺北市一連發生了兩件外國人所作的醜惡勾
當，就是真憑實據，擺在每一個人面前，無可懷疑，也無可
辯解。

我們所奇怪的，就是扮演這醜惡勾當的兩位主角，一個
在最短期間，就是得到某一中國「女老師」的愛慕，與其同
居，一個則在臺灣，竟正式娶到一位中國太太。年來自由中
國的小姐們，幾乎一窩風的以覓得外國情侶，嫁得外國夫婿
為榮，面對此鐵的事實，應該有所警惕！

報載，自稱「博士」、「教授」住在統一飯店的德裔英籍
派特衛茲，在來臺不及兩月的期間，竟交上了一位女老師，
與其同居。而這位「博士」、「教授」居然是一名國際慣
竊，在臺北就一連偷騙了七家珠寶行的鑽石，終於落網。可
惜落網之後，那位同居「女老師」，下落如何，未見再報。
另一位中國女士所嫁的洋夫婿，出獄以後，則是販毒入獄六
年獲得假釋的美僑白濟傑，而據20日報載，這位洋夫婿，出

獄以後，又異想天開，糾集匪徒，在板橋盜掘林家墳墓，再度被捕。

　　奉勸自由中國的女士們，婚姻固不必有種族界限，但若毫無考察，一味認為嫁外國人就可出洋享福，光宗耀祖，像上述兩位女士的遭遇，那真是「一失足成千古恨」。「前車之覆，後車之鑑」，大家不可如此懵懂胡塗了！

成舍我

原文登載於《小世界》
1966/10/22

「捐資」與「投資」

小世界・我們的話

27日臺北各報，在「教育部發出呼籲，促私人捐資興學」的大標題下，刊登教育部一段公佈消息，痛述教育美援停止以後，中央教育經費，55年度已較上年增加百分之三十五，共爲四億六千三百餘萬元。而臺灣省政府55年度，須支出教育經費八億四千餘萬元，臺灣各縣市須支十八億三千餘萬元。教育部認如此龐大數字，長此以往，不是教育拖累經濟建設，就將是迫使教育降低水準。因此，呼籲全國各界，捐資興學，挽救危機。

我們相信教育部這一呼籲，是極度誠懇而確有迫切的需要。不過最奇怪的，在這一公布消息中，最後竟有下列兩句話：

「政府當儘可能給予有志興學者方便和鼓勵，而辦教育也是最可靠最有意義的投資」。

如所週知，「捐資」與「投資」，意義絕對不同，假使「捐資」的目的在於「投資」，而且政府還公然保證其投資爲最可靠，則這種投資辦成的學校，一定將和開設公司行號

同一方式，即資本總額若干萬，分若干股，每股若干元，每年官息若干，紅利若干，捐資興學者均成為投資的大小股東。試問這種學校，與社會天天痛恨「以營利為目的」之「學店」，也就是教育部天天在報紙宣傳所要監督、取締甚至消滅的對象，有何不同？

是教育部政策矛盾？抑是報紙排列錯誤？我們為了私人興學前途計，切望教育部對此，能迅予澄清。不要讓真正熱心興學的人，竟被大家認作受教育保證的學店老闆，「下流所歸，君子不齒！」

成舍我

原文登載於《小世界》
1966/10/29

一念之差

小世界・我們的話

　　在同一天各報，刊載兩條似同實不同的新聞，一條是臺灣大學考古學系教授宋文薰等率同學生，在鵝鑾鼻發掘了三千年前七座古墓，獲得考古學上許多珍貴資料，為各方尤其學術界所驚喜、贊佩及重視。另一條則是在板橋發掘古董的盜墓犯白濟傑、郝斯漫已由地檢處偵查完畢，提起公訴，各方均切望法院能依法嚴懲。同是發掘古墓，前者受大眾崇敬，後者為大眾咒恨，唯一原因，只在一念之差，公與私，一為努力學術而發掘，一為妄圖橫財而發掘，正所謂「失之毫釐，差以千里」！最可發人深省，令人警惕！

　　由此類推，青年加入幫會，好勇鬥狠，拔刀尋仇，與青年應召入營，矢志報國，揮刀殺敵，同是勇的表現，同是以武器殺人，但前者為罪犯，後為英雄。又如貧兒為人牧羊，一因讀書而失羊，一因博奕而失羊，失羊同，其所以予人之觀感，則相去不可以道里計。擺在每一青年的面前，是與非，功與罪，正與邪，「天人交戰」，如何使青年不從歧路中迷失，只有教育，最是幫助青年夜行時，選擇正途的一盞極可珍貴的明燈。

　　再放眼縱觀古今中外，民主如華盛頓，爲萬世所崇仰，獨裁爲希特勒，爲千古所唾罵，同是一國元首，而歷史評價，如此懸殊，無他，亦即「天下爲公」與「天下爲私」，一念之差而已！

成舍我

原文登載於《小世界》
1966/11/05

兩項重大啓示

小世界・我們的話

從台北地方法院檢察處9日公佈的十一名立監委被告起訴
處分書，我們認爲其中有兩項重大啓示，凡握有行政權力的
高級官員，都應該嚴加警惕。

第一項啓示，「飯」是不可以隨便吃的，美酒佳餚的背
後，可能會藏有毒酒利劍。起訴書中曾詳述，周烈範、林生
傳等油商，爲了要不許開放新油廠，遂千方百計，挽託這些
被訴的立監委，一再邀請有關主管機關的官員吃「飯」，起
訴書說：「被告周烈範、林生傳分別直接或間接商得被告徐
君佩、孫玉琳、于鎭洲、郝遇林、林棟、曹俊、姚廷芳、劉
景健、陳桂清、郭紫峻、封中平等之煉油公會之欸(款)，由
徐君佩等六人聯名宴請外貿會有關官員，經徐君佩等於席間
向主任委員徐柏園要求繼續維持黃豆管制進口及限制設廠政
策」，此外起訴書還一再提到，周等如何奔走聯絡，惟恐貴
賓之不肯賞光。可見握有行政權力的高級官員，交際應酬，
均必須十分慎重。立法委員有出席費，監察委員有調查費，
不料此兩種正當收入以外，像這十一位被訴立監委，竟還有
代人拉客的酬勞費，最高數字且在百萬以上，真可謂出人意
料。大家平時只強調民意代表要自清，現在我們卻不能不要
求政府官員要自重，貪贓枉法固然犯罪，與商人飲食徵逐，

也不可不引為鑒戒。

第二項啟示，即今日自由中國，工商業在自由競爭的原則下，却偏有許多違背原則，幫助壟斷的管制，如某種行業限定幾家，某類工廠不許增設，某種物品進口，忽然限制，忽然開放，其標準任憑主管官員，隨意決定。甚至文化事業，也不例外。我們固不敢懷疑這些官員的決定，會有任何不良動機，但由此次十一立監委被訴一案看來，彼等被訴，即完全因受油商委託，要維持七十六家油商，包辦全省油業，而在達到目的以後，彼等即獲到大量報酬。起訴書中曾引證周烈範在煉油公會全體委員會議報告：「去年限制設廠發生時，部份油廠始覺從前各廠未注意這個問題，致有油廠增加至七十多家，若再開放下去，後果不堪設想，所以極力由專長，王常務、唐常務等爭取結果，本會也是爭取成功之一種行業，但是由本人允許給人家的條件，到現在尚未履行，雖然這些人都是本人的朋友，但是還是常催履行，而本會只是七十餘萬元，僅付一部份，其餘拖延到今尚未付清……。」由此類推，則今後對於某一行業某一商品之管制與開放，有關當局還能不觸目驚心，十分慎重？

我們並不覺得十一位立監委之被訴，其意義如何重大，我們更不願在法院判決以前，作任何評論，但由此案所引起的以上兩項啟示，則我們却認為價值連城，應向握有行政權力為我們敬重的政府當局，鄭重介紹！

成舍我

原文登載於《小世界》
1966/11/12

一漲十倍理由何在？

小世界・我們的話

　　報載台省《政府會報》，通過調整二十一種規費，新增兩
種規費，將報請中央賦予法律根據。在定費率，最高的漲十
倍，如〈土地權利書狀〉費，由每張三元、六元，漲到三十
元、六十元。〈建物附表工本〉費，由每張六元漲到六十
元。〈戶籍登記〉閱覽費，由每張五角漲到五元。最低的如
「國民身分證」、「戶籍謄本抄錄」費，也分別漲了一倍半
及一倍。「漲價」有時確屬事非得已，但像這樣一漲就加上
一倍、十倍，在被舉世讚揚為「經濟繁榮」、「物價穩定」
的中華民國，台省府是否應該這樣做，似乎很值得鄭重考
慮！

　　所謂「規費」，實際等於捐稅，而像「國民身分證」的收
費，是增加全體人民負擔，貧苦小民也不能不繳費具領。這
類證件，原則上本應免費，台省府不特未免，反而漲價，且
一漲就漲上一倍半，這叫老百姓如何「吃得消！」

　　增加規費的理由，是物價上漲，不敷工本，試問像一份
〈建物附表〉，只是在一張八開大小的薄薄毛邊紙上，填寫

幾十個字,這「工本」如何需要六十元?又如〈地籍圖冊〉
抄錄費,由原來百字三元,增加五倍為十五元,即每千字
一百五十元。現在台灣書報雜誌的稿費,普通的千字僅平
五十元,最近某基金會,計畫出版《世界名著選譯》,所定
聘請名字翻譯之稿酬,亦不過千字百元。如此抄錄的代價,
竟超過名家稿費的一半,普通稿費的三倍,又如〈地籍冊〉
閱覽費每次由原收三元漲到十五元,等於看一次頭輪電影,
人民向地政機關查閱地籍,這是應有的權利,看一看,有何
工本可言,也要漲價五倍,真不知理由何在?

「苛捐雜稅」,在中國歷史上,為人民所痛惡,亦為何任
何賢明政府所切忌。我們希望台灣十七年賢明政府的光榮史
蹟,不要因這次調整規費,而蒙上一層陰影。所幸此時尚只
是財政會報的一種決議,是否實施,還待中央的核定,「亡
羊補牢,尚不為晚」。

有人說,台省府調整規費,一漲十倍,安知台省府不準備
調整公教人員待遇,也將一倍漲十倍?對這一問題,我們只
有套用一句成語「No Comment」。

成舍我

原文登載於《小世界》
1966/11/19

聯合國與「世界人民反共聯盟」

小世界・我們的話

聯合國憲章，以維護和平爲第一義，但每年總有人要硬牽專以破壞和平爲目的之中共匪幫入會。過去牽匪入會的，只有親匪及準親匪的所謂中立國家，今年却連民主而與我有邦交的若干國家，也在千方萬計，轉彎抹角，要爲共匪打開一條入會的途徑。假使這些企圖，真被實現，聯合國擁護和平的金字招牌，也就可以扔進茅坑了。

三十年前，國際聯盟，爲了要遷就希特勒和日本軍閥，若干國家不惜儘量壓迫被害的法國和中國，使希特勒及日本軍閥，在「慕尼黑協定」及「九一八事變」以後，兇燄益張，二次大戰發生，而國聯也就終於關門大吉。

世界的政治家，尤其所謂領導大國國策的大政治家，竟如此不顧正義，只求苟安，這真是世界悲劇，也是人類刼運！

所幸在此畏匪如「虎」的茫茫世界中，另一集團不求苟安，只顧正義的有識之士，正在擴大反共組織，由「亞洲人民反共聯盟」，發展而爲「世界人民反共聯盟」注1，並要求在最偉大領袖的反共經驗上反共。共匪本是紙老虎，可見紙

老虎並不能嚇倒有真知灼見的人。反共原為每一個愛好自由
者的責任，換一句話說，反共原是「世界人民」的事，如果
世界反共人民，真能組成一個強而有力的反共聯盟，一定會
比不三不四的妄圖貓鼠同眠的聯合國，能發揮真正的人民力
量。那麼，安知聯合國倒臺之後，真正的反共人民組織，不
會取代聯合國的地位！

成舍我

原文登載於《小世界》
1966/11/26

注1：「世界人民反共聯盟」又稱「世界反共聯盟」，前身為「亞洲人
　　　民反共聯盟」。1966年11月7日「亞洲人民反共聯盟」決議擴大
　　　組織，時值中國大陸發生「文化大革命」，於是有成立「世界人
　　　民反共聯盟」的需求。「世界反共聯盟」成立的目的，是希望在
　　　文革混亂期間，能促進亞洲各國集體之安全，並支持越南共和
　　　國贏取越戰之勝利。1967年9月25日「世界反共聯盟」於台北成
　　　立。其後，隨著國際局勢日漸轉變，中華民國原本動員戡亂的
　　　政策與國家定位亦發生改變，1990年7月21日於比利時召開大會
　　　時，改名為「世界自由民主聯盟」。它是台灣所主導少數的國際
　　　組織，現行反共的目的不再，但仍有其相當象徵意義。

「德者本也」的「招魂祭」

小世界・我們的話

　　美國的少年犯，問題極爲嚴重，但前幾年統計，在這無數的少年犯中，卻從沒有一個華僑少年在內。陳立夫先生日前在本校週會演講，將這件事歸功於我國固有道德，謂失之於國內者，尙能部份倖存國外，若干老華僑，對中國古訓：「德者本也，財者末也」，仍抱殘守闕鍥而不捨，而影響他們的子弟。(見今日本報第二版陳先生講詞)這是陳先生的看法，也許有人對這一看法不同意，認爲中國農業社會的舊道德，不可能存在於今日新的工業社會。其實不論什麼社會，除了共匪以外，無故殺人搶劫，總是不應該的，儘管工業發達如美國，也不會鼓勵他的小國民殺人搶劫。美國少年犯之多，當然對「德者本也」這一個最高原則，沒有在教育上特別重視，或亦爲主要原因之一。

　　在我們今天刊載的一篇好學生薛立國，被不良不年聚衆誤殺的專訪中，鏊出不良少年，在國內問題嚴重，並不下於美國。科學教育、職業教育固然重要，也應該大力提倡，但最重要而最應該提倡的，還是人格教育。如何不使翁槪、崔蔭一類的人，去覥然人上，作全國少年的師表，這應是教育當

成最起碼認識之一。

　　「禮失則求諸野」，當此文化復興運動宣傳得如火如荼之時，希望大家來一個「德者本也」的「招魂祭」。

成舍我

原文登載於《小世界》
1966/12/03

英國人是否「蠢才」？

小世界・我們的話

澳門事件注1，可能即告一段落，共匪不僅對澳門威嚇收效，香港政府的英國人，也被嚇得驚惶不安。而隔著深圳河的共匪，一定要拍手大笑，雞還沒殺，猴子就先著慌，英國人真是「蠢才」！

澳門、香港，是美國的「圍剿政策」下兩個大缺口，尤其香港，更是共匪的搖錢樹，換一句話說，即是共匪出賣大陸人民膏血的最大市場。最近三年，共匪從香港所得外匯，平均每年總得在三億美金以上。此外還有許多意想不到的利益，靠經由香港獲得。在共匪沒有真正決心發動世界大戰以前，牠憑什麼要砍倒這顆搖錢樹？牠不但不會奪取香港，甚至使香港擾亂不安，影響共匪人肉市場的收入，牠也要儘快設法避免。

英國人一方面畏匪如虎，一方面却又要維持民主自由的金字招牌，自稱為自由世界的一員。而英國人統治的香港，正不斷以肥美無比的飼料，供養共匪。英國人如果真想站在自由世界這一邊，他正可隨時以斷絕飼料，威嚇共匪，現在反

心驚肉跳，隨時為共匪所威嚇，偶爾風吹草動，就壓迫自由
人士，以取媚於共匪。如此無知無能，也就無怪將被共匪笑
罵其「蠢才」了！

成舍我

原文登載於《小世界》
1966/12/10

注1：1966年11月15日澳門親共工人，在沒有建築執照的情況底下，拆
　　　毀一棟建築物，為其子弟改建學校，為澳門警方取締，於是引發
　　　了親共華籍居民與澳門警方的對峙，進而演變為大規模的示威活
　　　動，示威群眾搗毀了市民大會堂，澳門政府逐實施宵禁。後續處
　　　理活動中，中共積極介入，並提出四點對澳門當局的要求，此遂
　　　稱之為「澳門事件」。

縱不「中飽」確有「浪費」

小世界·我們的話

　　以前所謂「博施濟眾」，堯舜尚不易做到的事，在現代民主國家的「福利政策」下，卻已有逐漸實現可能。像社會保險，及免費醫療，都是向著「博施濟眾」這一目標邁進，在若干國家中，並業已收到不少實效。

　　不過福利政策的實施，最要緊的，是計畫周密，嚴杜貪污。務使每一分錢，都能用在每一個需要救濟者的身上。否則「中飽」與「浪費」，徒然增加納稅人的負擔，和損害政府的威信。

　　自由中國，在最近幾年中來，對社會福利，也有過不少計畫。尤其前年將增加地價稅的全部收入，撥作福利基金，這一措施，最能證明政府推行福利政策的決心。但我們也不諱言，由於計畫未臻周密，許多錢都是沒有真正用在最需要救濟者的身上，縱非中飽，確有浪費。如所傳輔導三輪車夫轉業，就支出好幾千萬，固然輔導轉業，有其必要，但耗資如此之巨，權衡輕重則似乎有點過份。

　　像今天本報所載，景美劉清子小妹妹的悲劇，脊椎骨傷

殘了好幾年，癱在床上，却不能在國家的福利措施下，得到
任何救濟。她的貧苦父親，一再請求鎮公所，准按貧民實施
辦法，入院開刀，也至今得不到答覆。自由中國，像劉小妹
妹這種苦痛而得不到救濟的人不知還有多少。難道這種可憐
貧童的需要救濟，其迫切還不如三輪車夫的轉業？嗚呼！

成舍我

原文登載於《小世界》
1966/12/17

南韓與柬埔寨斷絕關係
我對葡萄牙將如何？

小世界・我們的話

　　與我有正式邦交，但在聯合國并(並)不投票支持我的葡萄牙，竟不顧公法、人權，命令澳門總督，將我七名反共難民，移交匪共。當我舉國憤怒，輿論鼎沸之時，22日台北各報刊載我國外交部發言人對此事件之聲明如下：

　　(中央社台北21日電)外交部發言人賴家球今天上午表示：有關澳門政府是否已將七名反共志士交給共匪一事　，至目前爲止，還沒有接到正式的官方報告。

　　葡政府此一罪行，我外交部發言人，如何措置，無片言聲述，而於外電競傳，共匪播報，邊境移交，完全證實以後，尚以未接到正式官方報告，似猶疑其不確。我駐澳外交專員，數年前即已被迫撤職，所謂正式官方報告究將來自何方？是否我若永遠不聞不問？顧頇因循，真令人不勝駭歎！

　　但在同一天的台北各報，所載另一來自漢城的消息，柬埔寨將一名尋求自由的北韓拳擊選手，遣返北韓，南韓政府毅然宣告，與柬埔寨斷絕關係。漢城的消息如下：

　（中央社漢城21日專電）韓國政府今天正式宣佈與柬埔寨斷絕領事關係，並關閉韓國駐金邊的總領事館，以報復柬埔寨政府，上週「慘無人道」的將一名尋求自由的北韓拳擊選手，遺返北韓。

　同時，韓國政府今天通知柬埔寨政府，斷絕兩國於1962年6月所建立的領事關係，並關閉韓國駐金邊的總領事館。

　韓國駐金邊總領事麒鳳已於本月17日應召返國，剩下的三名館員，已受命立即準備返回漢城。

　遣返一名北韓選手，南韓政府即當機立斷，毫不顧惜，斷絕韓柬兩國關係。反觀我們七名活生生的反共義士，被葡國統治的澳門，送入共匪虎口，而我主官機關，尚悠閑雍容，若無其事。豈其所謂泱泱大國之風度，固應如果邪？嗚呼痛哉！

成舍我

原文登載於《小世界》
1966/12/24

即席賦詩一首

詩選

不因七十不求新，

老讀奇書倍有神，

安命知無食肉相，

避秦甘作採薇人，

普天同憤寧三戶，

直筆難阿勝此身，

自喜心情仍少壯，

夜磨盾墨到清晨。

成舍我

1967/08/26

東望王師又一年

小世界‧我們的話

　　從38年大陸淪陷，到民國55年，已整整十七年。過了今
天，這五十五年，也就悠然長逝，永不復返。流亡在這個島
上的軍民大眾，唯一願望是「反攻」。每屆新年，大家總歡
呼就將是「反攻年」的開始，一到歲末，又不免感到一年容
易，再告幻滅。尤其水深火熱的大陸同胞，他們痛苦失望，
必更百倍於豐衣足食，酣歌暢舞的我們。「遺民淚盡胡塵
裡，『東』望王師又一年(放翁原詩為『南』)我們真辜負這
七億苦難同胞了！

　　昔諸葛武侯表請出師伐魏，曰：「王業不可偏安」，故
不得不躬冒危難。曰：「今賊適疲於西，又務於東，兵法乘
勞」，正出攻最好之時機。曰：不可「今歲不戰，明年不
征」，坐失機宜。曰：「如不及早圖之」萬難「以一州之
地，與賊持久」。讀此數語，雖時間相去，早逾千年，而今
古形勢，若出一轍。尤其毛匪驕橫狂悖，反美英蘇之外，更
益以自相殘殺；內交外攻，又豈僅「疲西」「務東」而已。
相信我們的政府，必能保握時機，無辜民望。

過去的讓他過去，我們且焚香禱祝，歡迎這一真正「反攻年」——56年——的來臨。

成舍我

原文登載於《小世界》
1966/12/31

這樣國家打不倒

小世界・卑論集

　　自從詹森總統宣佈，局部停炸北越，本人不再競選，連日共匪即趁此機會，大肆宣傳，說美帝在越，已被打得落花流水，並反覆強調，紙老虎的美帝，業被英勇的越南人民打倒。

　　在這高呼美帝已被打倒的同時，英勇的美國陸戰隊，却將所謂「奠邊府第二」之犧牲，殺出了一條血路。重重包圍將達兩月的六千美軍，無一人成為俘虜。越共重演奠邊府勝利的迷夢，到此已完全落空。

　　兩個新婚未久的總統快婿，都欣然應徵，遠離妻兒，赴越作戰。寧放棄競選連任，不犧牲對越政策的詹森，且準備任滿以後，回德州大學教書。這種充分表現高度民主精神的美國，這種充分表現「公而忘私」的美國人，試問共匪究憑什麼，能將她打倒？

百憂

原文登載於《小世界》
1968/04/06

熱吻

小世界・卑論集

　　在過去十天內，報紙上登著兩條有關「熱吻」的新聞，而且都發生在所謂眾目昭彰的飛機場。

　　一臺南酒女，在機場送別其美國情郎，於當眾熱吻以後，被警察拘捕，處以妨害風化的違警罪，罰銀元若干。另一位由部長榮轉大使的夫人，於臺北機場送別大使時，擁抱熱吻，不特未遭到任何干擾，且熱吻鏡頭，刊登於臺北各報，萬人艷羨傳為佳話。

　　這兩條新聞中所涉及的「人」，身分貴賤，雖無可比擬，然而不可否認的，他們同是有血有靈感的人，而且同是男人、女人。他們熱吻的地點，都是所謂眾目昭彰的機場。但為什麼同一熱吻，在臺南的受處罰，在臺北的則受讚美？

百憂

原文登載於《小世界》
1968/04/06

紙面工夫

小世界・卑論集

　自由中國，又一巨額盜豆案發生。

　報載：依照物資局規定，該局臺中辦事處倉儲科長黃守誠，督導員蔣本權，每月應到各存豆倉庫查點兩次，每年底再一次，由主計股會同倉儲科，澈(徹)底核對賬冊，清點存豆。但所屬潭子鄉、霧峯鄉兩庫黃豆，被盜四百餘噸，竟歷時年餘，均未發現。

　每月查倉兩次，每年再澈(徹)底核查一次，立法不可謂不嚴，然而如此嚴密規章，却無法阻止四百餘噸盜豆巨案的發生。我們一向堆疊如山，看來嚇人的所謂會計、審計、主計，那一大套專作「紙面工夫」的賬冊表報，對其實效如何，似乎應該認真檢討一下了！

百憂

原文登載於《小世界》
1968/04/06

「搞政治」必須「高手」

小世界・卑論集

　　全世界工作最忙，責任最重，莫過於美國總統。有時遇到神經病式的刺客，且會莫名其妙犧牲生命。像林肯、甘廼廸，如果不做總統，無論如何，他們是不會得到那樣結局的。

　　自從詹森總統宣佈放棄競選，連日美國報刊，登載了不少內幕消息，都揭發這位總統，遠在半年以前，就因環境困難，和個人健康，決心退休。套一句中國老話，他真能「敝屣尊榮，急流勇退」。

　　但也有人說，詹森的放棄競選，只是政治家「以退為進」的手法。中國有所謂「搞政治」，「搞字」拆開來，一邊是手，一邊是高，換一句話說，即是：搞政治必須是「高手」。由於放棄競選後而得到各方讚美，民意測驗，迅速上升，甚至有民主黨可能強迫徵召之說。「以退為進」乎？「以退為進」乎？恐除詹森本人外，無人可以代他解答。

百憂

原文登載於《小世界》
1968/04/13

羅斯福不能當選鎮長

小世界・卑論集

　　如果羅斯福生在中國，相信他不僅不會當選總統，連當選一名鄉鎮長，也會被法院宣判無效。

　　因爲羅斯福從小就患過小兒麻痺症，他四次連選連任總統，都是帶著殘疾辦公。比起被法院宣判當選無效的台南縣新化鎮長林進丁，還能當眾表現拳術，其程度遠爲嚴重。

　　司法獨立，在民主國家，應爲任何人所尊重，但先決條件，司法必須守「法」。究竟林進丁是否殘廢？其被判當選無效，是否合法？希望監察院對此次林的親身呈訴，能有公平正確的認定。

百憂

原文登載於《小世界》
1968/04/13

勿爲「歪風」所吹襲

小世界

　　一位在東南亞各地區住過很長時期的朋友，他有輛「私家車」，經常用司機，也偶爾自己開。據他說，在某些城市中，交通規則，多相當嚴密，稍一疏忽，即被處罰。但熟習當地情形的當地司機，他們經常將五元或十元鈔票，夾在駕駛執照中，如遇犯規而被警察查驗執照時，大家心照不宣，各得其所。司機因此能毫無麻煩，仍繼續開車，將主人送到目的地。

　　我們非常慶幸，這一歪風，從未吹來台北市，但一切傳染病，往往會含有國際性。當此繁複嚴厲之新交通法規即將實施前夕，切望我們一向純潔執行管制的交通人員，不僅永遠不爲歪風所侵襲，並將卓然示範，改正東南亞固有的歪風。

百憂

原文登載於《小世界》
1968/04/27

何不選「時裝少爺」？

小世界

我們固然不應該強迫學生「讀死書」，但我們是否就應該鼓勵學生不讀書？

最近兩月來，什麼「毛衣皇后」、「美姿歌后」、「時裝皇后」、「雲裳小姐」一窩蜂的各色各樣競選，光怪陸離，先後在戰時首都台北市出現。參加競選者，據報載，多爲正在各大專、高中就讀的女生。我們相信，一個女學生，參加這種競選，從準備報名那天起，除或有少數性格特殊鎮定如常外，一般說來，爲了爭取勝利，起碼總有十天半月，不特無法上課，其精神緊張，甚至會寢不安席、食不甘味。這對於本身學業，尤其對於功課繁重的學理、工、醫科女生，影響將如何嚴重？

如果說，主辦這種選舉的目標，是提倡樂教，宣揚國貨，則男女同樣有歌喉，男女同樣穿衣服，爲什麼不選舉「美姿歌帝」，或「時裝少爺」，而專門看中正在努力上進的就學少女，讓他們拋棄書本，犧牲最可寶貴的時間，從事最無意義的競選？

百憂

原文登載於《小世界》
1968/04/27

品德從首長「卡」起

小世界

　　「國民生活須知」^{注1}頒佈了，它制訂了一些做人的規
範，對食、衣、住、行及一般禮節，都逐條列舉，簡要明
確。這些規範，雖小部分來自西方，但最大多數，都是幾千
年我們固有的起碼道德。中華文化復興委員會，針對此點，
制成方案，頒行全國，就復興中華固有文化說，確是一件值
得頌揚的工作。

　　現在所應注意的，就是這些規範，如何使每一個國民都能
切實遵守。若只知頒佈，不求實施，則「生活須知」中任何
一歀(款)，在中國典籍中，不幾均反覆叮嚀，明訓昭垂？我們
認為，當前急務，是應由身居高位的各業領袖，尤其政府顯
要，率先倡導，上行下效。像左列各項：

　　「要養成為多數人服務，先之勞之的美德」

　　「養成其是非心；能仗義執言，養成其同情心，能急人之
急」

　　「不容許孤立自私，投機取巧，偷惰怠忽，尤不容許貪人

之功，以爲己有」。

　　一切身居高位的人，應自問對「國民生活須知」的每一樣條歟(款)，特別如上所舉的這幾項，是否已日夕奉行，俯仰無愧？如果做首長的(不應專是父母責望兒女)，自己赴義不先，攘利恐後，而專以「爲多數人服務」責望部屬學生，推而及於自己無是非心，而責人仗義執言，自己偷惰怠忽，而責人勿投機取巧，如此而欲使生活須知，推行於每一國民，豈非上樑不正，下樑必歪，如何能爲國民所信服？

　　在公務員三卡制度中，已有「品德」一卡，我們希望主管三卡的，今後能依據「國民生活須知」的每一條歟(款)，來衡量每一公務員的品德，是否有背於這些規定。尤其最重要的，是應先從每一機關的首長「卡」起。

百憂

原文登載於《小世界》
1968/05/04

注1：「中華文化復學推行委員會」於1968年4月20日草擬「國民生活須知」，主旨爲使國民生活現代化、全理化，以因應工業社會的來臨。所訂條目遍及食、衣、住、行各細項。1968年4月30日政府公布實施。一般認爲該「須知」的公布，其精神是延續1934年的「新生活運動」。

不相信有這判例

小世界

　　報紙登載一條消息，最初，幾乎使我疑心，是眼花，看錯了。但經一看再看，白紙黑字，千真萬確，內容大意是這樣的：

　　台北市民□□□投書報紙，指□□□局辦事員對人民申請事件，隨意延擱，辦事效率不言可知。□□□因此受損十七萬元。□□□局認該市民侮辱官署，訴請法院判罰金六十元，如易服勞役，以六元折算一日。

　　這樣一封並非謾罵的投書，是否就足構成刑法第一百四十條公然侮辱官署罪？如答案爲是，則今後人民對於任何官署，除歌功頌德外，還有什麼話可說？不特刑法第三百十一條：「以善意發表言論，因自衛、自辯或保護合法之利益者；對於可受公評之事，而爲適當之評論者不罰」，從此失效，而憲法第十一條，人民有言論自由權的保障，也只有束之高閣。我們真不相信，民主法治的自由中國，會有這樣一個判例出現。

　　我們仍懷疑報紙所載，並非事實。或某市長投書，其詞句

遠較報載者惡毒嚴重，以致觸犯刑章，罪有應得。假使這些
想法都落空，則另一希望，只有等待某市民的依法上訴了。

百憂

原文登載於《小世界》
1968/05/11

何必「人爲財死」

小世界

古語說：「人爲財死，鳥爲食亡」，鳥飢不擇食，往往自投羅網，人妄想橫財，有時人財兩空。最近報載，花蓮十四名盜寶工人，潛入他人礦場，偷挖寶石，不料山石坍陷，洞口被封，幾乎全部被活埋，雖然救出，業已奄奄一息，且仍將領受刑責。又嘉義市第七屆市民代表候選人孫文雄，家本小康，但異想天開，竟塗改獎券號碼，想冒領第四八一期愛國獎券第一特獎二十五萬元。不料分文未得，反被捕入獄。這兩個眼前實例，都證明橫財不可妄想，而千千萬萬貪官污吏的身敗名裂，也就都是這一個「財」字作祟。

但另一方面，自由中國却有許多「非其道義一介不取」的好人好事，不斷在報紙出現。特別像「拾金不昧」這一類新聞，最近使人感到，儘管在這「人慾橫流」、「金錢至上」的社會，臨財不苟得的廉介之士，仍然到處可見。過去如軍人、如學生、如計程車司機，都曾有過這類的表現，而像今天本報所載陳雨聲來函，本校同學陳正昌將所拾得將近六萬元的支票現金，尋到失主，立即送還。尤其難得的，是他做了這一件事，不僅從未讓報紙刊登，也未向學校報告。如果

不是失主來函，可能永遠不會爲外人知悉。

　　「拾金不昧」本是一個人的起碼品德，不足爲奇。但我們這個社會，究竟還是「寧爲財死」的人多，像前面所說那些入山盜寶及塗改獎券的人，他們試想一想，爲何竟這樣財迷心竅？如果他們能將自己與「拾金不昧」者作一比較，他們應該痛自懺悔，革面洗心，從頭做人！

百憂

原文登載於《小世界》
1968/05/18

日本應記取戴高樂媚共的教訓

小世界・卑論集

　　戴高樂承認匪共，強迫北大西洋公約總部，撤出法國，並與美國處處作對；同時又一再拒絕英國加入共同市場；種種作法，無非要向共產國家，尤其匪共與蘇俄，送媚討好。但檢討戴高樂這幾年苦心孤詣降志辱身的收穫，由巴黎此次罷學、罷工大暴動，匪俄各項反應，即可看出戴高樂賣身投靠，結果是何等悲慘！

　　姑不論罷學罷工，是否真全由匪俄鼓動，(尤其共匪有無此鼓動力量，尚屬可疑)，但最低限度，匪俄對戴高樂遭遇執政以來前所未有之最大危難，不特無絲毫援助及同情，反而火上加油，連日匪俄報紙廣播，將與希特勒同其命運。共匪則更驅使各大城市工人學生，遊行示威，並焚毀戴高樂芻像。匪俄是法國友邦，戴高樂是毛澤東、柯錫金[注1]好友，表現如此，戴高樂如尚稍有羞惡之心，對此寧不愧死！

　　戴高樂遭此惡報，自作自受，無足愛惜。我們願於此特別提醒那些還站在自由陣營中的國家，特別像日本之類，當他們還要幻想爭取匪俄友誼的今日，對此血淋淋教訓，是否應

立即憬悟，「刹車」，「打住」？

百憂

原文登載於《小世界》
1968/05/25

注1：柯錫金(Aleksey Nikolayevich Kosygin，1904年-1980年)蘇聯
　　政治家。1919年加入紅軍，1924年在西伯利亞加入共產黨；1939
　　年當選蘇共中央委員，1940年成為人民委員會(1949年以後稱部
　　長會議)副主席，主管消費品工業；第二次世界大戰期間，任俄
　　羅斯蘇維埃聯邦社會主義共和國部長會議主席，1964年10月取代
　　赫魯雪夫任部長會議主席(1964年-1980年)，成為蘇聯政府實際
　　的首腦。他批評赫魯雪夫在經濟問題上「主觀」和「外行」。不
　　過，他在宣佈蘇聯1966年至1970年發展經濟五年計劃時，仍然堅
　　持赫魯雪夫的注重消費品生產的方針，所不同的只是規定加入
　　現實的指標而已。柯錫金曾訪問法國和英國，表示蘇聯願意與
　　資本主義國家和平共處。1967年6月到美國出席聯合國大會時，
　　曾與美國總統詹森會晤。20世紀70年代初期，柯錫金與蘇聯共產
　　黨第一書記勃列日涅夫(Leonid Ilyich Brezhnev，1906年-1982
　　年)、蘇聯最高蘇維埃主席團主席波德戈爾內(Podgorny Nikolay
　　Viktorovich，1903年-1983年)一起實行集體領導。但隨著勃列
　　日涅夫權勢的增長，柯錫金和波德戈爾內的作用逐漸削弱。1980
　　年10月23日由於健康原因引退。

美國毋爲宋襄公第二
——不求勝政策無法使和談成功

小世界・我們的話

越戰給予美國的困擾，苦痛確已達極度，美國政府，無論詹森或尼克森，其謀求和平的誠意，除共黨外，也似乎無人可以否認。然後巴黎和談，拖延到今天，不但毫無結果，根本就等於尚未開始。前兩天盛傳已有進度的秘密商洽，由於北越再度強調，必須美國實踐全部撤軍及取消西貢政府兩條件，也就任何幻想，都已烟消雲散，全部落空。

美國爲什麼要受到如此侮辱挫敗，任何人似都可看出，如果美國從越戰開始，就抱定必勝決心，一切手段，在所不惜，以美國的國力，戰勝北越應該是不成問題，不幸作戰數年，傷亡數萬，而美國宣告世界，美國在越，始終係堅持「不求勝政策」。作戰而目的不在「求勝」，這真是千古奇聞，比之宋襄公不禽二毛，不鼓不列^{注1}，還要滑稽萬倍！

假使美國政府突然醒悟，改「不求勝」政策爲「求勝」，愈是北越的心臟地帶，愈炸得極其徹底，沒有任何保留，那我們敢擔保，胡志明的雙膝，馬上會跪倒在美國人面前！經

年累月舌敝唇焦的巴黎和談，也就自然會急轉直下，宣告成功！

成舍我

原文登載於《小世界》
1969/04/05

注1：《左傳・子魚論戰》。宋公及楚人戰於泓。宋人既成列，楚人未既濟。司馬曰：「彼眾我寡，及其未既濟也，請擊之」。公曰：「不可」。既濟而未成列，又以告。公曰：「未可」。既陳而後擊之，宋師敗績。公傷股，門官殲焉。國人皆咎公。公曰：「君子不重傷，不禽二毛。古之為軍也，不以阻隘也。寡人雖亡國之餘，不鼓不成列」。

登月與「民主」「自由」

小世界・我們的話

　　美國登陸月球的太空人，昨晨已安返地球，從登月成功那天起，美國及全世界，對此次登月成功的頌揚，我們覺得最扼要也最平實的，莫過於美國自己的前總統詹森所說，登陸月球的成功，只是美國政治制度的成功。

　　如所週知，美國政治制度，是已被若干人快要扔進茅坑的「民主」與「自由」，但在這一制度下，人人能自由選擇其研究標的，人人能爲國家貢獻其才智，從中學大學以至任何高深學府，他們可依其志願，循序進入，不受限制、干擾或折磨。再不會被強迫徵作紅衛兵。儘管共產黨和法西斯，永遠不斷的詛咒美國，在美俄登月競賽這一幕，民主自由的美國終於戰勝了極權獨裁的蘇聯。站在民主自由陣營的人們，應該是如何興奮！如何驕傲！

百憂

原文登載於《小世界》

1969/07/26

馬路不可走！

中間兩邊皆危險　試問行人何處去

小世界

　　「馬路如虎口，中間不可走」，台北市交通，雖被稱「極
度紊亂」，但這兩句話，總已爲大多數人所了解，假使沒有
如此「驚心動魄」傳統的警告深入人心，台北車禍，相信還
不知增加多少。

　　最近輔仁大學附近新莊橫貫公路路邊十九根水泥電桿。突
然一齊倒下，砸死砸傷靠路邊經過的呂明勇等至六人之多，
新莊雖非台北市區，但市區馬路兩旁電桿更密，自今以後，
我們似乎又應該再將上面人人皆知的警告，予以補充，「馬
路如虎爪，路邊不可靠，路邊有電桿，隨時一齊倒」。不過
「中間」、「路邊」，如果皆不可走，那麼，我們人生的四
大要素食、衣、住、行的最後一項，豈不將從此一筆勾消？

　　水泥電桿所有者的台北電信管理局對此一災禍的說明，是
因「豪雨關係，地土鬆動，致橫木被拔出，電桿拉力失去平
衡，突然傾倒，影響前端電桿十八根亦相繼傾倒」，查豪雨
爲上月27日、28日起即已放晴，電桿倒塌，爲30日中午12時，

假使橫木因豪雨被拔出，何致事隔三日，尚無發覺？而且依常識判斷，如果電桿埋在地下，達到標準深度，也無法拔出一橫木，即會十九根一齊倒塌之理。現在台北市，任何一處，馬路兩旁，都是電桿林立，無論是電話、電報或電燈，若安裝不夠牢固，一場豪雨，便可集體倒塌，這對於行人的安全威脅，將是如何重大！呂明勇等的死傷，我門不知道法律上應該作何處置，但最為大眾關切的，還是如何預防，今後不至再有此同樣事故發生！

百憂

原文登載《小世界》
1969/08/02

可驚的三萬餘件閱卷計分的錯誤

有感於聯招會之複查給獎

小世界

　　大專聯考甲乙丙丁四組的綠取名單，到今天傍晚，大約
全部揭曉了。在六萬八千九百三十名考生中，只有二萬三千
餘人，榜上有名，我們真不知道那些榜上無名的四萬多名青
年，自己及其家長，在這幾天，是將如何沮喪和苦痛？我們
切望，聯招會主委以及若干報紙的勸慰，對他們能受到尊
重，發生功效。

　　考試成績，要靠閱卷者評定，閱卷的是人，人的衡量，
很難像天平那樣百分之百的精確，因此，自古以來，大家總
往往將試場得失，付之命運。但在中國傳統的考試制度上，
尤其科舉時代，政府總是盡其全力，爭取公平。考官循私舞
弊的被處死刑，固然史不絕書。即是偶而顧頇疏忽，如被發
現，也懲罰至嚴，絕不寬縱。此外一般社會，還利用當時流
行的迷信心理，謂閱卷不公平者，會爲鬼神所殛。靠這種種
方法，才勉強使難盡公平的考試，儘量做到可能的公平。

　　自由中國的大專聯考，對每一青年的前途，此時此地，其

重要性質不減於過去的科舉，甚或過之。(這正是聯考制度的悲哀！)有關當局，以及歷屆聯招會主持人，多以竭盡所能，爭取最大限度的公平。特別像本屆聯招會主持人，更樹立試卷複閱，計分複查之給獎制度，凡複閱複查發現錯誤者，即給發現者以獎金。查4日報載聯招會公佈，此次複閱複查發現之錯誤，共有三萬零二百四十八件，均經逐一改正。照此數字，即幾乎每兩個考生中，有一個考生的試卷被閱卷計分有誤，如果竟未發現，對於六萬八千餘名考生，將是如何嚴重的不平。由此推類，更不知過去十餘屆大專聯考，曾有多少榜上無名的青年，他們是受到錯誤的閱卷與計分所屈害。本屆聯招會主持人求精求確，真值得每一青年每一家長，贊許感激。

可是儘管這次閱卷計分如此力求精確，而在已發現的三萬餘卷之外，8日報載此次甲組榜首尹明潭，在發榜前，他自動向聯招會請求複查，竟發現它所接到的成績單，比應得的成績，少計四分，如他未立即請求複查，最多只影響他的第一名，不發生取錄與否的問題，否則可能榜上無名，或有名而考不取他的第一志願。聯招會閱卷計分及辦理覆查的人員，多是第一流公立大學的優秀老師和職員，何以對這樣一項攸關數萬青年前途的聯考，竟會發生如此駭人聽聞多達三萬餘件的錯誤？

1969年是人類登陸月球進入太空新時代的一年。而我們政府，這幾年來，正以全力，從事於科學發展。科學的最大原則之一，是求精求確，製造和操縱者，在數以萬計的零件中，有一個電紐、一寸電線，像我們那些從事閱卷計分的

人們一樣，不加注意發生錯誤，其後果是如何嚴重？涉想至此，我們倒覺得數萬榜上無名的考生，其痛苦問題尚小，而若干領導青年的教育界，如仍不求精確，總是承襲中國千百年傳所謂「凡事只求差不多」、「人生何必太認真」的錯誤觀念，就作爲這一太空時代的現代人說，實在太嚴重，太落伍了！

最後，我們還忍不住要問一句，此次聯招會有查錯獎金，是否相對的也有犯錯罰金，假使沒有，這個有獎無罰的制度能發生何種功效，實在也值得懷疑了！

百憂

原文登載《小世界》
1969/08/09

「闖天下」並非盲目亂撞

由雲林一農人談到民意代表增補選

小世界

　　前兩天，報紙刊登了幾條表面上並不足以聳動聽聞的社會新聞，但細加玩索，確是此時此地最嚴重的的一個社會問題。

　　新聞內容是這樣的。一個小學畢業，原在雲林種田，現年卅一歲的林姓男子，他突然異想天開，覺得「種田」無前途，要到台北闖天下，不料到了台北以後，走投無路。有人告訴他，在台北找事，第一不能過三十歲，第二最少要高職畢業，於是他塗改身份證，將年齡降低，學歷提高。結果竟因露宿公園，被警察拘捕，發現他的身份證已被變造，遂以偽造文書移送法辦。他在法院說了幾句大澈(徹)大悟極具教育意義的話，他說：他「現在才明白，任何事都不可強求，自己原來就是『種田』的料，却不安分，經過此次痛苦教訓，業已覺醒，在吃過官司以後，決心還是回家『種田』。」

　　偏巧在這新聞登出的同一版，還有幾個從南部到台北找事的少年，事找不到，却餓得無法忍受，於是走進一家小吃店，飽餐一頓，無法付賬而被抓進警署，居留兩天。在新聞

登出的第二天，報載警察破獲了一家淫窩，幾個少女，都是從南部北來找職業，結果被騙，別的職業未找到，找到的却是賣淫。

「闖天下」是每個人，尤其青年人，創業必須的冒險精神，但若不度德，不量力，既無專長，又無準備，只是不安本分，追求更好的生活享受，其結果當然會百分之九十九，與雲林林姓男子，以及若干從南部北來的少男少女同一下場。

因此，我們覺得「闖天下」的冒險精神應該有，但像留在屋內的蒼蠅，盲目亂撞的闖天下，則是自尋死路不足爲訓。

台灣自光復以來，實行地方自治，縣市長以及許多公職，多付諸民選，公開競爭。據說過去有許多小學程度的農人商人，爲了愛慕虛榮，不惜拋棄本業，競選公職，結果不特公職未當選，反因競選費用的龐大，原有農田商店，都變成他人所有，傾家蕩產，竟有慚愧自殺者，這和上述雲林農人，實有殊途同歸之妙。

今年中央民意代表的增補選，以及台北市議員的選舉，據說有不少人感覺興趣，準備競選，這是民主精神普遍發揚的好現象。但我們切望每一位準備競選的人們，先自己考驗自己，度德量力，萬不可蹈以前若干盲目競選者的覆轍，更不可做雲林林姓男子第二！

百憂

原文登載《小世界》
1969/08/16

盼能追回龐大贓款

小世界・我們的話

　　驚天動地的高雄「剝蕉案」，已於昨日由高雄地方法院初審宣判，這一案件之所以轟動，是在最初喧傳吳振瑞等的侵佔在億元以上，譚玉佐的貪污在數千百萬元以上，而現在公開審判的結果，似乎都比以前的數字少，主要刑責，仍在製贈金盤金碗的黃金成色，超過八七五標準，違反了國家總動員法。

　　違反總動員法固然犯罪，但老百姓最重視的，還在高達億元及千百萬元的侵占貪污，如何能於判罪以外，追回贓欵(款)使人民不受損失。假使以前所傳，都失之誇大，那麼我們却不能不問，檢察官是曾憑什麼起訴？報紙是曾憑什麼刊登？

　　有人說：吳振瑞、譚玉佐等侵占貪污數字的龐大，原是千真萬確，只因進了公開審判階段，一方面被告「翻供」，一方面律師「巧辯」，才使原來龐大數字，變為渺小，假使在百年以前，沒有公開審判，沒有律師，不許翻供，不許巧辯，他們的贓欵(款)，一定會如數追回。那麼，我們今天的司法制度，是否還應回復到百年以前？言念至此，我們真不敢想像了！

成舍我

原文登載於《小世界》
1969/08/23

「服務」與「便民」？！

有兩件事，使人感慨錄之！

小世界·我們的話

　　臺灣省公路局，在半月前，曾要求省政府，補償因優待學生而減收之票價，據其統計，此項補償，約年為一億一千三百餘萬元。公路局要求補償的理由，是優待學生，乃政府德政，但不應由負責運輸者承受損失。不料即在此新聞刊出不到十日，公路局就有公函分到各學校，謂政府已將公車開放民營，凡有民營車經過之路線，今後學生優待票，應改向民營車購買，公路局不再出售。優待票的損失，政府主辦的運輸業尚要求補償，則純粹民營的運輸業，政府有何理由要他們負擔每年一億餘元的損失？

　　另一事，台北市每一電話用戶，昨接電信局通知，該局「一一七」報時電話，因向不收費，每日詢問時間者多，因此，決從9月1日起，和普通電話一樣要按次收費。公車與電話，都是「公用」事業，都經常以「服務民眾」及「便民」為標榜，從這兩件事看來，所謂「服務」與「便民」，在字典上，今後似乎應另有新的解釋了！

成舍我

原文登載於《小世界》
1969/08/30

不能接受的恐怖

小世界

　　就在人類登陸月球的這一年，我們昨夜，幾千年傳統至今的秋賞「月」，家家戶戶，一團高興，卻偏偏被颱風過境，擊成粉碎。人定到底能否勝天？這一問題，又仍浮現在每一人士的腦中。

　　颱風到現在，人類尚無法予以控制，不過以目前科學突飛猛進的成就推斷，這目的早晚總會達到。

　　台灣處在颱風地帶，在人類無法控制颱風以前，住在寶島的人們，每年一到颱風季節，必提心吊膽，寢食不安，這只好歸之定命，無可奈何，所以昨晚家家戶戶，由一團高興變成一夜恐怖，任何人都不會對任何人有任何譴責或怨恨。

　　但在「一夜恐怖」中，有絕對可以免於恐怖的兩件事，有關方面，卻似乎始終未予重視。即(一)因台北市區下水道迄未疏濬，致引起到處淹水的恐怖，以及(二)石門水庫總在颱風豪雨前後，大量洩洪，增加河流暴漲氾濫的恐怖。

　　我們相信，任何人可以忍痛接受人力不能控制的颱風恐怖，但卻無法忍痛接受這種並非人力不可控制的恐怖。

百憂

原文登載於《小世界》
1969/09/27

「優良」「卓著」應有具體標準

小世界・我們的話

　　平地一聲雷，國家科學委員會，公佈了研究教授、副教授設置辦法，提高軍公教人員，尤其最清苦的教育界待遇，這是多年來舉國一致的呼籲，今一旦見諸事實，這當然任何人都應舉雙手贊同。不過我們對該辦法，有不能不提出如下所舉的四項疑問。

　　(一)教授一萬二，副教授八千，合美金不過三百和二百，如果純以待遇高低爲前提，國外學人是否看得起？但在國內，却已是特任官和將軍級官月薪的兩倍，當大家都勒緊褲帶相忍爲國的時候，這是否將不會影響多數情緒？

　　(二)在數以千計的教育工作者，數以百計的公立大學教授副教授中的「研究」名額不過十分之一，在同一大學執教，有十分之九仍然月薪只在二千到三千之間，這十分之九照常過著困苦生活的教學匠，他們是否將引起不平之感？

　　(三)兩項規定的提名資格，一是「研究成績優良」，一是「教學成績卓著」，而所謂「優良」與「卓著」，其標準都是異常空洞。尤其所謂研究成績，要以「在夠水準純學術

期刊發表者爲準」。如果這些期刊是指在國內出版的，試問我們自由中國，國科會能指出那些期刊是「夠水準純學術性」？

(四)在同一所公立大學內，如果明定十分之一的老師，是研究成績精良，教學成績卓著，則其餘十分之九的老師，在學生眼中豈不都是不優良、不卓著，學校替老師分了等級，這教那十分之九的老師如何能安心教下去？

切望國科會在設置辦法實施之前，能先將這四個疑問，予以滿意的解決！

百憂

原文登載於《小世界》
1969/09/30

「洩洪」與「防洪」

小世界‧我們的話

連日豪雨，雖在颱風芙勞西消失以後，仍繼續不止。環
繞台北各河溪，無一不再暴漲，超過規定警戒線，尤其淡水
河附近，三重、蘆洲、五股，水深及腹，一片汪洋，幾成澤
國。數以萬計之居民，不僅無家可歸，且四面洪流，有隨時
葬身喪命的危險。

最令這些淹沒地區居民苦痛而困惑的，即正在豪雨不止，
水位暴漲時期，石門水庫，卻不斷洩洪，致使原已危急的河
流，更增加其嚴重。防洪本為石門水庫四大目標之一，無論
水庫當局，如何解釋，洩洪即所以防洪，但在老百姓看來，
卻總是無法了解的。

猶記石門水庫興工初期，曾有人著文警告，預言水庫完
成，在每年颱風豪雨季節，必將為台北地區帶來最大威脅，
因水庫建成以後，附近洪流集中水庫，不洩洪，水庫即無法
保持，洩洪則必將增加下游的水位。這是必然的情勢，屆時
洩與不洩，絕非水庫當局所能自由選擇的。這一警告，未引
起當時重視，且在「建設第一」的舉國一致呼號下，甚至對

這種警告，會嗤之以鼻，笑為胡說，不科學。

　　現在，省議會和許多老百姓，都在指責石門水庫當局的洩洪，但這豈是水庫當局的過失？因此，我們一方面不能不敬佩十多年前那位預言者的遠見，一方面卻更希望今後任何大規模建設，總應從多方面縝密考慮，固然我們信任專家，但專家也是「人」，人總難免有錯誤，低限度也可能百密一疎(疏)！

　　石門水庫既無法不洩洪，而台北為反共首都所在地，數十百萬居民，自更不應每年都聽任其遭受洪水威脅，往事已矣，當前必須解決的，即如何集中力量，一勞永逸，對台北地區的防洪，作根本有效的措施。

百憂

原文登載於《小世界》
1969/10/04

賑欵(款)不可擱存分配必須公平

小世界 · 我們的話

　　照這幾天各方熱捐欵(款)救災的情形看來，相信最近期間，必能集腋成裘，達到一相當字數。受災難民，縱不能盡復原狀，最低限度，總可暫蘇喘息，徐圖復興。

　　此次颱風豪雨，其所造成之災害，依據行政院長嚴家淦在立法院報告，其屬於人民部分者，死亡一百二十餘人，全倒及半倒房屋兩萬七千三百餘間，農作物受災面積約三十四萬八千多公頃，從被淹區域救出之難民約九萬五千餘人。各項數字如此龐大，即使政府播欵(款)，民間捐欵(款)，並不太少，但與人民所損失者比較，當仍不免有杯水車薪之感！

　　尤其使我們關切的，就是這些賑災欵(款)項，無論數字多少，第一「救災如救火」，如何能不擱存銀行，迅速發放？第二、如何能調查確實，依照災情輕重，分配公平？

　　自從此次災禍發生，許多人強調「防災重於救災」，而指責若干有關官吏，過去只知浪費鉅欵(款)，美化市容，對於人民一再呼籲之整修下水道，實施防洪計畫，反敷衍拖宕，擱置不理。現在我們更願指出，賑災救民，「分配重於捐欵

(款)」。如果大家只知盡力捐募，而不妥籌分配，則真正災情嚴重之難民，就能受惠多少，恐將成大問題！

成舍我

原文登載於《小世界》
1969/10/11

團結第一

小世界・我們的話

　　舜先生^{注1}將於光復節後一日大殮公祭。古人云，「蓋棺論定」，但左先生生平言行，抗日反共，世所共見。他是一位道地十足，不折不扣的「愛國書生」，不待蓋棺，而早已論定。他生前，雖受各方推重，也曾有若干榮銜，加在他的身上，如青年黨主席、國民大會代表、光復大陸設計委員會副主席之類，但我們深信，任何榮銜，都不如「愛國書生」對他最切合，最崇高，真可生為「考語」，死作「公諡」，左先生地下有知，亦必欣然承受。

　　在左先生逝世二日，臺北各報曾刊布其遺言十則，開宗明義第一項強調「團結」報載原文如下：「一、抗戰期間，舉國對外，團結抗日，經過八年的艱苦奮鬥，始獲勝利。今天局面之艱難，超過抗戰時期，為歷史所未有，抗戰時期能夠團結，難道今天還不能團結嗎？面對當前的敵人，團結還不一定有效，何況不團結。」

　　「抗戰時期尚能團結，難道今天還不能團結嗎？」的確，如果抗戰時期不能團結，何來最後勝利？更安有今日台灣之

光復節？即使數語，已足充分表現左先生之愛國襟懷，書生本色。在此舉國團結共同致力於討毛反共的現階段，如囹獄多冤民，野有遺賢，或不軌之徒，貌似忠順，陰懷叵測，這都將是左先生所最不能瞑目安息的！明日弔祭左先生的萬千官民，為使左先生含笑九泉，第一件事，就應不要忘記他反覆叮嚀的遺言，國家至上，「團結」第一。

成舍我

原文登載於《小世界》
1969/10/25

注1：左舜生(1893-1969年)，湖南長沙人。原名學訓，別號仲平，字
舜生，湖南長沙人。1911年入長沙外國語專門學校。1914年入上
海震旦學院。1918年參加籌組「少年中國學會」。後任「少年
中國學會」評議部評議員、評議部主任。1919年末到「上海中
華書局」編輯所任職，不久任該所主任。在新文化運動中，曾
嘗試使用烏托邦式的辦法改造中國社會，與李璜、曾琦等成為
「少年中國學會」的右翼代表。1924年9月，與組建「中國青年
黨」的曾琦等人在上海創辦《醒獅》週報，並任該報總經理，進
行反蘇、反共宣傳。1925年正式加入「中國青年黨」。次年當選
為中央執委會常委。1930年7月與陳啟天創辦《鏟共半月刊》。
「九一八」事變後，與陳啟天創辦《民聲週刊》，支持國民政府
的「安內攘外政策」。1932年到復旦大學任教。1935年到「南京
中央政治學校」任教。同年當選為青年黨中央執行委員會委員
長。抗日戰爭爆發後，以青年黨代表身份被聘為國防參議會參
議，國民參政會參政員。抗戰期間反對共產黨建立抗日根據地。
1941年3月參加「中國民主政團同盟」（簡稱「民盟」），任秘書
長。1945年7月，與黃炎培等到延安參觀訪問，調解國共兩黨關
係，同年被選為青年黨中央常委兼宣傳部長。1946年青年黨脫離
民盟，在上海創辦青年黨的報紙《中華時報》，恢復東南地區青
年黨組織。同年11月代表青年黨參加「國民大會」。1947年4月
任國民政府農林部部長。1949年4月赴香港，創辦反共刊物《自
由陣線》，先後在香港新亞學院、清華書院任教。1969年到臺
灣，任總統府國策顧問。10月病逝於臺灣。左舜生所著《近三十
年見聞雜記》中的〈我所見國共最後破裂的一幕〉，該文成為研
究國共合談重要史料。著有《春風燕子樓：左舜生文史劄記》、
《中國近百年史資料：初編、續編》、《中國近代史四講》、
《辛亥革命史》、《近代中日關係史綱要》等。

《林白水傳》序

傳記文學

　　林慰君女士為其尊人所作《白水先生傳》付印之前，要我
寫幾句話。我雖多年來極少寫所謂「序跋」之類的文字，但
慰君女士完成這一闡揚先德的新著，多少受我不斷敦促與鼓
勵的影響，則在出版前夕，她一再以「寫句話」相託，我當
然深感榮寵，義不容辭。

　　白水先生是四十三年前，即民國15年8月6日，在北平軍閥
統治下，為最兇殘也最昏惡的張宗昌所殺害。人非聖賢，無
論世間對白水先生，縱有任何評議，終無法否認，他是中國
新聞自由鬥爭史上，以身殉報，罕有的報業烈士之一。

　　我從民國7年起，與白水先生同在當時的北京，從事新聞
工作。我比他小廿四歲，行輩較晚，彼此思想基礎，生活環
境不同，故平時極少往返，甚至等於不相識。不料這等於不
相識的人，他的慘烈成仁，却在我這四十三年來，留下永遠
最深刻印象。除了他是報業先烈，應受到所有報人崇敬外，
尤其在他遇害後不到廿四小時，我也被王琦以同樣方式，奉
張宗昌命，抓進憲兵司令部，其未追隨白水先生於地下，真

是相間不能容髮。這一史實，也就自然增加了記憶中，我和白水先生的特別關聯。

　　民國15年8月6日凌晨，天剛亮，我在《世界日報》宿舍中，就一再被電話喚醒，都是與白水先生有關的朋友，報告他遇害消息，但6日各早報，並無是項聞刊載，《世界日報》亦不例外。於是我決定將這一不幸消息，以第一條大字標題，加黑邊，刊登在下午出版的《世界晚報》上。我曾訪問了很多知道遇害情形，及可能知道內幕的人士，他們大致多認定：張宗昌親信潘復，想做國務總理，白水先生的《社會日報》，則全力痛斥潘復庸劣，在最後一篇白水先生親自撰寫的文章中，說潘復自命為張效帥(即張宗昌字效坤)的智囊，實則只是腎囊而已，潘以此文示張，張遂令其爪牙憲兵司令王琦，深夜往捕，並命「就地正法」，旋以薛大可等跪地哭救，張始允暫留一命，但潘暗嗾王，不待張赦令到達，先予鎗殺，令到已畢命十數分鐘。這些經過，慰君女士在《白水先生傳》中，也有約略相同的敘述。不過當時北京各報，除簡短報告遇害外，其餘隻字未提。《世界晚報》，也只能以黑邊頭條，致其同情的哀悼。在我訪問的那些人士中，京師警察廳偵緝處長侯德山(等於現在的刑警隊)告訴我：「當白水先生解往天橋刑場時，行刑兵對白水先生說，『林先生，你是讀書人，我不會讓你吃苦，一鎗就請你馬上升天吧！』」因為行刑兵對一般人犯，總歡喜渾身亂射，讓死者增加最後掙扎的苦痛，有些家屬，甚至須事前賄託行刑兵，始可享受一鎗斃命的優待。白水先生家屬，並未賄託，而行刑兵竟自動不忍使讀書人增加苦痛，在獸性發揚的軍閥統治下，還能保留如此一線善良的人性，白水先生雖為萬惡軍閥所痛恨，

但仍爲下級小兵所敬重，就這一點說，白水先生地下有知，也值得安慰了！在距白水先生殉報成仁不到24小時，當夜王琦奉張宗昌命，以同樣方式，到《世界日報》捕我。坐在武裝士兵夾持的大卡車中，我曾不期而然，想起侯德山告訴我的話，或許行刑兵給予白水先生的優待，也可同樣給我。張宗昌擊敗馮玉祥，進入北京，首先捕殺的，爲《京報》社長邵飄萍先生，次爲白水先生，再次爲我。雖然白水先生的遇害，有潘復從中播弄，但主要原因，仍由於我們的報紙，過去均同情國民黨及國民軍，而痛罵張作霖，張宗昌，他們要報復，才下此毒手。幸我以北洋軍閥所崇奉之元老孫寶琦先生，及時竭力營救，得於被捕三日後，免死釋放。經過漫長的四十三年，我在今天，尙苟活倖存，得讀慰君女士所作《白水先生傳》，這真是民國15年8月6日深夜，我坐在大卡車上所萬想不到的！

在《白水先生傳》中，有三點，是四十三年前許多北京新聞同業，包括我在內，所不曾深知的。第一，白水先生並不如我們所想，僅是當時烏烟瘴氣，軍閥統治下，一份政治性報紙的主持者，從青年時期入新聞界起，他就準備澈頭澈尾，做一個代表人民說話的前進報人。他辦的第一份報，是《杭州白話報》，出版的那年，應是民國前11年，卽光緒27年。他所寫的發刊詞，如譯成現代語句，他是曾一再強調報紙屬於人民大眾，報紙應大眾化，報紙應使用大眾語言，卽白話，而不應咬文嚼字，專供士大夫階級閱讀。這些看法，卽在今天，也仍是正確而前進的。我們算計年齡，民前11年，他尙只二十六歲。《杭州白話報》被迫停刊後，他在上海，又先後或與朋友合辦或獨力創辦了一連串報紙，如《俄

事警聞》、《警鐘日報》、《中國白話報》，及《和平日報》等，這大概是民前8年至6年間的事。這一段光榮燦爛的歷史在未讀慰君女士此傳以前，大家雖也有些傳聞，但多半是模糊惝恍的。第二，白水先生又並不如我們所想，僅是當時烏煙瘴氣軍閥統治下一位政論家，而在慰君女士記述中，他早年實是一位勇敢愛國，百折不撓的革命志士。他與蔡元培、章炳麟先生等，同時參加革命，他辦過好幾所鼓吹革命的學校，黃花崗烈士林覺民、方聲濤等，都曾是他所辦學校的畢業生。他自己並曾與萬福華、劉光漢，親自參與刺殺清吏王之春的工作。民國7年，我離開上海《民國日報》到北京，一面進入北京大學讀書，一面受聘擔任北京《益世報》總編輯。時北京報紙共約五十餘種，其銷路較廣，受人重視的，除日本人所辦《順天時報》外，僅有《北京日報》、《晨報》、《益世報》、《公言報》等六七家。有人神秘的告訴我，《北京日報》主持人朱淇，《公言報》主持人林白水，他們均曾在滿清時期，做過激烈的革命黨，但真正知道他們過去事蹟的，似乎仍很少。朱淇我曾見過，他已是一位白髮蕭然木訥恂謹的老人。《北京日報》銷路，僅次於《順天時報》，消息最多最雜，評論不痛不癢，沒有政治色彩，且專以評戲評花(妓女)見長。而白水先生的《公言報》，則政治氣氛最濃，言論鋒厲，當者披靡。二人作風雖不同，但無論如何，白水先生早歲參加革命的豐功偉績，在未經慰君女士闡揚以前，是極可能會被湮沒的。第三，根據慰君女士的記述：「我們家裏用人最多時，整整有十個，廚房裡有兩個廚子，一個大廚子，一個幫廚。門房有一個看門的，兩個聽差——一個管收拾父親的客廳、書房、客房等等，一個管

研墨、上街買東西、掃院子等等。女用人經常有三個，一個管伺候母親，另外一個管打雜、洗衣服、做針線等等，還有一個專看著我。此外還有一個車夫，一個花匠和一個護院的……。」這樣一付家庭重擔，在當時北京絕大多數報紙未進入營業化時，白水先生靠著辦報來支持，當然是極其艱苦的。當時新聞界同仁，有些只羨慕白水先生的生活享受，我們現在同時也讀到慰君女士另一段的話：「說起來或聽起來，我們的生活，很富有似的，其實不然，父親的生活，經常是在窮困中，他的債務，永遠還不清……。」以上三點，都是四十三年前，大家對白水先生所不能清楚認識的，由於慰君女士的揭發，可以證明白水先生，在他的生命史中，一方面曾是一個卓越報人，革命青年；另一方面，他又極其濃厚地擁有中國文人的傳統氣習。白水先生的潛德幽光，得此傳而爲天下後世共曉，慰君女士的孝思，真可慰白水先生在天之靈了。

慰君女士的記述，就爲先人作傳的嚴格程式說，容有可以研討之處，但敘事忠實，行文流暢，尤其在追憶父女親情時，刻劃真切，天性畢露。慰君女士原是名女作家，從這本傳記，可以看出她卓越的文學天才。

民國22年至25年間，慰君女士曾執教於我所創辦的北平新聞專科學校。大陸淪陷，女士僑居美國，擔任講席，三年前，隨其夫王渤生先生來臺。在留臺一年中，每次晤見，談及白水先生時，我總勸其作傳，女士謂在美已寫好一部份。我以白水先生殉報成仁，距今已四十三年，不特許多人早已不知有白水先生，卽從事報業及尚在大專學校攻讀新聞的青

年，對白水先生，印象也極模糊，甚至連姓名都弄不清楚。
我認爲追記白水先生生平事蹟，實已不容再緩。慰君女士返
美未久，即以本書原稿見寄，我原擬搜集若干白水先生在其
所辦報刊中發表之文字，及就慰君女士原稿，分別考證，並
加註年月，以爲補充。人事栗六，迄無暇晷。旋慰君女士應
《傳記文學》之請，先爲發表。茲復另印專冊，慰君女士囑
寫小文，用述所感，以報慰君女士。

成舍我

原文登載《傳記文學》15卷90號
1969/11

勿使慘劇再度出現

從玉成碼頭翻船想到其他

小世界・我們的話

　　我們最奇怪的，在台灣，許多足以導致公共危險的事件，如車船超載之類，簡單明白，人人都可以看得到，但在沒有覆車翻船之前，大家總都熟視無覩，甚至有取締責任的主管官署，也不聞不問，聽其自然。等到慘劇發生，則這些有責任的當局，才會手忙腳亂，左一個談話，右一個命令，要如何追究責任，好像責任只在別人，不在自己。這真是滑天下之大稽。像最近南港玉成碼頭的渡船傾覆，淹斃學童，就是最顯明的一項例證。

　　報載傾覆的渡船，木質，腐舊，長僅三公尺五，寬一公尺五，只可搭載二十人，而通常總是四五十人，超載達一倍以上。渡船存在，是由於代替拆除的成美吊橋，而成美吊橋改建水泥大橋，從民國56年10月破土興工，到現在整整兩年，還只有兩座橋墩，建立在基隆河中，何時完工，真使人無法想像。如此人人可預見的災禍，一定要等到本月5日慘劇發生，主管官署，才追查覆船責任之外，發談話，下命令，說要加工提前將水泥大橋迅速完成。

　　玉成碼頭渡船之早晚必出慘劇，凡是居住南港一帶的人們，都可料到，鄉公所、警察派出所，更不待言，何以從不採取行動，殊難理解。其實像這同類情形的超載，在全省各地，正不知尚有多少。本校若干同學，在此事發生後，就曾提供他們最近經歷的兩件事：第一，是由臺北到鷺鷥潭風景區，在經過鯉魚潭的渡輪，永遠是一條破舊木船，從早到晚，往往裝滿五六十人，冒險超載，川流不息。另一件事是烏來的空中吊車，經常都比規定人數，超載一倍以上，有遊客報請當地的主管機關，請予取締，多遭白眼，置之不理。這只是他們偶然看到的兩個例。何時才能使有責取締的機關，手忙腳亂，下命令，發談話，鑒於玉成渡輪血的先例，我們真不忍再加想像了！

成舍我

原文登載《小世界》
1969/11/08

芝麻小事值得大聲喝彩
從交通部減低汽車號牌收費說起

小世界‧我們的話

　　報載交通部已同意大小型汽車號牌的收費標準，由現行的兩塊鐵牌收費新臺幣四百元，降低為兩百元，這件事看起來，真好像渺小得有如芝麻綠豆，但他的意義，卻與兩年期前電力公司，象徵性降低了極小數目的一點電費，都同樣值得我們老百姓，歡欣鼓舞，大聲喝彩！

　　本來，愈要建設一個現代化國家，人民的稅負，也就愈無法不加重。不過，稅負項目，總應力求簡化，尤其像所謂「規費」也者，一張向主管機關的申請表格，也可向你徵收三元五元，甚至數十元，而且幾乎逐年都有調整。至於新建橋樑，多以償還銀行借欵(款)為理由，收取過橋費，及至借欵(款)還清，過橋費仍照收不誤。這類跡近苛擾的稅負，則顯欠公平，不易為人民所諒許。

　　國家向人民課稅收費，以供國家的各項支出，這是天經地義，無可非議，但是任何一項建設，任何一個機關，都有其固定的預算，政府儘可量出為入，一次決定人民的負擔，課

稅若干，收費若干。何必建一條大橋，要另向人民收費，發一張表格，也要向人民收費？枝枝節節，人民除了獻出他們的血汗錢以外，還要增加許多精神上的困擾。

再就所謂各種「規費」來說，因規費多半不須經過民意機關審議，於是一份紙張印刷成本不到貳角的表格，可以取費數倍至數十倍。即以此次交通部核減的兩塊汽車號碼鐵牌而論，每塊成本，最多當不過二十元，四百元固然加了十倍，核減之後，仍是加了五倍。一部汽車，政府既已收了牌照稅，燃料稅，以及五花八門的雜捐和附加捐，兩塊號碼鐵牌，即使一文不收，為了便民，政府也是應該。照成本收二十元，大家亦無話可說。但四百元太不合理，二百元也仍偏高。且這種鐵牌，每兩年甚至一年必須更換一次，也就是再收費一次，四百元的代價，只是借給車主懸掛，鐵牌本身，仍須繳還政府。這種辦法，究竟是否公平，是否合理，答案如何，想已不待我們再畫蛇添足了！

人民的荷包，縱可以各種方法予取予求，但是非的衡量，則非任何方法所能歪曲變造。現在交通部能自動減低汽車號碼鐵牌收費的一半，這雖與過去核減小額電費同是芝麻綠豆的小事，但政府真正走上合理合情的便民大道，則可能將由此開始，這是值得我們鼓舞的一項新猷。我們安能不大聲喝彩？

成舍我

原文登載《小世界》
1969/12/06

諾言如何兌現

小世界・我們的話

　　立法委員國大代表增補選，臺北市候選人間的熱戰，到昨晚已告結束，誰是勝利者，今晚即可分曉。我們希望每一當選的人，他或她的品德學識都能符合標準，在進入立法院、國民代表大會以後，將盡量代表人民，做他們應做的事，說他們應說的話。

　　在他們激烈選戰期中，對他們的選民，不知曾許過多少願，儘管那些堂而皇之的諾言，他們均絕非有意欺騙，決心兌現，但根據憲法所賦予立法院與國民代表大會的職權，那些諾言，如允為某鎮新建一堤防，為某鄉新添一國中，試問他們以立法委員或國大代表地位，將如何向大會提案發言，使其實施？且民意機關，如果沒有集體支援，即使在職權範圍以內，究能發揮多少力量，也大成疑問。

　　現在中華民國，還有一千多名國大代表，四百多名立法委員，他們在二十年前，雖沒有像現在那些候選諸公，漫天許願，但二十年來，每位代表，每位委員，他們究竟在此中央最高民意機關中，誰替人民做了些什麼應做的事，說了什麼應說的話。那只有「螢火蟲下肚」，大家心裏明白了！

成舍我

原文登載《小世界》
1969/12/20

「天下事難得糊塗」！

何必打破砂鍋求理解

小世界・我們的話

　　報紙不斷刊載著一些極其平凡但又極其難理解的新聞，試舉三事爲例：

　　放欵(款)雖是銀行主委業務之一，但任何人要想走進銀行，從櫃檯上借到一筆欵(款)，這幾乎是不可想像的。而且任何比借欵(款)，照銀行規定，要抵押品，要保人，至於契約條欵(款)之苛酷嚴密，更是銅牆鐵壁，無可逃漏。然而報載民意機關質問官辦各行庫巨額呆帳，其數字動輒若干億，難道這些呆帳，在借欵(款)時，他們根本沒有抵押品、保人，也沒有契約，否則何以無法追還？此其不可理解者一。

　　銀行制度，向以極度嚴密見稱，尤其銀錢出入，一張傳票，往往要過許多關，經許多人，蓋許多圖章，如果這許多人都認真負責，每過一關，即打一次算盤，核一次底帳，則豈僅數百萬鉅欵(款)，無從弊混，一分一毫，亦必難以逃漏。但最近十日來，第一銀行，彰化銀行，卻接二連三，出了行員蔡明雄、陳茂雄、楊進和勾結行外歹徒，騙取行欵(款)，分

別達兩百二十八萬，八百七十五萬，即二百萬元之多，以制度嚴密手續繁複之銀行，何以一個行員，竟能隻手遮天，一至如此？此其不可理解者二。

出入境證，審核至嚴，尤其保人責任，極為重大，往往因持證者有不法情事，牽累保證人，輕者追查，重且判刑。持身謹嚴之人，已多視作保為畏途，至親好友，亦不敢輕易承諾，但若干年來，販毒詐財之出入境者，一旦案發，緝捕無著，有關方面，卻去極少宣佈如何追究保人，即如此次第一銀行騙案主角薛雲飛，報載係正式領取出境證赴港，何人擔保其出境？何以竟逍遙無事？豈詐騙行為不在擔保之列？此其不可理解者三。

有人說，「天下事難得糊塗」，上述三事，無疑的均因胡塗而發生，自然也就無疑的，會因糊塗而了結，既然難得糊塗，則我們又何必打破砂鍋，苦求理解！

成舍我

原文登載《小世界》
1969/12/27

70年代

回憶世新創校的最初幾年，每天我迎著早晨的太陽，由所在的信義路鹿水街，坐三輪車來溝子口，就走了一個多小時，那時公共汽車非常少，沒有計程車，羅斯福路四段，仍在所謂比萬里長城還難修的情況下，沒有完成，滿地泥濘，北新公路，尚未興修，到處高低不平。

那麼，你何不率性辦一所新聞學校？我對於這一建議，再三研考，我最顧慮的，是那時我已快近六十歲，所謂十年樹木，百年樹人，雖然我無法等待百年，但要看到一所學校，稍具規模，起碼得有廿年以上的努力，我能否再活廿年？鼓勵我的朋友，尤其程滄波先生，他這樣說，馬相伯先生，在滿清末年，創辦震旦大學及復旦大學，都是在他六十歲左右，他還能眼見他的學生于右任及其他高足，勛業彪炳，事業成功。那麼，安知你不能有他那樣的運命。

「要錢」與「服務」
有感於公用事業的停水停電

小世界・我們的話

　　台灣的公用事業，據說，近年更為進步，其最進步的一點，首為「收費認真」。以前可以稍稍拖欠的，現在的確已做到，到時不繳立即停止供應——電燈剪線、電話停話，自來水斷水，大戶小民，一體看待，一分一秒絕不通融。這種鐵面無私的企業精神，真值得大家雙手贊成，高聲喝彩！

　　不過，另一方面，卻也有無數用戶，抱怨訴苦，他們經常指出，「至親好友失賒欠免言」固然是應有的企業精神，但公用事業，收了用戶的錢，是否應竭盡所能，為用戶忠誠服務？當人們需要照明，忽然全烏漆黑，電力公司隨時停電，以本報所在之木柵為例，平均每星期總要停電兩三次。每家懸掛的電鐘，由於停電關係，致永遠無法準確，必須隨着停電次數的多少，而有多少次撥鐘對時。自動電話發生故障，往往非三四日不能修復，至自來水變濁變小，以至停水則更是家常變飯。除電話非貧苦小民所必需，而電與水，則「人非水火不生活」，實不可忽被停止。貧苦小民在緊急追催下，無論如何困難，當盡賣絕，亦不敢拖欠水電費，然若此

獨占之公用事業，只發揮其「要帳」的企業精神，而不發揮
其「服務」的企業精神，這究竟是「進步」還是「退步」？
恐只有敬請主持公用事業的袞袞諸公，自捫良心，自作解答
了！

成舍我

原文登載《小世界》
1971/01/09

「便民」才能爲人民所愛戴

執政黨的「德意」切勿再被不肖官吏破壞

小世界・我們的話

「爲人民謀福利」，這不是口頭禪，而的的確確是任何政府賴以生存的最主要條件，如果以一個政府，不爲人民謀福利，相反的，卻處處給人民以苦痛，試問這個政府如何能爲人民所愛戴？

奉行三民主義的中華民國政府，當然不折不扣，應是一個「爲人民謀福利」的政府。不幸三十年來，由於抗日、戡亂，長期戰禍，以致有些地方，心餘力絀，應興應革事宜，不能完全如期達成。但自去年執政黨十全大會提出便民運動的號召，以迄最近公佈郭驥小組的調查報告，使若干被不肖官吏多年造成的不便民措施，逐一暴露。有人認爲這是三十年來最值得頌揚，也最爲重要的一篇中興文獻。其感人之深，不下於《陸宣公文集》注1中之若干詔令奏議。一方面消除「不便民」，一方面擴大「便民」，這就是「爲人民謀福利」，也正是三民主義的精義所在。

我們切望一切官吏，能遵照執政黨的昭示，根據調查

報告，一件一件糾正。我們最擔心的，是執政黨這一「德
意」，可能仍將被一切官吏中之不肖份子，陽奉陰違。舉
一個例，刁難人民建築，扣發建築執照，這是郭驥小組也正
是多年來民間痛心疾首的弊政，但無論如何指責，似乎有關
方面，並未有所反應。如原屬臺北縣轄之景美、木柵、內
湖、南港四區，自劃入臺北市後，市政府第一道命令，即是
禁建一年，除了少數懂的門路，特具技巧的營造廠商，早得
消息，搶先動工，獲得暴利外，其餘許多急待興建的大小工
程，只好敬謹等待，好容易盼到禁建期滿，以為從此可一帆
風順，但在建築藍圖送進市府，竟是石沉大海，或竟根本退
回，理由是細部計畫尚未制定，如此又等待將近一年，仍多
數毫無消息。試問細部計畫，市府何以不在禁建一年中，準
備完成，否則禁建一年，目的何在？任何建築執照之申請，
必有其急待建築之需要，既有需要，豈能一年復一年，長此
「癡等」。郭驥小組報告發表迄今，諸如此類之不便民事
件，似乎並未獲得有關方面之共鳴，豈如此堂皇正大一新耳
目之便民運動，竟仍會畫餅充飢，在各報大字刊登以後，即
又無人過問？

記得數年前，行政院也曾大刀闊斧，組織「行政革新委員
會」，延王雲五主持，專就各種應興應革事宜調查建議，王
氏曾編製一厚達數百頁的報告，其最予人以印象深刻的，即
人民如要開一理髮店，須經過七個機關核准。這一報告，在
當時頗為震動，然而數年以來，報告中所指出應該改革的，
究竟改了多少？郭驥小組的報告，有許多幾乎都是王雲五委
員會所已經報告的。世變方亟，時不我與，「為人民謀幸
福」的機會，實在不應讓不肖官員，再以推拖騙的伎倆，任

意斷送了。

成舍我

原文登載《小世界》
1970/01/17

注1：陸贄(754-805年)為唐代後期著名政論家、宰相，字敬興，蘇州
嘉興人。陸贄在相位，建議中央諸機構屬官由其長官各自推舉，
不必由宰相選擇；又上〈均節賦稅〉六疏，論兩稅之弊，反對
以資產為宗，主張兩稅以布帛為額，不計錢數等；針對京西(長
安)北軍事形勢，他建議統一指揮，罷徒勞無益的防秋兵，獎勵
屯田等，均未被採納。又因上書極陳寵臣裴延齡奸詐事，觸怒德
宗，被免為太子賓客。裴延齡誣陷陸贄煽動軍心，陸贄被貶為忠
州(今四川忠縣)別駕。在州十年，陸贄深居簡出，避謗不著書，
唯抄集藥方成《陸氏集驗方》五十卷(已佚)。現存《翰苑集》
(又名《陸宣公奏議》)，乃後人編集。永貞元年(805年)順宗即
位，下詔召回。詔書未至而陸贄已卒。其著作自宋代以後，有多
種版本流傳，現存世最早的是北京中國國家圖書館館藏宋蜀刻本
的《陸宣公文集》，上海古籍出版社於1994年曾影印出版，為
二十二卷本，殘卷十二卷。

有幸有不幸
從石牌低價收購土地談起

小世界・我們的話

　　低價收購土地，高價再行出售，所謂「炒地皮」也者，這是最近幾年來臺北市最發財的新興勾當，因此而變成億萬富翁的不知多少，也從沒有人認爲這一行爲是犯罪。但連日報載石牌農地七千坪，被人低價收買，已引起軒然大波，勞動官府深入調查，似出錢收買的人，大有銀鐺入獄的可能，這是「炒地皮」所未曾遭遇過的。經此打擊，也許「炒地皮」之風可以稍戢，臺北地價，暫時得告穩定。

　　有人說，低價收買土地，並不犯法，犯法的乃是權勢人物，利用其特殊地位，甚至本身即爲有權變更土地用途之主管人，此次在秘密擬議變學校預定地爲住宅區時，上述人物，即趁一般老百姓蒙在鼓裡，搶先一步低價購入。這在普通人並未觸犯任何刑章，但權勢大員，利用機會，直接或間接圖利，即可能犯了〈戡亂時期貪污治罪條例〉第六條第三欵(款)或第四欵(款)之罪，將被處五年以上有期徒刑，並得科三萬元以下罰金。

　　不過話說回來，臺北市因地價收買地皮而變成億萬富翁的，有幾個不是權勢人物？老百姓除非神仙附體，未卜先知，十年以前，誰會看中寂無人煙而現在闢爲康莊大道（如敦化路、松江路等）的荒地，投資收購？

　　同是低價收買土地，有的平安無事，有的大禍臨頭，這不是法律之前人人平等，而是命運註定，有幸有不幸！

成舍我

原文登載《小世界》
1970/03/07

張韻淑與宋文明

由火窟雙屍想到兇手雙包

小世界・我們的話

　　火窟雙屍案主角張韻淑，在一再判處死刑，一再發還更審以後，最近一次的更審，又已於前日辯論終結，定26日宣判。是否仍判死刑，抑將無罪開釋，當然除靜待判決主文外，無人可以預測。

　　此案拖延多年，一再更審，照最近一次的庭訊，似乎除了被告自白書外，再無任何足資認定張女殺人的有力證據，而「於己不利」之自白書，在專制或軍閥時代，三木之下，固屬不足憑信，即在禁止刑訊之今日，依據司法部規定「辦理刑事訴訟案件應行注意事項」第十八條，「被告自白犯罪，仍應調查其他必要之證據，詳細推鞫，是否與事實相符，以防作偽」，其不能具有絕對可靠之證明力，煌煌部令，亦已早有訓示。

　　連日報載，高雄縣林園鄉農民宋文明，於九年前因犯殺人罪被判十年徒刑，在服刑六年四個月零十天而獲得假釋後，據稱經多方設法，竟找到九年前真正殺人的正兇吳建。高雄

地方法院檢察處，並已偵查明確，提起公訴。所謂「兇手雙包案」，現正在高雄地院刑庭審訊中。如果審訊結果，正兇確為吳建，則過去被判殺人的宋文明，坐了六年多牢，固屬天大冤誣，不過退一步想，宋文明當時幸指判十年徒刑，假若處死，豈不冤沉海底，更難昭雪！

讀歐陽修的〈瀧岡阡表〉，其母告修：「汝父為吏，嘗夜燭治官書，屢廢而歎，吾問之，則曰，此死獄也，我求其生不得爾。吾曰，生可求乎？曰，求其生而不得，則死者與我皆無恨也，矧求而有得耶？以其有得，則知不求而死者有恨也……」。九百年前的法官，對死刑如此慎重，則在法制完善的今天，我們相信，一切法官，必能更比歐陽修的父親，慎刑守法，毋枉毋縱。由宋文明此一血淋淋實例，我們更相信繫獄多年的張韻淑，其是否殺人，一定能提高有關方面的警惕，獲得最公平的最後定讞！

成舍我

原文登載《小世界》
1970/03/21

廉價殺人

有感於司機撞死警察案之一再發生

小世界·我們的話

　　「殺人者死」，這是幾千年前漢高祖入關〈約法三章〉的第一項，而現行刑法第二百七十一條也說：「殺人者處死刑」，不過拖了尾巴，在「處死刑」以下，接著還有「無期徒刑或十年以上有期徒刑」十三個字，於是許多殺死多人窮兇極惡的罪犯，就在這十三個字下，竟可殺人者不死，由於無期徒刑滿十年，有期徒刑滿二分之一，悔有據可獲假釋的規定，一個殺人犯，最幸運的更只須坐牢五年，即能逍遙無事。如此廉價殺人，無怪乎打開報紙，兇殺案總佔的極多的的篇幅，滿紙血腥，不忍卒讀。

　　汽車司機，在被警察取締時，往往膽大包天，故開快車，將警察撞死，或拖死，而這種案件，法院總從輕發落，極少有判死抵命的。記得幾年前，一個公車司機，竟因不滿其上級斥責，開車在臺北中華路極熱鬧處，橫衝直撞死傷多人，而結果竟能仍不死。最近高雄又發生計程車司機賀添加不服取締，將警察毛龍吉故意撞死的慘案，似此殺人不眨眼的罪行，幾乎已相習成風。此外，如修門殺死屋主的木匠，領帶

勒死父親的兒子，都至今尚未定讞。而不良少年的殺人，更
如家常便飯。爲了維護社會秩序，保障人民生命，我們切望
有關當局，痛下決心，不要漠視事實，讓兇殺歪風吹垮了整
個國家！

成舍我

原文登載《小世界》
1970/04/18

知識女性竟如此容易上當？

從徵聘環遊世界女秘書談起

小世界‧我們的話

上月27日，《中國時報》第四版，曾在一篇詐騙、悲傷的故事中，揭發了一個登報徵聘環遊世界女秘書的黑幕。故事出於一位從泰國歸來的陳姓商人，向治安機關密報，有非法詐騙集團，在臺登報徵聘環遊世界女秘書，許多高中以上女學生踴躍應徵，當錄取出國，抵達星加坡、曼谷時，即先後被迫作風塵女郎，流落異國，在各旅館應召陪宿。陳姓商人，就在曼谷遇到了這樣一位上當受騙，家住臺南建國路的「女秘書」，他激於義憤，囘臺後，特向治安機關舉發，據《中國時報》說，治安機關已根據密報，展開偵查。

陳姓商人，並曾將該風塵女郎面告應徵女秘書時，報紙所登廣告的內容，轉告治安機關及《中國時報》。廣告要點是這樣寫的：某君僑居海外多年，有良好的經濟基礎，愛好旅遊，近擬作環球之旅，先赴東南亞一帶，因恐旅途寂寞，誠徵二十五歲以下女祕書隨行，待遇優厚，負責代辦出國手續及治裝，有意者請寄全身、半身照片及簡歷，合則約談。

　　恰在《中國時報》揭發這一黑幕的前二日，臺北報紙正刊出了一則大字標題：「誠徵環遊世界隨行女秘書啓事」，內容要點，幾乎和前述廣告如出一手。（原文請參看今日本報第三版），廣告上明白刊登了地址、電話，我們乃特派記者以偽裝應徵的方法，去發掘這另一可能的黑幕。就記者目睹應徵函件之多，及當事人說話的躲躲藏藏，即使我們不斷定牠也是黑幕，但至低限度，這些資料，總足供有關方面展開偵查的參考。

　　這兩個廣告，是否爲同一手法，姑置不論，但我們最奇怪的，像這類廣告，居然會有許多高中以上女學生去應徵，而他們父母也毫不懷疑，聽其親愛的「掌珠」、「千金」，跟著陌生人出國，難道「出國」淘金，究如此容易迷糊了知識女性，也迷糊了他們父母的心竅？至於這種廣告之應否取締，有關機關，似乎更有注意的必要！

成舍我

原文登載《小世界》
1970/05/09

清除太保黑幫應該痛下決心了

『殺人者死』有錢有勢的子弟不可例外

小世界・我們的話

　　在馬路上瞅人一眼，或對人微笑，竟出乎意外，往往會引起對方誤解，遭到殺身之禍。尤其像今日本報第四版所載，本校57年畢業校友郭易祥，役畢還鄉，在基隆被黑幫不良少年一刀穿心。郭根本未對兇手瞅眼，也未對該兇手微笑，只是其弟與行在兇手旁側的小學老師微笑招呼，被兇手錯認，乃於痛打其弟遍體鱗傷之後，郭出救護，本身竟橫遭砍殺，失去一命。這種毫無人性的暴行，如果不迅予根絕，勢必迫使大家不敢再在馬路上看人，或與師友敬禮，這樣下去，被稱治安最好的台灣，人民的生命安全，還有什麼保障？

　　我們就這一兇案，感覺有下列三點，最值得大家檢討：

　　第一、是否此時此地，任何人身藏武器，在馬路自由活動，不被視為非法？致使此等暴徒，一言不合，即行兇殺人。

　　第二、郭案兇手，過去曾一再搶劫殺人，前科纍纍，因年齡關係，僅付管訓，此次殺人係甫經解訓釋回之第三日。解

訓而又犯罪，類此情形，報載已屢見不鮮，「感化」制度，是否辦理不善？抑此時此地，根本無法收效？

第三：據報兇手家庭極為富裕，而郭易祥之父，則為一木工，生活貧苦，在校時品學俱優，去年畢業服役，軍中考績亦佳，且已考取政府某機關職員。乃竟於退役歸來，遭此奇禍。傳兇手家長，正擬發揮其「金錢萬能」之信念，希與死者家庭和解，以互毆互傷逃避重刑。假使此一信念係由於過去若干富貴子弟殺人，曾開先例，則我們切望有關當局，能自本案起立厲行法治，使有錢有勢之家長在法律前永遠不再有妄想。否則「殺人者死」，惟有錢有勢之子弟除外，則太保橫行，無法無天，人人自危，還成什麼世界！

縱觀中國歷史，江湖上任何黑幫，在初起時，或僅止於偷雞摸狗，詐財行騙，逐漸發展，乃打家劫舍，殺人行兇。若執政者不及時阻遏剷除，則一旦為有政治陰謀者所利用，即可能造叛亂，不可收拾。台灣防諜反共，已著奇蹟，但所謂不良少年之幫派，二十年來，一再姑息，上述郭案，早已如家常便飯，層見迭出。最近台北又發生竹聯幫向其脫幫黨徒陳仁恐嚇圍殺，已引起治安當局的嚴重注意，日來報載，當局正四出搜捕。我們切望這是清除太保黑幫應該痛下決心的時期了！語云：「毋使滋蔓，蔓難圖也。」保民衛國的治安當局，希勿河漢斯言！

成舍我

原文登載《小世界》
1970/07/18

從電影減稅談到聯考改制

應該革新求新的措施實在太多了

小世界・我們的話

　　執政黨中央常會，最近決定通知行政院從政黨員，降低電影娛樂稅，國語片自現有稅率的百分之四十，減為百分之三十，外國片是否降低，則可由主管單位再行研究。同時又決定將原與酒家、浴室同列為特種營業的電影事業改列為文化事業。據某報載稱，由於被列為特種營業，過去電影院的女服務員，包括售票員在內，都須與酒家女同受定期體檢，改列為文化事業以後，這體檢自然也就跟著取消了，年來執政黨厲行「到民間去」的政策，許多合理而便民措施，都在努力實現，許多不合理不便民的措施，都在儘量廢除，由於對電影業減稅與改列，我們不能不以萬分熱忱，讚佩執政黨所揭櫫的「革新求新」確已劍及履及，說到做到，其無愧為一個真能代表人民為人民謀福利的政黨，自不待言。

　　任何賢明良善的政府，總不能絕對保證，百分之百沒有考慮欠周，措置失當的施政，只要能廣納忠言，儘早糾正，這種錯失，是無害其賢明良善的，尤其由於時代環境的變遷，某一時期所認為善政的，某一時期或認為不善的，即以二十

年來政府在台的設施論，過去視小汽車爲奢侈品，限制私人
使用，以致一小汽車牌照，黑市轉讓，可達數萬元。又如房
屋建築，限制高度，四層以上，動遭禁阻。此在遷台初期，
公私困窮，節用崇儉，自屬至當，但當工商發達，經濟繁
榮，國民所得逐年增進的今日，假使政府仍未體察情勢，早
予放寬，不增發小汽車牌照，不准建四層以上之高樓，其受
輿論抨擊，自無疑義。是故，施政之得當與否，應以時代環
境爲轉移，惟有不認識時代環境，墨守舊章，予智自雄，而
始終深信「老爺沒有錯」的四十多年前北洋政府，才會爲時
代環境所淘汰。執政黨向以「革新求新」爲最高施政原則，
這確是一針見血，真正認識了爲政之道。

不過時代環境，是無日無夜，都在前進、在變動，因此，
革新求新，也就不可有一時一刻的忽略與停滯。百弊待革、
百廢待興，從執政黨降低電影稅率，改列電影事業人員的職
業類別，這一看來似乎很小的事情，可見執政黨確有決心革
新求新，不分鉅細努力實現。我們切望各級政府能推行執政
黨這一基本政策，將當前應該革新求新的每一事項，以行動
代空論，當機立斷付諸實施。舉一個例，關係全國青年就學
的聯考制度，由高中以至大專，在此制度之下，每年總有三
分之二甚至四分三本身渴望讀書，家庭財力也足以負擔其讀
書的青年，被拒絕於校門之外，流浪街頭，無書可讀。如昨
日台北發榜的高中聯考，在報考的三萬五千四百十八人中，
只有一萬三千三百七十五人被錄取，其他大專聯考，錄取比
率，或較此更低，我們真不知道這些數以萬計血氣方剛的失
學青年，國家、社會，及其家庭，對彼等將如何安排？改善
聯考制度，難道不比降電影稅率，改列電影從業員的職業類

別，在革新求新這一原則而言，其重要緊急，更加千百倍？
由此類推，擺在政府當前應該採取革新求新的措施，實在太
多了！

成舍我

原文登載《小世界》
1970/07/25

假如換一個戰場

移「七虎」高昂戰志向北平進軍

小世界・我們的話

　　昨日嘉義全市，到處燃放鞭砲，為我中華民國七虎少年棒球隊勝利，歡躍慶賀。七虎隊以十二比〇，戰勝日本關西和歌山少年棒球隊，這一壓倒性的全面大捷，豈僅七虎隊出生之嘉義值得歡欣鼓舞，全中華民國任一角落，海內外任一中國人，實都共享其榮，即使像二十五年前，日本投降，抗戰勝利時，全國狂歡鳴炮，也不為過。

　　如果任何一個中國人，都能像七虎少年那樣高昂的戰志，必勝的決心，那麼，相信嘉義全市的鞭砲，將為重見二十五年前全國鳴砲的豫(預)演！

　　全國的青少年，不要再有人蓄長髮，學嬉皮，做太保太妹了，而應該頂天立地，效法七虎隊的高昂戰志，換一個戰場向北平進軍，以獲致反共聖戰的真正勝利！

成舍我

原文登載《小世界》
1970/08/01

假如共匪進了聯合國
最近責令游擊隊釋放人質決議必被否決

小世界・我們的話

　　蘇聯在安理會，投下無數次否決票，幾使聯合國陷於癱瘓，不料，最近安理會反對巴勒斯坦游擊隊劫機勒贖的決議，竟獲得全體一致無異議通過。蘇聯原是游擊隊的最重要支持者，同時也是最不遵守國際規範的國家，但當面臨這種以劫機勒贖爲常業的空中盜匪，居然還不敢自毀其世界大國地位，明目張膽，爲游擊隊公開保鏢。蘇聯之所以至今尚能與西方國家胡塗鬼混，未即破裂，其原因或亦即在此。

　　有人說，假使前幾天的安理會混入了毛林匪幫，則像反對游擊隊劫機勒贖那樣的決議，毛林匪幫一定會不顧一切投票否決。聯合國的會員國，如阿爾巴尼亞那些一味祖匪的國家，妄圖牽匪入會，原屬無足深責，但站在西方陣營如法國、加拿大、意大利之類，如果也認識不清，盲目亂叫，說什麼無共匪就失去了聯合國的普遍性，那就太可笑了，也太可憐了！因爲共匪一入聯合國，聯合國就立被埋葬了！

成舍我

原文登載《小世界》
1970/09/12

勿慕虛榮勿貪橫財

胡佩錦騙術何嘗高明

小世界‧我們的話

　　許多人奇怪，騙徒胡佩錦，以年將半百之「小老頭」，何以竟能使二十左右大學少女，受其欺誘，委身相從。且在報紙一再刊登胡前科纍纍後，仍不惜為之辯護，並返校提取存歀(款)，準備雙雙繼續逃亡。此外一計程車司機，不僅金錢被騙，且賠上一位太太，真所謂「賠了夫人又折兵」。報載類似情形上當者，約尚在十人以上，胡佩錦究有何奇妙魔術，而能得心應手，玩弄眾生，一至於此？

　　試就大學少女及計程車司機被騙始末，稍加研索，即立能恍然了解，並非胡某騙術特別高明，而只是被騙者醉心虛榮，妄貪橫財。如果大學少女，不以獲交大使之子為光寵，如果計程車司機不妄念走私致富，即縱有百倍於胡之騙術，何能動人毫末。我們常常看到報紙上有所謂「金光黨」，其千篇一律之騙術，無非要人以少許金錢，換取最大財富，結果少許金錢被騙一空，所換得者不是真正財富，只是大堆冥鈔。騙術最劣，但其所以能騙人上當之誘餌，則與胡佩錦無異。

女的不羨慕虛榮，男的不妄貪橫財，則任何高明騙術，我
們均可保證其絕不致失身失妻，否則滿街滿巷均是胡佩錦，
隨時可墜入陷阱，雖到處佈滿警察，也無法阻止騙徒的橫
行。

成舍我

原文登載《小世界》
1970/10/17

「滿天麻雀不可一把抓」

建設應權衡輕重緩急

小世界・我們的話

「建設」是無人可以反對的，尤其在一個待開發的國家，更是地無分南北，人無論老少，都應大家拍手，個個歡迎。

建設必須有計畫，三年計畫，五年計畫，洋洋灑灑，任何國家，必有其輝煌美麗的一套。不過最最要緊的，還在當國者如何盱衡國勢，度德量力，輕重緩急，循序漸進，萬不可徒騖(務)虛名，粉飾輕率。「滿天麻雀一把抓」，往往會一個麻雀也抓不到，這是熱心「建設」的任何政治家所必須注意的。

台灣年來建設的成績，世所共見，但我們一方面固然需要大力建設，一方面卻也不可忘記，我們當前最重大最緊急的任務，還在反攻大陸，打倒共匪。我們應過的生活，是戰時生活，我們所住的地區，是接戰地區。人民負荷，幾乎已到了極大限度，我們國力有限，目前所正在進行及即將進行的大建設，如曾文水庫，如高速公路，如台中新港等，所需經費，都無一不是令人咋舌的天文數字，我們真擔心，這些

經費，是否都可以全靠國外贈與、貸借，而國內人民無須分擔？尤其使我們亦喜亦懼的，一旦反攻令下，大戰勃發，這些建設，已完成的，能否不同遭毀損，未完成的，能否仍繼續施工？

因此，我們就某一觀點說，監察委員認林口特區建設計畫的突然中止，政府措施，近於輕率，此一指責，確有相當的理由，但從另一觀點說，我們所要進行的大建設，確已夠多夠重了，像林口特區的這類建設，暫緩進行，不特於我們的反攻大計無損毫末，即就建設本身之輕重緩急，加以衡量，這一「暫緩」，也未嘗不正足顯示當局的賢明！

成舍我

原文登載《小世界》
1970/12/12

發揚世新精神造福社會
並為反攻復國貢獻心力

（成校長舍我在校友會週年會慶書勉全体校友）

世新創校，今已進入第16週年。

回憶10餘年前，世新第一屆畢業校友，其中進入報館，被派往各縣市，擔任當地採訪的，有幾位曾寫信給我，他們幾乎不約而同的說，他們最奇怪，在當地，雖然並未獲得一般人們的敬重，但官方，以及某些公私機關首長，則十分拉攏，吃喝玩樂，常被邀請，遇到有新聞託登時，更送酒送烟，甚至送西裝料，及紅包現金。遇到此種情形，他們總是堅決拒絕，但因此竟得罪了許多人。有時且被教訓，你們這些青年，太不懂事，以前在此做記者的，是向人要紅包，你們卻送了還不要。這樣下去，你們如何能有經濟基礎，一旦娶妻生子，靠你們那點微薄薪俸，豈不要窮死餓死？

我對這些甫出校門，天真純潔的校友，總是立即回信，並予以十分熱愛的鼓勵。

在工業發達，人慾橫流的社會，我們當然無法再期望，現代青年，都能向「一簞食一瓢飲」的顏淵看齊，物質享受的

爭取，是難以空言遏止的。但取之必以其道，由「詐騙」、「貪污」、「盜竊」、「侵佔」，以及一切「巧取豪奪」所獲致的物質享受，那不僅不是一個青年應當遵守的途徑，而且將必然招致「墮落」、「毀滅」的後果，亦即所謂「一失足成千古恨，再回頭已百年身」。

世新的校訓：「德智兼修，手腦並用」，「德」字排在第一位，也就是說，新聞記者，最最重要的基本條件，在「敦品勵行」，如果一個新聞記者，沒有品德，即使他將一份報紙辦到每天銷行1千萬份，他所採得的「獨家特訊」，能每天填滿第一頁的全版，也仍然是一個將被社會咒罵的罪惡報人，無法爲社會大眾所敬仰。

人們總痛恨官吏貪污，尤其「法官」、「警察」的貪污，一般心理，真已達到「國人皆曰可殺」的境地。實則沒有公務員身份的新聞記者，如果受人賄賂，顛倒是非，混淆黑白，使人們失去善惡邪正的標準，其所給予社會的損害，比法官警察的貪污，實有過之而無不及。

在報紙上不斷發現，「真」記者詐財，「僞」記者行騙的記載，最近高雄某集體貪污案，且有一記者涉嫌被法院起訴，這股逆流，如竟任其擴展，那將真是新聞界天大的不幸。

世新創校16年，分佈在社會服務的校友已將近6千人，雖然我們有7個科，每位校友，不都是做新聞記者，但均直接間接與大眾傳播有關。我最感欣慰的，即是我們服務社會的校友，尤其在大眾傳播方面，多能以負責盡職，克(刻)

苦耐勞，爲其所屬機關所嘉許，少數校友，且已獲得較高地位及待遇，享受幸福愉快的生活。現在已有一種不成熟的名詞，在形成中，即所謂「世新精神」，這一名詞，正象徵著校友們的負責盡職，克(刻)苦耐勞。我殷切盼望，這一名詞，能夠確切完成，共同奮勉，實踐力行。當然我及任何校友，都無法保證，已經及即將分佈在社會的所有校友，都是十全十美，現在、未來，沒有一個「世新」的「猶大」，會去破壞我們血汗得來的「世新精神」！

國步方艱，國土待復，這「世新精神」，不僅應在自由中國，生根結果，並望全體努力，將世新精神，帶回整個大陸，消滅共匪，改造社會，建設新中華民國。

謹以此祝賀我們的創校第16週年紀念，並祝賀爲社會辛勤服務的校友及努力「德智兼修，手腦並用」的在校同學！

成舍我

時間：1971

「配額」制度應該取消了
舞弊固應嚴懲但不應製造舞弊的因素

小世界・我們的話

　　鼓勵外銷，爭取外匯，這幾乎是現今任何一個國家最重要的財經策略之一，我中華民國不特絕不例外，但推行最為積極。但由於最近「洋菇罐頭非法出口」的大弊案發生，卻使我們不能不十分驚訝，何以鼓勵外銷從不例外的我國，竟有此增加外銷，視為非法的例外？原來洋菇外銷，有一定配額，得到配額的，才有資格出口，否則不能出口，出口即算非法。

　　假使這些非法出口的洋菇罐頭，品質太差，不能通過檢驗，許其出口，即可影響我在國際市場的整個信譽，則嚴密禁止，自有其確切必要，惟問題並不在此。據11月報載：「國際貿易局官員表示，此次基隆關洋菇非法出口舞弊案，政府偵查的重點，是在逃漏外匯，至於非法出口的洋菇罐頭，問題不在品質，在逃漏外匯，僅是不准正式報關出口的結果。如果准其出口，則商人安肯不報關結匯，而寧願賄賂官員，自投法網？

　　造成此次大弊案的唯一原因，只是若干商人，擁有品質合格的大批洋菇，而無法獲得「配額」出口。既然我們的財經政策，在鼓勵外銷，爭取外匯，外銷越多，外匯隨之增加，規定「配額」原爲防止粗製濫造，降低品質，若品質無問題，有何理由不許獲得配額？

　　關員受賄，自應嚴懲。商人不從正當途徑，爭取配額，或竟爭取配額制度之廢止，而甘蹈法網，向關員行賄，雖情或可原，亦罪有應得。但我們不能不切望有關方面，就此次洋菇非法出口的實例，速作改善甚至取消配額的措施。(報載若干已獲配額之商人，放棄生產，出讓配額，坐獲厚利)。更進一步，類似這種妨礙外銷擴大、減少外匯流入，保障少數權益，增加舞弊因素的種種現行辦法，都有趁此機會徹底檢討的必要！

成舍我

原文登載於《小世界》
1971/02/13

從路燈剪線說起

下級機關何竟違抗上級命令 公眾用電應與住戶商店不同

小世界・我們的話

　　北新公路上的路燈，常因新店鎮公所欠繳電費，被電力公司剪斷電線。最近一次，電力公司並限令鎮公所，於2月16日以前，繳清欠費，否則將取消供電契約，換一句話說，即該項路燈從此不再供電。

　　本來，欠費剪線，對一般用戶來說，是極平常也極合理，但就北新公路路燈剪線這一事例，則我們不免有兩個疑問，深感困惑：

　　第一：新店鎮公所，他的上級機關是台北縣政府，既然縣政府三令五申，要鎮公所擔負電費，且全年總數不過四萬元，何以鎮公所對此合法命令，竟敢公然違抗，一再拒絕？如果我們的行政機關，都像這樣目無上級，各自為政，則相率成風，縣政府也可違抗省政府，省政府也可違抗行政院，行政院也可違抗總統，試問我們這中華民國，還成什麼體統？我們將如何反攻，如何復國，如何爭取國際上應有的地位？

第二：電力公司是公營事業，隸屬經濟部，也就是政府機關之一，而公路裝置路燈，是為萬千公眾照明，與住戶商店私人用電性質迥異。該項電費，無論由鎮公所付或縣政府付，總之，欠費的都是公家而非私人，如何解決，自有其合法合理的正當途徑。豈可因每月三千餘元之電費，即悍然剪線，使此一重要公路竟通夜漆黑，尤其冬防期間，車禍、搶劫、甚至關係國家安全之重大事故，都可能因此發生。假使公家機關欠費都應立即剪線，則萬一臺北市路燈也發生欠費，臺北市全市是否亦即漆黑，行政院經濟部欠費，這些機關是否亦即無法辦公？固然欠費剪線，是電力公司的定章，但權衡輕重，分別公私，電力公司似乎也不能不鄭重考慮！

此外，我們還願意再為老百姓說幾句話，電力公司是公營事業，也是獨占事業，而「民非水火不生活」，所以儘管電力公司有些措施不合理，老百姓也只好儘量忍受。如高壓線橫越私人屋頂，電燈桿侵佔私人土地，請求遷移，多半是相應不理。有些區域一星期經常停電兩三次，任憑呼籲，從不改善。電力公司所最最關切的，似只為催收電費，為萬千民眾照明的路燈既然如此，私人用電，偶有疎(疏)忽，未如期繳納，其照章剪線更不待言。諸如此類的事例，在此政府極力號召便民的時期，電力公司似乎也有切實檢討的必要！

成舍我

原文登載《小世界》

1971/02/20

警員不同的服務精神
——「聰明人」與「傻瓜」

小世界

關於警察執行職務，也就是服務民眾，其是否負責盡職，25日聯合報，曾有兩則『表現』相反的記載，姑破例做一次文抄公，摘錄要點如左：

第一則的標題：「假彈擄人強暴迫婚，陳金城被起訴」，內容是這樣的：

青年陳金城，熱戀一劉姓茶女，去年12月10日，兩手各持假製之手榴彈一枚，到瑞芳鎮劉家，脅迫劉女及其母答應婚事，管區派出所警員廖金柱、林木枝到場處理，並囑陳某與劉女一起到派出所解決。但在搭乘計程車前往派出所途中，陳突以手持「手榴彈」為要挾，迫令改開台北，當車駛至基隆市八堵附近加油站時，脅迫兩警員下車，旋即換成另一輛計程車，將劉女帶到新竹(苗栗)縣頭份鎮東方旅社闢室強暴，案經瑞芳警分局移送法辦。台北地檢署，24日已以妨害公務及強暴等罪嫌對陳起訴。

另一則標題「抓慣竊遇刺受重傷，遭反控刑警被起訴」，

內容為：

　　王世奎、董啓松兩人均在台北市警龍山分局服務，去年11月兼緝捕慣竊詹敬三時，被詹持鹿刀將王刺成重傷，董被咬傷。但兩警員仍負創合力將詹抱住不放，幸其他警員及時趕到，將詹逮捕。經查出詹亦係去年9月11日凌晨，在雲林縣斗六鎮發生巡邏警車李耿陽被竊盜刺死的主疑犯。不料移送法院後，詹以被捕時身有刀傷，反控兩警員傷害，檢察官一併將兩警員起訴。

　　這兩則涉及警員服務精神的記載，龍山分局兩警員不惜以生命擒捕惡竊，結果竟惹禍上身，自己也成了被告。瑞芳派出所兩警員，則在假手榴彈威脅下，坐令惡徒挾帶被害人劉女換乘計程車開往新竹，在旅館闢室將劉女施以強暴。因為這兩則新聞均未提到上級對四位表現不同的警員，如何反應，有無獎懲，我們也就無從妄下評斷，誰好誰壞，然事實告訴我們，瑞芳兩警員，總算充分表現了「好漢不吃眼前虧」的聰明人精神，而龍山兩警員，則可算是「天字第一號傻瓜」！嗚呼哀哉！夫復何言！但我們日夜祈禱，寧願保護我們生命財產安全的警員，多出傻瓜，而少出聰明人！

百憂

原文登載於《小世界》
1971/02/27

仁慈鼓舞了竊盜
—— 謝智琛即是最好的例證

小世界

　　4月1日報載，有過十七次偷車紀錄的青年謝智琛，曾兩次被警察捕獲，但在移送法院之後，第一次被判處罰金釋放，第二次由他的母親出面保釋。因此，他胆子更大，又率續偷了四部速霸陸車，一部裕隆旅行車。當他第三次捕送法院時，他對警察痛表悔憾，謂如以前兩次，法官判他重刑，他就不敢再以身試法。似乎法官對他的寬大，他不特不感激，反而壯大了他做賊的胆量，也就是斷送了他的前途。據說他今年才十九歲，高中畢業，有一個很好家世，現尚在補習班就讀。他所以敢於一再偷車勒贖，除了交友不慎而外，大約就是誤認這是弄錢最簡便的方法之一，進法院沒有什麼了不起，反正母親既肯出面做保，最大不過罰幾個錢即可了事。

　　即在刊登這則新聞的同一報紙、同一天和同一版面上，恰有大字標題的另一新聞，那就是司法當局正向立法院司法委員會報告，政府再實施「有效防制竊盜方案」以後，竊盜案件已大為減少。所謂有效防治竊盜方案，即是毋枉毋縱，依法量刑，絕不姑息。我們相信這一報告是正確的，也許，對於偷車青年謝智琛，只是特別仁慈的法官審判下，一個特別的例外！

百憂

原文登載於《小世界》
1971/04/03

天字第一號的「怨道」
——有感於所謂「虛幌一鎗」

小世界

由於不久以前，南韓發生一次大車禍，死傷學生多人，內閣有一位與此有關的部長，即痛感責任重大，引咎自請辭職，於是一向不敢認任何天大車禍，能與高高在上的主管有關的我們，不禁大爲驚詫，雖有的笑這位韓國部長是傻瓜，爲小題大作，但最大多數則都稱讚他「負責」、「知恥」，不勝其敬佩羨仰之至。

最近一月來，我們的車禍，更變本加厲，前仆後繼，當報紙正舊事翻新，再度追頌南韓某辭職部長的「知恥」、「負責」時，我們的有關當局不負所望，最高主管辭職，省級主管也辭職。而報紙對這些辭職首長，其頌揚的熱烈，也并(並)不減於對南韓首長。儘管也人譏諷這種做法爲「虛幌一鎗」，但報紙仍以及誠懇的語調，原諒他們，說即使確是虛幌一鎗，但總比虛幌也不願意幌的好。

首長辭職都再二十四小時以內，即被懇切慰留，如果這虛幌一鎗的表演，竟真如報紙所說，可以滿足了人們對當局

「明恥負責」的願望，那麼，中華民國的老百姓，豈不確是天字第一號的「以恕道待人」！

中國傳統的政治哲學，有兩種極大的矛盾對立，其一是「陳力就列，不能則止」，「量力而行，難進易退」，「笑罵由他，好官自為」，究竟哪一種才合於現今所謂的「明恥」「負責」？及「虛幌一鎗」是否能滿足人民願望？那也只有憑袞袞諸公自行選擇自行解答！

百憂

原文登載於《小世界》
1971/04/24

不要爲不良青年增加生力軍

政府將如何安排無法擠入大專之門的五萬青年？

小世界

在僅有一千四百萬人口的台灣，而有將近四百萬人大中小學生，在四百萬學生中，而有將近二十萬大專學生，就文化教育發達程度說，應該是一個可喜現象。二十年來，大家多讚揚台灣工商業發達，然而最值得我們讚揚的，似乎還是在教育一方面。

今年大專聯考，投考者將近八萬人，爲二十年來人數最多的一次，但根據過去統計，及現有公私立大學所能容納的限度，今年錄取比例，最多也不過百分之三十五左右，也就是只有三萬不到的幸運青年，能擠入大專之門。我們真不知道，那些被逐出大專之門的青年，他們將走向何處？政府將爲他們如何安排？

不就學，即就業，但在這個面積僅三萬五千九百六十五平方公里的土地上，突然要使五萬青年獲得適當職業，這當然不是一件容易的事。既然就學就業的路都不通，難道就聽任他們徘徊街頭，終日遊蕩？爲當就業已無法消弭的青少年不

良幫派,再添大批生力軍?!

　　有志讀書的青年,無法進入所願就讀的學校,有熱忱有資力辦學的教育家事業家,無法興辦所願辦的學校,這真是一個此時此地的大悲劇,我們真盼望政府當局,能迅速使這一悲劇,永遠消滅,不再存在。

百憂

原文登載於《小世界》
1971/07/03

考生錯要倒扣

題目錯皆大歡喜

小世界

　　大學聯考，選擇題如填答錯誤，不特不予計分，且將加重倒扣，考生及家長懇求、抗議，均被拒絕。聯招會如此毫不馬虎，辦事認真，實令人無限敬佩。

　　但另一方面，聯招會所出選擇題，本身常錯亂矛盾，致正確答案根本無法認定。且題目一再印錯、抄錯。這些出題、印題、抄題的若干職員，除已領有本職薪俸外，在聯招會工作，並支領相當可觀之津貼，但從未聽見，聯招會對此等不負責盡職之少數職員有何處分，縱不免其本職，最低限度，似亦應仿照不予計分，及加重倒扣之例，扣罰或完全免其津貼。然而聯招會之唯一解決辦法，即凡題目出錯、印錯、抄錯者，不僅各主辦人安然無事，且擴大寬典及於考生，在此種錯誤下之考卷，既絕不倒扣，且可一律計分。使考生皆大歡喜，因此，考生除感謝聯招會寬大以外，更特別感謝題錯、印錯、抄錯之負責諸公，且深以何不全錯多錯為憾。聯招會毫不馬虎，辦事認真之態度，對考生如彼其嚴，對職員如此其寬，真令人不勝困惑。

　　台灣從事公務的人員，負責盡職者固然極多，但我們也無
法諱言，其中有若干人，作事太不負責任，太疏忽草率，與
「敬事而信」的古訓，相差甚遠，甚至法院的判決書，也有
時錯字聯篇。由於這少數向邀寬典，極少處罰，致使原來負
責盡職者，亦難免不相率效尤。回憶科舉時代，題目錯誤，
負責人輕則罰俸罷官，重且流放處死，撫今追昔，不禁感慨
萬千！

百憂

原文登載《小世界》
1971/07/14

全國狂歡

小世界

　　巨人隊的最後勝利，雖尚待各位小將繼續努力，但僅這初期兩場戰果，已幾使台北全市，甚至台灣全省興奮鼓舞，如醉如痴。這種舉國狂歡的情境，在老一輩的記憶中，似乎竟可與34年宣布日本投降時略相髣髴。

　　在此國際局勢極其惡劣的今天，巨人隊震動世界視聽，確已爲國爭光，而由各位小將在球戰中所表現的機智、勇敢、沉著，也實在足使我們，爲中華民族下一代平添無限信心。但球戰畢竟是球戰，我們仍希望球戰以外，有更偉大、更高價的爲國爭光，那就是我們應該將未來的全國狂歡，期待再另一次類似抗戰的勝利。

　　如果大家竟認爲除了巨人對爭取世界冠軍，即沒有再能震動世界視聽值得全國狂歡的機會，而將全部希望及熱情傾洩在一次球戰，那就未免太消極，也太可悲了！

百憂

原文登載於《小世界》
1971/08/28

是誰使侯武雄殺傷熊校長

校長是否有權為留級學生任意加分，倘若如報紙所載，則教廳官員所面告疑兇的話實屬責任重大。

小世界

台中私立宜寧中學校長熊復光，因拒絕答應給一名張姓女生加分升級，上月31日上午，被該校補校第三屆畢業的侯武雄，連刺七刀重傷。台中地檢署昨已偵查終結，依殺人罪提起公訴，並請從重科刑以正學風。

據9月1日《聯合報》載：「侯武雄在向熊校長加分之前，曾於31日上午8時，到霧峰省教育廳第二科，請求教育廳官員替他的鄰居張女升級事幫忙，教育廳官員當時告訴他，只要校方答應，沒有問題。侯聽說以後，才回到學校找熊校長。」

我們認為教育廳官員，絕不會這樣告訴侯武雄，可能均全部出自侯的捏造。因為根據現行「中學規程」第八章「成績及考查」第六十二條明白規定：「成績不及格之學科在三科以上之學生，均應留級一學期，連續留級以兩次為限」，翻遍規程全部條文十三章一百廿一條，從無隻字片語，說學生

成績不及格留級，校長可以任意為學生加分。倘竟有校長任意加分，使留級者不必留級，則上級主管正應申斥糾正，並澈(徹)查有無收受紅包嫌疑。因此，我們不特不相信，教育廳官員竟會鼓勵疑兇，將兇刀刺向校長，相反的，在以嚴守法紀督導部屬的潘廳長領導下，這些官員，必只能盡量將上述法規向疑兇詳加解釋、開導，並嚴重警告疑兇不得胡鬧。我們當然應該確信報載教廳官員囑侯武雄直找校長要求加分的話，一定是侯信口編製。不過我們這一信念，現在不能不稍稍動搖；即在《聯合報》刊登已逾三天，而教廳官員，對此迄未做任何否認或糾正。難道我們所認為絕不可能出於教廳官員之口的，竟真會⋯⋯。

我們切望有責任的當局，對這幾句話，應當認真查究明白，因為教廳官員，如果真對疑兇說了這些話，即不算教唆殺人，其違法亂紀，也就達到了眾所痛恨官僚政治「推拖騙」的最高峰。

女生留級，主管教育行政者，可以叫為該生保鑣的另一學生去向校長要求加分，校長依法拒絕，即被刺七刀，這樣下去，我們中華民國的教育，將腐敗到何種地步！嗚呼哀哉！

百憂

原文登載於《小世界》
1971/09/04

最高貴的校慶獻禮
一方面擴大增強全校的「讀書風氣」
一方面應讀書不忘救國，救國不忘讀書

小世界

　　「世新」的校訓，是「德智兼修，手腦並用」，世新辦學的最高原則，是「學校爲學生而辦，學生爲讀書而來」。如果一個大眾傳播的從業員，修「智」而不修「德」，則將敲詐勒索，顛倒是非，用「腦」而不用「手」，則將主觀過強，不求實證。至於學校爲學生而辦，即學校每一文錢都應用於土地、建築、師資、設備，儘量不許有一文錢奢侈、浪費，更絕對不許有一文錢進入個人私囊。學生爲讀書而來，即註冊入學，目的在進德修業、敦品勵學、聽課必認真、考試不舞弊、絕不許搪塞敷衍，以混文憑了事。上述校訓與辦學原則，學校對每一位同學，均曾隨時隨地詳加解說，以畢業離校的五千校友，及現仍在校的四千同學，都無不熟記深知，匯爲全校共同一致信念與守則。

　　但我們不容諱言，儘管學校如此大力倡導，「世新」也已擁有不少用功讀書的同學，讀書風氣卻並未普遍發揚，盡如期望。因此，同學今後仍應盡量互助互勉、奮發努力，增

強讀書風氣，切實做到「學生爲讀書而來」。當然，在國家多難，千鈞一髮之時，青年人也不應一味讀死書，由於國家急迫的需要，五四時代「讀書不忘救國，救國不忘讀書」的名言，仍不失爲自由中國今日在校青年的指針。尤其，姑息逆流已瀰漫整個世界，世新同學一方面固應以「增強讀書風氣」作爲慶賀我們創校十五年校慶的最高貴獻禮，一方面更應高呼「讀書不忘救國，救國不忘讀書」！

百憂

原文登載於《小世界》
1971/10/15

總有歡迎我們回聯合國的一天
假使我們最低限度能渡過海峽收復閩粵

小世界

　　報載美國防部長賴得，3日在西貢告訴合眾社記者：「現當我們正在歐亞兩洲及世界各地進行談判時，無論如何，我們不能示弱。尤其我們即將與蘇聯及中共談判，我們更應顯示力量，而不能表現屏弱。」又澳洲總理麥馬洪，2日晚，於答謝尼克森邀宴時致詞：「當應付世界局勢時，我們必須在力量的基礎上，採取行動。」這兩位負重大責任的美澳政要，如此重視「力量」，是否他們已覺悟到，與匪俄那樣狡惡的共產集團打交道，沒有「力量」，是無法不慘遭屈辱及失敗？

　　假使美國在越戰中，並未採取「不求勝」政策，南越戰事，早經結束，北越共黨，也已屈膝，使用了美國最大「力量」，則美國威望何至墜落到今天這般田地？儘管在聯合國內，向其盟邦及以前或現在仍受援國家，如何肯切呼籲，若干國家仍然置之不理。這就是大家已認為美國沒有「力量」，因為不求勝即是示弱，示弱即是沒有力量的表現。但若尼克森政府及時覺醒，使用美國並未真正消失的「力量」，放棄「不求勝」政策，取消朝拜北平匪窟的計劃，則以美國人力物力的雄厚，威望重振，當仍將易如反掌。

反觀我國，假使二十年來，舉國上下，真能服從　最高領袖訓示，毋忘在莒，矢志匡復，既未因台灣繁榮樂不思蜀，更不甘侷處一隅，以小朝廷自滿，集中「力量」，縱難立即直搗幽燕，最低限度，也能像延平兩世一再出擊，進取泉漳，遠逼金陵，使世界萬目共睹，共匪仍僅為叛亂集團，我戡亂戰事尚未終了，則我國代表權問題根本無從發生，更何有納匪排我？當阿案正在聯合國激辯時，有人說，倘在此緊要關頭，突有一驚人消息，我已渡過海峽，直趨閩粵，則多數國家，必將目瞪口呆，投票結果亦必完全不同。

聯合國已成為惡霸與小丑集團，美英大國淪為傀儡，我及時退出，安之非幸？但無論今日全世界任何國家，如何高唱和平反對戰爭，古今中外，數千年歷史，仍萬變不離其宗，唯有強大力量做後盾，才可以保障本身國家民族的安全。痛定思痛，我們今後不應再倚靠他人的保護，不應再幻想小朝廷的安樂，不應打腫臉充胖子，所有一切費用浩繁而無迫切需要的「建設」，一律停止。一切驕奢淫逸、糜爛腐化的生活，一律嚴禁。鑑於美澳政要之漸次覺醒，我們也應即重視「力量」、增強「力量」，集中「力量」，以消滅共匪，收復大陸，為全國最高至上之為一目標。積全國之人力物力，生聚教訓，向此唯一目標前進，則安知最近期間，不即將舉世震驚，另眼相看，再迎我們進入聯合國，再迎我們坐上安理會常務理事的席次？

百憂

原文登載《小世界》
1971/11/06

如何向後世子孫交代

應「處變不驚」毋「處變不變」

小世界

　　我們應「處變不驚」，但不可「處變不變」，「泰山崩於
前而目不瞬」，是「處變不驚」，洪水沒膝，踱步不移，則
這種「死心眼」的「處變不驚」，除神經病或大傻瓜以外，
絕不會糊塗至此！

　　自從共匪混進聯合國，亞洲的反共國家，無不深切感到局
勢危急，泰國的他農將軍，南韓的朴正熙總統，他們一方面
固然處變不驚，一方面卻快刀亂麻，當機立斷，沒有使整個
局勢，敗壞到不可收拾。他們變以應變的措置，雖未必盡為
愛好民主自由的人們所讚許，但這種高度機智的緊急傑作，
仍是值得大家喝采的！

　　從大陸退到台灣，已二十二年，從尼克森宣布訪問匪區，
已將近半年，從我們退出聯合國，到今日，也已四十六天，
我們服從領袖訓示，已做到處變不驚，但整個世局瞬息萬
變，我們應提高警覺，莫不可再處變不變。

　　不必追溯過去，曾如何應變，即就退出聯合國的這四十六

天，此時此地，我們試問了每一位反共鬥士，已做了一些什麼樣的應變措置？據說，某一最高決策機構，最近一次會議，為了討論「六菜一湯」，是否合於當前的節約宴客，就犧牲了整個會議的半天，如此這般的處變不驚，我們真耽心，將要重蹈歷史覆轍，「議論未定，而敵已渡河」，若然，我們將如何向數以億計的中原父老、後世子孫交代？！

百憂

原文登載《小世界》
1971/12/11

如果美國是蘇聯南越是印度
北越早已投降美越聯軍也早已進入河內

小世界

　　印度正式進攻東巴，僅十四天，就佔有達卡，成立孟加拉國，使爲巴基斯坦撐腰之北平共匪，目瞪口呆，措手不及，除大罵蘇聯印度殘酷侵略外，別無辦法。雖報載已陳兵匪印邊緣，準備隨時突襲，但從共匪聲明，援巴僅限於物資，這「紙老虎」無疑已被百分之百戳穿了！

　　任何戰爭都不值得讚美，但減少傷亡、縮短時間，應是戰爭的唯一原則。印度攻巴，無論是否侵略，但這次蘇聯指導下閃電式速戰速決，卻是令人驚佩！

　　由於此一勝利，使我們不能不想到，假使美國在越南，能採用這一類似的戰略，不僅北越業已投降，美、越聯軍已進入河內，東南亞各國共禍，也早全告肅清。美國及亞洲人生命的犧牲，起碼總可減少到百分之九十以上。何待作戰多年，仍是「不求勝利的撤退」。美軍不進入北越土地，美機不轟炸北越城市，這簡直不是打仗而是兒戲，千古以來，只也宋襄公「不擒二毛不鼓不列」，可以與此媲美，然而幾十百萬的美國及亞洲子弟，已同歸於盡。庸人誤國，夫復何言！

百憂

原文登載《小世界》
1971/12/18

「世新」是屬於全體同學的
懇切盼望校友能早日「接捧」
（成校長舍我在校友會二週年會慶講詞）

各位校友：

今天，是我們學校第17週年紀念，也是校友會成立2週年紀念日。當我們同在一起時，我相信，各位一定會回憶起若干年前在校的情形。

我們學校，從民國45年創建至今，高職部畢業的有5屆，3專12屆，5專10屆，夜間部7屆，全部校友共有6千6百76人。

我們的校友會，本來在很早以前，曾經籌備過、也成立過，學校也給予幫助，可是都不能辦得有聲有色。一直到部份校友在台中發起校友會，然後在台北成立總會，這一遠景是非常光輝燦爛的。

今天，我們在座的校友，在全體校友中，看起來，佔的百分比雖不高。但，這些校友，有的遠從高雄、台南、台中等地趕回來。有的在台北附近，公事在身，設法抽身參加。我們相信其餘的校友，不管在國外、或外縣市，他們一定會想

起今天是個紀性的日子。在校友會各主持人的精誠感召下，全體校友的精神是團結一致的。

校友會在短短期間內，出版了3本書。由同學的作品中，可看出若干年前，我們所教導的各位同學，有些已經成爲傑出的記者。校友寫的作品，固然不能說每篇都是優良的「模範文」，但是，我相信都很有深度、有內容，得一讀。

所以，我們不要自卑，以後沒「方帽子」戴，沒光輝奪目的大學招牌，就好像矮人一節的樣子。其實，就拿同學們的成就來比較；也許沒有戴方帽子，會比人矮一點，但是帽子一旦脫掉後；我們也許有的會比別人還高，問題在仍自己努力不努力。

因此，過去17年，我常跟同學們說「天下事，一切靠自己，有沒有方帽子，甚至畢業或沒畢業，都沒多大關係，自己肯下功夫，自強不息，照樣會出人頭地。」

所以，我一再強調：學問要靠自己。固然我們讀的是專科學校，別人認爲沒有讀大學的響亮、高貴。但話說回來，如果你自己不行，就是拿了學院、大學、甚至博士的文憑也沒用。

再舉個眼前現成的例子說：剛才安強理事長也表揚過，在校友會服務最多、最辛苦、貢獻最大的總幹事賴明佶校友，他並沒有正式讀完本校專科。但，他的能力、他的成就，並不下於各位已畢業的校友。

因此，我覺得：無論做什麼事，學什麼東西，都要靠自

己，不要靠別人。這是我幾十年來，訓練自己立身處世的最高原則。我也常把這話告訴年輕一代、告訴朋友們，今天，我也轉告給全體同學。

我們的畢業校友，在社會上，都很有貢獻、有作為，社會上對我們校友的評價也很高。這些，用不著我們自己來標榜，各位校友只需辛勤耕耘，默默播種，就夠了。

當我看到校友們齊聚一堂，大家精神愉快、和藹又親切地交談著，內心有說不出的安慰。日子一天天過去，各位校友的成就會越來越高，地位會越來越增進，學問也越來越淵博，這些，都是我衷心感到欣喜的。

在此，我簡單地提出今後校友會應做的事：

第一點：我希望校友會多加強同學之間的總聯繫。

過去，校友會曾出過一本校友通訊錄，但有些同學的住址不詳，無法取得連繫。現在我們已畢業校友有6千多人，未來，還有無數個6千多校友，假如要使校友團結一致的話，就要多做校友調查工作。如果調查工作做得好，對校友們以及在校同學的助益很大。譬如校友會時常收到已在某些機構做單位主管的校友來信，希望學校推薦校友，但却不知道那位校友可去擔任，這就是調查工作沒做完備的關係。

所以，我希望校友會特別重視校友連繫，也盼望校友們熱心地提供校友資料，由在座的校友開始，每人如能提供5位校友，就有3百多位，再由這3百多位，每人再提供5位，如此可能1年半載，就可以得到全部校友的詳細的動態。

至於校友會目前的工作，如出版會刊、叢書、設立獎學金等等，都是很有意義、而且很有價值的，更希望繼續保持下去。

第二點：就是校友本身的修養。現在各位校友，都是已多少有了成就的人，我也不用著再多說平常在校時已說過的話。但無論如何，做人處世的道理是永久不變的。活到今天，我仍然堅持要自強不息、努力進德修業的原則。我們的校訓是「德智兼修，手腦並用」，而各位在新聞界工作，最重要的仍是「德」字。

我們在社會上，要讓人看的起，覺得世新精神不錯，最重要的還是在品德的表現。做一個新聞從業人員，如果品德不夠，背上記者的招牌，拿著一枝筆，去敲詐、去胡扯、去捧人家，這比貪官污吏對國家社會的貽害更大。

我很高興17年來，我們校友－－無論是當記者、編輯、廣播員或其他，都沒聽說過，他們在外頭敲、敲詐、要紅包、瀆職，而被人告發、或送法院的事情，這是世新最值得欣慰的。這種精神，要繼續維持。同學們對品德的培養、學問的進修，到將來七八十歲時，仍然要歷久不輟。

第三點：我們希望同學們要團結、大家永遠同心協力。同學之間要開誠佈公，如果有錯，要老老實實的說出來，不可悶在內心，產生仇恨。世新校友固然要團結，我們還應更進一步，由世新校友的團結，擴大到所有在任何大專學校學習新聞及有志於新聞事業的人團結，我們千萬不要眼光短淺，搞小圈子，這樣對未來中華民國的新聞事業才有偉大貢獻。

最後一點，就是今天校友散佈在社會各角落，可說人才濟濟。現在的學校，你們也親眼看到了，一天比一天進步，一年比一年擴展，基金和資產已在兩2億以上。但我最希望的，就是你們之中，有機會能儘量回到學校服務，現在已有50多位校友在學校擔任各種不同的工作，不久，也許又有幾位學成歸國的校友回校。我今年已76歲，急待退休，我在這17年來，始終向同學說：「學校為同學而辦，同學為讀書而來」，又說「世界新聞學校，是你們的」，因此，我最後再說一句最懇切最急迫的話，就是盼望你們有人早早來接這根「校長」的棒。(林詠絮、雷麗娜筆記)

成舍我

原文登載世新大學《新聞學報》
時間：1972年

不可太信也不可太不信

尼克森說：「美國唯一不能做的事，是聯合我們的
敵人推翻我們的盟國」，我們認為，問題仍在不被
推翻的盟國能否站得住挺得住

小世界

　　尼克森總統最近宣布的越南和平計劃，姑無論他已如何含
垢忍辱，向北越做了不可想像的讓步，但北越反應，仍冷嘲
熱諷，指爲競選宣傳，目的在欺騙美國民眾，誤認尼克森確
欲結束越戰。

　　27日的巴黎和會，北越在一場謾罵以後，也許還沒有完
全拒絕再談，所以羅吉斯在華盛頓向記者談話，居然表示頗
感興奮。目前最大關鍵，似乎在南越政府將如何重組，美國
力主政府方式，應聽由南越人民自由選擇，共黨則堅持將一
個共黨政府放在南越。尼克森在和平計劃中，曾痛切指出：
「美國唯一不能做的事，是聯合我們的敵人，來推翻我們的
盟國。」接著更重複一遍：「這是美國絕不能做的事」，以
示其不可動搖。其實即這一點，美國也真已無法再讓。尼克
森將一個越南人民自由投票，選出不到半年的阮文紹總統，
促其犧牲，再舉行一次選舉，而阮文紹本人，竟亦毫不顧

戀，欣然同意，這是何等的容忍、誠懇！然而越共却並不認為滿足。因爲共產黨儘管天天叫喊，什麼事「人民革命」、「人民戰爭」，他們自己明白，一旦人民有了自由選擇的機會，即將百分之百唾棄這些殺人放火的匪盜，走向民主自由的陣營。

我們極端重視尼克森『美國唯一不能做的事，即美國絕不能聯合我們的敵人，來推翻我們的盟國』這幾句話，但迫使我們不敢過於確信的，舉一個例，北平共匪原是千真萬確的美國敵人，中華民國更是千真萬確的美國盟國，然而今日共匪，不特已因美國牽引，擠入了聯合國，下月21日，尼克森更將身入匪窟，做進一步談判。雖然許多報導多表示尼克森總統確有決心，不再向共匪讓步，特別對共匪所叫囂的，要美國將台灣交給共匪認爲絕不可能。尼克森既信誓旦旦，不出賣老友，我們自然也不便「一次上當兩次乖」，就從此不信任老友。不過我們必須認定，如果尼克森真再不出賣老友，絕不將台灣送給敵人，最大因素，還是靠我們中華民國本身可以站得穩，挺得住！不容許被任何人出賣。正如上次越南大選的結果，使尼克森相信，即使再來一次選舉，總統也不會落入共黨手中。

百憂

原文登載《小世界》
1972/01/29

我們應恭請蔣院長徹查私立學校財務

有感於蔣院長在立院坦承而痛心地指出,「在台灣私人興學只是靠學校發財」。台灣各私立學校實應首先擁護,請政府澈(徹)查各私校財務,以清白昭示全國青年

小世界

　　行政院長蔣經國,在13日向立法院所做施政報告中,提到私立學校,他曾誠懇而痛心地指出:「在台灣辦學校,與大陸截然不同。在大陸的時候,是把錢捐出來興學,指爲培養人才,而在台灣卻靠辦學校發財。有人發財是因爲他辦學校。」(照錄14日《聯合報》所記蔣院長報告中的一段)

　　私人興學,原爲中華民國憲法所嘉勉,憲法第一百六十七條第一款,「私人經營之教育事業成績優良者,國家應與獎勵或補助」。但若如蔣院長所說,在台灣的私立學校,目的不是爲培養人才,只是爲私人發財,則這種私立學校,不僅沒有資格接受國家的嘉勉,相反的,政府且早應加制裁,予以封閉。

　　在大陸,過去確有不少成績優良的私立學校。在台灣私立學校,雖極爲發達,但自從流行了所謂「學店」這一名詞,私立學校的主持者,幾乎已爲一般社會所不齒。尤其地位較高的大專院校,儘管每年聯招錄取的學生,私立大專要佔三

分之二，依此比率，在全國約十八萬名在校大專學生中，屬私立的即達十二萬人。據統計，一個公立大專的學生，國庫每年要負擔一萬二千元，假定私立大學的在學生至少十萬人，其爲國庫每年減少的負擔，即十二億元，似乎私立學校對國家不無貢獻。然若私立學校的主持者皆貪財好利之徒，不能引起青年的崇敬，不能培養優秀的人才，流毒所及，將使師道凌夷，教育破產，私立學校的功不掩過，當然毫無疑問。

蔣院長授命於國家危難之際，就職伊始，其言論措施，已爲舉國所欽仰，尤其13日在立法院施政報告，一字一句，無不切中時弊，若干部份，且爲二十餘年來，朝野賢達所欲言而未敢言者。幾將不治之痼疾，其病源今既爲蔣院長尋出，舉國上下，即應一德一心集中力量，向病毒進攻。即如私立學校一項，假使國家不需要私立學校，私立學校主持者，不以培養人才爲目的，而以賺錢發財爲目的，自盡可一律停辦。倘若有需要，特別是容納全國三分之二大專學生的私立大專，國家既無巨大財力，大量添辦公立大專，以代替私立，則私立學校之如何力求整頓，導入正軌，自屬刻不容緩。

因此，我們爲擁護蔣院長對私立學校之指責，我們願首先向全國私立學校，尤其私立大專建議，由私立大專，恭請嚴正賢明的蔣院長，秉其數十年鐵腕作風，對私立大學財務，徹底清查，究竟誰開學店，誰靠學校發財，如證據確鑿，盡可將學校封門，送董事長、董事或校長入獄。否則全台六十七所私立大專，如果某一私校，或某些私校的主持

者，尚有人不貪財，不求名，艱難締造，辛苦經營，其唯一
目的，只在培養下一代，使其忠愛國家敦品力學，爭民主反
共產；雖然沒有國庫補助，美金支援，或大財團大資本家做
後台，也從不超收學生一文學費，或勒索家長樂捐，更從未
出賣學籍，或董事會內部鬧分贓不勻糾紛。但十餘年或數十
年之苦鬥，終使規模備具聲譽益隆，學校似富而私人固窮，
學校安定發展，原因只是不浪費，不貪污，每一文錢，皆
留在學校，用在學生，則此種人，國家似亦應發揚憲法第
一百六十七條第一款之精神，顯示公道，予以嘉勉。俾使
千千萬萬青年人，勿誤認教育他們的最高領導者，竟是一群
貪財勢利的老闆，卑鄙無恥的惡徒！

百憂

原文登載《小世界》
1972/06/17

親共是「右」反共是「左」

有感於反共者竟被指為最右翼

　打倒共黨應先戳破共黨魔術宣傳

小世界

　　讀了美國約翰波琪社本月24日在《紐約時報》所刊登「紀念聯合國受辱日」的全幅廣告譯文，將台灣與匪區，雙方的政治、經濟、文化，做了一個貨真價實有憑有據的比較，痛斥聯合國去年決議排我納匪，為聯合國成立迄今最大的恥辱。義正辭嚴，這是代表全世界人類何等偉大的呼聲與號召！

　　但是我們最奇怪而深感遺憾，就是報導此一譯文的電訊，在「約翰波琪社」這一正義團體的上面，加了一個「極右翼」形容詞。如果依歐洲傳統的說法，在國會中左右分席，右翼是保守的，左翼是進步的，則像約翰波琪社那樣高舉擁護民主反對奴役的大旗，如竟是為保守，難道一定要像大陸共匪，殘殺人民，販賣鴉片，才是進步？

　　自從共匪利用「左派」、「右派」的名詞，將其意義，作完全相反的幻變，即共黨及親共的全算「左」，反共非共的

全算「右」，因此，共匪對一切反共非共份子，均加上「右派」帽子，斥爲腐化，而一切共黨、親共份子，則均稱「左派」爲前進。馴至今日，大家已忘記了這是共匪顛倒黑白，混淆是非的一貫手法，竟跟著共黨，也已主張民主自由者爲「右」，反民主自由者爲「左」，從這次報導，將反共的約翰波琪社形容爲極右翼，就是一個極顯著的例證。

這一共匪惡毒宣傳的影響，許多年來，積非成是，今試執任何青年，而告知曰，你是「右派」，彼必攘臂怒目，視爲侮辱。如相反的，說你是「左派」，則必欣然色喜，受寵若驚。共匪指鹿爲馬之宣傳魔術，如此神奇巧妙，我們要打倒共黨，我們的大眾傳播，應即首先從親共是「右」，反共是「左」這一正名工作做起。

百憂

原文登載《小世界》
1972/10/28

由記者節想到所謂「報禁」
何時能另有一更重大節日的來臨？

小世界

　　四十年前的今天，執政的國民黨中央政府，在一名新聞記者被某地方當局非法鎗殺以後，為了防止再有類似事件發生，特頒明令，保障全國新聞從業員的人身安全。民國32年，全國記者感謝政府這一明智的措施，籲請政府頒此明令的9月1日為記者節。到現在，我們紀念這一節日，已是第三十週年了！

　　我們非常欣喜，四十年來，在執政的國民黨中央政府統治下，各地新聞從業人員，已確實獲得人身安全的保障。不特以前北洋軍閥任意殺害名報人邵飄萍、林白水的慘案，早經絕跡，即非法逮捕事件，也極少發生。今日全國新聞從業人員之歡欣鼓舞，共慶佳節，實屬大公至當，理所必然。

　　但在感念政府為我們製造此一佳節之餘，我們不能不同時想到，愛護民主自由的中華民國人民，尤其愛護民主自由的中華民國新聞從業人員，是否更會有一好運，親見我們擁戴的中華民國政府，繼32年9月1日以後，能另頒一意義更為重

大的明令，爲我們新聞從業人員，再製造一個最可紀念的佳
節。

那就是何月何日政府能明令宣佈，對遷台以來，行之多年
於法無據的所謂「報禁」，毅然廢止？報紙是民主國家主要
櫥窗之一，在我正一再向世界昭示，中華民國，決永遠站在
民主陣營的一方，如中華民國境內，竟仍有所謂「報禁」，
無論持何理由，似總難使人了解。此外，由於最近一年來，
各種重要法令，其已有背於今日環境者，多已及時廢止或修
改，而自《大清報律》注1演變至今日的〈出版法〉，其存廢
或修正，是否值得考慮，似亦應爲當前重要課題之一。

假使此時此地，政府順應「革新」「求新」的潮流，所謂
「報禁」宣佈解除，我們相信此一未來的輝煌明令，其將爲
全國新聞從業人員所熱烈擁護，必不下於四十年前保障記者
個人的安全。在明令頒布的那天，我全國新聞從業人員，必
將另訂一個節日—新聞節，以頌揚政府的明智，豈不漪歟盛
哉！

百憂

原文登載《小世界》
1973/09/01

注1：晚清的報律在1901年以前，大體是沿用《大清律例》或是廷臣廷摺內容加以運用。戊戌時期，康有為也曾請定報律，可惜戊戌變法失敗後，提案胎死腹中；1901年後，官方修訂了舊法《大清律例》的內容，增訂刊行《大清律例增修統纂集成》，有關言論出版集會的法則，主要還是依附〈刑律盜賊類〉的「造妖書妖言條」裡；直到1906年《大清印刷物專律》的出現，才算有了管制出版集會的專門律則。不過，為了管理日益增多的報刊，又以巡警部的名義，專門制訂了《報章應守規則》九條，與《大清印刷物專律》並行實施。不過這兩項僅是規定，並非是成文法；1907年《報章應守規則》再次修訂，成為《報館暫行條規》十條；1908年的《大清報律》，則是參考日本的《新聞紙法》而訂；1911年由資政院奏議修訂了《大清報律》，成為改版後的《欽定報律》。《大清報律》引起較大的爭議，在於其事前檢查，以及審判權與檢查權混淆不分的問題上。由於《大清報律》相關的司法裁量權，法條內容規定籠統，並將此權交由各級地方政府(該管官署)，結果是執行的裁量權和審判權合而為一，對於報律的闡釋與執行極易使用自由心證，加以個人意志隨意解釋，以致有些地方督撫竟然也能自定報律章程，進而查禁報館。最有名的是兩廣總督周馥，他為了查禁報館，竟然自訂報律，當時報界戲稱為「粵報法」，此法後來也在山東、直隸一帶實施。

我如何創辦世新

（63年10月15日，世界新聞專科學校第18週年校慶，成校長應邀在校友會講話，此為講話之第一部份。由編輯採訪科學生朱界陽筆記。）

各位校友：

今天是我們學校第18週年校慶，同時也是我們校友會3週年會慶，我想這在學校說起來，真是雙喜臨門。

我們學校，從民國45年創立至今，畢業校友已有7千3百多位，在校同學也有5千8百多位，總共已達1萬3千多人。而校友會成立只有3年，進步可說比學校還快，在短短3年中，經常有會刊定期出版，有5集校友叢書出版，尤其難得的是在很短的10天之內，把《新聞那裏來？》這本書趕在今天，發給各位校友，這些都是校友會諸位校友和許多理監事們，熱心努力的成就。

今天，如果說是一箇慶典的話，那麼我們大家應彼此互祝互慶，因為校友會和學校是不可分開的。剛才主席說，校長對校友會許多事情，都是盡力協助，我想是應該的，大家都知道我辦世新的原則是「學校為學生而辦，學生為讀書而來」，身為世新學生，一輩子也是世新同學，所以校友會和世界新專是一體的，不但如此，而且也是我的願望，希望這

學校將來交給校友來辦，交給那一位校友當校長，這才是我真正的心願，我天天祈望校友來分擔學校的重任，使我早點退休，再多讀一些書，多寫一點東西。

校友會要我說幾句話，我們可以分為幾點來談，剛才我說我們互相恭喜祝賀，校友會和學校是二而一，一而二的，沒什麼分別，因此，我可以談到學校創業艱難的經過，在座可能有初期的同學，當時曾看到學校各種簡陋情形。今天我來學校參加校慶之前，我查了45年10月15日的日記，裏面記載了當時第一天開學情形：

「今天天氣晴朗，陽光普照，籌備經年，艱苦備嘗的世界新聞職校，定今日開學，沒發請柬，無任何外賓參加。在開學儀式舉行後，即舉行新生訓練，明天起正式上課」。

「我6時起床，6時40分坐三輪車，8時到校，9時舉行開學儀式，高初級職業各一班，學生僅70餘人，(按開學後有陸續退學及勒令退學者，第一學期結束，只賸63人)，我向學生講話，要點：(一)我們是一個職業學校，規模、設備，當然比大專學校差得太遠。就比同級的高初中，在一般人看來，也比不上，因為他們認定職校學生，都是考中學考不取，才逃到職校來的，所以大家都看不起職業學校，對我們自也不能例外，正因如此，我們一定要加倍努力，無論是老師，是學生，老師一定認真教，學生一定認真學，儘管物質上，或學校的等級上，比不上大專，比中學也差，我們一定要將世新辦到不比他們差，甚至要比他們更有精采。我並且有信心，若干年後，靠著這些努力的結果，會使學校升格，由職校而專科、學院、大學以至研究所。(二)儘管這是一個大家看不起

的小學校，但，我以年將六十的老人，我敢向同學保證，我一定將我未來的生命，全部貢獻給這個學校。我一定儘量充實學校的設備，聘請最好老師，加強國文、英文、數學的教學，使你們能升學，加強新聞技能的實習，使你們能就業，尤其品德陶冶，決不忽視，我們一定要符合校訓，做到「德智兼修，手腦並用」。(三)儘管今天在座的同學不到一百人，但我一定要先向你們鄭重聲明，我們決不因學生少，而即放鬆紀律，讓你們上課逃學，考試舞弊。如果你們覺得這個學校，不如你們理想，則與其上課以後，不願意讀，或被勒令退學，還不如在今天新生訓練以後，即自動退學，學校將如數退還你們的學費，使你們的父母，免受損失。(四)學校雖然是私立，但不是任何私人所有，學校的一文都不能浪費，也不許貪污，你們交完教育廳所規定的學費數字以後，在整個學期內，學校不會向你們多收一文錢，你們可以告訴你們的父母，不要擔心所謂「樂捐」，使家長無法負擔。

「我在講話以後，即進行新生訓練，文主任(經華)，蕭主任(邦導)，于老師(衡)，金老師(顯誠)，胡教官分別主持及講話，下午4時結束，5時回家。」

上面這許多話，在十八年以後的今天看起來，印象竟和昨天差不多。不管這些話，在我已否完全做到，但已盡了我自己最大的努力。我們已由職校升格專科，54年教部並核定了，准再升格籌辦學院，只是由於政策的關係，還不能正式改制。我們已有1億以上的基金，2億以上的土地、房屋及各種設備，我們畢業了7千多位校友，分佈在國內外，就業或升學。現在自由中國，每一家報館、廣播電台、電視台都有

我們的校友，許多圖書館、公私機關的公共關係室、電影公司、印刷廠，也都有我們校友，用其所學，爲這些事業辛勤工作。

回憶18年前的今天，我迎著早晨的太陽，由我所住的信義路麗水街，坐三輪車去溝子口，就走了一個多小時，那時公共汽車非常少，沒有計程車，羅斯福路四段，仍在所謂比萬里長城還難修的情況下，沒有完成，滿地泥濘，北新公路，尚未興修，到處高低不平。溝子口沒有自動電話通市區，就這樣每天坐三輪車甚至步行到學校。有時每天要來回上下午各跑一次，如此直到民國50年，由於羅斯福路4段及北新公路的完成，才慢慢增加公路車，接著又有了自動電話及計程車，以迄木柵鄉之改爲木柵區，成爲大台北市的一部份，溝的子口與台北交通才進入現代化，而我每天到校也就節省了不少時間。

我於41年交卸了《自由人》半週刊的主持工作，移家台灣。以前我在大陸創辦了好幾份報紙，38年2月25日，當共匪沒收我辦的北平《世界日報》時，京滬一帶人心已很動搖，許多人紛向共匪靠攏。共匪進入北平，把所有報館都封了，祇有《世界日報》仍勒令繼續出版，那時我正在上海，前後接到好多北平到上海的電報，尤其還提到幾個以前在《世界日報》工作及在北平新專畢業學生的名字，他們已在匪方，官居高位，都向我問候。北平一天兩通電報到上海，催我回去，說《世界日報》仍可繼續辦下去。我祇是覺得好笑，想這樣騙我，我怎會上當。那時，在上海一些親共的新聞界朋友都說：你的報紙大家都知道是獨立的，沒有受過國民黨任

何補助，怎麼不回去辦呢？我說：我不須回去，我要反共，縱使有幾10億財產，我也願意犧牲。《新民報》的陳銘德夫婦還說，共產黨不許國民黨報存在，難道私人報紙在共黨管理下，不反對共黨，也不許存在？我說：你相信他們，你就回去好了？

共匪老等我不回去，進北平後好久，才把《世界日報》封了，封閉時還特別發了一個廣播(其他報社被封，從不發廣播)，共匪說：「《世界日報》一向偽裝獨立，實際上是國民黨CC是幫兇，該報一向號召人民擁護國民黨的反革命的內戰，軍事管制委員會為了剝奪反革命份子的言論出版自由，而保障人民言論出版自由，對如此幫兇的反革命報紙，不得不下令封閉。」此一共匪廣播，3月27日上海各大報舘均予刊登。我看後，立即寫了一篇回答共匪的廣播，託中央社播出。我說：共黨可在北平、重慶封閉沒收我的報館，但他無法封閉我反共到底的決心，天地之大，我可以到任何地方，再辦報、再反共。我說：共黨雖摧毀了我在大陸的報紙，但無法摧毀我畢生獻身新聞事業發揮正義抵抗暴力的意志。廣播發出後，上海各大報，我分別託請朋友，也多於3月1日刊出，有的朋友都勸我：現在共產黨勢力這樣大，何必跟他針鋒相對，而變成仇敵？我只好謝謝他們的關切。其後，邵力子等代表李宗仁，從北平回到南京，他說：葉劍英等的準備讓你的報繼續存在，你不回來，而且又發了那篇罵他們的廣播，看來，你是無法再回北平了。我笑著說：那就等著跟隨政府軍打回去。

大陸全部淪陷以後，我為貫徹我「天志之大，隨時隨地均

可以辦報反共」誓言，就與當時同在香港旅居的王雲五、左舜生、程滄波、劉百閔諸先生，發起出版《自由人》。香港雖然沒有「報禁」，但倉卒之間，要趕一張日報、財力、人力均有困難，所以我們決定將《自由人》作為半週刊，每逢星期三、六出版。當時香港到處，已佈滿共匪爪牙，並且使用最卑劣的手段，恐嚇、毆打，甚至暗殺反共人士，許多寫反共文章的朋友，因此多不敢用真實姓名，我們相約，《自由人》刊出的反共文章，一定「行不改名，坐不改姓」，堂堂正正，簽署自己的名字。那時，我被推主持社務，擔任總編輯。如此出版了兩年，有相當銷路，也發生了相當影響，但因為同人多數離港赴臺，我也於41年，定居臺灣，《自由人》交留港同人負責，惟因種種困難，不久即停刊結束。

我到台灣以後，即準備在臺恢復《世界日報》，但此時臺灣已有了所謂「報禁」，為節約紙張油墨，不許有新報出版，如果要辦，只有購買現有一家營業不佳，計劃出頂的報紙，改變登記，更換報名，也有不少熱心朋友，為我介紹，但我認為辦報，尤其此時辦報，主要為反共，而非如我過去為開創自己的新聞事業，這是一件何等光明正大的事，既然然國家不需要我辦報，又何必鬼鬼祟祟去頂替別人的招牌？我婉謝了這些朋友的好意，41年到44年。這幾年中，我就斷絕了辦報念頭，一面教書，一面寫點評論或專欄之類的文章。

42年4月18日，我在新生報寫了一篇〈需要一萬名新聞幹部回大陸〉的專論。強調新聞教育的重要，許多新聞界、教育界的朋友，看了多勸我，既然你認為辦一個新聞學校，訓

練反共新聞幹部，倡導新聞自由，比僅僅辦一張反共報紙，功效更大，那麼，你何不率性辦一所新聞學校？我對於這一建議，再三研考，我最顧慮的，是那時我已快近60歲，所謂10年樹木，百年樹人，雖然我無法等待百年，但要看到一所學校，稍具規模，起碼得有20年以上的努力；我能否再活20年？鼓勵我的朋友，這樣說，馬相伯先生，在滿清末年，創辦震旦大學及復旦大學，都是在他60歲左右，他還能眼見他的學生于右任及其他高足，勛業彪炳，事業成功。那麼，安知你不能有他那樣的運命。即使萬一中途不幸，只要這個學校，有了好的開始，許多朋友，也會幫你繼續辦下去。世界新聞學校，就是在如此熱情鼓勵下，開始籌辦的。

我於44年2月，著手籌備，第一件大事是找校址，恰巧在前幾年，我從香港來臺灣，某日，我和陳訓畬(已故)先生談起，打算在臺北郊區，買一塊土地，蓋幾間小房住居，由於那時大陸剛淪陷，共匪天天威嚇，要乘勝進攻臺灣，政府正督飭各方加強防空設施，因此，我說，最好那塊土地附近，能有防空洞，時陳先生任中央社總編輯，他想了一會，告訴我，在木柵溝子口考試院後，有許多山坡地，該處有日軍挖掘的大防空洞，可以避難，中央社已租有一大片，包括了這個防空洞的土地，擬在必要時，將收發報機移該處工作，現左右前後尚有餘地，租買均可。第二天他帶我到了這塊地方，那時沒有道路可通，只有幾條羊腸小徑，攀山越嶺，好容易到了目的地。這一片群山環抱的幽谷，不但可避轟炸，也是一個極適宜讀書的所在。我留下了深刻的印象。41年定居臺灣後，就陸續在這附近購了一些地，恰巧，中央社原來租用的那塊準備放置收發報機的土地，由於韓戰發生，共匪

已無力窺伺臺灣，中央社認為沒有收發報機安置防空洞內的必要，租約既滿，未再續租，遂有人介紹土地與我接洽，以最便宜的價錢，全部購入，取得所有權。現在即以此萬餘坪土地，作為校址，接著，就開闢一條通連考試院的大路，建了四間教室及一所印刷實習工廠。

地址既定，第二件大事是立案，當然我們希望辦學院，或專科，但沒有大力支援，無法獲准，只好先辦一所職業學校，我們決定了「私立世界新聞職業學校」這一名稱，向臺灣省教育廳立案，並轉教育部核備。我們呈請立案的創校旨趣，開宗明義：「本校創立，其目的在培養『德智兼修，手腦並用』之健全新聞人才，供自由中國及反攻大陸後，建立新聞自由及健全新聞事業之用，以為實現健全民主政治之基礎」。其後，「德智兼修，手腦並用」，並定為我們的校訓。

在臺灣，要創辦一件事業，尤其學校真是談何容易，儘管機關首長，十分賢明，而且熱忱幫忙，但中國傳統的所謂「閻王好見，小鬼難纏」，那些無休無盡的繁雜手續，真要使你頭昏腦暈，走投無路，所幸不到一年，終於獲准，45年9月正式招生。

有了校址，立了案，但最大也最先的另一件，還是如何籌措經費。雖然，我在大陸，創辦了幾份報紙，業務發達，薄有資產，但經過日寇、共匪兩度摧毀沒收，早已全部丟光。此時創辦學校，即使初步只是一所高、初級職業學校，除了地皮，至少也仍需二三百萬，才可動手。許多朋友專家學者，熱心支持，並同意參加發起，他們卻大半均一介書

生，赤手空拳，在新聞界、教育界服務。此外幾位公務員，
也都畢生廉潔，家無餘財。談到經費，大家都深深感到力不
從心。記得44年我們召開第一次發起人會議，由已故于右任
先生主席，我提出創校計劃及經費預算，最低限度，開學前
必須籌足2百萬元，以後經常費尚不在內。朋友中有人半開玩
笑說，你辦了幾十年報，沒有一個報不辦得有聲有色，尤其
業務方面，均年有鉅額盈餘，相信你辦學校，也不會沒有辦
法。雖那時私立學校，沒有所謂「財團法人」，更沒有最近
研擬的〈私立學校法〉，但我即曾鄭重指出，辦報紙與辦學
校。雖然同是極爲重要的文化事業，其基本出發點，卻恰巧
相反。近代報紙，是自由經濟下大規模營利事業之一，賺錢
越多，越顯得報紙辦得成功。學校則不然，不能以營利爲目
的，公立學校，固然全部支出，均由中央或地方政府負擔，
政府支付的經費越多，辦得越好。私立學校，則全靠私人捐
助，捐助目的，只是興學，不是謀利。捐來的錢越多，學校
才能辦到越好。換一句話說，就是辦私立學校要賠錢越多，
才越算辦得成功。我這些話，大家當然均認爲非常正確，只
是，向何人去請求捐助，經一再研商的結果，決定分別尋找
所熟識而有錢的朋友，進行勸募。

我非常感激這些參加發起的朋友，他們都盡了最大努力，
但是台灣究竟和私立學校最發達的美國不同，法令的限制，
傳統的觀念，尤其台灣並沒有太多的億萬富翁，即有，他們
也多半不願捐錢辦學校，他們甚至寧願對這些前往勸募的朋
友花上1萬8千吃酒家，提到辦校，卻分文不捨。不過仍有若
干開明的工商界人士，接受了我和這些朋友的請求，由幾百
元至幾萬元，有一位竟捐了十萬元，在開學前好不容易共捐

到將近三十萬元，再加上我私人告貸及將麗水街住宅，向第一銀行押借，勉強蓋好了四間教室，一所實習印刷工廠及一些教學上必需的設備。

在這一年艱難建校的募款期間，使我跑路最多的，有兩件事，至今還記憶如新。第一件，是某位經營鳳梨而發財的富翁，他答應我們發起人某君，捐一萬元，某君叫我帶收據到他的公司領取。我跑了好幾次，他不肯見我，最後派女祕書代見，說他頂多只能捐兩千元，並拿出兩疊十元一張的鈔票，要我簽收。我想，帶來收據是一萬元，我們又不是叫化子，如果我收下這兩千元，不但對不住我自己，也損傷了要我來的朋友自尊心。於是我就然毅然謝絕，空手而歸。第二件，是我接到發起人中另一位朋友電話，要我去拜訪一位煤礦老闆，說他答應捐伍仟元。他的公司離我的家很遠，那時沒有計程車，三輪車也多半破舊不堪，我先以電話約定，坐了三輪車去。不料快到他的公司附近，三輪車一個輪子飛了，把我摔在地上，還好沒受重傷，我站起來拍拍腿，勉強走到這位老闆的三樓辦公室，我發覺腿有點痛，而且約好的老闆，居然說臨時有事，請我明天再來，我說：我明天不能來，可能要進醫院了！幸好檢查結果，只是扭傷了筋，不必住院。有人介紹找于善堂推拿、打金針，睡了三天，總算無事。不過這位老闆還是不錯，沒有多久，他竟派人把答應的五千元，不折不扣，送到我的家裏。

世新就是從這樣艱苦的妊孕中，籌備一年於18年前今天，在我們現在開會的這塊基地上正式誕生。由於這一年籌備的經驗，我深切認定，要使世新辦下去，不中途夭折，並期望

其逐年壯大，我必須放棄以前我那套等待工商界不斷捐助，賠錢越多，學校越成功的想法，因為我們這一夥書生，尤其是我，這一次費盡力氣，只捐到三十萬元，以後更無把握，能靠募款，將學校辦下去。我們既不能以辦學為營利事業，改募捐為「募股」，勸人投資辦學店，我們就只有咬緊牙關，以工商界私人營利吃苦耐勞的精神來辦此涓滴歸公，非營利的私立學校。因此，我決定仍採用我民國13年以2百元創辦《世界晚報》再辦《世界日報》的愚笨作法，就這最脆弱渺小的一點基礎，開始長期苦鬥。

過去18年中，最初二年，可真是苦不堪言。高初級各一班，第一學期總共只六十餘人，所幸學生少，開支也少，教職員工友連我總共不到十人，每月全部開銷僅萬餘元，有時將我在他校兼課所得鐘點費、稿費及其他薪俸，帶到學校，抵補開支。我應該特別感激的，我的朋友，無論是參加發起與否，只要我登門懇求，他們都肯慨然承諾，來世新擔任教課，名記者于衡先生，是開學時就曾做過我們的專任老師。像這樣一所剛創辦的中等學校，我們竟先後擁有大眾公認的第一流師資，如程滄波、阮毅成、端木愷、蔣勻田、陶百川、蔣復、沈雲龍、陳紀、王藍許多專家學人，都曾來校正式授課。王雲五、胡適諸先生來校專題講演。雲五先生，每年必來一二次，尤其使我永遠壞念的，故立委邵鏡人先生，在得了不治的癌症以後，不聽勸阻，帶著高燒，來校講演，他們給世新這樣大力的鼓勵，使嚮慕新聞事業的青年人，對世新有了信心。我們的學生逐年增加，48年更由職校升等改辦專科，54年且再度獲准籌辦學院，雖然其後政府因政策關係，重視專科，少辦學院，使我們等了10年，仍留在專科階

段。但我們的一切規模，逐年擴展，世新已無可否認是全世界學生最多，分科最細，最注重專業實習的第一所新聞學校。

我們現已畢業了7千3百19位校友，除出國深造或自行創業外，大部份校友都進入公私機關服務，全省各大報社、各廣播電台、電視台、各圖書館、各公共關係室及規模較大之電影製片廠、印刷廠，多有本校畢業同學。在校的同學將近6千，我們7科2組，報業行政、編輯採訪、廣播電視、公共關係、圖書資料、電影製作，印刷攝影，就大眾傳播說，可算已應有盡有，今後正計劃增設觀光宣導科，在深坑興建文化城。我們有各種實習設備，《小世界》、世新廣播電台、閉路電視實習台、鉛印工廠、彩印工廠、攝影棚等。我們擁有8萬多坪土地，7千多坪建築物，本校的不動產合計已在2億元以上。57年我們即辦妥財團法人登記。我們由30萬元開辦，經濟情況，逐年好轉，我們所以能如此擴展，并(並)非我或任何人有奇才異能，我們只是財政公開，精打細算，省吃儉用，一方面自47年起，儘量以節餘之款，購土地、買股票，多方營運。不許有一文錢浪費，一文錢貪污，但在教學及設備上應該用錢的，即百萬千萬也決不吝惜，下列4點，是我們18年來始終堅持，從未動搖的原則：(一)依照教部規定學雜費數字收費，只有減少，決不超過，學雜費一次繳納以後，決不以任何名義，向學生多收一文錢。尤其從未以任何名義，向學生家長樂捐。(二)教職員薪俸，教師鐘點費，每月準期支付，遇例假則提前一天，從無拖延虧欠。(三)教職員待遇，除最近公立學校，突將研究費特別提高，私立學校尚無法如數照加外，世新過去，均大體比照公立。有一時期，鐘點費且

高於公立。(四)各項代辦費，多由學生活動中心，推派代表，會同學校，向各有關商店、工廠估價，如所收之款，尚有盈餘，即退還學生，或撥作綜合班費，供學校慶典、公益或救濟之用。

上面所說，都是18年來，本校由創建以至成長的經過。因為今天是本校第18週年校慶，大家要我談如何創建本校，所以作了一個簡要說明。在座校友，有的最早畢業，當然聽了我這些話，也許還記憶如新。初期同學在手腦並用的校訓下，一方面，曾排過字，開過印刷機器，一方面也曾幫助過學校，開闢道路，挖掘小溝，圍繞著學校，一排排柳樹，一顆顆杜鵑花，也許有些還是你們親手栽種的。在學校成長，花木成蔭，你們也都已出其所學，貢獻國家、社會，尤其新聞事業，很多在出國深造，學成歸國，或在國內從事新聞事業，成績輝煌的校友，已有不少回校服務，總計在校服務校友，業將百人。我自己則由59歲的半老人，成為77歲的老翁，我切望這根「校長」的棒，很快由你們校友接受，這2億元以上的校產，一文不少，交給你們全體校友接受。讓我在精力還未完全衰退之時，再讀一點書，多寫一點東西，如果問我今後的願望是什麼？這就是最大的願望。

(以下校長還就他在大陸創辦報紙40年的一些經驗，告訴校友，如何創業，如何做人，尤其如何做一個「富貴不淫，貧賤不移，威武不屈」的報人。)

成舍我

原文登載世新大學《新聞學報》
時間：1974/10/15

「立委何以不說話」？

有感張委員的「心所謂危」

小世界

　　新年元旦，打開中華民國64年1月1日的報紙，立即看到某報某版，有一大字標題，「立委自我檢討，出席發言嫌少」，這是摘記元旦前一天（即63年除夕），立法院大會再討論「如何提高議事效率」問題時，幾位委員的發言。其中張子揚委員，似最為感慨繫之。茲照錄某報所載張委員的話如下：「張子揚委員『心所謂危』地指出：現在最大的問題是立院快要沒有人發言了，如果發言的總是固定的幾個，萬一他們感冒了，生病了，是否便無人發言了呢？這種現象實為最大的危機」！

　　「他說，以目前的情況發展下去，再過幾年恐怕無人發言，而今卻有時為求法案盡速通過，希望委員不要發言，更是反其道而行」。

　　「張委員強調，現在不但應當鼓勵委員發言，更應該研究不發言的原因，才能使立院顯出一片蓬勃的朝氣」。

　　張委員要大家研究不發言的原因，以我們老百姓想法，現在中華民國，正處於驚濤駭浪最危險時機，即在西方老牌民主國家，所謂「戰時國會」，也大多信任擔任「舵手」的行政首長，不吵吵鬧鬧，吹毛求疵。這或許就是袞袞諸「委」

不願發言的最大原因。另一方面，則再我們傳統中華文化：「邦有道則人不議」，這是至聖先師昭示最高政治原則，也是留給我們老百姓的一項樂天知命消災免禍的處世哲學。一脈相傳，所以唐代詩人，有「聖朝無缺(闕)事，自覺諫書稀」注1之名句，也許各位立委認為今日台灣，經濟繁榮，治安良好，既屬「有道」，更無「缺(闕)事」，何必多言，徒增煩惱！

無論戰時應信任「舵手」或「邦有道庶人不議」，立委的不願多言，都是至公至當，睿智明君，沒有研究的必要。

至於提到張委員說：「要鼓勵委員發言」，但在任何民主國家，發言是國會議員最神聖的權利，也是國會議員最神聖的義務，既無人可以剝奪，更何須他人鼓勵，「心所謂危」尤其不必。

放翁詩：「近聞下詔通嚴路，以卜餘年見太平」，「見太平」須先「通言路」，下詔求言，這是專制時代的陳舊作法，民主自由的中華民國，是萬萬不需要的！

百憂

原文登載《小世界》
1975/01/04

注1：唐岑參＜寄左省杜拾遺＞。唐代詩人岑參由杜甫推薦，作了右補闕。和杜甫的左拾遺一樣，都是諫官。這首詩是他寫給杜甫的。岑參到了廟堂，就像龍游淺灘，生氣全無。原詩全文如下：「聯步趨丹陛，分曹限紫微。曉隨天仗入，暮惹御香歸。白髮悲花落，青雲羨鳥飛。聖朝無闕事，自覺諫書稀」。

沒有「董事」的公司

何以蔡少明主辦的公司　僅有蔡一人唱獨角戲

小世界

　　沒有一個股份有限公司，不呈奉經濟部核准，而可以合法存在，更沒有一個依法登記的有限公司，不成立董事會，只有董事長，沒有董事，而可以執行業務，尤其能在這種情形下，竟獲向國家行庫先後貸款至數億之多。現在居然有這一例外「奇蹟」，那就是震驚中外，昨已被台中地院檢察處起訴的青年科學建設公司，及其關係公司。

　　根據昨日各報刊登的台中地院檢察署起訴書，由董事長蔡少明，以青年科學建設公司、萬友公司、中國青年教育電影電視公司、青年文化開發有限公司等名義，使用詐欺、偽造文書，及賄賂等非法手段，從58年9月起，到62年底止，先後向國家行庫，貸得新台幣高達五億五千餘萬之多。被訴嫌犯共三十一人，除蔡少明外，有其所屬各公司的總經理、經理、業務主任、出納員甚至刻字的低級技工等，此外則為受賄的各行庫人員及其他有關人員，但沒有這些公司的任何一名董事。從起訴書看來，似乎所有的那些公司，都只有唱獨角戲的董事長，沒有一個董事，當然也就沒有董事會。

　　經濟部對一切公司的督導向極嚴密，任何違反公司法的行為，輕則糾正，重且法辦，極少坐視不理。而公司重要業務，依公司法均須經由董事會議決，董事會違法損及股東權益，董事應負責賠償。公司虧損達資本總額三分之一時，董事會應召開股東會報告。公司資產顯有不足抵償債務時。又依照台灣省各行庫貸款慣例，公司貸款須全體董事具名為連帶債務人，有的行庫且在貸款契約中訂明，如公司不能還款，連帶簽約的董事，須私人負責償還，換一句話說，即有限公司的董事，竟要負無限責任的還債。公司董事的職責，如此重大，何以五億五千餘萬的冒貸案，只有董事長一人被起訴？

　　是否蔡少明的這些公司，都沒有向經濟部立案，因此，也就沒有董事更沒有董事會，假若這樣，我們就真不明白，何以蔡少明竟能一手遮天瞞過了經濟部也瞞過了各行庫？

　　但我們相信，公正嚴明的司法機關，是絕對無法欺瞞的，難道報載的起訴書，竟漏排了有關青年公司等涉及董事有無犯罪的部分？世間豈真有「明察秋毫而不見輿薪」的怪事，我們且耐心等著瞧罷！

百憂

原文登載《小世界》
1975/01/11

爲什麼要買日本的醬油、醋、醬菜及梨？

現在日本政與匪談判其所謂新「中」日合約，我們是否竟忍心再以全國人民辛苦賺來的外匯，今年仍繼續資助如此負恩忘義的日本

小世界

　　上期本報，根據政府公佈的63年進出口貿易數字，我們特別指出，由於能源危機，一向出超的我國，在去年一百二十六億一千九百七十萬美元進出口貿易總額中，不幸竟入超了十三億五千萬美元。而最可注意的，則是這十三億五千萬美元的入超，除了全數都送給日本，還要再加上一千六百十萬元，才可出入相抵。(去年我購日貨爲二十二億零九百六十萬元，而日本購入我的貨物僅八億四千三百五十萬元，我逆差十三億六千六百十萬元)日本在諂媚匪政府領導下，撕毀「中日和約」，背信忘恩，與匪建交，現又正在北平匪窟，談判其所謂另一「中日和約」，我在台一千五百萬人民，將其勤勞血汗，從全世界對我友好國家所賺來美元，如此毫不吝惜，整個送給等於敵國的日本，這實在是一件最愧疚、慘痛，亦最不可理解的事。

假使我們送給日本這一大批美元，所換來的，是其他國家不能供給我們的精密儀器，或必須物資，尚猶可說，但我們極度驚奇的，我們走遍台北的百貨公司、超級市場，我們所看到滿坑滿谷來自日本的貨物，不但絕非其他國家所不能供給，且多數在我國已有同樣產品，足供需要。尤其不應准許進口的，如日本製造之「大關」及「壽」字醬油、醋、桶子麵、奈良漬(即醬菜)及每個售價高達四十元的梨(我們自產的梨山梨，售價只及日本的四分之一)，這些並非生活必須的調味及食品，我們自己出產的，價錢只及日本的一半甚至更低(如日本醬油每瓶約自一百三十五至一百八十五元，而台產則不過十元，雖瓶子較小，以三瓶作一瓶計亦只合三十元)為什麼要浪費我們得來不易的美元，來換取這些絕對並非必須的消耗品？據說，僅「日本製」一項，去年進口數字即至為龐大，反觀我們運日的香蕉，則一再受到日本各方打擊，他們寧可從比台灣距離遠了許多倍的中南美，進口香蕉，使我們台灣蕉農，去年幾乎大半破產。政府管制進出口貿易，向極嚴密，對日本何竟如此鬆弛？如果有所謂「百密一疏」，我們今後真萬萬不可再疏了。

我們懇切祈望，一方面外貿當局，能儘量減少日貨進口，一方面更懇切呼籲，全國人民，盡量不要買日貨，尤其不買我們已有物美價廉同樣產品的日貨。即使我們不珍惜美元，難道竟忍心讓我們自己的工廠破產，農民餓死！

百憂

原文登載於《小世界》
1975/01/25

從張寶源等被鎗決談起

如何儘量擴大升學就業的途徑，使已入歧途精力充沛的青少年，總有懸崖勒馬改過與向上的機會，這才是安定社會最急最佳的對策

小世界‧我們的話

連續結夥行劫的不良青少年張寶源、張寶澤、唐亞民及張建堂等四人，均已於本月5日，依軍法執行死刑。這是繼頭份搶案黃德琳、吳騰湧、徐茂立、湯金華等四搶犯於1月21日鎗決，新竹搶犯黃哲輝、靳添富，台北市婦女皮包搶犯張木金於24日槍決以後，民國65年短短不到四十天內，執行死刑的第三批。儘管也許有人會認過去同類搶案，普通法院判刑，通常不過囚禁三五年，然他們十一人，却身遭大辟，而慨嘆有幸有不幸，乃命運使然。但在最近一年來，不良青少年，姦殺劫掠，窮凶極惡，人數日增，犯案愈多，所謂治亂世用重典，卽使量刑之際，前後懸殊，誠如警備總部發言人所云：「政府爲了確保大眾生命財產的安全，維護社會秩序的安寧，不得不剷除敗類，因爲對少數壞人的縱容姑息，就是對多數善良大眾的殘忍殺害。」政府如此斷然處置實乃迫於情勢，無可非議。

不過這十一名不良青少年搶犯雖已身受極刑，是否數以

萬千計的不良青少年，即可從此斂迹，而自由中國大眾的生
命財產，及社會秩序即可永保安寧，當然仍有待政府及社會
每一部門精密研討，多方努力。我們最爲關心的，即根據報
載，這些搶犯大抵多已中學畢業，即以前日槍決之張家兄弟
爲例，哥哥寶源，初中畢業，原擬升學，但考不取高中聯
招，弟弟寶澤高中畢業，原擬升學，但考不取大專聯招。
升學不成，四出求職，不幸又到處碰壁，最後竟走上結夥行
劫一途。他們在小學時，原極聰穎向上，初中階段，始誤交
損友，轉爲不良青少年，但即至結夥行劫，仍不斷計畫升
學、求職，如準備再考聯招，及開計程車；比及就刑，痛哭
懺悔，自言愧對父母，可見並非已下決心，以盜匪爲終身職
業，善良本性尚未完全泯滅。張家兄弟如此，其他亦大抵類
似。我們從這些事實，應該針對不良青少年形成之原因，而
尋求根本消弭的方法。臺灣人口，仍每年以大幅度上增，而
高中大專的名額，幾乎長期凍結，被拒於高中大專之門者，
常每年多至十餘萬人，工商業雖蓬勃繁榮，公私機關雖櫛次
鱗比，但由於技能及資歷關係，任何職業，均非唾手可得。
我們要想消弭不良青少年，一定要先爲青少年謀出路。今後
如何廣泛擴展求學及謀職的途徑，應該是政府及社會各方保
障社會安寧的最佳對策。否則精力充沛的青少年，既不能升
學，又不能就業，如非意志堅定，決從人生正軌，努力苦
鬥。欲求自由中國，不再有第四第五批張寶源等出現，亦戛
戛乎難矣！

成舍我

原文登載《小世界》
1975/02/07

只許「百密」而不可「一疎(疏)」

台中大爆炸案的問題重心不在爆竹應否從此禁製禁放
而兩萬六千多公斤違禁的爆炸物如何能逃過警察耳目
運儲市區

小世界

　　十天以前，上月28日，台中鬧市所發生義成堂大爆炸事件，截至6日止，因傷重死亡的，已多達三十人。這是本省光復三十年來，意外爆炸傷亡最重大慘案之一。從慘案發生到現在，我們看到政府各界及民間輿論所極度關懷而熱心討論的，並未針對此一慘案最應注意的重心所在，而只是反覆研討，如何嚴懲義成堂負責人，如何防止不再因爆竹引起火災，甚至若干方面，且堅決主張全面禁止製造爆竹，燃放爆竹，許多商店爆竹，更被警察沒收，投諸河海。我們深切感到，這真所謂捫象窺豹，所見者小而未見大，爆竹何辜，實不應負此重責？

　　什麼是我們所指「本案最應注意」的重心？根據台中地方法院檢察處對義成堂林傳枝，總經理林銘沂以殺人及公共危險等罪嫌的起訴書，義成堂並未核准販賣爆竹，而只是一所出售糖果、文具、餅干(乾)的普通商店，但從去年的七、八月

起，即大量囤積爆竹，準備在陰曆春節，獲得厚利，截至爆炸前夕，儲存總數，已共達兩萬六千七百餘公斤，其中並含有黑色炸藥二百六十斤，以這樣龐大的數字，在台中最繁盛市街，警察派出所即在鄰近，我們真不懂，義成堂究竟有何魔術，能以一所沒有售賣爆竹許可的商店，搜購如此超過兩萬公斤的爆炸物，逃過警察耳目，公開運進，相信他們也一定有把握，將可公開售出？

所幸地檢處的起訴書確切指明，義成堂運進如許巨額爆炸物，目的只為圖利，萬一林等別有企圖，或受人指使，則以大陸共匪，正日夜狂吠，處心積慮必欲摧毀我中華民國此一精神堡壘，復興基地28日之爆炸，安知不可能引起更大危險，增加更多傷亡？大膽假設，如果易台中為台北，有匪諜避過軍警耳目，運入兩萬六千多公斤的爆炸物，儲在西門町某一商店，試問其後果如何，恐將非任何人所敢想像！

爆竹固足以引火災，但據香港消防事務處最近公佈的一項統計，全世界最易引起火災的為丟煙蒂，僅美國一國1973年即有十萬起火警，由煙蒂引起，香港蕞爾小島，最近兩年，因煙蒂引起火警亦達八千七百起（載五二一期本報），但未聞美國及香港政府即藉此禁製香菸，禁吸香菸（香菸尚足引起癌症），則我們今日因台中發生一爆竹爆炸案，即欲禁絕此一具有數千年民俗傳統，且年賺巨額外匯之產物，寧非因噎廢食？至林傳枝父子，因貪圖私利，觸犯法網，固屬罪有應得，但其目的只為商人謀利，不涉及其他重大問題，且自爆炸發生，彼等既巨廈已成灰燼，近親多半殞滅，衡諸法律人情，似亦足堪憫恕？

台灣在面對共匪狂妄威脅下，我治安當局，保密防諜，備極嚴密，使民生康樂，經濟繁榮，任何匪諜陰謀，均無法逃過治安當局的偵測捕殺，這是我們全國人民所極度感激的。但由台中爆炸案的發生，我們不能不認為全國上下，仍須提高警惕，防微杜漸，百密固不免一疎(疏)，只是今日台灣，只許百密，不許一疎(疏)！

百憂

原文登載於《小世界》
1975/02/08

見羊而不見牛
由我對西南沙兩群島主權聲明
想到日匪商訂的友好和平條約

小世界

　　我政府為保有西沙及南沙兩群島的領土主權，儘管我與
阮文紹的越南政府極其友好，仍不惜一再嚴正聲明，毫不退
讓，這種列祖列宗尺土寸地不容讓人，忠誠謀國的精神，真
值得每個中華民國國民，感激讚佩！

　　但從另一方面，日本違背國際信義，將莊嚴神聖與我簽訂
的中日合約，片面撕毀，兩月以來，且正與北平共匪商訂新
約。如果我中華民國政府，竟保持緘默一言不發，豈不將使
與我共同反共極其友好之越南民主共和國，感覺驚異？因就
維護領土主權說，彼必疑我，何以對反共的友邦毫不放鬆，
而對親共且忘恩負義的不友好國卻竟能如此容忍？

　　孟子曾諫諷齊宣王，見牛而不見羊，以西南沙兩群島的領
土主權，與整個大陸比較，假若我們對日匪商訂偽約不置一
詞，則其大小重輕之殊，將不是孟子所說的見牛而不見羊，
相反的，將是見羊而不見牛，更切實一點說，簡直是見蒼蠅
而未見大象，明察秋毫而不見輿薪！

百憂

原文登載於《小世界》
1975/02/22

西尼弄巧反拙

小世界‧我們的話

　　一向并(並)不親共，且標榜反共的泰國民主黨領袖西尼，此次為了爭取新國會中部份親共議員的同意票，遂不惜違反其原有立場，在提向國會報告的十三點政綱中，竟列有要求美軍限期全部從泰國撤退，及準備與毛共建立外交關係兩點。但投票結果，大出西尼預料，他仍遭到左派反對，而以二十四票之差，宣告失敗。有人說，如果他不這樣投機取巧，也許有若干反共議員，都會擁護他。政客只圖爭奪權勢而不站穩自己立場。西尼這一弄巧反拙的教訓，實可作為一切搞政治者的鑑戒！

成舍我

原文登載於《小世界》
1975/03/08

是否已到了癌症末期？

小世界・我們的話

　　美國六議員訪問金邊後，目睹高棉人民在共軍砲火下，遍地傷亡的慘況，其中多數固然因此而加強他們援助龍諾政府^注¹的決心，但居然仍有人宣稱，如果此時，仍以大批糧彈，撥助龍諾政府，其結果，徒然延長高棉的戰禍，增加高棉人民的傷亡。其意若云，反正高棉的反共人民是死定了，正如癌症末期的病人，使用氧氣雖可以多活幾天，也只有增加病人的苦痛。不過絕大多數醫師，對癌症病患，卻總有不肯忍心放棄其最後救人的機會。像這次訪問高棉的美國議員，如竟見死不救，無論如何，總未免太殘酷了。何況高棉今天是否已到了癌症末期，即在美國國防部也尚未作此判斷！

成舍我

原文登載於《小世界》
1975/03/08

注1：龍諾(General Lon Nol，1913年11月13日-1985年11月17日)是
　　　1970年代柬埔寨的風雲人物，早年從軍，曾支持西哈努克國王的
　　　民族獨立運動，1950年代成為西哈努克國王的主要軍事助手，擔
　　　任武裝部隊總參謀長，並擔任過國防大臣、副首相。1966年10
　　　月、1969年8月兩度出任內閣首相。1960年代後期，與西哈努克
　　　在內外問題上產生重大分歧，主張聯合美國共同對抗東南亞共產
　　　黨勢力的滲透。1970年3月趁西哈努克出訪蘇聯、中國的機會，
　　　聯合柬政府和軍隊中的右翼勢力發動軍事政變，推翻柬埔寨王國
　　　政府，建立「高棉共和國」，自任武裝部隊總司令，後出任總
　　　理、總統。在任期間，在國內實施軍事統治，鎮壓異見人士。最
　　　終造成眾叛親離。1975年4月1日，在內外交困的情況下，龍諾宣
　　　佈辭職，並流亡美國，4月19日，他的「高棉共和國」被西哈努
　　　克和柬浦寨共產黨（即「紅色高棉」）組成的聯合武裝推翻。

康寧祥的質詢

小世界・我們的話

　　立委康寧祥此次向蔣院長提出施政質詢。報載：「蔣院長認為康委員對國家前途的關心及對國家處境的了解，且提出的意見都極重要，使政府今後能加強本身的工作，表示感謝。在場委員一再報以熱烈掌聲。……若干委員認為蔣院長如此重視委員質詢與批評，說明蔣院長具有察納雅言的胸襟。」（見《聯合報》5日第3版）

　　康寧祥的質詢，能得到行政院長如此重視，一定內容有異乎尋常的精彩，但最可惜也不可解的，何以這樣重要的質詢，我們老百姓卻無法從報紙上讀到？是否康委員秉承昔賢「背人焚諫草」的心意，而不願發表，抑係報紙限於篇幅，無法刊登，除此以外，我們真想不出還有任何其他的理由？

成舍我

原文登載於《小世界》
1975/03/08

不必只責罵美國

由越南高棉最近局勢談起

小世界·我們的話

　　高棉局勢，已朝不保夕，越南情況，也相差不遠，當這兩國千百萬反共人民，正在最後掙扎高呼「救命」的時候，美參眾兩院的外交委員會却否決了福特總統緊急援助要求。雖然福特總統在本案未經兩院大會表決以前，仍認為尚非最後決定，盼能出現奇蹟，絕處逢生。但綜觀民主黨在兩院的壓倒優勢，福特總統此一願望，似實現之可能性減少。

　　從二次大戰到現在，美國化了千百億美元，在全世界廣結善緣，其援助範圍，並不以反共國家為限，親共的所謂第三勢力，甚至共產國家，亦多能雨露均霑。但結果除了保有數千年道義傳統的中華民國，忍辱含垢從無怨恨以外，幾乎沒有一個受援國家，不一面接納美援，一面痛罵美國。善緣未結，惡聲先播。越南、高棉，總算都是受援最多的國家之一，試問參眾兩院的最後決定，如果真就在此生死邊緣的時機放棄盟友，這如何能使越、高兩國的反共人民不悲憤填膺？

不過，天助不如「自助」，這一顛撲不破的千古名言，個人如此，國家更不列外，一個國家遭到強寇侵略，如果自己不能同心同德，團結抗戰，一切一切，只知倚靠外援，這是最危險也是最愚蠢的做法。我們看到二次大戰以後，尤其施亞努放逐，吳廷琰被殺以後，高、越兩國內部的政治鬥爭，曾給予共黨製造了多少機會？即至最近，仍難盡免。雖然龍諾及阮文紹反共意志異常堅強，但反共成功，仍要靠全體人民，共同奮鬥，如果一個意志堅強的領袖，不能鼓舞其全體人民，心悅誠服，誓死追隨，則儘管有取之不盡用之不竭的外援，也無法消滅共黨的叛亂與敵寇的侵略。

報載東南亞許多反共的美國盟邦，由於美國拒予高、越的緊急軍援，同感悲憤，極度不安。我們認為美國若真正背棄盟邦，固然應受譴責，但我們敢敬告任何反共國家，要反共成功，仍必須堅守兩原則，第一是「天助不如自助」，亦即總統訓示的莊敬自強。第二是團結全體反共人民，放棄一黨一派私利，實行「不是敵人即是朋友」的至理名言，不予共黨以離間分化的機會。如此，則即使沒有外援，也可以打敗敵人，何況這樣一個團結進步的民主國家，外援也自會不致中斷！

成舍我

原文登載《小世界》
1975/03/15

如果越共不拘囚胡(糊)塗的楊文明

則季辛吉和平獎金或仍將有人認為並非無功妄得

小世界・我們的話

　　如果1938年，英國人不歡呼慶幸張伯倫綏靖政策成功，慕尼黑會議，承認希特勒合併捷克的蘇台德區以後，相信希特勒可以暫停侵略，則1939年希特勒揮軍侵入波蘭，英法即不會痛下決心，向希特勒作戰。如果日本東條內閣，1941年不突襲珍珠港，則美國羅斯福總統，仍會相信，中國抗戰，只是亞洲局部問題，甚至誤認爲中日兄弟鬩牆之爭。如果此次越共不撕毀巴黎協定，佔領整個南越，結束了三十年南越人民反共之戰，或雖兵臨西貢城下，而越共尚允許胡(糊)塗膽大的楊文明[注1]，談判和平，組織所謂聯合政府，則美國甚至全世界幻夢和平的人，則將一致讚賞季辛吉的諾貝爾和平獎金，並非無功妄得，而容許漫畫家，畫出他載著有諾貝爾獎金標識的博士帽，雜在南越難民羣中逃亡。

　　南越的淪陷，全世界民主陣營，無不椎心痛惜，大家都指責美國對阮文紹政府毀盟背信，平心而論，我們不能否認福特總統，已盡了最大的努力，不過歷史上許多悲劇的造成，大抵均出自人類愚蠢，特別幼稚而驕妄的最大多數美國政客

和「少爺」，總覺得自己強大，無人敢打上門來。三十年前
珍珠港的往事，安知蘇俄、共匪不將翻版再印？大家且等著
瞧吧！

　　不過在這一血淋淋的事實下，如果東南亞任何一個國家，
在聽到前日斯勒辛格^{注2}重申保衛亞洲盟國，繼續有效以後，
仍信鐵券有靈，外援可靠，而自己不厚培國力鞏固國防，舉
國奮發，軍事第一，一德一心，團結抗敵，則一旦敵軍壓
境，誰能保證南越高棉之慘劇，不重在此等國家中出演。

成舍我

原文登載《小世界》
1975/05/03

注1：楊文明(Duong Van Minh，1916年2月16日-2001年8月5日)，俗
　　　稱「大明」(Big Minh，與「小明」陳文明區分，他的綽號「大
　　　明」源自他6英尺的身高和200磅的體重，這是他在越南南方將
　　　領中顯得特別突出的標誌之一)，吳廷琰政府的南越陸軍首腦。
　　　在1963年，他接替吳任南越領袖兩個月。1975年他再次代理南越
　　　總統時向北越投降。

注2：曾經在尼克森政府時代擔任中情局局長，後任美國於南越撤退時
　　　期國防部部長。

盼福特不要再丢臉

最能證明福特有決心保持美國威望與光榮的，就是
勿再萬里奔波向匪首叩頭求見

小世界・我們的話

　　福特總統這一次奪回了馬雅古茲號商輪，挽救了四十五
名船員生命，在不到一天時間，就海空並進，迫使「勝利」
沖昏頭腦的棉共，搖白旗求降，懲罰棉共海盜暴行，如此迅
速、堅決，真不知增強了反共國家多少行將渙散的信心，恢
復了美國在全世界多少業已失去的威望！

　　如果是美國在二十年越戰期間，早有一位總統，能有這樣
迅速、堅決，不打「不求勝利的仗」，將河內、海防，炸成
灰燼，那麼，遠在詹森時代，胡志明就業已豎了白旗。怎會
傷亡數十萬美國子弟？犧牲數千億美國納稅人金錢？不特阮
文紹不致流亡台北，什麼騙人的巴黎協定根本就不會簽訂。

　　不過福特這一次快人快事，如果不能再接再厲，繼續奮
進，甚至仍想尋求機會，與破壞世界和平人類安寧的共黨妥
協，那麼，美國的威望，必仍將無法維持，而此一獲得全世
界贊揚的歷史奇蹟，也可能很快就烟消霧散，為人遺忘。

最能證明福特有決心維持美國威望的，那就是不要再做尼克森那樣丟盡美國體面的醜事，以一個領導全世界爭取民主自由的大國盟主，竟萬里奔忙去向沒有國交、滅絕人性的匪酋叩頭求見。

成舍我

原文登載《小世界》
1975/05/17

信譽既毀不易恢復

有感於美國盟邦對福特保證不再棄蒙背信的反應

小世界‧我們的話

　　越南、高棉，相繼淪陷，在這將近兩月的期間，福特總統費了九牛二虎之力，舌敝唇焦，向所有盟國，指天誓日，反覆叮嚀，保證絕不再背棄盟友。國會方面，也一變其兩月以前，聽任越、棉為共黨攫取的態度。但結果如何，是否業已獲得盟國之信任？從各種迹象看來，似乎仍大有可疑。

　　最顯著的是泰國和菲律賓，他們不特不信任美國的保證，甚至且紛紛準備收回基地。他們表示，美國的保證，鑒於越南、高棉血淋淋的教訓，一到緊急關頭，可能均成畫餅。這種保證，對他們已不感興趣。歐洲方面，可能反應較好，然無論如何，美國欲於最近期間，使全世界即完全恢復其在越、棉淪陷以前的信譽，已不可能。

　　因此，我們想到兩月以前，美參、眾兩院，為了意氣之爭，而一再拒絕福特援助越、棉的請求，一方面固然使兩個國會所不喜悅的親美政府，整個毀滅，但另一方面，受害最大的仍是美國自己。

　　昔人所謂「爲之百年而不足，毀之一旦而有餘」，在美國建國二百年中，由贊助法國革命，以至爲正義而參加第一、第二兩次世界大戰，美國所獲得的世界信譽，由於此次對越、棉棄盟背信，見死不救，真可算毀滅殆盡了！

　　朋友之間，尚不可隨便開玩笑、鬧意氣，何況國家大事？曼斯斐爾之流，自今以後，應該知所鑑鑒！

　　唯一可使美逐漸恢復信譽，並使泰、菲不致過分猜疑，趨於偏激的，第一、南韓如被侵略，一定要奮起援救並肩作戰。第二、中美既爲盟邦且有共同防衛條約，共匪爲人類公敵，美總統今後不應再走尼克森路線，訪問大陸。

成舍我

原文登載《小世界》
1975/05/31

考生違規應受懲罰命題疏失咎將誰負？

聯考二十餘年來，命題、印題、計分及分發，時有錯誤，主持聯考者多為各校師長，既已嚴以律人，似不宜寬以律己。

小世界・我們的話

今年大學聯考，聯招會對考生違規舞弊，事先曾三令五申，一經發現必予嚴懲，在兩天考期中，聯招會確已做到令出法隨，毫不寬縱，輕則逐出試場，不予計分，重且移交警察，準備追訴。聯招會這一做法，不僅讓十萬投考青年，一方面凜然知規章法紀不可觸犯，一方面更因此了解，人格第一，舞弊槍替，終身蒙羞。在此道德教育瀕臨破產的今日，聯招會能如此雷厲風行，鐵面無私，其對於青年所發生的教育功效，實將遠比他們過去所受的九年中小學教育，更為深刻、切實、重大！

不過我們所最感悲痛而驚疑的，即如此神聖莊嚴，考試結果幾乎將影響十萬考生中每一考生終身命運的聯考，在命題方面，竟一再報章遍載，錯誤混亂，備受質責，甚至所考

六科，每科有錯，且有一科所錯不止一題者。聯招會初僅承認，全部只錯一題，但在6日公布試題答案以後，質責者根據高中課本，針對試題，似更覺證據確鑿，窮於解釋，10日報載聯招會公開表示，已不堅持，一題以外，別無疑問的說法，而宣布將鄭重處理，請考生放心。一般推測，所謂請考生放心者，大致將不外仍如過去題文有錯，一律給分之辦法。假如推測屬實，即使部分考生，可以放心，試問此「一律給分」的結果，如何能在十萬考生中，公平確實，測出其真正學力？及如何能使限於名額以致落第之七萬餘人，心悅誠服，絕無怨尤？（按此次大學聯考，報名者九七、八六五人，名額僅二五、七三七人）

中國傳統，考試為掄才大典，歷代當政，無不嚴密慎重，唯恐失誤。即清代秕政百出，而督勵嚴謹，從不寬假，其舞弊徇私，或試題試場處理失當者，重則入獄處死，輕亦罰俸罷官。大學聯考，其體制雖與科舉迥異，但名額競爭之烈，影響考生命運之大，則實質並無差異。尤其原則上。考試結果。必力求公平、確實，古今中外，更屬毫無例外。

自由中國的大學聯考，實行已二十餘年，在這二十餘年中，我們只聽見聯招會對考生犯規舞弊，有各種嚴厲懲處，但對主持聯考之各級人員，雖大的非法行為，由於均幸能束身自愛，從未發生，然在命題、印題、計分及分發錯誤，則幾於司空見慣，曾見迭出。這雖然只是輕率疏忽，然影響考生極為嚴重，我們迄未聞此種過失，曾受到任何處分。每年聯招會所公佈者，只是如何懲罰考生，即至微至細之偶然疏忽，亦從不寬縱。如此次高雄考區，女生陳鈺玫，在第一天

第一、二兩節考試時，均繳驗應考證無誤，第三節因心情緊張，一時尋找未獲，雖已考畢，監考人仍不予計分。執法從嚴，本無不可，然與聯招會工作人員之過失比較，何以處置迥異。卽極輕微之扣薪、警告，似亦從未行使。聯考工作人員，大半均各校師長，倘律人如彼其嚴，自律則如此其寬，將何以樹立軌範，糾正頹風？這真是當前教育的一個嚴重課題，我們心所謂危，不得不提請有關當局，警惕檢討！

成舍我

原文登載《小世界》
1975/07/12

建議謝主席改變宣傳技術
「為民興利」何必以自己獲利作號召

小世界·我們的話

　　報載臺灣省主席謝東閔，最近告訴新聞記者，他在中興新村住宅附近，種了兩公頃牧草，每收割一次，可賣五千元，牧草長的很快，兩年已賺了二萬多元，(大約每年割兩次)，又養了三條肉牛，擬最近出售，再另買幾條小牛餵養，他相信自己的財富愈積愈多，希望省民也能這樣廣闢財源。

　　謝先生是臺灣光復以來，最誠懇也最勤勞的一位省主席，這似乎無人可以否認。但上面這一段話，如果真出於謝主席之口，而並未記載錯誤，則我們不能不有下列三項意見，建議謝主席考慮。

　　第一、中華民國由於被共匪竊據大陸，現在完整的土地，作為我復興基地的，只剩此臺灣一省，主席的地位，何等重要，尤其國喪甫過，國難方急，責任何等艱巨？工作何等繁勞？日晤賓客，夜理文書，三握三吐，夜以繼日，尚恐不足，是否竟有餘暇，經營此種草養牛之營利事業？且公務員服務法規定，公務員應依法定時間辦公，不得遲到早退，又

禁止公務員經商及經營事務，而照謝主席所說，牧草每收割一次可售五千元，兩年賺了二萬餘元，其中顯無雇用工人之工資支出，則通常所需整地、種植、灌溉及收割等工作(養牛尚不在內)，如均由謝主席一身自任，是否能不違反服務法，與所屬數千名職員同樣按法定時間上班辦公，而不致遲到早退？假使謝主席並非親自操作，雇工人代勞，則以目前工資之高昂，兩年收入兩萬元，卽全數支付一個工人的工資尚有不敷，所謂「賺」錢，賺從何來？

(二)謝主席中興新村的住宅，當然就是主席官邸，如果住宅附近的土地，也是公產，謝主席用以蒔花自娛，種蔬自食，自無問題，倘用以生產牟利，且自信這項財富將愈積愈多。則過去兩年，此賺來的錢，如不繳存省庫，卽應支付地租。至於已否繳納綜合所得稅，當然也是大家應有的疑問。

(三)當然，我們相信謝主席這一談話的發表，目的只在鼓勵省民，知種牧草，養肉牛，可以生財致富，至是否真賺了錢，大家本可「心照不宣」。謝主席這一為民興利的用心，是值得我們全體省民一致敬佩的。不過我們要敬告謝主席，為民興利，並不必以自己如何獲利為號召。中國原是一個傳統的重農國家，歷史上最莊嚴隆重的宣傳莫過於天子「躬耕籍田」，但這也只是「三推五平」，做做樣子，並不需要他真去插禾割稻，更談不到賺錢。方面大吏，如漢朝南陽太守召信臣[注1]，九真太守任延[注2]，均因為民濬水利增稻作，全郡致富，人民感戴。事實上，他們也僅只是如何定計劃，如何督勵實施，從沒聽見他們曾自己耕種若干頃水稻，養若干條肉牛，賺若干錢，向人民作示範宣導。何況今日大眾傳播工

具，報紙、廣播、電視，其效力之強大普遍，遠越過古人所謂：「水銀瀉地，無孔不入。」這是兩千年前召信臣等所夢想不到的，謝主席僅可以最佳資料，利用這些工具作宣傳，沒有必要來「自身說法」。

我們切盼誠懇勤勞的謝主席，儘量以其辦公時間多設計、多出巡、多看公文，讓那些蒙蔽長官損失國庫如青年公司之類的事件，不再在臺灣出現，這對全省人民的福利，將比自己種草養牛，不知超過多少倍？

成舍我

原文登載《小世界》
1975/06/28

注1：《漢書·召信臣傳》記載，召信臣「好為民興利，務在富之，行視水中泉，開通溝」。召信臣是西漢南陽太守，西元前42年，組織農民在今鄧州市城郊湍河上興建截流工程，幹渠經歷穰、涅陽、新野3縣，全長近一萬米，受益面積300平方千米。

注2：《後漢書·任延傳》記載，建武年間，任延出任九真郡太守時，當地「俗以射獵為業，不知牛耕。民常告糴交趾，每致困乏。延乃令鑄作田器，教之墾辟。田疇歲歲開廣，百姓充足。又駱越之民無嫁娶禮法，各因淫好，無識對匹，不識父子之姓、夫婦之道。延乃移書屬縣，各使男年二十至五十，女年十五至四十，皆以年齒相配」。任延把牛耕推廣到今越南清化、河靜等駱越人居住的地區。《水經注·溫水》也記載：「九真太守任延始教耕犁，俗化交土，風行象林」。

公用事業豈可賺了錢還漲價！

賠錢漲價無可厚非，但郵局去年賺了四億二千一百餘萬元，何以仍要漲價百分之百？

小世界・我們的話

　　公用事業固然不可睜著眼睛賠本，但他的主要目的，在服務公眾，如果確有必要，尤其當物價波動，政府正以全力穩定物價之際，卽使賠本，也無可奈何，只有睜著眼睛讓他賠。不久以前，政府爲了穩定物價，不惜以數十百億巨款，補貼黃豆及若干必需品，以平價出售，黃豆等一般物資，政府尚能如此犧牲，與國民日常生活有密切關係的公用事業，政府忍痛苦撐，自更不成問題。

　　臺灣各種重要公用事業，本來樣樣均可賺錢，只是由於管理不善，少數公用事業，也許有貪污、有浪費，以致發生賠本，政府爲了平衡預算，不願意長此虧賠，加價調整，尚無不可，我們最難了解的，就是明明賺錢，且賺的數目，相當龐大，但却也不甘落後，宣布漲價，漲的幅度，有的竟高達百分之百。如此，則所謂「服務第一」的公用事業，不僅應改爲「賺錢第一」，簡直已變成「發財第一」。

　　臺灣的郵政服務，其成績之良好，早已有口皆碑，無人可以否認。也就因此，為大眾所喜愛，由於郵資便宜，「薄利多銷」，人人不怕多寫信，由於信用卓著，手續簡便，人人願意郵儲，所以卽在去年能源危機，極度嚴重，一切工商事業多臨於癱瘓倒閉時，我郵局盈餘仍能高達四億一千二百餘萬元，這是全體郵政人員服務的成果，也是全自由中國一千六百萬人民對郵局的報答。大家正欣幸，我們仍可安享公平的郵政費率，不料一向大家認為謠傳的郵政加價，竟突於7月1日宣佈，自7月1日起，郵資全面漲價，最為大眾經常使用之平信、限時及掛號信件，調整幅度且均為百分之百，我們前已說過，賠錢漲價，為了不使國庫長期受損，尚屬無可厚非，現在郵政是賺錢漲價，且賺了四億多，還要漲，還要更多賺。據王局長告訴新聞記者，漲價以後，65年度可增收五億元，這豈不等於告訴全國人民，公用事業永遠以賺錢最多為唯一目標？賠錢固然要漲價，賺錢卽使多至十億、百億，也仍然要漲價。

　　報載經濟部長孫運璿，2日在執政黨中央常會報告，以繼續維持物價穩定，安定人民生活為當前經濟部最重要工作之一，我不知郵費加價，是否與物價穩定，人民生活有關？由郵費，以推及電報、電話、火車、電力、自來水，此種「只此一家，別無選擇」的公用事業，若永遠上漲無厭，則其他一般物價，尚如何可以使其繼續穩定？孫部長「維持物價穩定，安定人民生活」的大方針，豈不將首先觸礁？

　　如果以為兩塊錢一封平信，五塊錢一封限時，八塊錢一封掛號，均為數甚微，於人民生活，不發生影響，那麼，政府

過去，又何必爲了要維持一元錢一塊豆腐的價格，而不惜犧
牲數十億元，貼補進口黃豆？

成舍我

原文登載於《小世界》
1975/07/05

法律可適時修訂但不宜一改再改

「橡皮圖章」雖不違反政黨政治常軌，惟在任何法律修訂前必須廣集專家慎重研討

小世界・我們的話

「法律」雖具有永久性，但由於時代的演進，環境的變更，及事實需要，仍可依一定程序，修正或廢止。此不特一般法律為然，即每一國家最基本亦最崇高的憲法，也不例外。所謂「日月經天，江河行地，神聖莊嚴，萬古不磨」，這除非摩西十誡之類的宗教家聖經，任何由人類所編訂的法律，都不應有此幻想。

不過任何法律，雖儘可依法定程序，修正廢止，尤其在若干典型的民主國家，多數黨執政，為了執行本黨政策，變更前一執政黨，（亦即現在執政黨的反對黨）的法律，這更是理所當然，無可駁異。但在某一多數黨本身執政期間，對本黨提送立法機關通過之法律，在短短半年或一年中，一再改訂，儘管「議會是多數黨的橡皮圖章」，並不違反政黨政治的常軌，然若以國會通過，總統公佈的法律，竟等於教師寫黑板，隨寫隨擦，無論如何，究有損法律尊嚴，政府威信。

　　「朝令夕改」，在中國政治傳統上，向所戒免，尤其有關
人民權益，經濟繁榮的，如土地或投資的法律，我們不反對
爲適應時代與環境需要，修改或廢止，但在提送立法機關之
前，總應廣集專家，愼重研討，萬不可輕率急燥，致蹈「朝
令夕改」的大忌！

　　　　　　　　　　　　　　成舍我

　　　　　　　　　　　原文登載《小世界》
　　　　　　　　　　　　　1975/07/26

從台大開除兩僑生說起

學生宿舍並非自由特區　學生生活豈可無人管理
盼各報多揭發不良學生罪行俾各校知所整飭任何學校有少數
不良學生並無損於學校校譽

小世界・我們的話

　　報載台灣大學，3日舉行懲戒委員會，開除了兩名僑生
陳世安、葉天留學籍。理由是違反宿舍規定，在宿舍內與不
知檢點的來訪女友，深夜飲酒，並做出最卑劣行為。台大宿
舍，向被視為台北市內最自由的特區，二十多年來，不知曾
發生過多少違規事件，今台大當局，竟能赫然震怒，採取最
嚴厲措置，這不僅對於台大，是一件值得全國喝采的壯舉，
大家痛心疾首的「學風」問題，也許從此可以獲得好轉。

　　不過我們為了使台大，懲前惕後，不致再蹈覆轍，以及其
他學校，不再發生類似事件起見，從報載台大訓導處所公佈
的事件經過，我們不能不提出下列三點，敬請台大及有關各
方，提高警惕！

　　第一、根據台大公佈，台大宿舍，均訂有規章，禁止學
生在宿舍內飲酒、進食、賭博及留宿外客，新生住入宿舍，

均曾將此項規章詳加說明，並由每人簽名遵守，如此詳明週到，台大當局，可謂已盡其頒佈規章時應盡之職責，但何以竟仍有此種最卑劣之重大違規事件發生？外來女客，何以能不經傳達引導，不在會客室接見，而得以深夜逕入寢室，且飲酒作樂？凡此種種，無一不與台大前述規章相違反，何以只知頒佈，而不予執行？

　　第二、在學青年，必屬行生活管理，此為政府一貫堅持的教育政策之一。故總統　蔣公尤極重視，煌煌訓示，永垂軌範。全國大專依照規定，執行生活管理之訓導處，其訓導長、總教官、生活管理組長及宿舍管理員，對生活管理均負有重責。而在軍訓教官制度下，生活管理組長例由教官兼任，宿舍管理員，公立大專亦多由教官主管。大專教官均為優秀現役軍人。軍人執行命令向極嚴謹澈(徹)底。與一般官僚陽奉陰違，敷衍塞責者判若天淵。何以台大在如此嚴格的生活軍訓管理制度下，竟發生陳世安等重大違規事件，而台大訓導處宣佈，對負有管理責任，尤其生活管理組長及宿舍管理員，未受有任何懲罰，豈台大獨未遵奉政府規定，生活管理組長，及宿舍管理員，均非教官擔任，而係任用私人，徇情庇縱？

　　第三、陳葉兩僑生，平日不努力向學，陳生上學年兩學期學業均不及格，葉生且曾持他人護照冒名來台，政府過去對僑生特別優容，在越、高淪陷以後，對此兩地在台僑生，尤多方照顧，乃陳等不特毫無國破家亡之痛，竟仍目無法紀，自甘墮落，致發生宿舍中最卑劣事件。台大當局，對此等既已開除學籍之僑生，自應將一切證件，移送正在進行中之地

檢處併案偵辦。今台大將兩生移交僑務委員會，僑務會非法院，如僑務會即聽其在外流浪，不僅縱容此等觸犯刑章之不良少年，且顯將使彼等成為台灣大眾的社會及安全負擔。

　　此次台大有此斷然處置，一般推測，多歸功於陳等在宿舍行為，經某一晚報刊登後，已成為街談巷議之動人新聞，故不得不從嚴處辦。實則台大及其他公立大學，過去曾否發生類似事件，外間早有各種傳說，惟遇到此類傳說，有關學校當局，不特拚命否認，且多方請託各報刊，不予刊登，認為一經登出，對校譽損害太大。一所大專學校，學生多則數萬，少亦數千，其中誰能保證，無品行卑污、作奸犯科之人。以具有七十年歷史之國民黨，在　國父及故總統　蔣公領導下，且有陳炯明之叛變，張治中之投共，以最高行政機關之行政院，人事局長。曾因貪污判刑，則一個大學有幾名頑劣無恥之下流學生，又何損於該校校譽。我們相信，台大經過此次斷然處置以後，其在全國青年心目中，輝煌榮譽，不僅毫無所損，反將比以前更輝煌，更為全國青年所欽崇。因此，我們呼籲各報刊，今後勿再為各大專學校，隱諱其學生罪行，更希望各大專學校，只要能嚴厲執行校規，不必顧慮損害校譽。因為相反的，執行校規越嚴，學校校譽越昇。

成舍我

原文登載《小世界》
1975/09/06

我們並沒有嚴重的失業問題

我們更從未看見一個優秀的大專畢業生會因失業而
餓死在任何城市馬路上
五萬多人投考郵務佐只因待遇太高使許多公私機關
低級職員怦然心動企圖跳槽

小世界‧我們的話

　　日前郵局招考郵務佐，名額很少，而報考者竟多達五萬餘
人，超過了名額一百多倍。報考資格，原只須初中畢業，但
居然有一萬多名大專畢業生，也踴躍參加。許多憂時愛國的
學者專家，因此慨歎自由中國失業之多，尤其大專畢業生，
沒有出路。進一步，乃歸咎於大專教育之失敗。奔走相告，
多認為問題嚴重，如再不急圖挽救，一旦發生禍變，必將不
可收拾。但經過一再研討以後，我們深信此一畸形的超額報
考，事實上並不值得如此重視。

　　據我們調查所得，此報考的五萬多人中，除百分之十四點
三，初中畢業生，最大多數均未就業外，其餘報考的四萬多
人，尤其大專畢業生，百分之九十以上，大抵均係現在各公
私機關，已有工作的低級職員，並未飢餓失業。

　　這些低級職員踴躍報考的原因，係以郵務佐在郵局最近大幅度提高郵資以後，起碼薪俸爲六千九百餘元（其他各種津貼及福利金尙不在內）而根據行政院人事局長陳桂華，本月1日在中興新村省府紀念週專題報告，全國公務員自最低的雇員至最高的行政院各部會首長，其薪俸自二千七百元至一萬三千六百元。民間企業雖總經理有最高達六萬九千元者，但低級職員，則只二千四百元，陳局長這一專題報告，當然有極確實資料，絕非任意虛構。試問，同在此自由中國地區，一般公私機關之低級職員，其待遇僅及郵局低級職員三分之一，則人非木石，有此機會，誰能不怦然心動？幸而郵局所需要之名額僅數百人，否則大批低級職員，倉卒有數萬人跳槽他就，其對於各機關業務，將影響如何嚴重？

　　陳局長在其專題報告中，曾強調「政府對公務人員在待遇上必力求合理均衡」，我們不知道郵局職員，是否也是公務員之一，如是，則我們就不能不切望陳局長所謂合理的均衡待遇，能就此「鐵的事實」首先實施！

　　自由中國並沒有嚴重的失業問題，大專畢業生，投考郵務佐者之多，更與我們的教育政策是否失敗無關。我們從未看見台灣任何城市的馬路上，曾有失業餓死的優秀大專畢業生，只要我們的各級機關首長，能遵守法紀，天下爲公，豈僅我們可以全民就業，進而富強康樂，打回大陸，也必將毫無問題！

成舍我

原文登載《小世界》
1975/09/13

撞球場老闆有福了

小世界・我們的話

「禁止青少年涉足妨害身心健康所辦法」，已由政府公布施行，我們所不解的，在這一辦法中，明白規定，酒家、舞廳，嚴禁青少年涉足，但多年來，一向禁止青少年涉足的撞球場，新頒辦法，卻並未列入。

報載內政部警政司一高級官員解釋撞球場未列入禁令，原因是有人認為撞球場仍不失為一種運動，不應禁止青少年涉足，但跳舞又何嘗不是一種運動呢？如果認舞場有舞女，故列入禁令，何以最易滋事，一向引起青少年因計分女而殺人火拼的撞球場，反獲豁免？

即在登載其高級官員談話的同一天，同一報紙同一版的旁邊，另一大字新聞，即本市長安東路四季撞球場發生慘劇，青年李旺全，在場內因細故被人擊斃。

我們不反對法律嚴苛，但反對朝令夕改偏頗失平。如果將青少年從酒家舞場逐出，而又許其另以運動員身份，大搖大擺進入撞球場，一轉瞬間，撞球場老闆，竟能突添如許青少年主顧，飛來橫財，撞球場老闆有福了！

成舍我

原文登載《小世界》
1975/10/03

立法不可草率
由「營造業管理辦法」談起

小世界・我們的話

　　報載：台灣省議員歐石秀、邱明輝等，16日向大會提出緊急建議，要求省府轉請中央，暫緩實施新由內政部頒行之「營造業管理辦法」，主要理由即因台灣全省合格的建築技師不足七百人，但原已登記之營造廠則多達三千八百餘家，管理辦法，限定每一營造廠，須有一技師，且不能兼職，此種技術人員，幾已全有職業，如此數字懸殊，供不應求，財力充實之營造廠，遂高價挖角，所出年薪，竟高達數十萬元。然至17日截止登記的前一天，不惜重金及排除種種困難，其能完成手續者仍僅五百餘家（17日截止時已增至六五七家），歐石秀等為使全國三千多家營造廠不致停業，並避免造成嚴重的社會問題起見，乃緊急建議，將上項營造業者管理辦法暫緩實施。

　　營造業因政府管理不嚴，致良莠混雜，除極少數規模較大，工作認真，著有信譽者外，最大多數，多資力不足，罔顧信譽，偷工減料，租照轉包，甚至詐騙拐逃，無所不至。內政部新訂規章增強管理，原屬當前急需，無可非議。但限

期過促，考慮欠周，尤其專任技師一項，以不足七百之總額，而須供三千八百餘家之需求，其無法適應，盡人可知，何以內政部於制定新法時，竟忽視此一事實？此與最近台北市發生公寓大廈，數十百家共同居住，一家出售，依法竟須獲得公寓全體住戶同意，拋棄其優先承購權，同一背情違理，徒滋紛擾，難於實施。

任何法規之制訂，必須考慮周密，尤其行政法規，無需經過立法機關審議者，行政部門更應博採周諮，務求精當，萬不可聽任一二科員盲目起草，在依例層轉蓋章以後即輕率頒行，要知每一法令規章，一經實施，其對於人民之約束影響最為嚴重。往往因一字之疏失，而可損害無數人民之權益，增加無數人民之苦痛。

我們一方面切望，今後行政機關對任何行政法規之頒行，必須殫精竭慮，萬不可掉以輕心。同時也切望立法機關，在審議任何正式法案時，絕勿過於信賴行政機關之草案，而輕率通過，固然天下無百年不變，永久適用之法律，在發現缺點時，儘可隨時修改，但若修改頻繁，則昔人所謂「朝令夕改」，究非進步國家所應有。

成舍我

原文登載《小世界》
1975/10/18

今後全國性選舉投票
最好應定在星期假日

既可使用神聖的選舉權　也不會影響工作及生產

小世界‧我們的話

　　今天(12月20日)，中華民國台澎金馬自由地區，將有八百四十一萬選民，為了選舉增額立法委員，將在全地區七千七百一十三處投票所，投下他們最神聖的一票。以行政當局及主辦選務之各省市負責人，一再呼籲選民，踴躍投票，如果這呼籲發生實效，我們相信，這一次的投票率，可能會打破以往紀錄。

　　除了選舉結果的公正確實，不能為選民所絕對信任，以致對本身一票的投或不投，有無效用，自感懷疑外，相信每一選民，自不會放棄其投票權，當選的人也自會符合選民的願望。

　　政府各有關方面，為便利選民投票，數月來考慮周詳，實已無微不至，不過我們所微感遺憾，而深盼今後任何全國性選舉予以改進者，即投票日期，何以不定在星期天？既使每一選民都能享受其選舉權，而本身工作又不致遭受影響。

雖然政府已規定投票時間，公私機關均應給予其員工公假，即使這公假只須一、二小時或最多半天，但八百四十一萬選民，每人以損失工作二小時計，即已損失一千六百八十二萬小時，換言之，就等於損失二百一十萬工作天（每日以工作八小時計），其對於中華民國所急須爭取工作效能及生產力，影響將何等嚴重！

所幸報載某些不負責任之「讀者投書」，要求政府在12月20日全天放假，甚至有主張應放假三天，以便利選民聽取競選人發表政見，或足夠回鄉投票所需往返的時間，政府均未予採納，否則工作力之損失更不可估計。(請公假而不投票，應予嚴懲)

我們這一年中的假期已經太多了，在這國家危難，大敵當前的緊要關頭，最好以後任何慶典或紀念，不僅不放假，並應相反的，以加倍生產，代替慶賀，這才是救亡圖存之道。因此我們建議，為鼓勵選民投票，同時也不要損失國民生產、學生讀書，及軍公教人員為國服務，今後任何選舉，其投票日期應都定在星期天。

成舍我

原文登載《小世界》
1975/12/20

舉兩個例談如何「便民」

固不應該陽奉陰違「不便」到底　也不必想入非非
「便」民太過

小世界・我們的話

　　在賢明當局三令五申大力倡導下，「便民」應該已成了每一官員的金科玉律。本來「民為貴，社稷次之，君為輕」，在兩千多年前帝王時代，已如此「人民至上」，則在今日堂而皇之的民主國家，政府是為民服務，官員是人民公僕，努力儘量「便民」，當然更是天經地義，無可推諉。

　　自由中國，在這短短的兩三年中，由於當局大力推行，「便民」工作，確已做的不少。不過有些官吏，或是想入非非，求「便」太過，或仍我行我素，不便到底。偶舉兩例，可見要做到恰如其分的「便民」，仍需要賢明當局，繼續努力，對這些官員，並需要一段相當時間的教育訓練。

　　先從一項并(並)不需要的「便民」談起。報載規模最大之某公營銀行，為了便民，正準備舉辦一項「汽車存放歘(款)服務」，即汽車駕駛人，可直接開車，進入銀行的特設櫃台，不必下車，即可辦好各項存放歘(款)手續，並宣佈，此項服

務，即自下月1日起，在該行之台北某分行試辦。我們真不知道，該行的主持人，何以曾發此奇想？（據說，國外曾有此辦法）第一，汽車在台北已極普遍，若存放欵(款)人可以將車直接開入銀行櫃台，先後銜接，同時有幾十輛開入，而銀行地點，通常總設在尺土寸金的鬧市，試問這個銀行，將準備多少土地？這個汽車服務櫃台，將需要多少公尺長？我們更可想像，若駕駛人不須下車，即可完成手續，而存放欵(款)手續，必須經過點鈔票、記賬種種繁瑣程序，前車未完，後車必等，其必排成長龍自不待言。如此，存欵(款)人所費時間，恐將遠較步行到櫃臺辦理者增多，不特並未「便民」，只有加倍不便。第二，所謂汽車駕駛人開入銀行櫃臺，當然係指駕駛汽車者自行存放欵(款)而言，除少數有自備汽車由本人自行駕駛者外，其他職業駕駛人(即司機)能有多少存放欵(款)，需自到銀行辦理？如果只是為了駕駛自備汽車的少數人存放欵(款)便利，而竟使銀行如此特別安排，僅就大量汽車可以直接開入銀行櫃臺一點，該銀行將動用多少公帑，始能完成設備？何況那些少數自備汽車的駕駛人，其個人存放欵(款)，可能並不需要他或她自到銀行，則這一別出心裁的「便民」措施，豈非徒增紛擾，不切實際？

其實，任何銀行只要能嚴格督飭行員，革除衙門作風，放棄晚娘面孔，一團和氣，笑臉迎人，不點錯鈔票，不亂蓋圖章，不因自己疏忽，反控他人冒領，這就是最好的便民表現，用不著花樣翻新，擴大宣傳。

相反的，我再另一個最緊急，最為大眾所需要的便民工作，却為有關官員拖延了已將近一年，而迄今毫無動靜，那

就是由臺北通往花園新城、屈尺、烏來及鷺鷥潭的新烏公路
上，去年颱風季節，吹斷了一座全長不到三十公尺的青潭
橋，當時為了搶修通車，搭了一座臨時便橋，即所謂倍力
橋。原說，吹斷的水泥橋馬上即予修復，但一直等到現今，
仍是便橋如故。但這所「便橋」，並不如水泥橋「便」民。
水泥橋本可兩車對開，而「便橋」則只能一車單行，且橋的
兩端，並無交通警察指揮，東西兩車如各自搶道即使橋面堵
塞大家均無法通行。尤其此次春節，到烏來各地遊客眾多，
曾數次發生堵塞情事，汽車排成長龍，步行者亦寸步難移。
由於無交警負責，此種堵塞，常使延長至一小時。而新烏公
路收費站即在附近，每一輛車收通行費十元，由烏來回台北
的車，都已早經交費，但被困途中，無人理睬。台灣全省，
不知有多少長達數百公尺，甚至數千公尺的橋，都從未中斷
經年不與修復的，而這一短短不到三十公尺的橋，却拖了一
年，迄未動工。估計每天經過此橋的老百姓平均最少在萬人
以上。有關官員，何以不仰體當局三令五申的便民訓示，而
使每天平均有一萬老百姓，感到不便。

成舍我

原文登載《小世界》
1976/02/14

由嘉義金庫大竊案平反
想到二十年來兩大疑案
張韻淑以一女子殺人放火被判無期　姚嘉荐牽涉一大學教授病死獄中

小世界・我們的話

　　連日報載，嘉義合作金庫，前年11月4日發生三百三十三萬元大竊案，原被地方法院一審判決十五年徒刑的該行襄理林耿璿，判刑五年的妻林鄭碧蓮，及各判八年的兩子林希偉、林希侃，都於今年本月15日經臺南高分院全部平反，不特林家四人宣告無罪，連案中的其他慣竊數人，經查明亦與本案無干，而以其他犯罪，另予判刑。這不僅林的一家，有喜出望外，恩同再造之感，任何讀到這一新聞的，也會驚異，何以在刑案判罪，證據第一，而證據查驗，全憑科學的今天，仍有這樣數百年前近似神話的包公案、施公之類「冤沉海底」、「突見天日」的事件出現？難道最近一兩年來，凡在電視中演出有關「包青天」的連續劇時，總受到廣大觀眾鼓掌歡呼，他或她們的內心深處，真有藉機發洩一吐為快的自然因素？

現此案尚在可以上訴的法定期限內，雖然高分院的平反，判決書指出，一審判決最大錯誤，卽林等在刑警隊所作自白書，均與有關的人證物證無法吻合，如所獲行竊鑰匙，幷不能開啓金庫，林的銀行存歀(款)另有來源，幷非竊自金庫等，似已十分明確，且此種查證，大體均與司法部調查局及監察院所調查者，幷無重大差異，但檢察官仍可依法上訴最高法院，推翻高分院的平反。因此，林一家四口，究竟是否完全清白，對本案是否百分之百的無辜，仍有待法律程序最後確定。我們自不應卽行批判

不過我們所萬分關切的，卽此案假定檢察官幷不上訴，高分院的平反，二審卽告定讞，則我們除爲由「冤沉海底」而「重見青天」的林家慶幸外，我們不能不聯想到二十年來，千千萬萬老百姓一向心頭上所佈滿的重重疑雲，究竟真相如何，而極盼望有「包青天」出現澄清的兩大疑案，卽：杭州南路張韻淑殺人放火，及武漢大旅社姚嘉荐懸樑自殺。前者業已定讞，但張自白書中之共犯黃某，則不僅未到案，且迄不知爲何許人。後者則因發現姚幷非自殺，殺人共犯，多至十餘人，其中且有大學教授，幷已瘐死獄中。（此案因已多年未見提起，不知究竟已否定讞）這兩案的最大根據，似均係各被告最初被捕的自白書。被告簽署的自白書，固不可聽任狡黠的疑犯，在由刑警隊轉解法院時，信口翻供，但不利於被告之自白，不可絕對採信，原是刑訴法原則之一。如果自白書一經簽署，卽視爲鐵證如山，無可動搖，則像過去滿清及軍閥時期，縣官兼理司法，「三木之下，何求不得」，尤其許多訟案的當事人目不識丁，其供詞均聽由「堂上」撰寫，交由作者按指模或劃十字了事。倘有錯誤，而又遇不到

「包青天」，豈不將永遠冤沉海底？這也許就是包公案、施公案一類小說過去之所以流行，而至今仍爲人們所稱頌的由來。

　　但清末小白菜案不僅被處死刑的楊乃武，終獲平反無罪，且所有大小問官都受嚴重處分，這一膾炙人口的民間故事，是值得我們警惕而欣賞的！

成舍我

原文登載《小世界》
1976/02/21

「禮薄」失蹤案下文如何？

爛紙雖非珠寶影響極其重大　刑警破案神速此次應不例外

小世界・我們的話

　　我們台北市的刑警，辦案的效率之高，縱不算世界冠軍，起碼在東南亞各國必是首屈一指。雖然鼠竊狗盜的小案，由於台北市人口已接近兩百萬，每天平均總有數十起，警力單薄，無法一一偵破，但情形嚴重，尤其是最近一些結夥行劫或殺人綁架，使上級震怒，勒限追緝的鉅大刑案，總則是出奇制勝，在最短期間，就能使罪犯無所遁逃。台灣之所以成為亞洲治安最好的地區，特別使每天報紙整版都是搶劫新聞的香港居民讚賞羨慕，刑警的功勞是萬萬無可否認的，

　　但最近出在刑警本身主管的一件看似極其渺小，實則影響巨大的賭窟「禮薄」失竊案，從案發到現在，似已半月，從報紙本月3日刊出也將一週，究竟這一「禮薄」何以在派出所所遺失？派出所是否有小偷？主管方面，於3日即曾表示本案日內即可澄清，何以拖延至今，迄今未見有何交代？是否因「禮薄」不但並非珠寶現鈔價值高貴，且認這幾十張爛紙，根本毫無價值可言，無論破案或未破案，均值不得再行宣

布，致浪費各報寶貴篇幅？抑發現案情有重大機密，目前尚未到宣布階段？此中奧妙，自非我們一般「無知小民」所能理解。惟這一「禮薄」，送進派出所，在派出所失蹤，線索偵查，至為簡便，比起那些大海撈針的無頭巨案，其難易真不啻判若天淵，此則人所盡知，無庸研討。

也許我們的讀者對這一「禮薄」遺失的疑案，以前或未注意，特再將三日台北報紙所刊載，標題為「中山分局查獲賭場遺失重要禮薄」的新聞摘錄如下：

台北市警察局中山分局進日偵辦一所職業賭場，經辦的民權東路派出所警員在搜查該賭場時，除查獲賭徒、賭具、賭資外，並搜出三本賬冊和一千多張往來收支單據，當即全案移交中山分局刑事組處理，次日接辦人員發現賬冊中一本記載「送禮」的重要證物竟不翼而飛，遍尋無著。承辦的刑警人員無可奈何，乃將賬冊遺失的事實呈報分局長。分局長張發順以案情嚴重，立即轉報市警局處理，目前，市警局督察室已派員會同中山分局徹查，真相如何？可望日內澄清。

成舍我

原文登載《小世界》
1976/05/08

我如何創辦世新

聯合報

　　今天，是「私立世界新聞專科學校」創校二十週年紀念日。學校紀念創校，等於個人紀念自己的出生，除了血親近戚，歡聚祝福外，值不得鋪張宣揚，尤其國難方殷，節約第一，因此，我們決定，世新本屆校慶，只在校內舉行一個小小的紀念會，歡迎回校校友，與在校師生全體同仁共度慶典。政府首長，各界領袖，均不敢輕易驚動。當然，我們慶賀自己的成長，同時也絕難遺忘並當永遠感激國家和社會各方二十年來所給予我們的支助，沒有這種支助，一個私立學校，是無法生存壯大的！

　　回憶世新創校的最初幾年，每天我迎著早晨的太陽，由所在的信義路鹿水街，坐三輪車來溝子口，就走了一個多小時，那時公共汽車非常少，沒有計程車，羅斯福路四段，仍在所謂比萬里長城還難修的情況下，沒有完成，滿地泥濘，北新公路，尚未興修，到處高低不平。溝子口沒有電話通市區，有時每天要上下午各跑一次，如此直到羅斯福路四段及北新公路完成，才慢慢增加了公路車，接著又有了自動電話及計程車，以迄木柵鄉之改為木柵區，成了大台北市的一部

份，溝子口與台北的交通才進入現代化，而我每天到校也就
節省了不少時間。

我於四十一年前卸了香港《自由人》半週刊的工作，移
家台灣。以前我在大陸創辦了好幾份報紙，38年2月25日，
當共匪沒收我辦的北平《世界日報》時，京滬一帶人心已很
動搖，許多人紛向共匪靠攏。共匪進入北平，把所有報館
都封了。祇有《世界日報》仍勒令繼續出版，那時我正在
上海，前後接到好多北平到上海的電報，尤其還提到幾個以
前在《世界日報》工作及在「北平新專」畢業學生的名字，
他們已在匪方，官居高位，都向我問候。某一天竟一連有兩
通電報，催我回去，說《世界日報》，仍可繼續辦下去。我
祇是覺得好笑，想這樣騙我，我怎會上當。那時，在上海一
些親共的新聞界朋友都說：你的報紙大家都知道是獨立的，
沒有受過國民黨任何補助，怎麼不回去辦呢？我說，我不須
回去，我要反共，縱使有無法計算的巨額財富，我也願意犧
牲，《新民報》的陳銘德夫婦還說，共產黨不許國民黨黨報
存在，難道私人辦報在接受共黨管制下不反對共黨，也不許
存在？我說：你相信他們，你就回去好了？

共匪封閉《世界日報》還特別發了一個廣播(其他報社被
封，從不發廣播)，共匪說：「《世界日報》一向偽裝獨立，
實際上是國民黨ＣＣ，是幫兇，該報一向號召人民擁護國民
黨的反革命內戰，軍事管制委員會為了剝奪反革命份子的言
論出版自由，而保障人民言論出版自由，對如此幫兇的反革
命報紙，不得不下令封閉。」此一共匪廣播，同年2月27日
上海各大報館均予刊登。我看後，立即寫了一篇回答共匪的

廣播，託中央社播出。我說：中共可封閉我北平的《世界日報》，但無法封閉我反共到底的決心，天地之大，我可以到任何地方，再辦報，再反共。我又說：我在大陸的報紙，雖然被中共摧毀，但無法摧毀我畢生獻身新聞事業發揮正義抵抗暴力的意志。廣播發出後，上海各報，我分別託請朋友，也多於3月1日刊出，有的朋友都勸我：現在共產黨勢力這樣大，何必跟他針鋒相對，而變成仇敵？我只好謝謝他們的關切。其後，邵力子等代表李宗仁，到北平議和，回到南京，邵告訴我：共黨的確準備讓你的報繼續存在，你不回來，而且又發了那篇罵他們的廣播，看來，你是無法再回北平了。我笑著說，那就等著跟政府軍打回去。

大陸全部淪陷以後，我為貫澈「天地之大，隨時隨地均可以辦報反共」的誓言，就與當時同時在香港旅居的王雲五、左舜生、程滄波、劉百閔諸先生，發起出版《自由人》。香港雖沒有「報禁」，但倉卒之間，要辦一張日報，財力、人力均不容易，我們所以決定將《自由人》作為半週刊，每逢星期三、六出版。當時香港到處，已佈滿共匪爪牙，並且使用最卑劣的手段，恐嚇、毆打，甚至暗殺反共人士，許多寫反共文章的朋友，多不敢用真實姓名，我們相約，《自由人》刊出的反共文章，一定「行不更名，作不改姓」，堂堂正正，簽署自己的名字。大家即推我主持社務，並擔任總編輯。如此出版兩年，有相當銷路，也發生了相當影響，但因為同人多數離港赴台，我也於41年，定居台灣，《自由人》交留港同仁負責，惟終以種種困難，不久即停刊結束。

我到台灣以後，即準備在台恢復《世界日報》，惟此時台

灣已有了所謂的「報禁」，未節省紙張油墨，不許有新報出版，如果要辦，只有購買現有一家營業不佳，計畫出頂的報紙，改變登記，更換報名，也有不少熱心朋友，為我介紹，但我認為辦報，尤其此時辦報，主要為反共，而非如我過去為開創自己的新聞事業，這是一件何等光明正大的事，既然國家不需要我辦報，又何必鬼鬼祟祟去頂替別人的招牌？我婉謝了這些朋友的好意，41年到44年，這幾年中，我就斷絕了辦報念頭，一面教書，一面寫點評論或專欄之類的文章。

42年4月18日，我在《新生報》寫了一篇〈需要一萬名新聞幹部回大陸〉的專論，強調新聞教育的重要，許多新聞界、教育界的朋友，看了多勸我，既然你相信辦一個新聞學校，訓練反共新聞幹部，倡導新聞自由，比僅僅辦一張反共報紙，功效更大，那麼，你何不率性辦一所新聞學校？我對於這一建議，再三研考，我最顧慮的，是那時我已快近六十歲，所謂十年樹木，百年樹人，雖然我無法等待百年，但要看到一所學校，稍具規模，起碼得有廿年以上的努力，我能否再活廿年？鼓勵我的朋友，尤其程滄波先生，他這樣說，馬相伯先生，在滿清末年，創辦震旦大學及復旦大學，都是在他六十歲左右，他還能眼見他的學生于右任及其他高足，勛業彪炳，事業成功。那麼，安知你不能有他那樣的運命。即使萬一中途不幸，只要這個學校，有了好的開始，許多朋友，也會幫你繼續辦下去。世界新聞學校，就是在如此熱情鼓勵下，開始籌辦的。

有了校址，立了案，但最大也最先的另一件事，還是如何籌措經費。雖然，我在大陸，創辦了幾份報紙，業務發達，

薄於資產，但經過日寇、共匪兩度摧毀沒收，早已全部丟
光，此時創辦學校，即使初步只是一所高、初級職業學校，
除了地皮，至少也仍需二三百萬，才可動手。許多朋友專家
學者，熱心支持，並同意參加發起，他們却大半均一介書
生，赤手空拳，在新聞界、教育界服務。此外幾位公務員，
也都畢生廉潔，家無餘財。談到經費，大家都深深感到力不
從心。記得44年我們召開第一次發起人會議，由已故于右任
先生任主席，我提出創校計畫及經費預算，最低限度，開學
前必須籌足兩百萬元，以後經常費尚不在內。朋友中有人半
開玩笑說，你辦了幾十年報，沒有一個報辦不得有聲有色，
尤其業務方面，均年有鉅額盈餘，相信你辦學校，也不會沒
有辦法。雖然那時私立學校，還沒有所謂「財團法人」，更
沒有私立學校法，但我即曾經鄭重指出，辦報指與辦學校，
雖然同是極為重要的文化事業，其基本出發點，却恰巧相
反。近代報紙，是自由經濟下大規模營利事業之一，賺錢越
多，越顯得報紙辦的成功。學校則不然，不能以營利為目
的，公立學校，固然全部支出，均由中央或地方政府負担，
政府支付的經費越多，辦的越好。私立學校，則全靠私人捐
助，捐助目的，只是興學，不是謀利。捐來的錢越多，學校
才能辦的越好。換一句話說，就是辦私立學校，要賠錢越
多，才越算辦得成功。經一再研商結果，決定分別尋找所熟
識而有錢的朋友，舉行勸募。

　　我非常感激這些參加發起的朋友，他們都盡了最大的努
力。若干工商界人士接受了我和這些朋友的請求，由幾百元
至幾萬元，有一位竟捐了十萬元，在開學前好不容易共捐到
將近三十萬元，再加上我私人告貸，及將麗水街住宅向第一

銀行押借，勉強簡陋的蓋好了校舍，實習工廠，及購置了一些教學上必需的設備。在這艱難建校的募款期間，使我跑路最多的，有兩件事，至今還記憶如新。第一件，是某位經營鳳梨而發財的富翁，他答應我們發起人某君，捐一萬元，某君叫我帶收據到他的公司領取。跑了好幾次，他不肯見我，最後派女秘書代見，說他頂多只能捐兩千元，並拿出兩疊十元一張的鈔票，要我簽收。我帶來收據是一萬元，我們又不是叫化子，如果我收下這兩千元，不但對不住我自己，也損傷了要我來的朋友自尊心。於是毅然謝絕，空手而歸。第二件，是我接到發起人中另一位朋友的電話，要我去拜訪一位煤礦老板，說他答應捐五千元。他的公司離我家很遠，那時沒有計程車，三輪車也多半破舊不堪，我先以電話約定，坐了三輪車去。不料快到他的公司附近，三輪車一個輪子飛了，把我摔在地上，還好沒受重傷，我站起來拍拍腿，勉強走到這位老板的三樓，我發覺腿有點痛，而且約好的老板，居然說臨時有要事請我明天再來，我說：我明天不能來，可能要進醫院了！幸好檢查結果，只是扭傷了筋，不必住院。這位老板還是不錯，沒有多久，他竟派人把答應的五千元，不折不扣，送到我家裏。

世新就是從這樣艱苦的姙孕中，籌備一年多，於二十年前今天，在我們學校現有這一塊基地上，正式誕生。由於這一年多籌備的經驗，我深切認定，要使世新辦下去，不中途夭折，並期望其逐年壯大，必須放棄以前那套等待工商界不斷捐助，賠錢越多，學校越成功的想法，因為我們這一夥書生，尤其是我，這一次費盡力氣，只捐到三十萬元，以後更無把握，能靠募款，將學校辦下去。我們既不能以辦學為營

利事業，改募捐爲「募股」，勸人投資辦學店，我們就只有咬緊牙關，以工商界私人營利精打細算的精神來辦此捐滴歸公，非營利的私立學校。因此，我決定仍採用我民國13年以二百元創辦《世界晚報》再辦《世界日報》的愚笨作法，就這脆弱渺小的一點基礎，開始長期苦鬥。

過去二十年中，最初幾年，可真是苦不堪言。高初級各一班，第一學期總共只剩六十餘人，所幸學生少，教職員工友連我總共不到十人，每月全部開銷僅萬餘元，有時將我在他校兼課所賺得鐘點費、稿費及其他薪俸，帶到學校，抵補開支。我應該特別感激的，我的朋友，無論是參加發起與否，只要我登門懇求，他們都肯慨然承諾，來世新担任教課，像這樣一所設備簡陋的學校，我們竟有先後擁有大眾公認的的第一流師資，如程滄波、阮毅成、端木愷、蔣勻田、陶百川、蔣復璁、胡秋原、沈雲龍、陳紀瀅、于衡、王藍許多專家學人，都曾來校正式上課。王雲五、胡適諸先生來校專題演講。雲五先生，在他健康良好時，每年必來一二次。尤其使我永遠懷念的，故立委邵鏡人先生，在得了不治的癌症之後，不聽勸阻，帶著高燒，仍來校講課。他們給世新這樣大力鼓勵，使嚮慕新聞事業的青年人，對世新有了信心。

二十年來，我經常告訴同學，「世新是全體同學的世新」，目前已有八十幾位校友回校服務，切望不久將來，有更多優秀卓越的校友，回校担任教師，重要行政工作，或經由董事會推選，參加董事會，或出任校長。我以五十九歲的半老人，創建本校，經過二十年無情歲月的煎熬，今已成爲七十九歲急待退休的老翁。這由二十年累積儲存的三億以上

校產，也就是世新全體同學的共同產業，將一文不少，移交
董事會，並由全體同學來協助維護。讓我趁精力尚未完全衰
退以前，能再多讀一些書，多寫一些東西。在歡度二十週年
校慶的今日，如果有人問，什麼是我最大的願望，我將毫不
遲疑的回答，只有這，才是我最大的願望。

成舍我

原文登載《聯合報》
1976/10/15

我所接觸的季鸞先生

傳記文學

　　《傳記文學》「每月人物專題座談會」66年6月號專題人物，選定故《大公報》總編輯張季鸞先生。《傳記文學》主持人劉紹唐先生、主講人程滄波先生，都邀我出席參加，適因我另有他約，無法分身。會後，劉、程兩先生要我盡其所知，補提書面，義不容辭。特寫此短文，以應兩先生之命。

　　張季鸞先生及其主持的《大公報》，從「九一八」以迄抗戰勝利，其對國家、民族的貢獻，早已家喻戶曉，世所周知。陳紀瀅先生所著〈報人張季鸞〉收〈一代宗師哀榮餘墨〉記述甚詳。陳先生下列這一段話，對季鸞先生尤為推崇：

　　《大公報》言論立場、時事分析，跟那份愛國思想所昇華的動人感情，真絕無僅有，歷久彌新。我常常這樣想，當年季鸞先生那枝筆所以感人，不僅反映了他的學識與修養，卻也顯示了他的真摯、勇敢、正義與遠見的品德。他那娓娓動人的分析，大氣磅礴的主張，真知灼見的觀察，跟處理問題的犀利，不但是言論界空前的巨人，就是求之現在，恕我孤

陋，我還不知道那位先生堪與匹配？

　　也許有人懷疑陳先這一段話，是陳先生曾任職《大公報》，受知於季鸞先生，情感深切，或不免頌揚逾分，但我們再看那時國民政府底褒揚令：「張熾章學識淵博，志行高潔，……以南董之直筆，作社會之導師，凡所論列，洞中竅要，抗戰以來，尤能淬勵奮發，宣揚主義，增進世界同情，博得國際稱譽」以及蔣委員長親臨陪都各界公祭大會，所聘贈輓詞：「天下慕正聲，千秋不朽；崇朝絕永訣，四海同悲。」則陳先生的話，顯似至公至當，無可猜疑。有關季鸞先生的生平行誼，陳先生既已詳實評述，以與季鸞先生並無深厚私交的我，自不易有所補益。以下謹略述我與季鸞先生有關數事以供《傳記文學》補白：

　　我首次會見季鸞先生，遠在民國5年，我主編上海《民國日報副刊》時，因偶至《中華新報》，於吳稚暉先生座次，與其相遇。但那時我還是一個不滿二十歲的報紙小卒，彼此既未深談，自無印象可言。7年我由滬北上，就讀國立北京大學，同時任北京《益世報》總編輯，季鸞先生正主持北京《中華新報》，以同業關係，偶有往還。季鸞先生與吳達詮、胡政之等15年9月接辦《大公報》，我在北平創刊《世界晚報》及《世界日報》業已兩年。是年7月我被張宗昌拘捕，情勢險惡，幾繼邵飄萍、林白水後，為「以身殉報」的第三人。獲釋以後，我不久即離平赴滬，16年國府定都南京，我於國民政府成立之日，在首都創刊《民生報》。北伐完成，我回平繼續主持《世界》日、晚兩報。此時《大公報》已以各種不同因素聲譽大起，而因平津毗鄰，在朋友宴會或公共

場所，我與季鸞先生屢有會晤。「九一八」後接觸更多，21
年，《大公報》購置新輪轉機，其原有輪轉機，因工廠狹
隘，必須遷出，新機始可裝置。《大公報》總經理胡政之先
生，乃就商於我，願廉價轉讓。時北平各報，尚無使用輪轉
機者，銷路最多的《世界日報》和《晨報》，也只用十幾部
對開凸版機印刷，對於胡先生的提議，我深感興趣。於是我
到天津數次，雖然談判對象是政之先生，但多半時間，季鸞
先生也在座，而議價結果，由一萬銀元減到八千銀元，這兩
千元的減讓，季鸞先生幫忙很大。季鸞先生還笑著說，《大
公報》是靠這部機器起家的，盼望你今後，更能報運昌隆。
的確，《世界日報》在改用這部輪轉機以後，出報時間提
早，銷路加速上漲。這部機器是德國名廠出品，新的價格(當
然比舊的已有許多改良進步)當時最少約須五萬銀元。由於使
用時間已在十年以上(《大公報》購入時已是舊品)，過去《大
公報》曾經發生故障。我是一向歡喜收買破銅爛鐵的，由於
我的辦報，多是匹馬單槍，無本起家，一切不能不精打細
算。另一原因，則我總覺得，四十年前的報紙，尤其北平，
尚未完全進入企業倫時代，大家仍停滯於文人辦報階段，以
鉅資購置新機，自非一般文人所能負荷。我13年創辦《世界
晚報》，資本僅二百元，最初係委託在印刷廠代印，其後雖
業務發達，月有盈餘，但仍無法大量擴充設備。不特五萬銀
元之新型輪轉機，無力問津，即自已印刷之原有對開凸版
機，也多係舊品翻新，陸續購入。此次《大公報》舊機運到
以後，經過澈底整修，效能與新機已相差不遠，從抗戰時日
寇沒收《世界日報》旋改稱《新民報》，以迄我勝利後收
回，恢復出版，先後二十餘年，故障很少。共匪竊據北平，

《世界日報》再被沒收，並改名《光明日報》，他們是否還使用這部高齡舊機，我無從知悉。我一面懷念這部「老兵」老機器的命運，一面不能不感念四十多年前「老兵」季鸞先生所曾給我的好意與關顧。(先生曾以「老兵」作筆名)

抗戰期間，我的報紙和資產都被日寇沒收。但我仍先後在香港復刊《立報》、重慶復刊《世界日報》，而《大公報》自天津淪陷後，也曾在此兩地出版，與季鸞先生不斷接觸，《大公報》的第二代幹部如金誠夫、曹谷冰、許君遠諸君往還尤多。季鸞先生常囑我為《大公報》寫稿，我的〈紙彈亦可殲敵〉及〈民主國家不應有記者法〉兩長文，即均係在《大公報》發表。國民參政會成立，我與季鸞先生同被政府邀聘，猶記季鸞先生逝世前數月，30年4月1日參政會第二屆第一次大會在重慶復興關開會時，某次因會場為某一小問題，正反兩方，爭辯不休，許多人蹓出會場，我與季鸞先生，適在會場外一較僻靜處相遇，因天南地北暢談了約將一小時，這是我們相識以來無他人在旁較深刻也最長久的一次談。從當前國共糾紛、軍事形勢，談到抗戰勝利後我們將怎樣辦報。我問他健康情形，他說，當然不好，但總還可以撐一個時期。我笑著說，你年紀還輕，身體好，肯吃苦，希望勝利以後，我們能以言論的力量，勸告各方，精誠團結，認真建設一個新國家。他最後還說，希望我們將來有機會能一起合作。可見他對新聞事業、國家前途，還有一番大抱負。他絕沒想到短短的幾個月後，他竟以五十七歲的中壽，於9月6日溘然病逝。

以上是我與季鸞先生所曾接觸而現尚記憶如新的幾件事。

至《大公報》與季鸞先生何以在當時能有此驚人成就？以及大陸淪陷，王芸生[注1]等何意以不顧一切，挾《大公報》以叛共匪？我對這些問題，有和一般人不同的看法，他日有暇，容再補寫。

成舍我

原文登載《傳記文學》30卷6期，「每月人物專題座談會」書面意見(編者按)。

1977/06

注1：王芸生(1901年-1980年)，原名德鵬，天津人。出生在天津郊區，早年家貧，曾在天津當過茶葉店和布店小學徒、洋行職員。

早年曾在《益世報》副刊發表過〈新新年致舊新年書〉。1925年
五卅運動中，24歲的王芸生和天津各洋行的青年員工發起組織
「天津洋務華員工會」，被推為宣傳部長，主編工會的週刊，
因鼓動愛國情緒進行宣傳而受通緝，1926年3月被迫停刊，南走
上海，任國民黨上海特別市黨都副秘書長，同時與共產黨人先後
主辦《亦是》、《猛進》等週刊與《和平日報》。1926年底回天
津，任國民黨天津市黨部宣傳部副部長，經常給《華北新聞》寫
社論。1928年，天津《商報》請他擔任總編輯。從此，這個茶葉
鋪的小夥計、洋行職員、職業革命者，終於正式開始了他的新聞
生涯。 1929年8月22日應《大公報》總編張季鸞之請進入《大公
報》，成為一名職業新聞記者，從此他的一生就和《大公報》無
法分開。王芸生歷任該報天津、上海、重慶等版編輯、主筆、總
編輯。1931年至1932年，寫出七卷本《六十年來中國與日本》（當
時中日問題是人人矚目的焦點，日本史學界非常重視這本書。這
本書在當時已成為研究中國近代史特別是中日關係史必不可少的
參考書）。王芸生因此一舉成名，成為日本問題專家，深受張季
鸞的青睞，也奠定了他在《大公報》的地位。1935年他一躍成為
《大公報》編輯主任，僅在張季鸞、胡政之之下。抗日戰爭期
間，王芸生在武漢、重慶協助張季鸞主持《大公報》筆政。1941
年，任重慶《大公報》總編輯，成為該報言論的主要撰稿人和該
報評論委員會主任委員。抗戰勝利後，王芸生任上海版《大公
報》總編輯。1947年2月27日至3月15日，王芸生以《大公報》總
編輯身份參加中國赴日記者團。1948年底，進入共產黨的占領
的華東解放區，旋抵北京。1949年5月返回剛剛解放的上海，任
《大公報》社長至1966年。1949年9月，王芸生到北平與胡喬木
等14位新聞人士組成「中華全國新聞工作者協會籌備會」。1949
年10月1日，王芸生登上天安門城樓參加開國大典。後歷任華東
軍政委員會委員、上海市人民政府委員、中華全國新聞工作者協
會副主席，第一屆全國政協委員和第二，三，四屆全國政協常
委，並當選為第一、二、三、四屆全國人大代表。同時任中日友
好協會副會長。1980年5月30日，王芸生先生因病醫治無效，在
北京醫院逝世，享年79歲。著有《日本半月》、《芸生文存》、
《台灣史話》、《日支外交六十年史》等。

我所期望的桂文亞

為《墨香》出版說幾句話

《墨香》序

　　是世新「同學」也是世新「老師」的桂文亞女士，民國59年畢業於「世界新聞專科學校」五年制編輯採訪科。畢業不久就受聘《聯合報》，擔任過文教記者、副刊編輯，爭取到不少獨家文教特訊，也撰寫過不少篇描摹深刻資料豐富的學人專訪。63年，世新聘她回校講授五年制一、二年級國文，她竭盡心力，教學認真，極為學弟學妹所敬愛。若干年來，無論寫稿講學，他無不誠摯辛勤，敬業盡職，《聯合報》主持人王惕吾先生和我，每談及「報」「校」青年同仁，對她都深為器重。

　　文亞就讀世新時，即勤於寫作，世新校刊《小世界》，每屆年終，統計同學文藝投稿獲得刊登者，其篇數字數，常以文亞為最多。她在二十歲畢業那一年，這些作品，某書局就曾為其出版，題為《載冰集》。以後她刊載在《聯合報》及其他報章雜誌的文稿，先後共出書五冊，依次為《書寄北風遙》、《烟塵小札》、《心靈的果園》、《她們在做什麼》、《橄欖的滋味》。今年5月，她因健康關係，一度實

施手術，於康復後出院不久，持剪些報稿兩冊，來校訪晤。據告，這是一些自信份量較重也較喜愛而尚未彙集付印的學人、作家訪問記共十一篇。被訪問者，分為姚克、白先勇、陳之藩、張系國、余光中、金耀基、叢甦、高陽、洪智惠(歐陽子)、楊選堂(楊子)、潘壘。她說，由於手術後需要一較長時期修養，又因為她的「另一半」，將在某地工作，須隨同出國，不特世新的課難繼續，《聯合報》方面，已獲准停薪留職，這十一篇舊稿，已答應交一書局出版，並定名為《墨香》，將是她作品的第七冊。她從未要求我為她的作品寫過〈序〉，現在她破例第一次要求，也希望我破例第一次允許，以使她旅居國外，當春秋佳日或風雨如晦時，想起世新「翠谷」風物及聆聽「老校長」講話神情時，就可以拿起序文，反覆誦讀恍如回到台北，重溫故夢，聊慰海天萬里，契闊孺慕之思。我雖一向最怕也最不敢為人寫〈序〉，在這一師友風義，盛情策勵之下，也就無可推辭，欣然承諾。

文亞年不滿三十，而編印成書的作品，連本書已有七種，其散見報刊尚未蒐集付刊的，當更數倍於此，雖未必篇篇精采，可墜地作金玉聲，但無論如何，其具有文學天才，勇於創作，為自由中國優秀青年女作家之一，則以無可至疑。

民國54年，文亞以初中畢業生考入世新五年制專科，那時她才十五歲。台灣各大專學校，例有為期一或兩天的所謂「新生訓練」，寫「自傳」，為訓練項目之一，這些五一新生，所寫的三百多篇自傳，大半均簡略潦草，通常每篇不滿三百字，但也有十幾篇寫得比較認真，其中最使我欣賞的一篇，署名為桂文亞，以下是這篇自傳的原文：

「首先我想應該先介紹我自己——桂文亞——一個小家庭中的老大,我所謂小家庭,是指家裡只有四個人,父親,母親,我和那在初三的寶貝妹妹。使我引以自豪的,不但是有一個美滿的小康家庭,更主要的,我有一個偉大的爸爸,因爲她是一個愛國的模範陸軍上校啊!」

「我今年十五歲,出生日期,是個有趣的日子,民國38年12月31日。我那受苦的媽媽,這年過的一定很不妙吧!躺在產房的病床上,真慘!爸爸媽媽,都是受過良好教育的人,所以從小就重視我們讀書做人的基礎,爸爸比較古板點,六、七歲時,就教我們背古文古詩詞,『之』、『乎』、『者』、『也』,嘴不停口,這也是我今天爲什麼對國文這樣感興趣,和投考這所學校最大的原因。」

「景美國民學校是我的母校。初中,我很幸運的考上了全省唯一省辦初中的五省中新聯分部。更使我高興的,在我穿着嚮往已久的綠色校服,和畢業證書上蓋著北一女的大印以後,現在我又考上了這所我一向願讀的世界新專。」

「我是一個個性非常強的人,做任何一件事從不願假手他人,一定自己從頭到尾,澈底做完。就因爲個性太強,也就有很多人以爲我是一個固執的『老古董』。我有很多好朋友,她們不但功課好,品德好,而且每個人都有我應該向她學習的地方,這就是我所以選擇做我好朋友的原因。我常覺得,學問品德固然都要好,但品德尤甚於學問。我每交一個朋友,最注重的,就是她有沒有好的德性。我是一個較『好動』的人,同學常以『樂觀』、『活潑』及『平易近人』來批評我,但願我確能如此。至於特長,我也說不上。

大概在學校裏，體育是我最喜愛的，無論田徑賽、打籃球、排球、羽毛球、還有溜冰、跳繩，我都經常參加。我也常參加演講及作文比賽、樂隊、相聲，也是我所歡喜的。我認爲課外活動，可以增進自己的技能及經驗，但爸媽卻要我努力用功，說我太『出風頭』，天知道這是怎麼一回事！今天的『自傳』，拉拉雜雜就到此爲止。因爲沒有太充裕的時間，不能好好的打一個腹稿，及在修詞上做功夫。最後，我有一個願望──但願將來能做一個出色的記者，對國家社會有所貢獻。」

　　上面所抄就文章論，比文亞現在作品，當然差的太遠。但胸襟爽朗，態度活潑，行文流暢，出自一位十五歲初中剛畢業的少女，則確實難能可貴。尤其在敷衍了事草率交卷的三百多篇中，令人有卓越不群之感。從此「桂文亞」這一名字，我經常向導師或老師人們提起，要大家多予鼓勵。我曾多次約談，知道她歡喜讀書，許多名家小說及文藝書刊，滾瓜爛熟。我也曾告訴她一些讀書做人應該注意的事項。自入校以迄畢業，此五年中，每年她都有驚人的進步，對文學興趣愈濃讀書愈多，寫作愈勤，校刊《小世界》，幾乎每期均刊出她的作品。

　　世新各科，重視實習，編採科爲配合採訪學的講授，同學須經常赴校外各機關、社會各階層調查訪問，在校刊《小世界》新聞版發表，與在副刊版發表之文藝寫作，同爲全同學實際演練之公開園地。我和採訪學各老師，不斷警告同學，新聞採訪，必堅守新聞道德，任何新聞必力求公正確實，詢問要人，學者，應儘量了解被訪者資歷背景及其特長，提出

問題，必先對此問題要點有適當研究切勿假充內行，冒昧發問，貽人笑柄。尤其重要的，決不可爲自己或報館的某些因素，歪曲竄改對方的談話。文亞受了五年訓練，畢業未久，即進《聯合報》，擔任文教記者，她寫的許多學人訪問記，常能實踐在校時所受戒勉，像本書輯刊的十一篇，均一望可知，每篇中的「人」與「事」，無不事先多方查考，事後精心撰寫一字一句，決不輕率敷衍，不僅訪問學人如此，即偶爾寫一短文，爲了減免錯誤每不惜四出探詢。今年春初，文亞受某書局委託，爲該局出版《劉半農文選》，搜集一些有關劉先生的生前資料。因知道我與劉先生於民國初年，即在上海相識，其後又曾爲我主編《世界日報》副刊，特與我約定，要問我一些問題。我以爲只是隨便閑談，不料她在一個晚上竟和一位對傳記很有研究的秦先生，帶了許多年前若干報紙、雜誌書籍，涉及我與劉先生關係的記載，向我求証。這些資料，大半是我沒有見過的，當然有些是輾轉誤傳或甚至憑空虛構的，但由此也可看出，文亞求「真」的精神，及其寫作的不苟，稱得起是一位恪守採訪戒條，尊重新聞道德的標準記者。

四十多年前，我創辦「北平新聞專科學校」，雖只辦四年，七七抗戰即爆發，北平淪陷，學校及《世界日報》，均被日寇沒收，然在這四年中，使我記憶最深的是那時最優秀的同學，都是女生，每一學期的前四名均爲女生包辦，她們熱愛新聞事業，擅長文藝寫作，畢業以後，分發在《世界日報》服務服務，編採成績，均爲卓越。現在台灣主持純文藝出版社名女作家林海音，即是四位女同學之一。「世界新專」創辦於民國45年，畢業同學，到今年暑期，已高達一

萬二千餘人，其他以寫作見長，而在各報社擔任文教記者的幾位為五專女校友，她們又多半從五專一年級起，即喜愛文學，其努力上進，嶄露頭角的歷程，大抵與文亞類似。我常和老師及同學說，新專女作家、女記者、風水是如此綿延不絕的興旺，真值得大家欣慰。文學與報紙，都是改造社會，振奮人心的最大動力，在此社會腐惡人心萎靡最危急時期，我切望一切有志於文學與新聞寫作的青年男女，都能挺起胸膛，冒險犯難，對申張正義，轉移世運的大業，盡一己責任。不僅勿使文學、新聞、專供人類的消閑陶醉，並且助長社會罪惡，人心陷溺，相反的我們應將這兩大武器，變成世界復興起衰救亡的核子彈。掌握這些武器的人，應有富貴不淫，貧賤不移，威武不屈的決心與毅力。從文亞民國54年進入世新時所寫自傳，「但願將來做一個出色的記者，對社會人羣有所貢獻」，她十五歲時的宏願，我相信文亞是不會落空的！

　　拉雜寫來，不自覺其冗瑣，以此為《墨香》催生與文亞話別，並為文亞此行祝福！

成舍我

原文登載：《墨香》
1978/09

「自信心」與「正義感」
對世新畢業同學的贈言 並致年輕的新聞工作者

聯合報

　　成舍我先生，北平大學中文系畢業，英國倫敦大學研究，曾創辦北平《世界晚報》、《世界日報》，並於民國21年於北平創辦「新聞專科學校」，民國45年在台北創辦「世界新聞專科學校」，現任該校董事長。

一、需要一萬名新聞幹部回大陸

　　二十六前，卽民國42年，我在《新生報》發表十篇專論，題目是〈需要一萬名新聞幹部回大陸〉，因爲大陸被共匪劫佔後，獨立自由的新聞事業，已全被消滅，一旦大陸光復，要重建獨立自由的新聞事業，就必須先在此反攻基地，最少要培養一萬名飽受民主自由薰陶洗鍊的新聞記者，另一方面，台灣的新聞事業突飛猛進，尤其廣播電視，極爲發達，技術人才，極感缺乏，因此，新聞教育也有及時擴展的必要。

　　台灣除了已有好幾所大學，設置新聞系或大眾傳播系以外，「世界新聞專科學校」，就在我這一信念之下，於民

國45年創辦。到去年爲止，辦了廿三年，今年畢業的，共有一〇四七人，連同以前的歷屆畢業同學，總計畢業一萬四千八百一十五人。已遠超過二十三年前我曾希望的數字。

二、不要失去回大陸重建民主自由的新聞事業的信心

雖然我們現在尙未收復大陸，但世新包括整個大眾傳播事業的八個科——報業行政、編輯採訪、廣播電視、公共關係、圖書資料、電影製作、印刷攝影、觀光宣傳的畢業校友，都在極度繁榮的中華民國，爲整個傳播事業所極度需要，除了出國深造或從事其他工作外，最大部分，都已能用其所學，爲有關事業盡其最大的努力。

大家不要以爲大陸仍爲共匪劫制，就失去了我們我們收回大陸自信心，儘管姑息逆流，似極泛濫，我們國家地位，正處於非常危難，但這只是黎明前的短暫黑暗，鑒於匪俄的分裂，歐洲選舉，共黨一再失敗，尤其大陸民主怒潮的風起，我們回大陸，我們重建民主自由新聞事業的時期仍是屈指可數。

三、愛自己的國家，愛自己的學校

我一向對畢業的同學臨別贈言有三點，希望同學離開學校之後，第一不要忘記愛自己的國家，如果以爲國家是某些人所私有，與自己無關，則一旦我們國家變成越南，大家到處流亡，甚至要被人家開槍驅逐。那時想愛也沒有國家可愛，這也就是爲什麼古人要說「天下興亡匹夫有責」的道理。

第二，不要忘記自己的學校，也就是說，要愛自己的學

校，愛學校不只是愛某位老師，而是要愛整個學校。我曾不斷告訴你們，在這個充滿欺詐假冒的社會，有兩件事，不可假冒，你如假冒，最易很快戳穿，第一你姓什麼，不可因為某人是總統或億萬富翁，就跟著他姓什麼。第二，你在那個學校畢業，不可因為這個學校名氣不夠大，校譽不好，你就另冒一個別的學校，說是那個學校的校友。因為你是世新畢業生，你進入社會工作，如果世新是一個壞學校，大家嘲罵，當然會使你面上無光，反之，如果你是一個壞份子，做事不盡職，甚至貪污犯罪，無可避免的，提起你是世新畢業生，大家對世新也就印象很壞。所以學校為了你們的前途，不能不努力辦好，你們為了學校的榮譽，也就不能不努力做人。所以我說你們應該永遠愛學校，同樣的學校也應該永遠愛你們。

四、能吃苦耐勞、肯負責盡職比什麼都重要

我很高興，二十多年來，世新畢業的同學分佈在各報館、電台、電視台，及與各科組有關或無關機構工作，多有很多良好表現。雖然我不敢說是百分之百的全好，但我所遇到的一些新聞機構的主管，他們總說，世新的同學能吃苦耐勞、肯負責盡職，世新確有一種特殊精神，但我仍懷疑，也許因為那些主管是老朋友，說的是客氣話。最近，我到英文《中國郵報》，訪問董事長遹霈，參觀他新啟用的電腦排版。他告訴我，在他報館內用人極少，而我們學校有五位校友都工作勤勞，極為賣力，他並把這五位同學找來，一一與我見面，並說明他們的成績，使我非常感動與欣慰。

尤其黃董事長表示，該報自創報至今，一直靠六部英文

排字機出報(Linotype)，是現在開始改用電腦排字，原來的六部機器，願全部免費贈世新，作印刷攝影科實習之用，為新聞界培養更多的人才。這雖是黃董事長對新聞教育的熱忱贊助，而畢業同學服務成績所能獲致的良好印象，當然影響很大。

五、德智兼修，手腦並用，走遍天下都會受人歡迎

第三，你們要永遠愛你們的同學，同學們在校朝夕相處，三年，四年（夜間部），五年，畢業後更應親愛和睦，互助合作，為國家社會服務。俗話說「在家靠父母，出門靠朋友」，同學卽是相處及長相處知極深的朋友，儘量發揮刻苦耐勞負責盡職的「世新精神」。世新校友非常團結，國內國外，已成立許多校友會，每年多捐贈獎學金，最近舊金山校友會也提供了獎學金給在校同學。他們在各地，並多集合同學創建事業，這都是愛同學的具體表現。

「畢業卽失業」對世新同學，似乎並不是太大的威脅。我可以告訴你們，只要你們能確實遵循「德智兼修，手腦並用」的校訓，學業好，品德好，能力強，肯用腦，肯用手，我相信，你走到任何地方，都會受人歡迎，絕不會失業。學校不斷接到若干與本校有關各科的公私機構，來函請推荐校友，但在《小世界》校刊刊布以後，往往是無人應徵，就在本校，由於我一向宣布學校將交給同學，學校用人儘量以同學為優先，現在校服務的將近百人，但有些職務，想找校友做，仍然找不到。並不一定是沒有合於這些職位能力的校友，而是他們大抵都已有工作甚至已自創事業，無法分身。

六、就是在美國花錢買一個博士頭銜，也難免不會餓死

蔣總統在告全國大專本年應屆畢業生文告中，提到四心三感，所謂四心卽愛國心、公德心、進取心、自信心，三感是正義感、幽默感、責任感。如果每個青年能對四心三感都確實做到的話，我想，不特可以保證你們不會畢業卽失業，並且可以保證你們一定可以做大事、創大業。蔣總統的四心三感，和我們校訓「德智兼修、手腦並用」以及我上面所說的「三愛」，許多是可以互相印證的。在四心三感中，我特別要提醒你們注意的是——自信心與正義感。

自信心在我們私立專科學校三年制尤其缺乏，同學們由於受社會一般看法的影響，總認爲私立不如公立、專科不如大學，因此，錄取以後往往不肯安心就讀而仍望東山再起(重考大學)。甚至有人在週記上寫：考取三專在路上遇到考取大學的高中同學，不敢打招呼，只好低頭掩面而過。事實上，如果你學無專長、品德有問題，不僅進了大學，不能保障畢了業不失業，卽在美國花錢買了一個博士頭銜，也難免不會餓死。所以同學們不必因自己是專科生，而失去信心，覺得沒有大學畢業，就處處不如人。一萬多位以前學長學姐們在社會上的地位與成就，就是鐵的證明。

七、不要忐忑不安，心懷疑慮，對任何事都要有信心！

我所提到的自信心，還可以舉一個眼前的實例：你們現在每人手中彩色精印的今年畢業紀念冊，以往你們都找校外印

刷承印，價錢貴，還有許多缺點，甚至不能在畢業典禮前交貨。我們印刷攝影科同學，技術已達相當水準，彩印設備充足，且同學總沒有自信心，怕自己印不好，我要畢業同學將紀念冊交印刷科自印，如果不能印的滿意，或不能於畢業典禮前交貨，則學校將完全免費贈送。

當時不特畢業同學心懷疑慮，就是担任印製的同學也有點忐忑不安，但結果如何，不僅替你們至少省了五萬元印刷費，比起去年畢業校友在外面印的紀念冊，只有更好，絕不見絀。尤其可貴的，就是恢復了我們印刷科同學，及大家對印刷科同學的自信心。

八、用正義的筆，保衛我們的國家！

最後一點便是正義感，蔣總統所說的四心三感，我覺得正義感最重要，尤其大眾傳播工作者，如果沒有正義感，大家顛倒黑白，混淆是非，把壞人捧為君子，君子罵成壞人，這個國家，還有什麼是非邪正可言，一定舉國惶惶，天下大亂。因此，我再將你們畢業紀念冊上所紀錄我以前的一段話，向大家宣讀，以作為對你們的畢業贈言，永遠堅定並發揚你們的正義感——「你們畢業以後如果進入報館，你們手中的一枝筆，正如戰士肩上的一管槍相同。如果新聞記者的筆，不能用來維護正義，獎善懲惡，相反的却要求賄賂，受人豢養，顛倒黑白，混淆是非，則這一類的記者，其罪惡與戰士不用槍保衛國家，殲滅敵人，而只是威嚇善良，搶劫強暴，或報仇洩憤，同該受全國唾棄、最高刑罰」

「我們校訓，是『德智兼修，手腦並用』，我們的目的，

要在民主自由的中華民國，培養『品德第一的最優秀新聞人才』。我們的校名是『新聞』，但實際上我們的範圍，已包括了整個大眾傳播。我們畢業的同學所用工具，將不僅是一枝筆；所服務的機構將不僅是報館，舉凡廣播、電視、電影、戲劇、圖書、印刷以及觀光旅遊，任何一項能否發揮最大功效，都無一不與我們的民主政治血肉相連。」

　　我切望我們的同學將來在握有任何一項傳播工具時，都應能和記者緊握著正義的筆，同樣堅持：「富貴不能淫，貧賤不能移，威武不能屈」的原則。

成舍我

原文登載《聯合報》
1979/09

80年代

明儒黃梨洲先生曾論侯方域說：『夫人而不能耐寂寞，真是無所不為矣』，寂寞的記者，應耐忍寂寞，遣散寂寞。為國家為世界向前努力奮鬥。」這和若干記者寫評論則揣摩風氣，隨聲附和，採新聞則追逐權要，爭取私利。人格風度之相去，自屬無可比擬。

記者應有抱負，應儘可能以其為終身職業，在可以發揮抱負的條件下，應不辭辛勞，不計報酬，塑造一位獨立自由記者的形像，這三項是缺一不可的。我在世界新聞專科學校每年畢業典禮中，經常以下面一段話，告訴畢業同學：「你們畢業以後如果進入報館，你們手中的一枝筆，正和戰士肩上的一管鎗相同。如果新聞記者的筆，不用來維護正義，獎善懲惡，相反的卻要求賄賂、受人豢養，顛倒黑白，混淆是非，則這一類的記者，其罪惡與戰士不用鎗保衛國家，殲滅敵人，而只是威嚇善良，搶劫強暴，或報仇洩憤，同該受全國唾棄、最高刑罰。

從「調整學制」談起
三專似已無存在必要

校友會刊

　　上有技術學院，下有二專五專，三專架床疊屋，何必浪費青年光陰，廢除三專正足以一貫的順利進行推行技術教育體系

　　從八一三期本刊，在「我們的話」──〈國建會為專科生吐苦水〉中，最後指出，教育局在國建會力言「調整現有學校系統已屬當務之急」，但所謂調整，對專科並未提及，，實則今日學制上最應調整者莫如專科，目前專科有二年制、三年制、四年制(專科夜間部)、五年制，五花八門，集複雜之大觀。四年專科中尤以三年制專科問題最為嚴重，學生最苦痛，應首先謀求解決。究竟三專問題的重心在那裏？現在讓我們試作解答。

　　首先，我們要指出的，最近十餘年二專、五專，大量設立，在二專五專以上，又創設技術學院，這也就是教育當局樂於宣揚的所謂──「技職教育體系」。在這一體系中，三年制專科實無存在必要。國建會委員政治大學教育系主任梁尚勇先生7月21日，在「國建會文教組」建議，將現有三年

制專科改為技術學院，這一建議，與其說是三專升格，無寧說是從根本上廢除三專。因為三專與學院，修業期間只差一年，一般三專課程內容多與學院相同，工科三專更正如同日另一國建會委員省立工專校長唐智先生所說，工專主要課程與工學院相差不多，三專與學院入學資格均為高中或高職畢業，試問有何必要，於技術學院外再設三專？如謂工廠造就一般技術人才，或為技術學院辦預科，則二專、五專可充分達此目標。教育部某高級官員於答覆梁先生建議時指「三專改技術學院將破壞技職教育的體系」，不知梁先生的建議，相反的，取消三專正足使技職體系掃除障礙碍，有系統的一貫圓滿實施。

在中國近八十年教育中，一向是大專並稱，儘管是專科目的，或定為「教授應用科學，養成技術人才。」(20年〈專科學校規程〉，37年〈專科學校法〉第一條均如此規定)或字句略加補充，「教授應用科學與技術養成實用專業人才」(現行〈專科學校法〉第一條)但實際課程，與一般大學學院，差別並不太大。尤其清末民初，甚至在抗戰前，各地紛紛設立之法政專校(早期稱法政專門學堂)、藝術專校，與當時大學法學院、藝術學院，幾無區別，所謂「科技」、「實用」，則更有文不對題之感。

最令人大惑不解者，專科修業期限，實際上多為三年，但在20年修訂的〈專科學校規程〉第二條「專科學校修業中限為二年或三年」，37年頒佈〈專科學校法〉，將原有專科年限，二年或三年之「或三年」三字刪去，明定除醫科外均為二年。惟於該法第二十條第二項：「音樂藝術學校宜提前休

息者得招收初級中學畢業生，修業年限五年」，此即十餘年前「五專」大量開放之依據。在現行〈專科學校法〉於65年7月3日公布以前，專科學校之設立，原應以37年〈專校法〉為唯一規範，依此規範，自38年政府遷台，以迄於65年7月3日，除了教育部曾先後依照該法，大量開放准許私人申請設立三年制專科，嚴格說來，這些三專應該都是非法的。但不特無人提及，甚至「大專聯考」，即大學與三年制專等入學考試，行之多年，(61年起始大專分考)。亦迄未遭受任何指責，這是一件極可詫異的事實。

現仍存在參加聯考的三年制專科，公私各四，共有八校，即國立藝專、省立工專、農專、護專，私立世界新專、銘傳商專、實踐家專、淡水工商。這八所三專都在65年7月3日現行〈專科學校法〉公布以前創立，換一句話說，即它們的創立，在65年以前的〈專科學校法〉中，是沒有根據的。(舊法專科只有二年制與五年制，已見本文上篇)而與此同時，大批核准的私立五專百分之九十九多是工科，與舊專科學校法第二十條第二項：「音樂藝術學校，宜提前修習者，得招收初級中學學生，修業年限五年」無一符合。教育部主管全國教育，向以嚴守法條；督導各級學校，何獨對專科學制，竟如此背離軌範，殊無法使人了解。

三年制專科與大學、獨立學院均招收高中、高職畢業生，修業年限只少一年(根據新大學法學生修畢學分，可提前一年畢業，則三專與大學學院可同為修業三年)過去因大專并種，研究所設立不多，在國內修讀碩士、博士者極少，公私立機關用人不特

　　不講求學位高低，即大學專科亦平等看待，極少歧視。
(以前專科，雖專科法有二專五專，實際上極少設立，就讀者
幾乎均為三專的原因)由於最近十五年來，大學、獨立學院紛
紛設立研究所，且只准大學、學院畢業生投考，三專學生，
惟有望門興歎。他們必須畢業後，再投考大學學院，始有
資格進入研究所。這些人有的幸運插入夜間部二年級或三年
級，但最大多數是放棄三專，再參加大學聯考，從頭讀起。
原有之專科歲月幾乎全成浪費。且社會風氣上行下效如響斯
應，「楚王好細腰宮中多餓死」，上級即重視學位，職位
高低，薪俸多寡，多視學位而定，部份高等考試，三專學生
亦常不准參加，於是民間機構，亦多採傚，其需要體力勞動
及專門技能者，則寧可錄用二專或五專畢業生，反嫌三轉接
近大學，程度太高。三專畢業生在此種畸形變態的社會心理
下，遂致高不成，低不就，上下落空、進退失據。於是每年
考進三專的若干新生，其唯一目的，即在取得一專科生資格
可暫緩兵役，可不被警察或親友視為「無業遊民」，他們索
性坐「專」望「大」，自三專開課第一天起，雖身在專科教
室，全部心力卻早集中於明年如何考進大學。老師站在講台
上口沫橫飛，講三專課程，他們在台下，正聚精會神，正啃
其高中英文、數學。尤其少數偏激份子，便將此次失敗，改
考三專的滿腹怨憤儘量發洩在現考取的學校，攀折花木、塗
毀牆壁、破壞公物，幾乎應有盡有，也另有若干本性懦弱，
自卑感特強者，在週記上痛哭流涕寫出：「我考取三專，在
路上碰見考取大學的高中同班，我不敢正面看他，我只有低
著頭走過，我現在回不了家鄉，見不了爹娘」。像這樣出乎
意料的過份憤激或沮喪，當然在三專學生中只是少數的少

數，但一般情形，他們不滿意三專學制，認為三專與學院比，太吃虧、不公平，浪費光陰、前途黯淡，則幾乎大致相同。不過表示滿意，尤其女生主張「既來之則安之」，對所習的專門學科，深感興趣的，為數也不能算少。

大學及獨立學院，在自由中國本已是十萬青年拼命搶擠的窄門，參加搶擠的，每天最少有數千人是現在就讀三專的學生。他們有一句術語，是「東山再起」。因此，三專第一學年新生，總有不少人決定要重考，不研讀三專課業不到校上課，致學業操行成績太差，中途退學離校。其倖獲留校的，可能到第二年放棄「再起」，但真正死心塌地，決定將三專好好讀完，多半要等到第一第二兩年都失敗。唯此時距畢業已為日無多，光陰無法倒流，覺悟太晚，後悔已遲。儘管這些決心重考的人，只僅是一部份三專學生，然而讓這些青年遭受如此慘重打擊，無論如何，仍是國家的損失。三專學制，實已到無法維持的階段了！

此次政大教育系主任梁尚勇在國家建設研究會建議，取消三專，改辦技術學院，以及省立台北工專校長唐智對專科學校之被歧視，列舉種種事實，均切中弊害，教育當局必須要認真考慮，不可塘塞了事。且主張取消三專者，並不自梁唐兩君始，過去已有不少教育專家大聲疾呼，遠在民國51年，第四次全國教育會議開會時，前省立護理專校校長徐藹諸女士，即曾在大會提案，請改制三年制專科改為四年制學院，她縷述應予以改制之種種理由，其最重要者，謂「三年制專科之教學科目與授課時數，與四年制學系相若，唯一差別僅係將學系之四年課程在三年修畢而已。但四年制學系之畢業

生可獲得學士學位，服務時之薪級地位均較三年制專科畢業生為優。」她指出「三年制學生因各種歧視，心有不甘，畢業就職者不安於位。三專學生，常請求改制為四年學院」。54年，前教育部長黃季陸，毅然將當時成績優秀之三所私立三專，一律准籌備改制為學院，或許即是對徐案的答覆。可惜三校籌備完成，黃已調職。繼長教部者，不知何故竟將此案擱置，既不對三校籌備完成是否合格，予以批覆，又不正式宣佈取消前令。猶憶十年前，三校曾推由前實踐家專校長謝東閔先生領銜，(時任省議會議長)向教部申請明白批覆，其中一段，曾請：鈞部准許本校等籌備改院，各校向熱心教育之鄉親父老募款擴建，今歷時數年，擴建完成，改院則迄無消息，捐款人是勢將對我等募款，發生猜疑云云，(以上為陳情大意，文句或有出入)但儘管詞意懇切，其無下文也如故。去年(68年)8月，監察院教育委員會，接受一輩三專畢業生陳情，指各方對三專學生待遇不公，若干機關徵選掄才，每被歧視，經各會調查結果，建議教部取消三專改為學院，未改制以前，三專學生可授予副學士學位。調查報告長達數千言，各報曾刊佈新聞，至教部有無答覆，則未見任何透露。

如上所述，因三年制專科與大學及獨立學院入學資格均為高中或高職畢業，且修業年限，在民國初年，大學本科之修業年限，與三專同為三年。過去公私各方，對大專畢業生同等看待，而國內尚未產生博士碩士，三專生雖不准帶學士方帽，亦毫無羞辱不平之感，尤其台灣光復，最初開辦之省立高等教育機構，僅有台灣大學、台北工專、台中農專、台南工專，此三所專校，均為三專，但不及一年，三專均改為學院，35年9月台北工專改省立法商學院，10月農專改台中農學

院，工專改台南中學院，其後法商學院更併入台大法學院，農學院擴展爲中興大學，工學院擴展爲成功大學，此外私立三專如淡江英專改淡江文理學院，大同工專改大同工學院更不乏前例。由此可見，三年制專科，在法規上，從37年專科學校法將「專科修業年限兩年或三年」之「或三年」三字刪去，以迄於67年7月該法再修訂，恢復三年制，此三十年中教部核准設立之公私三專，均爲於法無據，而政府對三專之忽存忽廢，亦似有舉棋難定之感，而另一方面，三年制專科，升格改院，無論公私，在某一時期，何以如此其寬，某一時期，何以又如此其嚴？現在環境變更，三專學生，既奔走呼號，申訴不平，專家學者，尤其公立三專校長，甚至最高糾舉缺失之監察院，認爲三專不應再繼續存在。如果主管機關之袞袞諸公，仍於此時堅持「老爺沒有錯」，聽令每年數以萬計，進入三專的青年，忍屈積憤，浪費光陰，我們真不知道，這是否合於民主國家的教育原則，以及最高領袖愛護青年的一再訓示？

　　編者按：這篇文章是老校長於8月9日、16日、23日連載三週在《小世界》週刊以「百憂」筆名發表，對當前專科教育政策之不合理處，指陳甚詳，特與轉載，供關心的校友研讀。

成舍我

原文登載《校友會刊》
1980/10/15

八十自壽

詩選

八十到頭終強項，

敢持庭訓報先親，

生逢戰亂傷離散，

老盼菁英致太平，

壯志未隨双鬢白，

孤忠永共萬山青，

隔洋此日夢垂念，

頑健差堪告故人！

成舍我

1982/04/25

如何塑造一個獨立記者的典型

——從《滄波文存》中可獲得三項珍貴啟示

傳記文學

　　讀完《滄波文存》，使我深切體念到，從滄波先生有關記者工作的若干撰著中，如果依其啟示，可以塑造一位獨立記者崇高的楷模。

　　首先，我要指出，滄波先生在〈寂寞的記者〉一文中，他說：「記者是思想界的前鋒，中國的記者，要引天下國家爲己任。在全世界混亂的思想界中，當然會引起反擊，至少受到無比的冷落與寂寞。但是要做大事，是不能怕寂寞的。明儒黃梨洲先生曾論侯方域注1說：『夫人而不能耐寂寞，真是無所不爲矣』，寂寞的記者，應耐忍寂寞，遣散寂寞。爲國家爲世界向前努力奮鬥。」這和若干記者寫評論則揣摩風氣，隨聲附和，採新聞則追逐權要，爭取私利。人格風度之相去，自屬無可比擬。

　　滄波先生在另一篇文章〈新聞記者與天下國家〉中說：「新聞記者在東方是有骨氣有作爲的士，『士可殺不可辱』，這是東方的士風，代表士風的新聞記者，要明辨是非，扶持正義，爲天下國家闢邪說、阻亂源。新聞記者的榮

譽，是力抗強暴，撥亂反正。反之，新聞記者的恥辱，莫過
於但見現實的利害，對現實的利害，屈膝低頭，把是非邪
正，一腳踢開。……」這一段話，真可作每一記者的座右
銘。

其次，新聞記者和律師、會計師不同，除了納粹德國及
極少數獨裁國家，必須領有政府登記證，始能從事記者工作
外，民主國家，只要你自己有才能、有興趣，就可以出任記
者。而且這工作可能一做下去，就是幾十年，甚至終身。一
位懷抱崇高理想的記者，本人和讀他作品的人，便多半會自
許或被期許為一終身記者。有關此一問題，滄波先生就是一
最好範例，他在上海聖約翰大學讀書時，民國12、3年即開始
向各報投稿，深受各報歡迎。尤其由陳布雷先生任總編輯的
《商報》，極為推重。在滄波先生〈重訴生平——為陳布雷
先生逝世三週年作〉一文中，他說：「第一次與布雷先生見
面，布雷先生盛稱我的作品，給我極大鼓勵。我在幼時，做
過多年策論史論，那與報館評論、專論，性質十分相近。兼
以那時在大學中所讀的功課，多半為政治與歷史。經過布雷
先生鼓勵後，我經常替《商報》寫文章，等於我在私塾裡做
窗課。」其後，他與布雷先生成了莫逆之交。滄波先生對記
者工，有才能、有興趣，更有抱負。民國19年，他受聘控任
南京《中央日報》社長，歷時十年，他不僅主管社務，該報
評論，亦大半由其撰寫，使該報成為全國當時最權威報紙之
一。29年秋，他改任監察院秘書長。滄波先生在上述〈重訴
生平〉一文中，繼續說，即在離開《中央日報》不久的當年
記者節：「布雷先生特寫一封長信給我，為我離開報館而惋
惜，為當時戰時首都少一個新聞從業員而歎息。」「布雷先

生從政二十年，比較他從事記者的時間要超過一倍，但在他二十年從政中，我仍從旁窺見他的內心，實時時不忘重理舊業，抗戰勝利後，他時時總想回到上海去做記者。36年間我辭去江蘇監察使專辦《新聞報》，政府明令發表之日，他由南京特寄書向我首賀，並致其欣羨，書中說：『兄今真為獨立與自由的記者』……他始終期望我為一獨立自由之記者，真是我生平最深的知己。」由滄波先生上面這些話看來，不僅滄波先生願以新聞記者為終身專業，布雷先生也期望滄波和自己都能終身做一個獨立自由的記者。布雷先生早年逝世，固無法償此宿願，但滄波先生除了已實際從事新聞事業二十多年外，自民國12、3年向各報投稿起，以迄現在，他始終未與新聞事業脫離關係。專欄作家，特約撰述，無論寫稿或採訪，雖然不是在某一新聞機構專任，但其工作性質與效能，與專業記者並無重大差異。滄波先生為應報紙雜誌的請求，從未停止其評論寫作，且主持新聞評議會，對言論報導之督勵與改進，貢獻至巨。滄波先生之必為一個終身獨立自由的記者，絕無疑義，布雷先生地下有知當亦深為欣慰！

最後，在《滄波文存》中，我們還發現最重要的一項啟示，即在參加某一刊物工作時，無論報紙、雜誌，應注意能否符合你的抱負？這一刊物的主管，是否要明辨是非，扶持正義，為天下國家闢邪說，阻亂源。儘管記者是一項職業，辛勞有限度，報酬有標準，但如果上述兩問題的答覆是肯定的，則所謂辛勞與報酬，即將自然使你不再作任何計較。否則即日酬萬金，亦可掉頭不顧。滄波先生在〈重訴生平〉一文中，也曾提及他與布電先生見面後，更加緊努力為商報寫作的情形。他說：「以後我經常每星期六下午，去商報看

布雷先生，他常請我到飯店弄堂寧波小館去小酌，座客不過三、四人。民國13年冬天，齊盧戰爭未終，京滬路中斷，寒假中，我留在上海，我天天晚上去商報寫雜評。《商報》當時經濟奇窘，兩大間編輯室勉強生了一個火爐，但是我們在其中，幾包花生米其樂無窮。……我與《商報》館，有三、四年歷史關係，各種文章，寫過篇數不少，從沒有支過一文稿費。但當時我從梵王渡到租界，幾視望平街和我的老家一樣，可想見布雷先生當時對青年們吸引力之大。」爲《商報》寫作三、四年，從未支過一文稿費，這與六十年後的今天，先看稿費，後寫文章，及稿費高低依知名度決定，青年投稿多半擲於字紙簍中的一般情況，真判若天淵，無可比擬。而布雷先生之能容納青年展其抱負，與滄波之能因展其抱負而不辭辛勞，不計報酬，這一範例，是值得我們欣佩的！

滄波先生之工作不辭辛勞，寫作不計報酬，使我同時也想起另外兩項親身目睹的實例。其一，是抗戰時期，滄波先生參加重慶《世界日報》復刊工作時，他被公推擔任總主筆，那時重慶的物質條件，非常艱苦，尤其電力部份，每天停電時間幾佔三分之二，卽使不停亦微弱幾等於無。印機多用人搖，電燈等於鬼火。更其不幸的，我們購作社址的一座旅館，在重慶市區七星崗，出版不及兩週，此一地區的下水道，突然堵塞，屋內水深達一公尺，雖編輯部在二樓，但每晚滄波先生由監察院公畢，來社撰寫或審閱他人撰寫的評論時，坐的是硬板木椅，所賴以照明的，是一盞油燈，而窗外污水的腥臭，時時撲鼻而來，但滄波先生從未因此一環境，而有所推辭，使某日《世界日報》無評論。另一次，是大陸

淪陷後，40年3月，王雲五、左舜生、滄波先生，我們十幾位
住在香港的朋友，出版《自由人》三日刊，相約各以真實姓
名，寫反共文章，不但沒有稿費薪金，且須大家分擔出版費
用，阮毅成先生所推崇〈擲地作金石聲〉的《自由人》投刊
詞，即係滄波先生執筆。滄波先生這種不辭辛勞不計報酬的
精神，從他學生時代以至今天，真可算貫澈始終，數十年如
一日。

　　記者應有抱負，應儘可能以其為終身職業，在可以發揮
抱負的條件下，應不辭辛勞，不計報酬，塑造一位獨立自由
記者的形像，這三項是缺一不可的。我在世界新聞專科學校
每年畢業典禮中，經常以下面一段話，告訴畢業同學：「你
們畢業以後如果進入報館，你們手中的一枝筆，正和戰士肩
上的一管鎗相同。如果新聞記者的筆，不用來維護正義，獎
善懲惡，相反的却要求賄賂、受人豢養，顛倒黑白，混淆是
非，則這一類的記者，其罪惡與戰士不用鎗保衛國家，殲滅
敵人，而只是威嚇善良，搶刧強暴，或報仇洩憤，同該受全
國唾棄、最高刑罰。

　　「此外，我也常常說：新聞記者要紅包，爭特權，其為害
社會，戕賊人心，影響之大，實百倍於貪官污、惡霸士豪。

　　「我們的校訓，是『德智兼修，手腦並用』，我們的目
的，要在民主自由的中華民國，培養『品德第一的最優秀新
聞人才』。我們的校名，是『新聞』，但實際上我們的範
圍，已包括了整個大眾傳播。我們畢業的同學所用工具，將
不僅是一枝筆；所服務的機構，將不僅是報館，舉凡廣播、
電視、電影、戲劇、圖書、印刷以及觀光旅遊，它們能否發

揮最大功效，都無一不與我們的民主政治，血肉相連。我切
望我們的同學，將來在握有任何一項傳播工具時，都應能和
記者緊握著正義的筆，同樣堅持：『富貴不能淫，貧賤不能
移，威武不能屈』。」

　　世界新聞專校的畢業同學到今年6月19日畢業典禮止已共
達一萬九千四百三十五人，但在讀了《滄波文存》以後，深
感我說的話，過於簡單，希望每一位準備從事記者工作的青
年人，多熟讀《滄波文存》，相信你從滄波先生的許多正確
周詳的啟示中，定會引導你走向光明正大的記者之路。

成舍我

原文登載《傳記文學》43卷1期總254號
1983/07

注1：侯方域(1618年-1654年)，中國清代文學家。字朝宗。商丘(今屬
河南)人。明末諸生。祖父及父輩都是東林黨人。孔尚任(1648
年-1718年)有名的歷史劇《桃花扇》，便是透過侯方域與秦淮名
妓李香君的愛情故事來反映南明一代興亡的劇本。侯方域少年時
即有才名，參加復社，與東南名士交遊，時人以他和方以智、冒
襄、陳貞慧為四公子。曾為史可法幕府於揚州。入清後，于順治
8年(1651年)應河南鄉試，為副貢生。侯方域擅長散文，以寫作
古文雄視當世。他早期所作文章較淺薄，功力不深；後期日趨成
熟。時人以侯方域、魏禧、汪琬為國初三大家。他的作品有人物
傳記，形象生動，情節曲折，均有唐代傳奇筆法，具有短篇小說
特點。其論文書信，或痛斥權貴，或直抒懷抱，都能顯示出他的
散文具有流暢恣肆的特色。著作有《壯悔堂文集》10卷、《四憶
堂詩集》6卷。

報禁開放與新聞教育

傳播教育會訊

（報禁開放消息傳出後，老報人成舍我的意向與意見，一直受人矚目，3月29日，舍老出席本會會員大會，提出相當剴切的看法。）

三十多年來實施報禁，其中有兩個理由；一方面是目前有三十一家報館，固然有些報館賺錢，但也有很多家報館賠錢，政府為了不讓更多人賠本，所以不開放報禁；二方面是以節約紙張為理由，以避免浪費新聞紙。

這兩個理由到目前都已經不成立了，以賠錢而言，辦報屬於一種事業的經營，經營任何事業都有風險，當然是有人賺錢，有人賠錢；如果說政府因為，怕有人經營失敗而限制，有很多事業都有人失敗，以文化事業的出版界為例，有許多人開出版社賠本，但政府並沒有給予限制，這是一樣的道理。就紙張言，以往我們從國外進口紙張，怕損失外匯，這層考慮現在已經不存在，而國內的中興紙廠最近宣佈，一天可以出產二百三十五噸的新聞紙，另外還有一部機器沒有開動，所以現在紙張也不成問題。

一、開放報禁契合時需

行政院俞院長最近宣佈，將開放報紙限制，這是一個很契合時代需要的決策。但是在宣佈後新聞局很慎重的邀請專家學者一再討論，新聞局之所以如此慎重，所持的理由是：恐怕競爭太過激烈，引發報業的惡性競爭，大家爲了達到促銷的目的，而出現誹謗、黃色、甚或破壞國家安全的言論。因此政府不得不考慮如何來預防。另外有關報紙字體的大小、價格等，政府也都認爲需要研究。這當然是政府顧念辦報人的德意，但其實是一種過份的顧慮。

根據我的看法，想辦報的人固然很多，但真正會辦的人不會很多，卽使有人未經詳細考慮就貿然辦報，在一再賠錢的情況下，他也會自動關門，所以真正會增加的報館數目不會太多。

過去在民國剛成立的時候，北京的國會內，三人一黨，五人一派，每個黨派都辦報，但又都沒有經費，常常四、五家報紙在一個印刷所內，共用一部印刷機器；只有少數比較有錢的報社，設有記者採訪，真正發新聞及寫社論；其他一般的報紙，只付很少的印刷費用，甚至拿別人的版印刷之後就出報，這樣也算是機關報，也能夠發表言論，但是這一類的報紙，往往是三兩個月就關門，所以台灣有很多人爲政治因素而辦報，固然有一兩家可長期生存，甚至規模也頗大，可是多數還是不能長久維持。

另外台灣還有一些資本家想辦報，當然對這些人而言，十幾二十億的資本並不成問題，但是辦報對人才的需求，以及

言論立場的顧忌，在種種困難的考慮下，也許資本家也不會輕易嘗試。

因此我認為，新聞局對於開放報禁後，可能會產生不可收拾局面的顧慮是多餘的；即使發生，我們還是有各種法令來約束、制裁。而像字體、價格等技術性的小問題，將來都可以自然而然的視情況而解決。政府並不需要另外再制定一套法令來防止流弊，否則只是徒然增加問題的產生而已。關於開放報禁，我想在目前自由民主的潮流下，是不會有問題的。

二、傳播教育必須加強

報禁開放後，傳播教育也必須連帶加強，我想有關傳播教育大概有三點值得注意：

第一，如何提高教學的水準？目前傳播教育的水準，一直無法和傳播事業相配合；尤其教育部所訂定的許多科目，有些是不必要的，有些則又缺乏。以美國而言，報館裏多數的記者，都有碩士以上的學歷，因此教育程度不足，實在很難當一名合格的記者。

第二點，如何培養新聞記者健全的人格？過去密蘇里新聞學院的威廉博士曾經說過：一名從事新聞工作的人，學識、技術和人格都很重要，而人格尤其重要。一名人格低落的新聞記者，對傳播事業所造成的負面影響，實在太大。蔣公對新聞事業也十分重視，當初馬星野注1先生從密蘇里學院畢業後回國，回答蔣公的問話，說自己將獻身於新聞事業。蔣公則說：要獻身新聞事業，要先獻身於新聞教育。因此在 蔣

公的眼中，新聞教育與新聞事業實具有同等重要的地位。

三、人格教育尤其重要

人格教育在新聞教育中尤其重要。我在給世新畢業同學的紀念冊上寫：新聞記者拿紅包，罪惡甚於貪官污吏。第三，新聞教育應配合新聞事業。

密蘇里新聞教育之成功，就在於有一份發行很廣的學校報紙。傳播教育，在編輯採訪而言，就應該有一份自己的報紙，廣播電視就要有一個實習電台、電視，如此新聞教育才能夠落實，即使不能自己設立，也應當和傳播單位配合。

成舍我

原文登載《傳播教育會訊》
1987/08/15

注1：馬星野(1909-1991)，原名允偉，讀小學時改名偉，筆名星野。
14歲考入浙江省立十中，為時任教師朱自清所賞識。1926年，以
同等學力考入廈門大學，次年又考入南京中央黨務(後改政治)學
校。畢業後留校任同學會總幹事，不久隨教務長羅家倫至清華大
學任校長室秘書，曾與陶希聖等編輯《政治與民眾》刊物。1931
年被派往美國密蘇裏大學新聞學院深造；畢業後在華盛頓國會圖
書館作半年研究，於1934年5月返國。同年秋，應中央政治學校
之聘，在該校講授《新聞學概論》、《新聞事業經營與管理》等
課；次年負責籌建新聞系，出任系主任。抗戰時期，隨學校遷往
重慶，又在系內添設新聞專修科和專修班；1942年，兼任國民黨
中央宣傳部新聞事業處處長。抗戰勝利後回到南京，初任中央宣
傳部特派員，旋任中央日報社社長。1947年被選為新聞界國民大
會代表。次年出席聯合國首次世界新聞自由會議。1949年淮海
戰役後，隨《中央日報》社遷臺灣，繼續任社長。1952年，調
任「中央設計委員會」副主任委員，旋任第四組主任。1959年9
月，任駐巴拿馬國大使。1964年，回臺北接任"「央通訊社」社
長，後改任董事長。1972年當選臺灣「中國新聞學會」理事長。
曾獲美國密蘇裏大學新聞學院「傑出新聞事業終生服務最高榮譽
獎」。1985年6月被聘為「總統府國策顧問」。1991年3月11日病
逝於臺北。著有《新聞學概論》、《新聞事業史》等。

對鑄秋先生我最追憶的兩件事

紀念文

　　鑄秋、滄波與我相識在五十年前，旅台期間，過從尤密。我長於鑄秋、滄波五年，而滄波則僅長於鑄秋兩月。滄波文章優越，舉國敬仰，尤長於墓碑、弔輓。索求者不絕於門。我與鑄秋常戲稱，我三人中，滄波最善於文，我二人應預告子女，身後祭弔之文，首須求自滄波。我二人亦常面約滄波，但均視為好友間戲謔之談，不意轉瞬，鑄秋竟先我與滄波而去。滄波已應鑄秋長女之請，撰寫唁詞。我則追念五十餘年中，鑄秋最令我畢生感念不忘者兩事：

　　其一，民國45年，我在極艱困中，創辦世界新聞學校，時學院，專科，均不易新設，僅獲准開辦職業學校，47年始升格改辦專科。當時我最努力者，為如何提高師資。我明知職校及三、五專，均不易要求專家學者、資深之大學教授，降級任教，但我第一位與鑄秋談及，不料他竟首先承諾，願教職校及專科英文，他說，教語文最好從中小學教起，當時他公私業務均極忙，但前後三年，從未請過一次假，雖然繼續受我邀請的，除鑄秋、滄波外，尚有胡秋原、陶百川、陳紀瀅、蔣匀田、沈雲龍、王藍各好友，他們均曾憐念我辦學苦

心，攘臂相助，但鑄秋之首先允許，尤可感激。

其二，在我主辦「世新」三十一年中，常有不少土地糾紛等瑣事涉訟，鑄秋以名律師地位，此種小案，向不接辦，但在「世新」遇到此種訟事，他總儘量破格代理。不過他經常勸我，他笑說，做律師的，在一般人看來，總一定勸人打「官司」，如事情重大，當然非打不可，但有些好朋友遭遇關係不大的爭執，我總願意勸大家寧可吃點虧和解了事，因為打官司，經過三審，上訴，再訴，覆審，抗告，一拖再拖，甚至可拖過十年以上，而仍未能獲得解決，即使解決，亦未必真能公平。且可能為了拖延，損失之大，比較最初忍氣吞聲，吃點小虧和解了事，超過許多倍。尤其一個訟案，儘管沒有任何非法枉法的不正當事故，法律本身是否確能百分之百的公正，見仁見智亦大有疑問。這一番至理名言，我雖然在業務方面，有時仍無法完全接受，但出之於名律師之口，確是值得敬佩的。

成舍我

原文登載《端木鑄秋先生逝世周年紀念專輯》
1988

何以要創辦台灣《立報》？

台灣立報・發刊辭

第一、為供應世新校友及在校同學，實現其所學的新聞理論及增進其技術。

第二、開放報禁證明台灣確已有新聞自由，並證明我四十年前的誓言，雖然中共能摧毀我的世界日報，但無法摧毀我畢生獻身新聞事業，發揮正義，反抗暴力的意志。台灣《立報》將百分之百為搶救國家生存，維護人民福利，為人民說話，永遠不受任何黨派及資本家操縱。

何以在此時，要創辦台灣《立報》？就我來說，我應作以下答覆。

我今年已九十一歲，正應迅速退休，頤養晚年，靜待最後一天的來臨。不特時間極短的中國新聞史，沒有九十一歲的人創辦新報，即在世界新聞史中，似乎也沒有任何國家的高齡老人，敢如此胡(糊)塗冒險。我所以大膽嘗試，原因有二：

第一、是「世界新聞專科學校」，從民國45年創辦，我們畢業校友已超過二萬三千人，在校同學，每年約六千人。

我們的校訓是「德智兼修、手腦並用」。我們最重視實習，實習設備，有對外播音之廣播電台，有可以印刷書刊的印刷廠，但最重要的日報，卻因受報禁限制，無法出版。雖有一份新聞局核准的校刊《小世界》，因係週刊，無法滿足報業行政科、編輯採訪科、印刷攝影科等三千名同學的需要。學生只有於最後一年，應屆畢業時，承蒙全台灣日晚報的愛護與支援，准本校指派此等應屆畢業生，分往實習。惟時間限定一個月。且各報編採人員，每日工作均極繁忙，亦不易有機會對此等實習學生講解指導。所幸三十年來，全國日晚報已幾乎沒有一報，沒有本校畢業生，因考試獲得編採工作，對實習的學弟妹，多願儘量以工作餘暇，親切照料。惟無論如何，其功效仍無法與有實習日報的美國密蘇里大學新聞學院比擬。報禁執行三十餘年，政府終能尊重人民言論、出版，尤其新聞自由，於今年1月，宣布開放。對此天大喜訊，即使我正年老病危，命在旦夕，我也不應放棄機會。因此，即於報禁開放的第十二天，「世界新專」獲新聞局核准，創刊台灣《立報》。今後本校畢業校友及在校同學，均可有充分時間，實驗其所學理論及技術，使台灣《立報》確能無黨無派不偏不倚，真正為人民說話，使台灣《立報》能正確報導政治及社會方面，人民應該知道的新聞。

　　第二、中共於民國38年1月佔領北平，在封閉所有北平日晚報紙後，2月25日封閉我民國13年起先後創辦的《世界晚報》、《世界日報》，27日上海各報刊登「中共北平市軍事管制委員會」廣播，指我戴著無黨無派的假面具，實則為國民黨ＣＣ份子，對人民解放事業極端仇視(見附件一)。時我正在上海，對中共上述廣播，發表聲明，痛加駁斥。並鄭

重指出，「余深信天地之大，中共能摧毀余北平之《世界日
報》，然無法摧毀余畢生獻身新聞事業，發揮正義，抵抗暴
力之素志。」(見附件二)3月1日，上海《申報》、《新聞報》
等及全國反共各報，均一致刊登。南京淪陷，我在香港，即
與王雲五、左舜生諸先生，合力創辦《自由人》三日刊，由
我主編。42年移家台北。原擬在台北恢復《世界日報》。不
幸其時政府已開始報禁，除已有各報外，不許創辦新報，4月
12日，我在《新生報》發表〈需要一萬名新聞幹部回大陸〉
一文，認大陸無民營報紙，從事新聞事業者，均爲中共忠貞
幹部，一旦反攻大陸，必須有篤信民主自由之新聞幹部，接
任新聞工作。我自民國20年起，即在北平創辦一「私立北平
新聞專科學校」，《世界日報》被中共封閉，新專自然亦同
一命運。經兩年籌劃奔走，獲准在台北設立「世界新聞職業
學校」，旋准改專科學校。54年，與銘傳商專、實踐家專同
獲准籌備學院。世界新專准籌備爲「世界新聞學院」，但迄
今歷時二十三年，三校均尚未准以學院招生。世新畢業校友
已逾二萬三千人，超過原擬訓練之目標兩倍以上。但此係辦
學而非辦報。大陸及香港中共或親共刊物，常有短文嘲謔，
問我以前所說中共不能摧毀我辦報素志，現我究在何處獻身
新聞事業發揮正義抵抗暴力。報禁開放，台灣《立報》能在
台北創刊，使我四十年前之誓言終得實現。我可以確告過去
嘲謔我的中共報刊，我畢生獻身新聞事業的素志，中共確無
法再行摧毀。

　　台灣《立報》，今日創刊，我雖不敢確保這張報必將辦
得光輝燦爛，十分精彩，但我定可確保，這張報一定能發揮
正義抵抗暴力，爲老百姓說話，不但不會依附任何黨派，並

將永遠不致如英美等國家報紙，儘管不是黨派的政治工具，但卻是資本家的發財工具。「世界新聞專科學校」是財團法人，世新的台灣《立報》，當然也就是財團法人，英美報紙往往為投資者或大幅廣告登戶所操縱，相信台灣《立報》，永遠不會發生此弊害。

《立報》的永遠立場和基本原則，除連日已在各報刊出廣告宣布外，茲再鄭重刊布如下：

本報為「私立世界新聞專科學校」所創辦，目的在使約三萬畢業校友及在校同學，有一確實「無黨無派」「不偏不倚」之日報，實施其所學新聞理論與技術。證明中華民國的報紙，言論能獨立，新聞有自由。

《立報》基本立場，將百分之百為「搶救國家生存」及「維護大多數人民福利」。任何政黨或個人，其言行合於此主旨者，本報無不擁護，其凡違反此主旨者，無不譴責。

《立報》為確實做到「為老百姓說話」及「讀者有其報」兩最高原則，茲特訂定：1.首創設立「言論督導委員會」由訂閱本報者，選出公正之專家學者及各業領袖若干人為委員，定期或臨時開會，督導本報，實施上述兩基本立場，如有違反，嚴予糾正。總編輯及主筆之任免，均須報經「督導會」同意。2.本報特闢「人民論壇」，歡迎讀者投書，凡有關國家生存人民福利之言論，無不刊載，實施為人民說話，且「人民論壇」與本報社評同刊一版，以示尊重。

「附件一」：〈中共封閉北平《世界日報》的廣播原文〉(38年1月26日)

陝北昨日廣播，宣佈查封北平《世界日報》、廣播原文如
下：「國民黨ＣＣ份子僞立法委員成舍我主辦的北平《世界
日報》，已於昨(25)日被中國人民解放軍「北平市軍事管制委
員會」查封，該報雖然戴著無黨派的假面具，並在北平解放
以後僞裝進步，但是事實上該報自從在北平復刊以來，對於
中國人民解放事業始終抱著極端仇視的態度，該報一貫地擁
護□□□匪幫所發動的反革命內戰，對於人民解放軍、人民
解放區和國民黨統治區人民的正義運動，極盡誣蔑之能事。
該報的著名主張之一，是認爲目前戡亂軍事，任何人無中立
之可能，因此對於反對這種反革命內戰的人民，該報忍心害
理地稱爲匪諜，號召人們擁護國民黨反動政府的清匪除奸運
動，這個對本國人民如此凶惡的反革命報紙，對於美國帝國
主義和日本侵略勢力卻百般馴順鼓吹組織亞洲反共集團，迭
求美國干涉中國內政，認爲否則欲制止共產黨之伸展勢不可
能。該報的反革命立場如此堅決，直至中國共產黨毛澤東主
席在今年1月14日提出八項和平條件時，該報尚公然予以反
對，「北平市軍事管制委員會」爲了剝奪反革命分子的言論
出版自由而保障人民的言論出版自由，決定將該報封閉，對
於亦由成舍我主辦的北平《世界晚報》，亦同時予以封閉，
此兩報惡跡昭彰，本市人民輿論界早已一再要求人民政府禁
止其繼續出版，在聞悉兩報被查封後，人心大快」。(載38年2
月27日上海各報)

「附件二」：〈成舍我駁斥中共查封北平《世界日報》的廣播〉

「中共縱能摧毀余之北平《世界日報》報然無法摧毀余畢

生發揮正義抵抗暴力之素志」

2月27日(38年)，各報載中共廣播，「北平市軍事管制委員會」，刊佈文告，已將我所主辦的北平《世界日報》、《世界晚報》查封，我認為該一文告，有澈底駁斥之必要，特發表聲明如下：

從報載陝北廣播，知余辛勤手創在華北具有悠久歷史之北平《世界日報》，已於本月25日，被「北平中共軍管會」查封。余於去年9月底離平，12月共軍突攻平津，交通隔絕。共軍入平，留平同人，以安全關係，未能自動停刊。一月以來，平市秩序漸定，共軍控制全局，已無強令原有報紙「偽裝進步」之必要，故全市報紙數十家，逐一被封，而《世界日報》之軀殼，竟獨獲延至最後。此余對中共查封《世界日報》，不特不應表示怨憤，且惟有怪其優異。尤其於查封一切民營報紙中，獨對《世界日報》，不惜辭費，發表長文廣播，申述若許理由，如此重視世界日報，更令余有不勝「受寵若驚」之感。《世界日報》，自民國13年創刊，數十年間，在任何朝代之下，幾無不遭受迫害，所謂查封，先後已不下數十次，而余個人之被捕入獄，數亦相等。26年，北平淪陷，報社為日寇掠奪，及勝利復刊，余於署名之復刊宣言中，曾痛告國共雙方，謂共產黨若不改變政策，仍專以殺人放火鬥爭暴動為能事，則政府用兵，無法阻止。若國民黨不能痛切覺悟，澈底改革，而仍蹈故襲常，因循泄沓，貪污腐敗，則人民反抗，勢所必至。勝利以來，《世界日報》之每一主張，即無不遵此原則出發，即在今日，對此原則，余仍未能發現應向任何朝代之鎗口刺刀下，感覺懺悔，如中共

認此爲「無黨派的假面具」，則余亦寧願戴此面具以終生。
所幸《世界日報》，過去言論，一字一句，公正良善之廣大
華北人士，久有定評，初無待余之辯證，亦非任何人所能歪
曲。而余二十餘年，一界書生，以僅有之數百元極少資金，
獨立創辦此報，迄至今日，被中共查封止，能在華北民營報
紙中，具有廣大規模，擁有廣大讀眾，原因何在，眾所共
見。《世界日報》，不特從未接受任何朝代之任何支持，與
其發生任何關係，甚至國民政府統治下各地例有之低利文化
貸款，亦向所謝絕。共匪所查封之《世界日報》資產中，每
一機器之齒輪，每一鉛版的字粒，胥爲余及數百同人，絞腦
汁、流血汗以獲得。《世界日報》，今雖暫時不能再向華北
廣大讀眾，供(貢)獻超然獨立之言論，迅速確實之新聞，但
過去數十年來，華北廣大讀眾，所給予《世界日報》滋育成
長之鼓勵，正可堅強余及無數新聞戰士爲新聞自由繼續苦鬥
之信念。回憶抗戰時期，不特余之北平《世界日報》，爲敵
摧毀，所有余主辦南京、上海、香港之其他報紙，亦先後胥
遭掠奪。漢口，桂林，則未及出版即告淪陷。而余終於勝利
前夕，在重慶復刊《世界日報》。余深信天地之大，中共能
摧毀余北平之《世界日報》，然無法摧毀余畢生獻身新聞事
業發揮正義抵抗暴力之意志。至中共廣播，曾指余爲國民黨
ＣＣ份子，此種惡毒的造謠，不特無庸余一詞辯正，即作此
廣播者，苟不自毀其諜報工作向稱卓絕之驚人成績，則對當
前各種派系情形，及余向不參加任何派系之鐵的事實，稍加
思索，亦自必啞然失笑。好在任何朝代，均有其製造專銜，
誣衊異己之天賦特權，「國特」、「匪諜」，易地皆然，此
爲古今中外不易之定律，而在今日爲尤甚，余亦惟有歎息政

治道德之愈衰落而已！(載38年3月1日上海《申報》、《新聞報》等及全國各報)

成舍我

原文登載台灣《立報》
1988/07/12

正氣凜然大節無虧的老友卜少夫

新聞天地

　　以我與少夫五十年以上老友，在他七十大壽於中華民國
69年9月1日發函向朋友們要求寫點足資紀念文字以後，竟擱
置了兩年又十一個月零四天，才動筆交卷，不但第一本《卜
少夫這個人》出版前沒有趕上，就連第二本，依收稿先後，
也許會排在最後一篇，而且還勞動了少夫多次電話和寫信催
逼，我一再爽約失信。雖然我可以藉着八十四歲一天仍做
十四小時苦工的事實，請求原諒，無論如何，仍是應向少夫
謝罪抱歉的！

　　我所以未能依着五十年最早定交的年次，搶先交稿，排入
第一冊前十篇，甚至第二冊付印，仍落在最後，固然應自怪
命中注定，一生勞碌，很難有時間靜下來，寫篇不是敷衍搪
塞的應酬文稿。另一最大理由，尤其在我讀完第一冊八十九
篇文章、十五首詩詞以後，更覺得「卜少夫這個人」已經在
解剖臺上，被許多位確實良朋好友，窮搜力索，解剖的淋漓
盡致，我縱有千言萬語，也不能有所超越，崔顥在前，自應
擱筆。惟在少夫一再催促，為了使若干年後，有人考證，卜
少夫的老友中，還有成某，也就不能不鼓起勇氣，冒著狗尾

續貂及濫竽充數的譏嘲，勉強交卷。

少夫在67年9月1日給朋友們的徵文函中，他說：「你是我的好朋友，我特別寫這封信，請你寫一篇〈關於卜少夫〉，直率地、毫無顧忌地、無保留地、沒有半點虛偽客套地、痛痛快快地寫出你印象中、心目中的少夫，這對我將是一面鏡子，讓我從這面鏡子裏看到我自己，別人也可以從這面鏡子裏看到卜少夫的另一面。」他又說：「通常朋友間如有一方死亡，另一方會寫文悼念、追思，對生者好像有了交代，但，對死者幾乎等於毫無意義，因爲死者當不能再讀這些文章，也無從領情。所以我要求朋友們與其等我死後來寫，不如在我生前來寫，不論是罵我或捧我，好讓我在以後的歲月中有些自知之明。」上面少夫這兩段話，我想任何人看了，都會感到這是何等爽朗、灑脫、坦承、偉大的胸懷，這兩段話，正是一面極進步的X光鏡子，徹底顯露了「卜少夫這個人」。當然像畢生精研倫理的滄波先生，他說：「照今天世局的混亂、是非的顛倒，那有甚麼鏡子可照，又那裏來的鏡子？」這是另一種超凡入化的看法，仍在塵俗中打滾的我們，自不易有此突破！

在朋友們送給少夫這許多面鏡子中，我深深的感到邱楠和劉紹唐兩面鏡子所反映的少夫，也就是少夫所囑要對他毫無虛偽客套的批評最爲真實。邱楠說：「非常時期求非常之才，不可責以謹願小節，少夫兄能開創，也能謹守反共原則大節不變。舉世滔滔，試問有幾人能夠站在思想鬥爭的第一線，維持一本反共的新聞性週刊三十餘年而不墜？評估人物要從整體着眼，所以我在一篇主要的時論中稱他小德出入而

大節凜然，這八個字可以說盡他在我心目中的形象。不是他
那種才具，也應付不了港九那種複雜而艱危的環境。」劉
紹唐說：「在海外辦反共刊物，本來就不吃香，左派說你拿
了國民黨津貼，右派也未必看得起你。《新聞天地》創刊以
來，雖不斷有批評時政與人物的文章，但在基本立場上，絕
對支持國民政府，這是卜二哥了不起的地方：三十年來，在
海外不論受甚麼威脅、受甚麼委屈、受甚麼窩囊氣，立場絲
毫不變。」

除了引述他們兩位的話以外，我實在對「卜少夫這個人」
不能有更確切公正的批評。我和少夫雖然相識在半個世紀以
前，也曾兩度短期共事，他和徐天白女士在香港的婚禮，我
曾躬與其盛，並榮幸的囑爲證婚，但平日往返並不太多，尤
其少夫私生活方式，我天性魯鈍，無法追隨。惟我對他的了
解，則與上述邱、劉兩君，若合符節。在我這五十年的回憶
中，可以作爲二君大文印證的，則有下述兩事：

(一)民國16年到23年，我在南京辦《民生報》，20年左
右，少夫在南京《新民報》及《扶輪日報》工作，因此相
識。《民生報》被汪精衛非法封閉，我在被囚四十天獲釋以
後，竟公然宣布永遠不許我在南京辦報。24年，我在上海創
刊《立報》，七七抗戰，京滬淪陷，我將《立報》移香港
出版。《立報》有三個副刊，適少夫亦來香港，我就邀他主
編曾由張恨水主編的一個副刊「花果山」，而另一個副刊
「言林」，則由筆名茅盾的沈雁冰主編。有人轉告，沈因我
邀少夫入《立報》，深感不滿，謂少夫係國民黨特務。我不
信沈會如此膚淺，但笑告此人，如果沈先生說卜某是國民黨

特務，則安之無人說沈先生是共產黨特務。好在此時全國團結，對日抗戰，只要認定日本是我們最大的仇敵，則誰是誰的特務，在我看來，都無關緊要。沈在當時雖名氣很大，編輯技術卻遠不及少夫。不久，少夫赴前線任戰地記者，沈亦離港他去。少夫的「花果山」編輯工作，由他的夫人徐女士接管。這是我與少夫首次共事。少夫雖豪放不羈，但敬業盡職，任戰地記者，尤能不辭艱危，發揮「紙彈殲敵」的最大功效。對國家民族忠誠愛護，尤能堅持原則，不受誘惑。此次與我共識的時間很短促，然已使我對他有如此較深的了解。

　　(二)由於少夫交遊廣闊，不拘小節，一般不深知者，多視為「浪漫文人」、「政客記者」，前文所述曾被人誣為「特務」，當少夫解除戰地記者工作後，在重慶與我晤見，時與我交誼最厚的，龔德柏先生在軍委會供職，龔為反日巨頭，七七前即首著《征倭論》，抗戰軍興，又著《抗日必勝論》。因龔在南京，創辦《救國日報》，與少夫亦相識，少夫請我轉告龔先生，擬日內年往訪談。不料龔竟拍案驚呼：「他是漢奸，他敢來看我！」我詰其有何根據？龔說：「他在日本鬼混過，認識日本人，盧溝橋事變前，還常和日本人在南京上海往來。」我笑着說：「你指他為漢奸的證據，是否僅此數點？如是，我問你，你是否也在日本混過，也認識日本人，事變前，你也在京滬會見過日本人？如果你認少夫是漢奸，你自己是否也有嫌疑？」至此，龔先生始收斂其嫉惡如仇的怒容說：「那麼，你告訴他，他有功夫，隨時均可以來。」他們以後見面的情形如何，我未再問，但從少夫34年在重慶創辦《新聞天地》時，龔先生曾為《新聞天地》寫

過〈邵飄萍之死〉及參加座談「戰後如何處置日本」推測，龔先生若回憶前比斥責少夫爲漢奸的那幾句話，他自己也必會啞然失笑了！

以上少夫的光明坦承、愛國敬業，無論如何，不應有任何理由，將最惡劣之「特務」、「漢奸」等名詞，與他的大名聯繫，但流言蜚語，往往會來自意外，我舉出以上兩件故事，正可與邱楠、劉紹唐兩先生所說，少夫這幾十年來所遭遇的困難與委屈與所受的窩囊氣，互相印證。但歸根結底，這對少夫的抗日反共、大節凜然、人格完整，有何損害？

少夫一生從事新聞事業，其所主辦的《新聞天地》，創刊於中華民國34年1月20日，到現在已超過三十六年，在我國的期刊史中，除《東方雜誌》外，生命之長，似可首屈一指，但《東方雜誌》再抗戰十期，曾停止出版，與《新聞天地》在歷時三十六年中，未曾有一期中斷，應有差異。少夫在《新天》十周年紀念〈十年的艱辛歲月〉一文中，曾回憶創刊時艱苦及簡陋情況：

兩路口川東師範附近的一家上海粥店的二樓(中二路一七0號)，是我們當時的社址。建築是重慶流行的竹片綑綁房子，身重的人在樓上行動，搖搖欲墜；樓下粥鍋麵鍋上蒸的熱氣，直穿樓板縫，飛騰腳下，我們只有赤膊揮汗在工作。

昔人所說「創業維艱」，任何一項事業，尤其在「文人辦報時期」的我國新聞事業，沒有像先進國家那樣大資本家投資，一份刊物的開始，幾乎十之八九有如《新天》上述的艱苦。民國13年，我在北平創辦《世界晚報》，最初階段，

託人代印，只要遲付一天印刷費，工廠即拒絕排稿，若你加以責問，印刷廠老闆即會叫人躺在地上打滾叫肚子餓。《新天》創辦時，因為有十一位當時新聞界的青年才俊參加發起，少夫所遭遇的艱辛，似乎還比我孤軍獨戰的情形好。少夫就在這艱辛奮鬥始終不懈的情況下，使《新天》繼續成長。大陸淪陷，《新天》遷香港出版，許多人不斷懷疑，少夫是否會為中共統戰及銀彈所誘惑，而改採若干「浪漫文人」、「政客記者」所慣採的「中間路線」？今《新天》已進入第三十七年，從遷港之日起，《新天》反共旗幟之鮮明，從未有絲毫折扣，尤其最近中共加強統戰，《新天》態度只有更加堅決。這是一份刊物應有的「報格」，也是一位報人應有的「人格」，謹引邱楠先生的話，以此「正義凜然、大節無虧」八字，祝少夫老友健康愉快，萬壽無疆。

成舍我

原文登載《新聞天地》2254期卜少夫〈為紀念一代報人我的老老板成舍我〉一文文章附錄後（編者按）。

1991/04/27

附錄一：成舍我先生年譜簡編

年代	生平活動內容
1898年	8月28日（清光緒24年，戊戌7月12日）出生於南京下關祖父家中，當時祖父為曾國荃軍中一名小文官，祖父逝世後，隨父親心白公往安慶，繼遷舒城。 祖父：成策達，曾任湘軍曾國荃（沅甫、曾國藩之弟）幕僚、幕府。 父親：成璧，字心白，1906年先後任安徽舒城典史和桐城縣練潭巡檢，位卑祿薄。
1901年	成舍我3歲，父親成璧至安徽候補，舉家移居安慶。（成露茜輯「成舍我先生年譜檢索卡片」）
1903年	中國最早的新聞學譯述《新聞學》，由上海商務印書館印行。
1906年	成舍我隨父親成璧住安徽，因平定？保舉從九品分發安徽安慶。（成露茜輯「成舍我先生年譜檢索卡片」）
1908年	父親典史任內，因囚犯越獄事被誣，十歲的舍我先生和父親各處奔走求告，得記者方時蓀仗義執言，在上海《神州日報》詳細報導實情，冤屈得以平反，由是震驚於新聞記者旋乾轉坤之力量，決心投入報業。
1909年	入安慶旅皖第四公學就讀，刻苦勵學，一年之間即獲升入中學本科，不幸因無力繳納學費、制服、書籍費乃輟學。
1910年	成舍我12歲，考入安慶的旅皖第四公學高小班，一個月後因成績優異，選拔入中學班。（成露茜輯「成舍我先生年譜檢索卡片」） 初中一年級上完後，因貧輟學，旋入青年軍，青年軍解放後，以優秀分子徵召入伍生隊，將往南京時被父親從船上拉下來，留在安慶寫文章，後替《民嵒報》擔任校對。
1911年	成舍我入伍。（成露茜輯「成舍我先生年譜檢索卡片」） 辛亥革命爆發，成璧遭解職返安慶，囊空如洗，恃借貸為生，於是成舍我報名參加學生軍，翌年經選編入伍生隊，將登船往南京時為父親阻止。
1912年	成舍我14歲，開始向安慶《民嵒報》投稿。（成露茜輯「成舍我先生年譜檢索卡片」） 加入國民黨。（成露茜輯「成舍我先生年譜檢索卡片」） 投考私立江淮大學，被錄取，無力繳學費，未入學。

年代	生平活動內容
1913年	成舍我15歲,任《民嵒報》外勤記者。 7月,以國民黨員身份,參與討袁秘密活動,受軍方注意,由安慶轉移至瀋陽,任《健報》(張復生主持、王新命任總編輯)校對,旋升任編輯。(成露茜輯「成舍我先生年譜檢索卡片」) 上海「廣學會」印行美國休曼所作的《實用新聞學》,由史青翻譯,用白報紙鉛印,銷行頗廣。
1914年	與王理堂在安慶籌辦《長江報》(安慶)未遂。(成露茜輯「成舍我先生年譜檢索卡片」) 與朋友湊集數百元辦「中國通訊社」,未成。
1915年	往瀋陽投靠本家成本樸(成本樸在安慶曾教導成舍我,後在瀋陽當官)。(成露茜輯「成舍我先生年譜檢索卡片」) 11月受軍閥張作霖迫害辭職,與王新命輾轉到上海,後加入柳亞子所辦的「南社」,又結識了陳獨秀、劉半農和《太平洋》雜誌主辦人李劍農。並與王新命、向愷然(平江不肖生)等組成「賣文公司」,向各地報刊投稿為生。(成露茜輯「成舍我先生年譜檢索卡片」) 12月在上海《民國日報》當過校對和助理編輯。(成露茜輯「成舍我先生年譜檢索卡片」)
1916年	自瀋陽返安慶被捕,後逃往上海與王新命任職於《民國日報》,並與劉半農從事翻譯小說工作。(成露茜輯「成舍我先生年譜檢索卡片」) 6月至愚園參加「南社」第14次「雅集」,加入南社。(成露茜輯「成舍我先生年譜檢索卡片」) 與《新申報》之副刊編輯王鈍根等發起組織「上海記者俱樂部」。(成露茜輯「成舍我先生年譜檢索卡片」)
1917年	因「南社事件」離開《民國日報》。(成露茜輯「成舍我先生年譜檢索卡片」) 辭《民國日報》(上海)編輯,前往北京。上「萬言書」給北大校長元培,獲准以同等學歷資格報考。(成露茜輯「成舍我先生年譜檢索卡片」)

年代	生平活動內容
1918年	8月，由陳獨秀安排前往北京，考入北京大學預科國文門，並由李大釗介紹入《益世報》工作，編寫及校看大樣一手包辦，五四運動後任總編輯專寫社論，聲名大噪。 創辦「新知書社」，邀北大教授、學生入股，採取有限公司辦法，以北大教職員和同學作對象，進行公開招募，定5元為一股，分托同學進行招募。結果，從校長蔡元培起到稍有資力的同學，都被拉入股，總共募到五千餘元。（吳范寰，〈成舍我與北平《世界日報》〉，《文史資料選輯》第43，轉引中國社會科學院新聞研究所編，《《世界日報》興衰史》）。（成露茜輯「成舍我先生年譜檢索卡片」）
1919年	4月4日–5日於北京《晨報》副刊版第7版「小說」欄發表〈吾友〉小說。 4月6日於北京《晨報》副刊版第7版再次發表小說〈車夫〉。 5月23日因於北京《益世報》登載〈安福與強盜〉一文，遭北洋政府所忌，致使該報被封三天。 升為北大國文系正式生。。（成露茜輯「成舍我先生年譜檢索卡片」）
1921年	成舍我23歲，4月籌設「北京大學新知書社」（「新知編譯社」），租賃干面胡同3號作社址，經過股東大會產生董事會，選出成舍我為董事長兼總經理。社內組織規模很不小，分設總務、編譯、印刷、營業等部門，並在南池子3號設立門市部。印刷設備有兩部對開平板印刷機和鑄字、排字車間等。由於資金少，生產力弱，營業無計劃，不幾月就無法支持。 成舍我在書社失敗後，遷居弓弦胡同，先利用殘餘的資產創辦了一個四開小報《真報》。由於缺乏資金和人力，不久就無法支持下去。 6月，在《新青年》雜誌9卷2號，發表譯列寧著的〈無產階級政治〉；同時出版《中國小說史大綱》一書。（成露茜輯「成舍我先生年譜檢索卡片」） 7月，北大畢業。

年代	生平活動內容
1922年	與楊帆(璠)女士結婚,育有兩女:長女為成之凡、幼女為成幼殊。(成露茜輯「成舍我先生年譜檢索卡片」) 該年春,成舍我經北大教授沈溯明(兼任北京市立師範學校教主任,原系「新知書社」股東)介紹入北京師範學校任國文教員,不久又回到北京《益世報》恢復編輯工作。
1923年	因《益世報》主管刪改社論討好軍閥,怒而辭職。 該年秋,加入李次山所辦的「北京聯合通信社」任編輯。此時正值舊國會在北京復會,記者採訪新聞的目標集中於議員俱樂部,成舍我因聯合通訊社採訪新聞的關係,結識不少議員,如眾議院議長吳景濂和議員陳策等。
1924年	成舍我因吳景濂關係,入眾議院任一等秘書;又因和彭允彝的關係,當過教育部的秘書,其後又結識了外交界的宋發祥,經宋介紹給當時財政總長王正廷,又當上了華威銀行監理官。 4月16日,創辦《世界晚報》,辭《益世報》職務,以僅有積蓄200元大洋在北京獨力創辦《世界晚報》,日出四開一張。(成露茜輯「成舍我先生年譜檢索卡片」)
1925年	2月10日藉由段祺瑞政府的財政總長賀得霖出資協助,創辦《世界日報》,自辦印刷廠。成舍我自任社長,龔德柏任總編輯,吳范寰任經理。張恨水除編輯晚報副刊《夜光》外,兼編日報副刊《明珠》。1926年因報導「三一八慘案」攻擊段祺瑞政府,與賀得霖決裂。《世界日報》招考文藝版特約撰稿人,錄取張友漁,以「憂疑」、「有疑」兩字為筆名(張友漁,《報人生涯三十年》頁6)。 先後擔任日、晚報總編輯有羅介邱、張恨水、黃少谷、成濟安、盛世強、陶鎔青、張友鸞、張友漁、左笑鴻等,先後擔任編輯有羅敦偉、劉半農、萬枚子、陳大悲等。 10月1日將《世界日報》第五版的「畫報」版獨立出來,創辦了周刊型的《世界畫報》,每逢星期天出版,四開一張(單張)。(成露茜輯「成舍我先生年譜檢索卡片」))。這時便完成了日、晚、畫三報同出的「世界報系」。 11月19日《晨報》揭露《世界日報》、《世界晚報》領取六機關「宣傳費」六百元。29日世界日晚兩刊登緊急聲明,否認曾收受這筆津貼。(北洋軍閥政府的六個機關,參政院、國憲起草委員會、軍事善後委員會、財政善後委員會、國民會議籌備會、國政商榷會)。(賀逸文、夏方雅、左笑鴻,〈北平《世界日報》史稿〉,《《世界日報》興衰史》)

年代	生平活動內容
1926年	奉系與直魯聯軍占據北京時，有些報紙的言論、記載對軍閥敢批其逆鱗，間作冷嘲熱諷之詞，尤其憤恨以張宗昌為首領的直魯軍聯軍。張宗昌決定對報人實行殘酷鎮壓，4月26日，《京報》社長邵飄萍被扣以「宣傳赤化」的罪名，為憲兵司令王琦槍殺。8月6日《社會日報》社長林白水被以「通敵有據」的罪名槍殺。當天成舍我決定將這一個不幸的消息，以第一條大字標題，加黑邊，刊登在下午出版的《世界晚報》上，8月7日遂為張宗昌逮捕，擬予槍斃，後為孫寶琦所救，8月10日獲釋。成自詡此事件為人生「第一次值得追憶的笑」的艱險經歷。（見《世界日報》1926年8月12日〈成舍我釋放之經過〉一文） 10月4日在《世界日報》登載〈《世界日報》附設報童工讀學校章程〉和募捐啟事，以對抗「報霸」操縱克扣零售通路的行為。意圖收容北京報童，計劃在全市分點辦二十個這樣的學校，每校設有兩班，每班定額60人，兩班交替在上午學習，下午工作。這所學校如果辦成，約可收2400人，所謂工作就是賣報，上午有1200外報童出動賣日報，下午也有1200年賣晚報，形成一股強大的推銷力量。但需開辦費6000元，經常費為2400元，特別費第一年為28800元。（賀逸文、夏方雅、左笑鴻，〈北平《世界日報》史稿〉，《《世界日報》興衰史》）
1927年	4月18日南京「國民政府」正式成立，成舍我在南京創刊了《民生報》，該報由成自任社長，起初日出四開一張，以後增加到日出兩張，為國民政府統治下首都南京最早的一份民營報紙。
1928年	1月中李石曾向南京司法院司法行政部長魏道明舉薦，畀成以司法行政部簡任秘書職，成未到任。 5月10日於《世界日報》發表〈吾人將何以自處〉一文。 6月北伐完成，成舍我重回北平，繼續主持世界報系，並受李石曾創辦的「北平大學區」、「國立北平大學」教授兼秘書長。
1929年	成舍我辭去北平大學教職，同年與夫人楊璠離婚，但仍維持友誼和交往。 12月31日登載閻錫山將赴鄭州督軍一事，為閻錫山查封國聞社編輯社，勒令《世界日報》停刊，後於隔年1月31日復刊。 任北平大學區秘書長。（成露茜輯「成舍我先生年譜檢索卡片」）

年代	生平活動內容
1930年	該年春偕程滄波赴歐美考察遊歷，赴日本轉歐洲。 赴歐美前夕4月16日發表〈告別北平報界書〉，以未來中國新聞巨頭自許：「今後經營新聞事業無論其主張與立場如何，必將由各個奮鬥而趨於互助合作，大規模新聞事業不難出現」。後到倫敦、巴黎等地各停留數月參觀報館和通訊社。9月10日到瑞士日內瓦參加「萬國報界公會」。年底12月28日到比利時布魯塞爾，在「報界公會」演說。1931年2月19日離歐經美回國。(吳范寰〈成舍我與北京《世界日報》〉，《文史資料選輯》第43輯，頁239；(賀逸文、夏方雅、左笑鴻，〈北平《世界日報》史稿〉，《《世界日報》興衰史》)。 在歐美期間，成舍我仔細考察各國著名報紙。據當年在巴黎的丁作韶回憶：「他們兩位(成舍我、程滄波)到巴黎去參觀報館，由我陪著他們，曾看過《無敵報》、《日報》、《小巴黎報》、《巴黎晚報》、《論壇報》。還有很多別家的報紙，舍我之看，並不是走馬花的看，而是細細的看，從排字開始，而編輯而發行，無一不看，不但看，且研究，而且比較——他們彼此間的比較，同中國報紙的比較。有點不明了的，他必問，反覆的問，不厭其詳的問」。(丁作韶，〈「茲收到成舍我一名」〉，香港《新聞天地》總第500期，頁40)。 成舍我在英法德美等國遊歷期間，曾寫了兩篇有關考察新聞事業的通信，一是〈我所見之巴黎各報〉；一是〈在倫敦所見英國報界之新活動〉。 〈我所見之巴黎各報〉記述巴黎各報的情況很詳細，他認為巴黎各報縮減篇幅(此時巴黎報紙售價只合中國報紙一分)，降低售價是值得仿效的。 〈在倫敦所見英國報界之新活動〉提出四點看法：(一)英報界兩巨頭與最近政潮，他對於英國報紙對政界的影響，尤其是報界兩巨頭羅賽邁(北岩爵士之弟)和華維林左右政局的作用極為讚賞；(二)帝國會議與英國報界；(三)倫敦市長在廣告大會之演說；(四)故北岩爵士之銅像落成禮。這些觀點對他經營新聞事業是很有影響的，使他的組織報業托拉斯，做個真正權威的無冕之王的思想更為堅定。(賀逸文、夏方雅、左笑鴻，〈北平《世界日報》史稿〉，《《世界日報》興衰史》)。

年代	生平活動內容
1931年	在英國時，同程滄波到倫敦大學政治經濟學院聽課。 在美國時，應美國密蘇里大學新聞學院院長威廉博士之邀，訪問該院。 3月16日發表《就算是我的感想》總結出國經驗。 6月24日北京報界公會在中山公園水榭開會，歡迎成舍我回國。在會中成報告了世界新聞概況，認為歐美新聞事業的發達，有五個原因：(一)資本主義發達；(二)教育發達；(三)交通發達；(四)工商業發達；(五)言論有保障。主張報紙的言論應完全聽民意支配。 訪歐行程影響了成舍我的辦報思想，回國後採用歐美報社科學管理的資本主義經營方式，成立了總管理處。 7月自美返上海。(成露茜輯「成舍我先生年譜檢索卡片」) 9月4、5日於《世界日報》發表〈先考行狀〉一文。
1932年	與留學法國歸國的蕭宗讓女士結婚(成露茜輯「成舍我先生年譜檢索卡片」為1934年在北京與蕭宗讓結婚)。(蕭宗讓女士於1964年1月因癌症病逝於台北，終年58歲)。(生有一男二女： 長男為成思危，1935年出生於北京，1951年16歲時由香港自行返回大陸，就讀於華東化工學院，後成為著名化工專家、高級工程師、教授。1981-1984年入美國加州大學洛杉磯分校進修工商管理學碩士學位。回國後先後任化工部科技局總工程師，化工部科學技術總院副院長兼總工程師，化工部副總工程師。1994-1997年任化工部副部長。1996年12月當選為中國民主建國會中央委員會主席。1998年3月第九屆全國人大當選為常委會副委員長。 三女成嘉玲，1937年出生於天津，台灣大學畢業，留學美國獲夏威夷大學經濟學博士學位。曾任東吳大學商學院院長，世新大學校長，台灣「中國新聞學會」理事長，台灣私立大學院校協進會理事長。其女兒周成蔭教授(Dr. Eileen Cheng-Yin Chow)目前任教於哈佛大學。 四女成露茜(Lucie Cheng)，1939年出生於香港，美國夏威夷大學畢業，獲美國加州大學洛杉磯分校社會學博士學位，任教該校多年，受聘為終身教授。1972年首次回中國大陸受周恩來總理接見。曾任世新大學傳播學院院長、現任台灣《立報》發行人兼社長、《傳記文學》出版社社長、世新大學成舍我民國新聞史研究中心主任。曾主編《近代中國婦女史英文資料目錄》(Women in China: bibliography of available english language materials)；著有《舍我先生志節文粹》。) 從歐美考察回國後，成舍我根據自己的辦報實踐，借鑑外國的先進經驗，對報業實行科學化的經營管理，他曾想成立「中國新聞公司」，擬設總部於南京，在全國各大城市各辦一份日報，組成一龐大的兼具影響力的報業集團。 成舍我在北平石駙馬大街甲90號《世界日報》舊址擬辦「北平新聞專科學校」(簡稱「北平新專」，後遷至西長安街)，提出了「德智兼修、手腦並用」的校訓。成舍我任校長，副校長吳范寰。

年代	生平活動內容
1933年	2月「北平新聞專科學校」創辦，3日開始招生。投考學生十分踴躍，有的初中學生，因志願當新聞記者，也來投考。至16日截止時，共有400多位報名。結果正取生40名，備取生40名。 4月8日舉行開學典禮，來賓有北京大學校長蔣夢麟、北平大學校長徐誦明、中法大學校長李麟玉、《北平晨報》社長陳博生、《實報》社長管翼賢、國民黨市黨部委員陳石泉。成舍我於開學典禮的致詞，揭示其新聞教育理念：「中國報紙有兩點極應改革：(一)應由特殊階級之讀物，變為全民大眾之讀物，報紙要向民間；(二)為消除勞資對立，使報館成為合作的集團。因之，創辦新專的目的有兩點——一是訓練實際應用的新聞人才；二是準備將來能這個學校辦報紙。訓練方針，學科實習並重，學校是工廠、同時又是個報館，使畢業生能做用腦的新聞記者，和用手的排字工人」。（李建新，《中國新聞教育史》） 成舍我購入天津《大公報》出讓之輪轉印報機一部，使報紙銷數迅速上升。
1934年	5月《民生報》揭發汪精衛部屬彭學沛貪污案，引起軒然大波，被南京警察廳罰令停刊3天。7月23日南京憲兵司令部藉口一條泄漏軍事秘密逮捕案，查封《民生報》。成舍我被拘禁四十天。汪下令成舍我永遠不得以任何名義在南京辦報，《民生報》永遠停刊。
1935年	《民生報》被停刊以後，9月20日成舍我與友人合資在上海創刊《立報》。《立報》是由一些報人發起創辦的小型報，參加投資者的有：蕭同茲、成舍我、胡樸安、嚴諤聲、田丹佛、錢滄碩、管際安、章先梅、吳中一等，共集資10萬元。成舍我占有認股數達十分之三，被推為總經理兼發行人。總編輯由張友鸞、薩空了、褚保衡先後擔任。經理初為田丹佛，後為薩空了。不到半年《上海立報》銷數就超過了10萬份，到1937年發行量更超過20萬份，創下中國有日報以來的最高發行紀錄。 《立報》創刊號上，成舍我署名發表〈我們的宣言〉一文，提出「報紙大眾化及日銷百萬份的營業方針」，該報實行「小報大辦」方法，內容重質不重量，全部新聞不照抄各通訊社原稿，一律加工改寫。（王文彬編著，《中國現代報史資料滙輯》，頁53）。

年代	生平活動內容
1936年	9月10日北平《世界日報》本日發行副刊《新聞學周刊》，發表了穆頻所作的〈上海之主要通訊社〉一文，介紹上海市通訊社的有關情況。 11月23日《上海立報》最早登出七君子案(全國各界救國聯合會領導人沈鈞儒、鄒韜奮、章乃器、李公樸、王造時、沙千里、史良等)，以頭版右下方加黑邊短訊登出。 12月18日北平《世界日報》出版《消毒專刊》，宣傳禁毒。(方漢奇主編，《中國新聞事業編年史》，頁1343)
1937年	七七事變後，日本侵略華北於8月8日侵占北平，《世界日報》停刊，成舍我也離開了北平。日軍將各種報紙一律合併，改組為《華北新報》(成露茜輯「成舍我先生年譜檢索卡片」為《新民報》？)。 上海「三一八事變」後，在淞滬戰爭期間，《立報》發行量在二十萬份以上，打破自有日報以來的最高紀錄。 11月13日上海棄守，11月25日《立報》停刊。(成露茜輯「成舍我先生年譜檢索卡片」為11月24日停刊)
1938年	4月1日《立報》在香港復刊，日出四開報紙兩張，成舍我為社長兼總編輯，薩空了任經理。《香港立報》宗旨為：「立場堅定、打倒漢奸、革新政治」。該報仍繼承上海《立報》「三多」的傳統特色，即副刊多(有茅盾主編的《言林》、卜少夫主編的《小茶館》、王皎我主編的《花果山》)、專欄多、小品文多。(依中共說法，《香港立報》是由中國共產黨香港辦事處投資3000元港幣，支持薩空了辦起來的，後來因成舍我於8月間接辦《立報》後，因其反共立場，迫使薩空了離港。方漢奇主編，《中國新聞事業編年史》，頁1384)。 4月國民政府設立「國民參政會」，成舍我以社會賢達身份膺任第一屆國民參政會參政員。後因開常往返於香港、重慶兩地。 7月21日國民黨第5屆中央委員會第86次會議通過了《戰時圖書雜誌原稿審查辦法》和《修正抗戰期間圖書雜誌審查標準》。 7月30日中國青年新聞記者學會重慶分會成立。

年代	生平活動內容
1939年	1月28日國民參政會在重慶開會,由參政員74人提出〈撤銷圖書雜誌原稿審查辦法,以保障出版自由案〉獲得通過。國民黨中宣部雖然沒有完全採納這個提案,但不得不根據參政會的大部份意見將審查標準及辦法重加修改。 6月2日「中國青年新聞記者學會桂林分會」成立。 6月國民黨成立「戰時新聞檢查局」,由軍事委員會主理。 12月18日國民黨軍事委員會頒布《戰時新聞違檢懲罰辦法》,規定各通訊稿件,未經檢查先行發者;不遵照刪改刊載者;或對刪免稿件之處不設法補足,於稿件文字故留空白,或另作標記易致猜疑者,均屬違檢。違檢懲罰為「口告、警告、嚴重警告、定期停刊、永久停刊」五種。
1940年	2月成舍我任第二屆國民參政會參政員。
1941年	11月15日自香港抵重慶。(成露茜輯「成舍我先生年譜檢索卡片」)「中國新聞學會」在重慶成立。 12月8日太平洋戰爭爆發,香港淪陷,《香港立報》停刊。成舍我出席參加了重慶參政會未歸,家眷便由香港撤至桂林,成由渝趕至桂林。 太平洋戰爭爆發後,香港淪陷,許多文化人和新聞工作者,除有些去了重慶或延安等抗日根據地外,絕大部份內遷到了桂林,桂林成為抗戰後期著名的文化城。
1942年	該年春,成舍我經廣西教育廳核准立案,創辦了「私立北平新聞專科學校桂林分校」(又稱「桂林世界新聞專科學校」,簡稱「桂林世新」),成任校長,借用原廣西省政府幹訓班校址與校舍。該校學制仍沿用「北平新專」舊制,分初級班、高級班、本科班,學員以流亡學生為生。(成露茜輯「成舍我先生年譜檢索卡片」為1943年) 7月任第三屆國民參政會參政員。
1943年	4月國民黨當局公布〈非常時期報社、通訊社、雜誌社登記管制暫行辦法〉,加強對新聞出版事業的控制。(方漢奇主編,《中國新聞事業編年史》,頁1483)。
1944年	該年夏,日軍進攻衡陽,「桂林世新」在大撤退中停辦。

年代	生平活動內容
1945年	5月1日重慶版《世界日報》復刊，董事長為錢新之，公司總經理成舍我兼報社社長，程滄波任總主筆，趙敏恒任總編輯，日出對開一張，為「中國新聞公司」主辦的企業。該公司組織龐大，成舍我任總經理兼業務主任，陳訓畬(陳布雷兄弟)任協理兼總務主任，范爭波任業務委員會主任委員，程滄波任言論委員會主任委員兼言論主任，趙敏恒任新聞主任，馬星野任資料主任。(成露茜輯「成舍我先生年譜檢索卡片」復刊日為4月1日) 8月抗戰勝利後，成舍我於9月從重慶飛回南京，以記者身份參加受降典禮儀式，旋至上海，接收《立報》資產。 10月1日自重慶往上海，上海《立報》復刊，發行人嚴服周，社長為陸京士，實際上已成為CC系潘公展的報紙而非成舍我所有了。 11月20日抗戰勝利後，在國民黨接收人員張明煒的支持下，成舍我回北平後，接收回原本隸屬於報社的房屋資產，並接了一部輪轉機和十六部平格機，也接收了一部凹板印刷機，還有大批卷筒紙。《世界日報》順利復刊，初出四開紙一張，後改出對開紙一張。成舍我發表長文〈我們這一時代的報人〉，要求「國民黨還政於民」，「共產黨還軍於國」，提出「走第三條路」的主張。 12月2日成舍我於重慶發表一篇聲明《世界日報》立場的重要文章，闡釋他的基本報業立場和精神：「我不希望向政府要一官職，也不向任何機關要一文半文錢，更不想藉此機會，渾水摸魚，搶他人一草一木。但憑自己血汗辛苦經營得來的一草一木，可以掉頭不顧被敵人沒收，卻決不能在自己政府之下，自動放棄，無故犧牲」。(王文彬編著，《中國現代報史資料滙輯》，頁152)。 《立報》轉讓潘公展。(成露茜輯「成舍我先生年譜檢索卡片」未屬年份)
1946年	元月1日成舍我恢復撰寫日記。 2月10日發生「較場口事件」。重慶各界人民在較場口舉行慶祝政協成功大會，發生參加會議人士與政府軍警衝突事件，造成新聞記者和民眾被毆。2月11日重慶8種日報包括《世界日報》都廣泛報導此一事件。 9月8日北平記者97人舉行第一次理監事聯席會議，選舉結果成舍我當選三人常務監事，另二人為馬在天、李誠毅。9月11日舉行會議，擬定職工待遇標準，提高為20-40%。(王文彬編著，《中國現代報史資料滙輯》，頁174) 11月國民政府在南京召開國民大會，成舍我以國民參政員及社會賢達身份，當選國大代表，參與制憲。

年代	生平活動內容
1947年	4月22日重慶《世界日報》載文披露：近幾個月來，各地各級國民黨政府以「登記未准」或「當未辦竣登記手續」為名，查禁或勒令停刊的報紙雜誌達100種以上。（方漢奇主編，《中國新聞事業編年史》，頁1556）。 9月1日「九一記者節」，北平市廣播電台約請北平市新聞界舉行記者集體廣播，從下午7點20分開始，共40分鐘，由「北平日報公會」理事長張明煒，北平《世界日報》社長成舍我，《華北日報》總編輯詹辱生，《新民報》經理張恨水五人主講，講題是「由紀念九一記者節談到今日的記者」。（王文彬編著，《中國現代報史資料匯輯》，頁174）。 該年舉行「行憲後第一屆立法委員選舉」，成舍我在北平當選第一屆立法委員。
1948年	3月19日北平報業公會、記者公會及通訊社公會三理事長，以全體新聞從業人員名義，向北平行轅、北平市政府、北平市參議會請願，要求政府免費配給麵粉一袋，或半價給二袋，總額不超過二千袋為限。 9月底成舍我南下南京，出席第一次立法會議，12月中共解放軍包圍平、津，交通斷絕。 12月14日成舍我從上海坐船到天津，原擬即日轉車回北平，因平、津間交通斷絕，18日從天津搭機轉往上海。 各地報紙關於新聞及廣告之編排，應力求節約篇幅，原在一以上者均應於本辦法公布後自動減為一張，其原在二張以上者不得超過三張，原在三張以上者一超過兩張半。（《新聞紙及書籍用紙節約辦法》） 國民政府對台灣新聞事業實施軍事管制。（《動員勘亂時期臨時條款》） 國民政府在台灣頒布《戒嚴法修正法》：得停止集會、結社及遊行請願、並取締言論、講學、新聞雜誌、圖畫、告白、標語暨其他出版物之認為與軍事有妨害者。（《戒嚴法修正版》） 公布〈台灣省戒嚴期間新聞雜誌圖書管制辦法〉由省保安司令部負責。（實施戒嚴——軍方介入新聞管制）

年代	生平活動內容
1949年	1月21日在「局部和談」底下，傅作義在中共所提的「十三條」上簽字。中共進占北平。成舍我的《世界日報》旋被沒收，最被改名為《北平日報》，不久又改為《光明報》。 2月25日中共北平市軍事管制委員會通令查封北平《世界日報》。《世界日報》的代理人吳範寰被軟禁，必須交代待報社業務清楚，才可以離開。因該報曾借《華北日報》白紙若干筒，范長江接收時，以新主人之姿質問吳範寰該事。成舍我於北平被中共占領時，人在南京（陳立峰，〈淪陷前後的北平新聞界〉，《報學》創刊號，頁167） 3月1日在《申報》、《新聞報》等上海各大報上表聲明，駁斥中共。（成露茜輯「成舍我先生年譜檢索卡片」） 總計該報從1925年創刊到1937年為日偽接收，抗戰勝利後復刊到1949年解放後被中共查封，該共有十七年歷史之久。 4月成舍我攜家眷至香港。 重慶版《世界日報》成舍我只主持了最被四個月，後來該報由陳雲閣接辦，1949年7月，因該報指責國民黨四川省主席王陵基和重慶市長楊森的文章，由國民黨重慶市黨部宣傳處處長吳熙祖奪得該報，實際該已由國民黨重慶市黨部接收，成為其機關報。 國民政府在台灣頒布《懲治叛亂條例》，第7條規定散布謠言或傳播不實之消息足以妨害治安或搖動人心者，處無期徒刑或七年以上有期徒刑；第8條規定以文字圖書圖畫演說為有利於叛徒之宣傳者，處7年以上有期徒刑。 《自由中國》創刊號出版，該刊標榜自由與反共，作為該雜誌的宗旨。想以自由主義知識分子的言論，進行自由與反共，目標和國民黨政府相符，原來受到支持，後來反對國民黨政府控制救國團、干涉教育、掌握軍隊，乃撰文批評，並呼籲放棄反攻大陸政府。

年代	生平活動內容
1950年	冬,在香港與王雲五、卜少夫、程滄波、陳訓畬、陶百川、左舜生、阮毅成、徐復觀、劉百閔、雷嘯岑、許孝炎等籌辦《自由人》三日刊(半周刊),成舍我任社長兼編總輯,董事長為左舜生,總經理卜少夫。1959年9月13日因經濟不支而停刊。 台灣內政部公布〈新聞紙社派遣新聞記者出國申請辦法〉,規定記者出國採訪,該報發行數必需達1萬份以上,報社在國外必需存有外匯足供所派記者駐外記者於駐外期間所需之費用。是為限制出國採訪。 〈台灣省書報雜誌攤販管理辦法〉,該法由省政府、保安司令部頒布,實責在保安司令安檢小組手中。 著名報人龔德柏被拘。
1951年	3月7日《自由人》創刊,1959年9月13日因經濟不支而停刊,時成舍我已離開香港。 7月20日《報學》半年刊出刊。 台灣行政院依據《國家總動員法》該法第22條的「政府於必要時得對報館及通訊之設立加以限制或停止」的規定,發出訓令,宣布:「台灣省全省報紙,雜誌已達飽和點,為節約用紙起見,今後新申請登記之報社雜誌通訊社,擬從嚴限制登記」。是為「限證」。 「台北市編輯人協會」成立,成舍我、唐際清、曾虛白等三人任監事。
1952年	冬,舉家遷往台北。本擬在台北復刊《世界日報》因國民黨政府實施報禁,辦報計畫擱置,成舍我說:從1952年到1954年,「這幾年中,我就斷絕了辦報念頭,一面教書,一面寫點評論或專欄之類的文章」(馬之驌,《新聞界三老兵》,頁309)。於是決心興辦新聞學校,培訓一萬名新聞幹部回大陸。 〈新聞用紙供應法〉規定根據各報申報的用紙數量,核實後由指定的公司按低於市價1/3的優惠價格供紙。未予核實的部分得不到優惠。此規定被台灣新聞界稱為「限張」,不得超過一張半。 再次修正法〈出版法〉第9條規定:一家報紙只能有一個印刷所及發行所,而且必須在原登記的印刷和發行地點印刷發行,不得隨意變更。是為「限印」。 「台灣幼獅通訊社」成立,該社為國民黨青年組織「中國青年反共救國團」的文宣單位。創辦初期主要作為報導團務的推行單位,後逐漸成為大專青年實習的新聞機構。 10月4日「中華民國新聞編輯人協會」第四屆會員大會於下午三時在台北中山堂堡壘廳舉行,通過提案:(一)由本會發起籌設新聞專科學校,舉辦新聞講座,教育部及台大呼籲從速成立新聞學系;(二)舉辦世界新聞事業展覽會;(三)擴大出版委員會業務。(《報學》六卷五期,頁183,1980)

年代	生平活動內容
1953年	《自由中國》半月刊發行，雷震為負責人，先後發表〈反攻大陸問題〉、〈我們的軍事〉、〈中國人看美國遠東政策〉、〈論台海危機〉、〈認清當前情勢展開自清運動〉等文，論述反攻大陸條件不夠，希望不夠，雷震於1960年被軍事檢察署提起公訴。 5月23日「中華民國新聞編輯人協會」第五屆會員大會，於記者之家舉行，成舍我主講〈如何辦好一張報紙〉（《報學》六卷五期，頁184，1980年）
1954年	1月成舍我將兩篇文章〈我有三次值得追憶的『笑』〉和〈『機場』幾乎變成了『墳場』〉，重新整合為一篇：〈記者四十年〉一文，發表於《報學》半年刊。
1955年	2-7月間發起籌備「世界新聞職業學校」，該校發起人共19人：于右任、王雲五、蕭同茲、林柏壽、成舍我、黃少谷、李中襄、端木愷、程滄波、陳訓畬、阮毅成、張明煒、游彌堅、郭驥、謝然之、閻奉璋、辜振甫、葉明勳。 3月4日以立法委員身分，在立法院第十五次會議，以〈人權保障與言論自由〉為題，向當時行政院長俞鴻鈞提出質詢：為失蹤五年的龔德柏和被捕三年的馬乘風鳴不平，提出何以「不審？不判？不殺？不放？」發言並質問「新辦報紙雜誌何以不許登記？」。
1956年	「世界新聞職業學校」在台北木柵溝子口成立，仍以「德智兼修，手腦並用」為校訓。成舍我任董事長兼校長。
1957年	創辦報紙型《小世界》周刊專供學生實習，並對外開放徵稿。
1958年	台灣國民政府公布第三次修正《出版法》，增補第11條規定有國內無住所者、禁治產者、被處二月以上之刑在執行者、褫奪公權尚未復權者，不得辦報。3月28日行政院以秘密文件方式，送請立法院秘密審議，修正案對定期報刊之處分要點：(1)為撤銷登記；(2)為加重罰款；(3)增大主管官署權力。 　　4月11日台北市報業同業公會於台北西寧南路記者之家，召開緊急會議，台灣省各縣市民營報社推派代表，討論應付方案，決議向行政院陳請並草擬聯合宣言。 　　4月14日台北報業公會假記者之家，邀請新聞界選出之立法委員，以及1952年出持現行出版法審議之立法委員，舉行座談會，就有關修正出版法問題，交換意見。出席委員表示支持報界的意見。 　　4月16日全省民營報紙發表〈我們的看法——對於俞院長所提修正意見的共同觀點〉。

年代	生平活動內容
1958年	4月17日全省民營報社發表〈從法律觀點看『出版法修正條文草案』〉。胡適在中研院接見各報記者對出版法修正案問題，就新聞言論自由的基本觀念上發表個人意見，認為任何不經過司法手續而經由行政官署對出版機構加以警告、停刊、撤銷登記的處置，總是不好的、危險的，在此時期修正出版法很不適宜，提醒政府慎重，以免投鼠忌器。他指出歐美國家根本沒有出版法，美國憲法甚至規定不得制定任何法律限制言論出版自由。不過，他也勉勵新聞界對新聞言論的處理盡力求公正。 　　4月29日立法院召開秘密會議，程滄波等二十四名立委，提臨時動議審議出版法修正案，應舉行公開會議。在場委員數245名，僅86人同意，逐遭否決。會後程滄波發言表示：「有人想活埋新聞自由，但是新聞自由是埋不死的」。 5月成舍我創辦世新廣播電台，供學生實習之用。9月1日正式開播。 　　5月12日行政院副院長黃少谷在紐約「中華新聞社」歡宴席上，與記者談論出版法修正案問題時，表示他個人在行政會議中是贊同出版法修正案的，因為他確信此案將無害於新聞自由。 　　5月17日立委程滄波、胡秋原等先後在立法院內政、教育、民刑商法三委員會上，痛斥政府對出版法處理不當，為「力爭下游」的現象。因此案的提出，徒增國際間誤解，對國家有害無益，此時實無正出版法的必要，希望行政院自動撤回此案。 　　5月27日胡適在《自由中國》半月刊的晚會上發表演說，對於新聞界及若干立法委員為爭取新聞自由所作的努力表示敬佩。他說他不了解政府為何要這樣做。他對美國憲法中：「國會不得制訂任何法律來限制新聞自由」的規定極為推崇。
1959年	元月7日，成舍我受聘為「自由中國新聞服務獎資料徵集委員會」初審委員。該項獎項由美國伊利諾大學新聞學院，函台北市報業公會，由該學院每年贈獻一項新聞服務榮譽獎。 　　3月1日日本新聞學會會長小野秀雄來台講學。（報學第二卷一期）。 　　報業公會發表請願書，提出兩項主張：根本廢除新聞法、合理修改出版法。

年代	生平活動內容
1960年	應美國國務院之邀請訪美，同時對美國新聞事業進行調查研究和交流工作。（成露茜輯「成舍我先生年譜檢索卡片」） 　　「世界新聞職業學校」改制為「私立世界新聞專科學校」。由蕭同茲任董事長，成舍我任校長。 　　10月24日《公論報》刊登〈捫心看雷案〉一文，省新聞處以其違反〈出版法〉第33條及32條第二款之規定，予以警告處分。（報學第2卷8期）
1962年	台灣第一家電視公司，台視成立。 　　軍事檢察官對雷震提出公訴。
1964年	1月11日夫人蕭宗讓因癌症病逝於台北，終年六十歲(1905年-1964年)。成「悲痛欲絕」，自撰挽聯一幅概嘆結縭三十年所歷艱難，骨肉分離，比翼尋親之願未償而天人永隔。
1965年	元月2日《小世界》周報改版刊行，並正式對外發行，仍由許孝炎任發行人。同年「世新廣播電視中心」大樓啟用。
1966年	7月3日由李石曾先生手中接掌「世界書局」董事長，直到1991年去世。
1967年	成舍我七十壽辰，台灣新聞界以公宴方式予以祝賀。香港《新聞天地》1021特闢祝壽專欄，登載卜少夫〈只對工作有興趣的人〉、蕭同茲〈老兵不老的成舍我先生〉、鄧俊〈我所認識的成舍我先生〉，台北「世界新專」學生集體記述〈師門沐恩記——我們敬記成舍我先生的訓誨〉。
1969年	3月29日與台北中興大學教授韓鏡良女士結婚，這是成舍我的第三度婚姻。 11月在《傳記文學》發表〈《林白水傳》序〉一文。
1973年	11月11日蕭同茲病逝，世新董事長由成舍我暫行兼代。
1975年	蕭同茲逝世經年，董事會改選成舍我為董事長，因〈私立學校法〉之規定而辭校長職，另聘洪為溥為校長。

年代	生平活動內容
1977年	6月在《傳記文學》第30卷第6期發表〈我所接觸的季鸞先生〉一文。 8月26日八十歲，他為了避免故舊門生為其作盛大的慶祝，免於鋪張，提前與夫人韓鏡良女士訪美探親、遊歷，離台避壽。 成舍我作〈八十自壽〉詩一首贈故舊： 　八十到頭終強項，敢持庭訓報先親，生逢戰亂傷離散，老盼菁英致太平，壯志未隨双鬢白，孤忠永共萬山青，隔洋此日夢垂念，頑健差堪告故人！
1983年	7月在《傳記文學》第43卷第1期發表〈如何塑造一個獨立記者的典型——從《滄波文存》中可獲得三項珍貴啟示〉一文。
1986年	10月「世界新專」舉行校慶。特出版《世新三十年》紀念冊一本，內重載先生〈我如何創辦世新〉一文。
1988年	報禁開放，成舍我以九十一歲高齡創辦《台灣立報》。 7月13日成舍我在《台灣立報》發刊辭撰寫〈何以要創辦《台灣立報》？〉，指出創刊的目的：「第一、為供應世新校友及在校同學，實現其所學的新聞理論及增進其技術。第二、開放報禁證明台灣確已有新聞自由，並證明我四十年前的誓言，雖然中共能摧毀我的《世界日報》，但無法摧毀我畢生獻身新聞事業，發揮正義，反抗暴力的意志。《台灣立報》將百分之百為搶救國家生存，維護人民福利，為人民說話，永遠不受任何黨派及資本家操縱」。
1989年	右腿骨跌折，換人工關節，一個月後即校工作。
1990年	2月因絞腸症入院，切除部分大腸，後感染肺炎，醫院曾發病危通知。成舍我意外的漸漸康復，逾3月又返校辦公及督導《立報》的出刊和編輯事務。
1991年	教育部批准世新改制為「世界新聞傳播學院」。後來在女兒成嘉玲校長任內，升格為「世新大學」。 2月18日成舍我再度病發入院，經診斷為肺癌及多種併發症。 4月1日凌晨心臟衰竭，與世長辭。

附錄二：索引

四劃

七劃

六劃

八劃

九劃

十劃

十一劃

十二劃

十三劃

二十劃

二十二劃

成舍我先生文集.港台篇.1951-1991／唐志宏 主編.

－－臺北縣新店市：世新舍我紀念館暨新聞史研究中心,民96

　面；　　公分

ISBN 978-957-8462-63-2（平裝）

1.論叢與雜著

078　　　　　　　　　　　　　　　　　　　96004928

成舍我先生文集——港台篇　1951~1991

出　版　者：世新大學舍我紀念館暨新聞史研究中心

總　審　訂：成露茜

主　　　編：唐志宏

助理編輯：李明哲

校　　　訂：周玉山

美術編輯：廖國翔

製版印刷：世新大學出版中心

地　　　址：台北縣新店市復興路45號2樓

電　　　話：（8862）22368225

定　　　價：480元

出版日期：中華民國96年3月